Monika Myway

Die Rosenernte

W0033480

Monika Myway

Die Rosenernte

Bernardus - Verlag 2009

Impressum

©2009

 by Bernardus-Verlag
Alle Rechte vorbehalten
Titelgestaltung:
Druck & Verlagshaus Mainz GmbH

BERNARDUS-VERLAG

Büro: Abtei Mariawald
52396 Heimbach/Eifel

Tel.:   0 24 46 / 95 06 15
Fax.:   0 24 46 / 95 06 15

Zentrale:

BERNARDUS-VERLAG
in der Verlagsgruppe MAINZ

Süsterfeldstraße 83
52072 Aachen

Internet: http://www.verlag-mainz.de
E-Mail: bernardus @verlag-mainz.de

Titelillustration: *Monika Myway* unter Verwendung von Glasmalereien in
der *Liebfrauenkirche Koblenz* von *Hans Gottfried v. Stockhausen*

Druck

Druck & Verlagshaus Mainz GmbH
Süsterfeldstraße 83
52072 Aachen

ISBN-10: 3-8107-9305-1
ISBN-13: 978-3-8107-9305-8

Inhalt

Zum Geleit

*von Björn („Bernhard") Schacknies S A C, langjähriger
Schüler von Frau Myway, der im Jahr der Buchveröffentli-
chung zum Priester geweiht wird*

Seit nunmehr 20 Jahren darf ich mit Frau Monika Myway
gemeinsam auf dem Weg sein und ihr vielfältiges Wirken
begleiten. Wenn ich auf diese Jahre zurückschaue, fällt mir
erst beim Schreiben dieser Zeilen so richtig auf, dass ich sie
in all den Jahren eigentlich nie „privat" erlebt habe. Un-
aufhörlich ist sie beschäftigt mit verschiedensten Projek-
ten, die alle nur ein Ziel verfolgen: Menschen zu Christus
zu führen und ihnen die Schönheit des Glaubens aufzuzeigen. Ihr Beruf als Religionslehrerin ist immer zugleich ihr
Leben gewesen. Daran hat sich auch nach dem Ende ihrer
Dienstzeit nichts geändert, längst hat sie neue Initiativen
gestartet, neue Zielgruppen ins Auge gefasst. Dabei ist Frau
Myway immer erfinderisch, scheut keine Mühen, wagt den
Gang auf neues Terrain. Immer ist sie gut informiert, am
Puls der Zeit, ohne sich je selbst in den Mittelpunkt gestellt
zu haben.

Das hier vorgelegte Buch gibt Anteil an ihren Erfahrungen, die sie mit unzähligen Schülerinnen und Schülern an
Grund- und Hauptschule als (Religions-)Lehrerin, aber
auch mit Menschen, die in anderer Weise bedeutsam waren,
auf ihrem Glaubensweg gemacht hat, ist aber viel mehr als
nur ein „Erinnerungsbuch."Vielmehr ist es ein Lebenszeug-
nis für ihren persönlichen Glaubensweg und richtet sich so
an Menschen unterschiedlichen Alters, die ihren Glauben
vertiefen, überdenken, an andere weitergeben wollen, Menschen, die Glaubensgefährten suchen.

In besonderer Weise ist es aber auch ein Appell an die
junge Generation der Lehrenden, der Eltern und Erzieher,
denen die Verantwortung für die Weitergabe des Glaubens

aufgeschultert ist, denn „der Zeuge Christi gibt nicht einfach nur Informationen weiter, sondern er hat eine persönliche Beziehung zur Wahrheit, die er anbietet, und durch die Konsequenz seines eigenen Lebens wird er zum glaubwürdigen Bezugspunkt. Er verweist jedoch nicht auf sich selbst, sondern auf einen, der unendlich viel größer ist als er selbst, dem er vertraut und dessen zuverlässige Güte er erfahren hat" (Benedikt XVI).

Ich bin Frau Myway sehr dankbar, dass sie sich mit diesem Buch auch noch einmal in geistiger Weise in einen Klassenraum begibt, dass sie uns, die Leserinnen und Leser, mit auf ihren Lebensweg, in ihren Unterricht, in ihren „Glaubenskurs" nimmt.

Beim Lesen wird eins ganz deutlich: „Der Bote ist die Botschaft". So erst wird „die Rosenernte" überhaupt möglich. Frau Myway ist eine wunderbare Botin mit einer wunderbaren Botschaft.

Auf jeder Seite ihres Buches erzählt sie vom Gott der unendlichen Liebe (hl. Vinzenz Palotti), die uns nicht ruhen lässt, bis alle Menschen wissen, dass sie Gottes Ebenbild sind. So fordert Frau Myway zum eigenen Zeugnis heraus: Rechenschaft zu geben von der Hoffnung, die uns erfüllt (1 Petr 3,15).

Ich wünsche diesem Buch viele „Schülerinnen und Schüler", vor allem aber eine neue Generation von Menschen, die mit ihrem ganzen Leben Zeugnis ablegen und bekennen: „Jesus Christus ist der Herr!" (1 Kor 12,3).

Vallendar,
am Hochfest dr Erscheinung des Herrn 2008
Björn Schacknies S A C

Kapitel I:

Für meine Leser

Zum Beispiel heute, ein ganz besonderer Tag. Komm mit, ich verrate dir ein Geheimnis!

Erster Tag des Jahres 2001! Auch in diesem Jahr halte ich fest an meinem fortlaufenden Neuntagegebet, einer neuntägigen Bittandacht, in diesem Buch bezeichnet mit N 1 = erster Bitttag, N 2 = zweiter Bitttag, N 3 = dritter Bittag ... N 9 = neunter Bitttag, und dann wieder neu N 1 ... N 9, N 1 ... usw., jahrelang, diesmal bis zum Ende meines Lebens, denn mein Ziel ist so hoch, dass ich es erst dann erreichen kann!

Hast du schon einmal Gott so flehentlich, jahrelang und beharrlich um etwas gebeten? Ich schon! Wie ich dir noch beschreiben werde, war ich in einer fürchterlichen Not: Irgendwann fing ich damals an, so zu beten, wieder und wieder und wieder, und bin schließlich, wie durch ein Wunder, erlöst und befreit worden. Nun habe ich einen neuen Wunsch, keine eigentliche Not, aber für mich geht es dabei um *Alles*!

„Es geht um Alles" – so stand es auch auf dem Werbeplakat für die Fußballweltmeisterschaft für Deutschland.

Alles – was bedeutet das nun für dich?

Himmelsspuren

Wieder zieht aus den Tiefen
des Herzens dein Stern,
nah in der Stille, meistens vergessen ganz fern.
Ahnung wie von Verheißung, Talenten, Geschick
Mystik im Augenblick
Leuchten im Herzen von irgendwo
Oder ist alles doch nirgendwo?
Wage, verpass nicht die Stunde,
die du so lang schon vermisst,
Sehnsucht
Als Stern auf den Wegen.
Freude. Hoffnung. Verheißung.
Ich nenne es
Rosenregen.

Die Texte für mein fortlaufendes tägliches Beten wähle ich mir aus den Novenenbüchlein von Pater Reinisch („Märtyrer der Gewissenstreue") und von Pater Eberschweiler, der kleine Weisheitsbüchlein herausgegeben hat („Froh sein im Alltag"), aus. Dies vertraue ich dir an, hinein in *deine* Welt, obwohl ich mir durchaus dessen bewusst bin, dass diese so weit von der meinen entfernt sein kann wie ein Stern vom anderen und du nun vielleicht schon fast denkst: „Kommunikation gestorben!" Aber auf diese Art stelle ich mich dir schon ein wenig vor, denn Ähnliches wagte ich in meinem wirklichen Leben auch bei anderen Menschen immer wieder, ganz besonders bei meinen Schülern. –

Manches Mal bete ich auch mit eigenen Worten, oft nur kurz, aber ich lasse nicht locker: Jeder Tag meines Lebens ist nicht nur ein Tag unaussprechlichen Dankes für Gottes *Rosenregen*, den ich wie Wunder in meinem Leben nun wahrnehme, sondern auch des Bittens um das, was die heilige Therese von Lisieux als „*Alles*" bezeichnet, *Alles*, wie sie es versteht in ihrem berühmten Buch: „Geschichte einer Seele".

Sie schreibt: „Ich verstand auch, dass es zahlreiche Grade der Heiligkeit gibt. Es wurde mir klar, dass es auch der schlichtesten Seele freisteht, dem Entgegenkommen des Heilandes zu entsprechen und wenig oder viel für seine Liebe zu tun. Kurz gesagt: Die Seele kann zwischen den Opfern, die der Heiland verlangt, wählen. Wie in meinen Kindheitstagen rief ich daher aus: ‚Mein Gott, ich wähle alles! Ich will keine halbe Heilige werden [...] Ich wähle alles, was du willst!'"

Dieses Buch der heiligen Therese, die mir letztlich mit ihrer Verheißung: „Wenn ich im Himmel bin, werde ich einen Rosenregen auf die Erde senden" die Inspiration für meinen Buchtitel gegeben hat, möchte ich dir, lieber Leser, sehr empfehlen! Die heilige Therese von Lisieux ist übrigens vor gar nicht langer Zeit zur Kirchenlehrerin erhoben worden. Lies – und du lernst sie kennen!

Gottes Zeichen der Liebe empfangen, zum Beispiel heute, an diesem Tag, dem ersten Tag des Jahres 2001? Ich will versuchen, dieses Geheimnis zu beschreiben – es fällt mir nicht leicht.

Kalenderspruch zum Neujahrstag

„Lege deine Hand in die Hand Gottes, das ist besser als ein Licht und wird dich sicher ins neue Jahr begleiten."

So lautet sinngemäß der Spruch auf meinem liturgischen Kalender für das neue Jahr, den ich auch dir, lieber Leser, sehr empfehle – er erscheint jährlich neu. Über diesen Spruch hatte ich gerade heute, an diesem Neujahrstag und auch gestern in besonderer Weise nachgedacht, da er mir auch eine Erinnerung an die Schwester gab, die weise Frau, die du in dem Buch noch kennen lernen wirst.

Du glaubst nicht, dass Gott in jeder Sekunde da ist, lieber Leser?

Ich schreibe dir etwas auf: Meiner Gewohnheit entsprechend, seit Jahren, eröffnete ich auch diesen Neujahrsmorgen mit der Frühmesse in der Gnadenkapelle in Schönstatt. Unter den vielen Gesangbüchern für die Gottesdienstbesucher wählte ich mir eines aus. Wie ich dir in meinem Buch noch deutlich machen möchte, können mir die Gesangbuchtexte in besonderer Weise Denkimpulse geben, ebenso wie Kalenderdaten, wie sie in manchen Kirchen hier und da auf der letzten Seite des Gesangbuches handschriftlich vermerkt sind. Wie es in meinem Leben zu dieser Entwicklung kam, werde ich noch zu beschreiben versuchen.

2001 – das Jahr, in dem ich an dem Buch weiterschreibe, das ich schon im letzten Jahr begonnen habe – Datum in meinem Gesangbuch, das ich mir in der Kapelle ausgewählt hatte: 30. 3. 2000. Zuhause sehe ich nach im liturgischen Kalender 2000 – Text zum 30. 3. 2000? – ein Text von Franz von Sales, dem Patron der Schriftsteller!

„Geh deinen Weg immer vor Gott und vor dir selbst. Gott sieht deinen kleinen Schritten wohlgefällig zu und wird wie ein guter Vater, der sein Kind an der Hand hält, seine Schritte den deinen angleichen und sich damit begnügen, nicht schneller zu gehen als du. Worüber sorgst du dich denn? Nach der einen oder anderen Seite zu gehen? Schneller oder langsamer? Wenn Gott nur bei dir ist und du bei ihm!"

Kein Neujahrstext hätte besser für mich passen können – und Gott hatte ihn für mich ausgewählt, da bin ich sicher!

Dieses Beispiel ist nur eines von vielen, mit dem ich zu beschreiben versuche, wie ich Gottes Gegenwart in jeder Sekunde erfahren kann. Natürlich hat jeder Mensch seinen ureigenen Weg mit Gott, seine ureigene Art, ihn zu erfahren, aber ich habe doch die Hoffnung, dass sich das Lesen dieses Buches, das ich aus meinem Herzen geschrieben habe, für dich lohnt. Das *Du* für dich wage ich schon in dieser Einleitung, obwohl ich sonst im Allgemeinen Schwierigkeiten habe, mit einem Menschen vom *Sie* ins *Du* hinüber zu gleiten, aber entweder schreibe ich für dich in dem Vertrauen, das man zu einem Freund hat, oder das, was ich dir sagen möchte, bliebe überhaupt unsagbar für mich. *Du* – lieber Leser – schenkst du *dein* „Du" auch mir?

Rosen **empfangen**, Geschenke Gottes, Alltagswunder, *Rosen* **verschenken** – diese Liebe weiterschenken ... Wo gibt es denn *Rosen*, wo einen *Rosenregen* für dich, für mich? Komm mit, lieber Leser, begleite mich durch dieses Buch, geh mit mir ein Stück Weg! Ein Hobby, das ich viele Jahre hindurch praktiziert habe, war es, Berge zu erklettern, aber dieses Abenteuer ist nichts im Vergleich zu dem, das in diesem Buch auf dich wartet, allerdings nur dann, wenn du wagst, es hineinzunehmen *in deine Existenz!*

Begleite mich auf meinem Abenteuer mit Gott!

Ich hörte von einer Phantasieerzählung, einem Kinderbuch über einen kleinen Zauberer, das zum Mega-Ereignis wurde. Dieses Buch *wurde* ins Existentielle übersetzt! Man gründete „Zauberclubs", veranstaltete Nachtwachen zu Ehren der Phantasiefigur, war auch bereit, Geld und viel Zeit dafür einzusetzen. Sollte es da nicht möglich sein,

„**Gottes**-Zauberhaft-Vereine" wieder ganz neu zu entdek-ken, vielleicht durch ein Buch, eine Begegnung, einen neu-en Plan, vielleicht durch dich, vielleicht durch mich? Wenn *du* mitmachst, *haben* wir schon einen neuen *Verein Jesu*, denn ich bin dabei! „Wo zwei oder drei in meinem Na-men versammelt sind, da bin ich mitten unter ihnen" (Mt 18,20).

Schiff ahoi

+Schiff ahoi, neue Segel wehen
Um den Glaubensweg zu gehen!
Brich auf, komm mit mir, Schritt für Schritt,
Bleib nicht beim Lesen, wandere mit!

Kapitel II:

Siehe, Ich Bin Da

Jesaja-Vers 52,6 – Erinnerungen – Szenen aus Leben und Unterricht

Der Gesang des Morgens liegt über dem Tag wie Sonnenfunken über bläulichen Meereswellen bis hin zum Horizont, Gesang des Glücks über deinem Leben – weißt du das? Dieser Tag ist ein Tag, wo Gott wohnt, überall und zu jeder Zeit, und lässt du Ihn ein, wohnt Er in deinem Herzen.

Jesus, das Licht
(aus dem Prolog des Johannes Evangeliums)

Maria Laach 1996, Fest der heiligen Margarete – Evangelium: das Gleichnis vom Unkraut unter dem Weizen (Mt 13,24 f).

Erinnerung ...

Bei meiner Fahrt nach B. liegt ein strahlendes Leuchten über Wiesen und Feldern, über den Häusern, in denen meine Schüler wohnen oder wohnten, Schüler, die mich vergessen haben oder die die Erinnerung an mich vielleicht zwar noch haben, aber nie wussten, wer ich eigentlich war und was ich bei ihnen wollte – oder doch? Ein sehr junges Mädchen verlässt ein Haus, weißes T-Shirt über kurzem Rock, weiße Tennisschuhe, Tennisschläger, lange Haare. Sie ist *in* in der Welt, die ich verlassen habe, ganz gewiss.

Wenn mein Buch wirklich gelesen wird, wird es wohl Aufruhr erwecken, vielleicht Angriff, Spott, wie ich es erlebte in so vielen Jahren an der Hauptschule – aber das war dort mitnichten mein stärkster Eindruck und dieser Umstand wurde mir eigentlich erst gegen Ende der 17 Jahre *Religion* in so vielen Klassen bewusst. Bewusst war mir immer das Leuchten im Herzen, oder besser gesagt, dass man Herzen zum Leuchten bringen kann, für immer. Die Zeit rast über alles hinweg. Die Schüler sind zu jung, sicher immer noch, um eine ferne Ahnung zu haben, wie sehr.

Als ich gestern durch die Wiesen und Felder von B. fuhr, waren es die gleichen wie vor 20 Jahren, als ich meine Zeit dort begann. Immer wieder habe ich versucht *Religion* zu lehren, immer wieder. Gestern sprach der Mönch in der Klosterkirche vom Unkraut unter dem Weizen und dass er befürchte, nichts zu bewirken mit seinen Predigten, weil das Unkraut den Samen ersticken könne.

Bernhard, ein junger Mann im kirchlichen Dienst, den ich als Schüler im fünften Schuljahr kennen lernte, nun ein guter Freund und Berater für mich, redete in unserem Gespräch heute vom Niedergang der geistlichen Berufe, in unserem Land, in Europa.

Und ich? – Einen Besuch im Karmel habe ich inzwischen hinter mir, Karmelitin wollte ich werden im zweiten Teil meines Lebens nach meiner Zeit als Religionslehrerin an der Hauptschule, doch das scheint nicht das Richtige für mich zu sein. Die Welt soll ich *so* nicht verlassen – das ist gewiss!

Eines habe ich mit meinen ehemaligen Schülern auch gemein: Ich bin keine Intellektuelle!

Vielleicht hätte ich es mit Anstrengung werden können – der liebe Gott hat mir einen guten Verstand mitgegeben – aber dieses intellektuelle Nachforschen über die Wahrheit des Glaubens, dieses Verbalisieren, liegt mir, auf diese Art, nicht. Vielleicht ist dies das Stärkste, das mich mit meinen Schülern verbindet: Die Sehnsucht und die Träume vom Wunderbaren – ich hatte beides immer, werde es immer haben.

Die Kinder sind nun groß, die mir damals den Unterricht durch Disziplinlosigkeiten zuweilen erschwerten, längst vorbei diese Zeit an der Hauptschule, auch für sie. Wenn ich nun wieder ganz neu rede von Religion, kann ich es diesmal ganz ruhig tun, wie wunderbar – allerdings habe ich nun den Nachteil, dass mir das Publikum nicht sicher ist wie damals, dass ich nun nicht weiß, ob es ein solches für meine Zeilen jemals geben wird, denn dies ist mein erstes Buch und ich bin in der literarischen Welt völlig unbekannt. Alles liegt bei Gott, wie immer man diese meine Überzeugung interpretieren mag – erklären möchte ich sie nicht. Das wird, wenn es gelingt, das gesamte Buch in seiner Aussagekraft tun.

Das strahlende Leuchten im Herzen, in Freude und Leid, o Jesus, du bist da! Endlich, endlich habe ich sie gefunden, auf dieser Erde schon, die Gewissheit inmitten des Wagnisses, das jeder Glaube ist und bleibt, lässt sich doch keine Freude mit der vergleichen, die der Glaubende gefunden hat, die Freude in allem, größtmöglichen Sinn.

O Jesus, tausend Wunder bezeugen dich! Nun ist sie gefunden, die Heimat, endlich, endlich! Wie weit war der Weg dorthin!

Erinnerung ...

Meine Anfangsjahre an der Hauptschule begleitete damals ein bitteres Leid, eine Ausweglosigkeit, die mich zwang, mich immer wieder an Gott festzuklammern wie an einem sicheren Halt im Sturm – und zwar täglich aufs Neue. Ich trug dieses Leid als mein heimliches Bußhemd unter T-Shirt und Jeans, einem Outfit, von dem eine Kollegin sagte: „Sie sind angezogen wie die Schüler!" Diese äußere Aufmachung entsprach auf der einen Seite meinem Geschmack, auf der anderen dem Bedürfnis, schon auf diese Weise eine Art Solidarität denen zu bekunden, die ich unterrichtete. Ich sah die Sache so: Mutter Theresa zog einen Sari an, um den Armen in ihrer Umgebung schon äußerlich nahe zu sein, so besser mitzuteilen von dem, was sie empfangen hatte – und ich wollte, in anderer Weise, als Religionslehrerin, das gleiche tun wie sie, die einmal gesagt hatte:

„Der Hunger nach Liebe ist stärker als der Hunger nach Brot."

Das Leid, in das ich zu Beginn meiner Hauptschulzeit geworfen wurde, war für mich wie ein *Dunkler Tunnel*, aus dem ich hinauswollte. Diese Situation ließ mich die großen Schwierigkeiten, die ich im RU (= Religionsunterricht) täglich zu überwinden hatte, kaum spüren und gab mir, was die Schüler anging, eine Waghalsigkeit, eine Unempfindlichkeit gegenüber Spott, den meine Art, den Glauben zu verkünden, immer wieder hervorrief – auch. Auch, denn andererseits gab es genug junge Menschen, die mich *hörten* und sehr akzeptierten. Wie viele Menschen tragen in ihrem Leben ein Leid, das sie wie ein Gefängnis wahrnehmen, in dem sie sich nach Erlösung sehnen! Ich aber durfte schließlich Auferstehung erfahren, auf dieser Erde schon, Beantwortung aller Warum-Fragen wie selten ein Mensch, der lange Jahre einen bitteren Kummer ertragen muss. „Siehe, Ich Bin Da" – Gerade inmitten von Qual und Kummer aber erfuhr ich die Nähe und Liebe Gottes als strahlendes Licht. Diese persönliche Auseinandersetzung mit dem Leid nahm ich also hinein im meine Anfangsjahre des Lernens, wie Hauptschüler im Fach Religion zu unterrichten seien.

Was bringt der Glaube?

Ist das nicht die Frage, die jeder Christ bewusst oder unbewusst stellt? „Was bringt der Glaube in Freude und Leid?" So war diese Grundfrage eines jeden Missionars, eines jeden Religionsunterrichts, denke ich, in besonderer Weise auch täglich die meine.

Der Glaube durchzieht das ganze Herz. Alles gewinnt neue Bedeutung in Gott. Von Freunden sprachen die älteren Schüler immer, wie wichtig sie seien, von den schönen Dingen, die sie sich für ihr Leben wünschten, von idealer Partnerschaft, gutem Beruf, Lebensstandard, Spaß haben, Freude.

Wer aber außer Gott verleiht Träumen Ewigkeit?

Schwierige Sätze habe ich meinen Schülern manches Mal zugemutet, so oft. Doch sie haben mir immer wieder auch schwere Sätze gesagt, denn dumm waren sie nie, meine Hauptschüler, manchmal seltsam weise:

– Zum Thema Leid: „Es wäre ja auszuhalten, wenn ich wüsste, dass Gott da ist."

– Liebeskummer: „Wenn es auch die Ewigkeit gäbe, so werde ich diesen Menschen dort nicht mehr so lieben wie heute und wenn ich ihn heute nicht gewinne, wie ich es mir vorstelle, ist er mir in alle Ewigkeit verloren."

– Zu einem Satz aus der heiligen Messe: „Durch Ihn und mit Ihm und in Ihm ist dir, Gott, allmächtiger Vater, alle Herrlichkeit und Ehre jetzt und in Ewigkeit": „Vielleicht könnte die heilige Messe interessant werden, wenn ich diese Sätze verstehen könnte."

In meinen Anfangsjahren begann ich mit zwölf Wochenstunden Religion, die Aufgabe vor mir wie ein Berg, der fast nicht zu besteigen war: Wo sollte ich anfangen, wie? Mit welchem Thema? Wie die Disziplinschwierigkeiten meistern? Irgendwo hatte ich gelesen, dass der Religionslehrer im Unterricht das religiöse Leben einüben sollte, und ich verstand das so: Die Unarten der unmündigen Kinder mir gefallen lassen, ertragen. Dies versuchte ich zunächst mit dem Ergebnis, dass ich wohl kaum eine Chance hatte, etwas von dem, was ich verkünden wollte, zu vermitteln. Die Grundlage, Ruhe, die Bereitschaft, aufzunehmen, muss bei den Schülern gegeben sein. Mitten in meinem persönlichen Leid erlebte ich noch außerdem dies: Eine Klasse, ein sechstes Schuljahr, bewarf mich im ersten Jahr meines Religionsunterrichtes an der Hauptschule mit Papierkügelchen! Im Lehrerzimmer saß ich dann weinend, ein Häufchen Elend. Alles schien zu Ende. Und doch fing alles erst an!

Ein Prophet hätte mir sagen können: Du bist 30, im Vollbesitz deiner Kraft und vieles wirst du noch leisten hier, sei unbesorgt! Deine Zeit hier fängt erst an! Gott ist an deiner Seite um dir zu helfen und dich zu beschützen. Ich nehme dem Leser jetzt schon vorweg, was meinem vollkommenen *Down* an diesem „Papierkügelchentag" noch folgen würde:

17 Jahre weiterer Unterricht im Fach Religion. Nach einiger Zeit würde ich sogar 20 Stunden in der Woche erteilen, außerdem eine Samstag-Religions-AG gründen, Gesprächskreise für den Nachmittag, zusätzlich zum Unterricht, und eine heilige Messe für Hunderte von Schülern in der Turnhalle organisieren, danach, Jahre hindurch, immer wieder, Klassenmessen mit den Kindern vorbereiten, auch noch Religionsunterricht in mehreren zehnten Schuljahren erteilen und ein seitenlanges Interview über Religion, Gott und Glauben in der Schülerzeitung geben. Einmal lud ich ein zehntes Schuljahr sogar zur Abschlussfeier in meine Wohnung ein, fuhr zu Glaubensgesprächen, immer wieder, auch in Dörfer, eine Zeit lang, auf Grund eines Totalschadens an meinem PKW, mit dem Bus, aber unentwegt, und war schließlich, für einige Jahre, Fachgruppenleiterin für Religion. All das stand mir nach der „Papierkügelchenstunde" also noch bevor an dieser Schule, dies und noch viel mehr, als ich weinend zwischen den Kollegen saß.

Was ich aufgezählt habe, hört sich nach großen äußeren Erfolgen an, aber so war es nicht! Meine Kollegen beobachteten immer wieder das zeitweilige Chaos in manchen Klassen, die Spottreden vieler Schüler, vielleicht gerade solcher, die es selbst schwer hatten bei anderen, die Unruhen, mit denen ich immer wieder zu kämpfen hatte, mein Ungenügen als Lehrerin, die ganz und gar unerfahren war in der Praxis des Hauptschulunterrichts, auch im Fach Religion.

Und doch würde ich rückschauend sagen: Leise, ganz leise, feierte ich meine Höhepunkte, hörte den Samen wachsen und glaube auch heute, ganz sicher, dass ich mit Gottes Geist, mit Gottes Kraft, *Punkte* setzen durfte für den Glauben, nicht sichtbar, aber doch, ganz besonders in den Religions-AGs, den kleinen Glaubensgesprächskreisen, in denen sich auch schwierigste Schüler in sensibler Weise mit mir unterhielten, ja, über was? – Kurz gesagt: Über den Sinn des Lebens. In diesem Buch möchte ich in keiner Weise eine systematische Darstellung meines Religionsunterrichts geben – ich wähle aus.

All die Jahre hat Gott sein Versprechen gehalten, das er mir zu Beginn meiner „RU-Karriere" gab, ganz persönlich, unvergesslich. Er hält es weiter in meinem Leben, täglich neu, nicht nur im Leid, nein, auch in der jubelnden Freude, die mein Leben jetzt durchstrahlt, in Freude und Leid, nachdem ich finden durfte, was ich fand.

Erinnerung erstes Jahr Hauptschule: „Siehe, Ich Bin Da"

Der Unterricht also problematisch – dies Leid jedoch nichts neben dem, was ich persönlich zu bewältigen hatte. Die folgende Szene habe ich später meinen Schülern oft erzählt und tue es schriftlich, auch jetzt: Ich war in der tiefschwarzen Stimmung meiner Ausweglosigkeit nach Rüdesheim, dem lauten Weinort, gefahren und irgendwie gelangte ich dort in die Weinberge, schließlich zur Klosterkirche St. Hildegard. Die Kirche, in Halbdunkel getaucht, war wohl leer. Ich ging nach vorn, nahm kaum irgendetwas wahr, zu unglücklich, zu verzweifelt um irgendein Gebet zu formulieren. Ob gläubig oder ungläubig – wie viele Menschen kennen wohl eine solche Situation! Kein Ausweg, alles finster, das Leben nur noch eine Last! Man scheint am Ende zu sein.

Nachdem ich eine Zeit lang im Halbdunkel der Kirche gesessen hatte, ging ich wieder auf den Ausgang zu und sah wie zufällig auf die Wand der Klosterkirche neben der Tür: In großer Schrift stand dort, eingemeißelt in die Mauer, der Spruch des Herrn:

„Siehe, Ich Bin Da"

In diesem Augenblick trafen mich diese Worte mitten ins Herz, unbeschreiblich, eigentlich nicht mehr als Worte, sondern als feste Überzeugung, die Gott mir wie ein Aufstrahlen in der Dunkelheit schenkte, ja, mit der er die Dunkelheit in strahlendes Licht verwandelte – für *diesen* Tag, ganz! Kein Ausweg weiterhin, das Leid ungelöst, aber fröhlich, strahlend vor Glück, wie durch wundersamen Zauber verwandelt, verließ ich die Kirche, voll Zuversicht: Was konnte mir noch geschehen? Gott war bei mir und ganz neu – wenn ich dieses Wort auch nicht dachte – erfuhr ich von Gott:

„Fürchte dich nicht, denn ich habe dich ausgelöst. Ich habe dich bei deinem Namen gerufen, du gehörst mir. Wenn du durchs Wasser schreitest, bin ich bei dir, wenn durch Ströme, dann reißen sie dich nicht fort. Wenn du durchs Feuer gehst, wirst du nicht versengt. Keine Flamme wird dich verbrennen, denn Ich, der Herr, bin dein Gott, Ich, der Heilige Israels, bin dein Retter."

(Jes 43,1 f)

Dies Wort aus der Bibel – ich habe es *erfahren*.

Wie von selbst lernte ich im Laufe der Zeit zunächst bei den Kleinen, den fünften und sechsten Schuljahren, wie man die Ruhe im Unterricht herstellt, dass im Fach Religion eine gewisse Strenge zuweilen notwendig ist, Forderungen an die Schüler gestellt werden müssen, damit das Eigentliche gelingen kann. Wenn dieses Bemühen auch ein täglicher Kampf war und blieb, all die Jahre, ein Kampf, der in vielen Stunden einfach verloren wurde, so darf ich doch sagen, dass ich meinen Dienst nicht so lange mit guter Gesundheit und Freude hätte tun können, wenn es mir nicht doch immer wieder gelungen wäre, die notwendige Disziplin herzustellen. In den kleinen „Gesprächskreisen Religion" war ein höflicher, ruhiger Ton selbstverständlich. In vielen Klassen fand ich sogar einen Weg, die Schüler für Stille / Meditationen zu begeistern: Ich lud sie ein, auf diese Art über Kerninhalte des Glaubens, die ich noch beschreiben werde, nachzusinnen. Dieses minutenlange gemeinsame Schweigen, das auch in disziplinschwierigsten Klassen nach Vereinbarung möglich war, faszinierte immer. Allein in der Stille nachdenken – da ist gerade für junge Menschen die Gefahr der Einsamkeit gegeben, aber zusammen mit anderen so geborgen, das empfanden alle als schön!

Ich denke, dieses Element der Stille müsste in unseren Gottesdiensten viel stärker zum Tragen kommen – da bin ich sicher! In Taizé, bei Roger Schutz, hatte ich ebendiese im Gottesdienst beobachten können, mit entsprechender Reaktion, gerade bei Jugendlichen. Warum gibt es bei uns nicht mehr, nicht länger einen Gesang der Stille gerade für Jugendliche, für die das Element der Meditation naturgemäß so wichtig ist? Ich erinnere mich an die abendlichen Gespräche in Taizé bei einem winzigen Gläschen Wein, genau abgemessen, entsprechend ihrem Festcharakter – beeindruckend das Zusammensein der so vielen vor allem jugendlichen Gäste. Hier ereignete sich schon vor 20 Jahren genau das, was Jugendliche auch heute in ihrer Freizeit suchen: Event, Happening, ein Hauch von Abenteuer wie bei einem Rockkonzert mit riesigem Publikum, faszinierend wie dieses und doch ganz ohne Rauschmittel, diese Abende im Dienst der Glaubensverkündigung. In unseren (Jugend)-Gottesdiensten ist es nicht leicht, ein solches gemeinsames absolutes Schweigen, auch ohne Orgel, minutenlang zu wagen, aber ich denke, man sollte es unbedingt immer wieder tun!

Was also bringt der Glaube?

Das goldene Leuchten über dem Tag! Sag, womit beschäftigen wir uns? Von diesem und jenem reden, sitzen, warten, sich verabreden, Arbeiten planen, Vorfreude haben auf dies und das, wenn es nicht Schicksalsschläge sind, die wir verwinden müssen. Gemeinsam sich freuen mit Freunden, mit Menschen, die wir lieben – das scheint das Höchste zu sein. Aber das Leuchten im Herzen, das suchst du, vielleicht unbewusst, immer, in allem. Im Glauben, in einem Glauben, der existentiell geworden ist, bleibt es auch noch da, irgendwie, in den Ängsten, dass dies und das misslingt, ja wenn alles misslungen wäre, nicht nur in der Freude, sondern tiefinnerst ebenso im Leid, das Leuchten im Herzen – Jesu Licht.

Das stärkste, was meine Schüler vielleicht ab und zu verstanden haben, war das Bild von Jesus, dem Freund. Dies nahm ich im fünften Schuljahr, auch oft in anderen Klassen, zum ersten Thema, ebenso Beten, denn beides gehört für mich untrennbar zusammen. Ausnahmsweise machte ich da nicht viele Worte für den Ersteinstieg (meine ganze Hauptschulzeit hindurch redete ich leider ab und zu viel zuviel, aber ich sah so gerade in Klassen, in denen von einzelnen Schülern versucht wurde, meinen Unterricht zu boykottieren, manches Mal nur noch so die einzige Möglichkeit, wenigstens einen winzigen, wenn auch noch so kleinen *Punkt* zu setzen für meine Ziele). Eigentlich ging das immer Hand in Hand, meine Erfahrung mit Gott, und mein Bemühen, auch von dem, was ich empfing, Tag für Tag, etwas an die Schüler weiterzugeben in einer ihnen gemäßen Sprache, vielleicht sogar ohne Worte. Ich bin sicher, dass die Schüler fühlen, ob ein Religionslehrer zum Beispiel betet.

Für eine Erstbegegnung mit der Gestalt Jesu im Unterricht wählte ich das Bildmosaik aus *meiner* Klosterkirche St. Hildegard in Rüdesheim. Dieses Bild verschenkte ich auch in Postkartengröße, im Anschluss an unsere Meditationen wohl viele hundert Male an Schüler in der Hoffnung, dass sie zu Hause vielleicht unsere Meditation still für sich wiederholten. – Drei Fragen zum Bild schrieb ich an die Tafel:

Drei Fragen zum Bild Jesu

Wie sieht Jesus auf dem Bild aus?
Was könnte er mir sagen?
Was könnte ich ihm sagen?

Schon in fünften Schuljahren, die ich unterrichtete, wählte ich diese Meditation in minutenlanger absoluter Stille, die auch zahllose Male gelang. Ich bat die Schüler, Antworten aufzuschreiben ins Heft, mit dem Hinweis, dass selbstverständlich nur Freiwillige dies vorzulesen brauchten. Die meisten Kinder, gerade die Kleinen, wollten dies aber sehr gerne und so hatten wir alle von ihren wunderbaren Antworten – das darf ich wohl sagen – einen Gewinn. In vielen Klassen wiederholte ich diese Übung immer wieder, mit dem Hinweis, dass man sich diese Fragen täglich aufs Neue stellen kann. Das ist natürlich auch möglich ohne Bild, lieber Leser, mit meinem ganz persönlichen *Bild Gottes* im Herzen. Ich selbst würde dies etwa so formulieren:

Gott sieht mich mit Liebe an. Wenn ich jetzt an ihn denke, will ich mich daran erinnern. Was könnte ich ihm sagen? Was könnte er mir sagen, hinein in meine Situation jetzt?

„Herr, auf dich vertraue ich, in deine Hände lege ich mein Leben."

Nach unserer Bildmeditation schrieb ich immer wieder in den verschiedenen Klassen einen Tafeltext an:

Gott kann man nicht nur danken

Gott kann man nicht nur danken,
Gott kann man nicht nur bitten,
mit Gott kann man reden,
ihm alles erzählen.
Er allein kennt mein ganzes Herz.
So weiß er um alle meine Gedanken, um alle meine Gefühle,
um all mein Glück, um all meinen Schmerz.
Er ist der, der mich liebt, maßlos.

Mir ist klar, dass diese Worte für die meisten Schüler wohl zu Anfang nicht mehr als Worthülsen waren, die ich mit Inhalt füllen wollte. Hätte ich dies aber erreicht, dafür auch nur einen *Punkt* gesetzt, hätte ich mein höchstes Ziel für meinen Religionsunterricht erreicht. In vielen Bereichen unserer Öffentlichkeit werden die unsagbar wichtigen mitmenschlichen Fragen und Verantwortlichkeiten angesprochen, auch ohne ein einziges Wort von Gott – das durfte und darf ich für meine Schüler voraussetzen.

Ich aber wollte, auch im Hinblick auf unsere mitmenschliche Verantwortlichkeit, aufmerksam machen auf unsere Heimat in Gott, die Heimat aller Menschen, ob sie es wissen oder nicht, die einzig sichere Heimat, die es gibt, lieber Leser – oder kannst du irgendwo sonst eine sicherere anbieten? „Ja, wenn es Gott gäbe", wirst du vielleicht antworten. Versuche doch einmal, auch hinein in mögliche Zweifel, mit Gott zu reden, allein auf die Möglichkeit hin, dass es ihn für dich geben *könnte*.

Fang mit einem winzigen Sätzchen an, vielleicht mit dem Beisatz: „Wenn es dich gibt ..." Schon das erste Gebet könnte ein *Stern* sein auf dem Weg zu dem Sich-Zuhause-Fühlen in Gott, auf dieser Erde schon. Beten lernt man nur durch Beten. Schüler haben mir das immer wieder bestätigt, hatten auch diese Erfahrung teilweise bereits gemacht, wenn wir uns in der Religions-AG über dieses Thema unterhielten.

„Du", lieber Leser ..., – ich erlaube mir, dich zu duzen, wie einen fremden Freund, denn das möchte ich sehr gerne für dich sein, sonst könnte ich in diesem Buch nicht so persönlich reden. Ob ich in meinem Alltagsleben bei Menschen besonders ankomme, ein Sympathie-Typ bin? Bist du ein Sympathie-Typ, auf den ersten Blick? Ich sicher nicht mehr als es normalerweise üblich ist. Ich wirke vielleicht auf manche Menschen sehr selbstbewusst, allein schon, weil ich mir im Entwicklungsalter angewöhnt hatte, kerzengerade zu gehen. Ich schämte mich damals ein wenig, eine der größten in der Klasse zu sein, und damit ja niemand dieses Gefühl entdeckte, ging ich besonders aufrecht. Jetzt gerade! Manches Mal hat mir diese Einstellung wohl auch später geholfen. Was mir keiner ansieht – ich muss immer wieder gegen heimliche Schüchternheit ankämpfen.

Beten und Gottes Zeichen wie Wunder im täglichen Leben entdecken, gehört unweigerlich zusammen, wenn Glaube tragen soll. Nach meiner eigenen Erfahrung und nach meinen Gesprächen mit vielen Menschen hörte ich dies heraus: Wenn man anfängt in einer Not mit Gott zu reden, immer wieder, vielleicht jahrelang, ist es zwar nicht sicher, dass man so erhört wird, wie man sich das vorstellt, aber es ist unmöglich, dass man nicht irgendwann anfängt, die Zeichen der Nähe und Liebe Gottes zu *sehen* – und zwar nicht nur im Leid, nein, ebenso in der Freude.

Erinnerung

... an meine „Leidjahre" – es dauerte etwa sieben Jahre, bis ich vollkommene Auferstehung erlebte – eines Tages fuhr ich wieder einmal in tiefschwarzer Stimmung mit dem Bus von der Schule nach Hause. Einen Totalschaden bei einem meiner Autounfälle in dieser Zeit hatte ich überlebt. Zu dumm, ich hatte mein Busgeld vergessen! Eine Mitfahrerin rettete mich aus dem peinlichen Augenblick, als ich es entdeckte, und schenkte mir das Geld, einfach so. „Sie können es ruhig annehmen", sagte sie, „auch ich habe Hilfe erfahren."

Als wir ausgestiegen waren, erzählte sie mir ihre Geschichte, hinein in mein eigenes Leid: „Ich war Jahrzehnte verheiratet, als mein Mann mich plötzlich verließ, wegen einer anderen. Es gab auch keinerlei finanzielle Hilfe für mich, war ich doch all die Jahre nicht berufstätig gewesen. Eines Tages hatte ich buchstäblich nichts mehr zu essen im Haus. Ganz verzweifelt ging ich zum Grab meiner Mutter. Nebenan stand eine Frau am Grab ihres Mannes, eine Frau, die ich in meiner Not kaum wahrnahm. Als ob sie meine Verzweiflung gehört hätte – als sie den Friedhof verließ, reichte sie mir zum Abschied die Hand, darin ein Hundertmarkschein! Da war es mir, als ob mich jemand rüttelte und schüttelte: Hab neuen Mut!"

Mir selber aber gab diese Erzählung, dieses Erlebnis, auch neuen Mut, Wasser in meiner Wüste – für diesen Tag:

Siehe, Ich Bin Da

Als bildhafte Ausdrucksform der Erfahrung Gottes betrachtete ich mit den Schülern also zunächst meist das Mosaikbild der Apsis der Klosterkirche St. Hildegard und kann sagen, dass ich nicht ein einziges Mal beobachtet habe, dass dieses Bild mit Widerwillen aufgenommen wurde. Die Schüler hatten durchweg immer die Bereitschaft, es zu betrachten. Ich scheute mich aber auch nicht, ihnen ein anderes meiner Lieblingsdarstellungen von Gott vorzustellen: „Gott erschafft den Adam" von Michelangelo. Ich nahm für die Bildbetrachtung ein großes Poster mit in den Unterricht, auch schon in fünfte Schuljahre, wenn es auch nicht das Original sein konnte, das ich einmal in Rom stundenlang betrachtet hatte. Beide unterschiedlichen Darstellungen Gottes aus der Kunst sprechen für mich von dem einen, liebenden Gott. Ich habe es nie anders erlebt, als dass auch das Bild von Michelangelo durchweg positiv aufgenommen wurde. Bei der Bildbetrachtung machte ich den Schülern aber unbedingt deutlich, dass es sich hier nicht um Abbilder Gottes, sondern um gemalte Glaubenserfahrungen, Gottesvorstellungen von Menschen handelte, die allerdings einen Gott zeichneten, der den Glaubensaussagen der Bibel entsprach.

Die Fünftklässler setzten sich sogar mit dem Michelangelo-Thema auseinander, indem sie versuchten, es abzumalen, ohne dass ich sie dazu aufforderte. Auch die unterschiedlichen Antworten, die auf die „drei Fragen zum Bild Jesu" hier gegeben wurden, sagten mir, dass es selbstverständlich unmöglich ist, Jesus auf ein einziges Bild festzulegen. Man könnte ihn auf tausenderlei Art darstellen. Ein einziges Bild, das ankommt, ruft die spezifische Interpretation des Betrachters hervor und die ist bei jedem anders und immer wieder neu. Es ist allerdings entscheidend, dass Menschen ein Bild von Jesus positiv aufnehmen, dass es für *sie* eine mögliche Interpretation Jesu, von dem, was die Bibel aussagt, darstellt. Ich ging im Unterricht von den Bildern aus, die mir persönlich am meisten bedeuteten, denn das gab mir Motivation, auch auf andere Weise ständig neu zu *malen*, nämlich durch Erzählen, durch meine Worte von Jesus. Neu *gemalt* wurden diese Bilder aber auch durch jede persönliche Äußerung, die die Schüler als ihre Antwort auf die drei Fragen vorlasen: Das entnehme *ich* dem Bild! Das bedeutet das Bild für *mich*.

Als gute Hilfe, von Jesus zu reden, nahm ich auch das Mosaikbild von Jesus aus der Abteikirche von Maria Laach in Postkartenform in den Unterricht mit. Kirche und Kloster habe ich übrigens immer wieder im Rahmen der Religions-AG mit Schülern besucht, so dass bei einigen ohnehin eine besondere Beziehung zu diesem Ort der Anbetung Gottes gegeben war.

Kein Bild aber habe ich so oft verschenkt wie das Jesus-Mosaik aus der Klosterkirche von Rüdesheim – in all den Hauptschuljahren, wer weiß, wohl tausend Mal oder auch mehr. Wenn mir jemand heute sagte: „Ich bin enttäuscht, *mir* sagt dieses Bild aber nichts", würde ich antworten: „Na und? Suche weiter, bis du eines gefunden hast, dein Bild von Jesus, das *dir* entspricht! Suche *deine* bildhafte Ausdrucksform der Erfahrung Gottes!"

Schon ein einziger Mensch wirkt auf jeden Menschen anders, jeder interpretiert ihn neu, umso mehr wendet sich Gott jedem von uns auf einzigartige Weise zu, hat er jeden von uns doch auch auf einzigartige Art und Weise erschaffen. Jeder bleibt ein Original – auch im Zeitalter der Gentechnologie – und jeder hat seine ureigene Berufung, *sein* Bild der Liebe Gottes im Herzen zu entdecken.

Ich besuchte neulich eine Fotoausstellung, die Jesus und die Gestalten der Bibel durch Menschen unserer Zeit darzustellen versucht. Wenn *dir* das mehr sagt als andere Bilder von Jesus, wenn du Ihn darin tatsächlich findest, den Gott, zu dem du beten kannst, den Gott-Menschen Jesus Christus – warum nicht durch diese oder andere Bilder? Ich denke, das Bild, das man von Jesus im Herzen trägt, wenn man zum Glauben an ihn gefunden hat, ist entscheidend. Wenn man diesen Schatz aller Schätze wirklich entdeckt hat, ist es so, wie ich es auch schon meinen Grundschülern sagte: Wenn man an Gott glaubt, hat man den besten Freund immer dabei, man ist nie mehr allein.

Ich selbst blieb bei unseren Stillemeditationen fast immer sehr angespannt und schickte Stoßgebete zum Himmel, dass es doch gelingen möge. In den Religions-AGs, die jeweils nur aus einer kleinen Gruppe von Schülern bestanden, war dies anders. Dieser Berufung konnte ich zwar erst nach dem langen Hauptschulvormittag von sechs Schulstunden folgen, aber es war mir möglich, mich dort in der Stille wirklich zu entspannen und zusammen mit den Schülern dem Jesus-Wort auch persönlich folgen: „Kommt, ruht ein wenig aus" (Mk 6,31).

Gebetsmeditationen gab ich übrigens auch kleinen Schülern immer nur als Angebot, dem sie freiwillig folgen konnten. Nach der gemeinsamen Vereinbarung forderte ich aber die Stille unbedingt, in keiner Weise allerdings das Beten, die freiwilligste Entscheidung des Menschen. Dessen sollten sich auch schon die Kinder bewusst sein.

„Du kannst in der Stille auch deine Gedanken spazieren gehen lassen, wie es dir beliebt, aber vielleicht versuchst du aber doch einmal, dich an Gott zu erinnern, an den, von dem wir eben in dem ... Bibeltext gehört haben", so in etwa lud ich ein, bis den Klassen diese Phase unseres Religionsunterrichtes selbstverständlich war. Soweit ich mich erinnere, ergaben sich nach der gemeinsamen Stille zumindest einige Zeit lang wertvolle Gesprächsphasen.

Manches Mal hätte ich die Minuten der Andacht wohl besser auswerten können, den Wechsel der Unterrichtsformen besser beachten müssen. So vieles habe ich vielleicht versäumt, aber ich war damals in der Lern- und Erkundungsphase in meiner Art zu unterrichten. Trotz mancher Mängel bin ich sicher:

Wenn auch nur fünf Minuten unserer Stillemeditation / unsres Betens die Herzen der Schüler erreicht hätten ab und zu, es wäre sicher unsagbar kostbar gewesen für ihr ganzes Leben, denn ebendiese Phase des Unterrichtes bereitete das vor, was meiner Ansicht nach das Wichtigste war: Dass sie im RU Geborgenheit gewinnen würden im Glauben durch das Aufmerksamwerden auf den Gott der unendlichen Liebe, der Mensch geworden ist in Jesus. Auch in meinem persönlichen Leben ist und bleibt es so, von Jugend auf: Nichts ist so wichtig wie dieses mich in der Stille besinnen auf Gott und das Beten. Uns alle lade ich ein, auf einer solchen Insel ab und zu auszuruhen.

Einige *Punkte*, die ich täglich mit aller Kraft im Religionsunterricht zu säen versuchte, möchte ich hier aufzeigen, Elemente, die kostbar waren und die heute ebenso aktuell sind wie damals, unverzichtbar, denke ich, wenn man bei den Schülern existentiell wirklich etwas erreichen will. Was ich meine, kann ich vielleicht an folgendem Beispiel beschreiben:

Erinnerung

... an die Zeit, als ich nach meinen Hauptschul-Jahren noch einmal an Grundschulen unterrichtete. Die größten Erfolge hatte ich – äußerlich gesehen – in ersten und zweiten Schuljahren. Bei den Kleinen war ich im RU geachtet, allgemein akzeptiert und auch beliebt. Einige Eltern erzählten mir, dass mein Religionsunterricht von ihren Kindern begeistert aufgenommen würde und auch zu Hause noch spürbar wäre.

Den Sternsingersegen, der allen Kindern bekannt war, weitete ich auf das ganze Jahr aus im Morgengebet. Stille. Wir dachten an Häuser, Menschen, die wir segnen wollten, und wir zählten an Fingern ab, schrieben den Sternsingersegen für sie ohne Kreide auf die Bank nach dem Lied: „Wir bitten dich, segne jedes Haus, und alle, die gehen ein und aus, verleihe ihnen zu jeder Zeit Frohsinn, Friede und Einigkeit!" Wie damals an der Hauptschule machte ich die Kinder darauf aufmerksam, dass man Stille und Segen zu Hause jederzeit allein wiederholen könne, wenn man das nur wollte. Das ist auch das wichtigste Anliegen meines Buches, dass Ratschläge, die dem erwachsenen Leser passend erscheinen, Ratschläge, die auch meinem eigenen Glaubensleben entsprechen wie dieser, einen **„Sternsingersegen für jeden Tag"** zu beten, nicht nur gelesen, sondern auch praktiziert werden.

Ich stelle mir nun vor, dass ich diesen Segen zusammen mit meinen Lesern, jeder zu Hause für sich und doch im Gebet miteinander verbunden, bete. Du darfst sicher sein – wie immer die anderen sich entscheiden, einen Gefährten hast du nun – mich! Ich habe mich eben entschlossen, diesen Segen täglich einmal zu beten, ein Leben lang. Es gilt auch für mich: Was nützt das Buch, was nützen schöne Worte, wenn nichts geschieht?

„Gottes-Zauberhaft-Vereine"

Wenn du mitbetest, hätte sich mein Traum erfüllt. Ein „Zauberbuch" schreiben für Gott – genau das ist mein Ziel.

Im Glauben in der Kirche etwas bewegen! Eigentlich bin ich das Zaubern längst gewohnt. Ging ich nicht so viele Jahre in meinem Religionsunterricht wie auf einem Seil? Und doch war ich damals nicht ohne Gefährten. Ich denke, jeder Mensch, der im Herzen mit Risiko etwas Gutes bewegen will, geht mit mir. Und doch möchte ich es nicht bei diesen allgemeinen Zielen lassen, ich bitte dich ganz konkret:

Betest du meinen Sternsingersegen mit? Versuchst du es einmal mit Kirchenbesuch, wieder und wieder?

Glaube mir, dort wartet auf dich ein Schatz! Vielleicht hast du als kleines Kind einmal nach einem Schatz gegraben, ganz sicher war Anstrengung dabei. Nun könntest du wieder graben – setze ab und zu ein wenig von deiner Zeit für Religion, Gott und Glauben ein. Gib nicht auf! Es geht um *Alles*! Aus dem Kinderspiel mach doch einmal Ernst: Schätze ausgraben und zaubern, wer macht mit?

Bildbetrachtung, Meditation, Beten als Einheit – Hilfe zum Beten, Hilfe zum Glauben, Hilfe, das ureigene *Bild* von Jesus, von Gott im Herzen zu gewinnen, Hilfe also, an dieses Urbild im menschlichen Herzen zu erinnern – Hilfe, Hilfe, Hilfe – das also wollte ich immer wieder geben, so wie auch ich immer wieder wunderbare Hilfe erfahren habe in meinem Leben.

Ich benutzte zu diesem Zweck auch Bilder aus Filmen, die mir geeignet erschienen. Warum sollten nicht auch Menschen in ihrer Darstellungskunst Hilfe geben um Jesus zu *malen* als lebendige Bilder? Ich erinnere mich an den Jesus-Filmklassiker „Ben Hur", den ich zu diesem Zweck einsetzte. Dieser Film stellt im letzten Teil in beeindruckender Weise den Leidensweg Jesu dar, zuvor aber die Begegnung Jesu mit Ben Hur in *dessen* Leidenszeit als Symbolszene für die Begegnung Jesu mit Menschen in Not. Die ganze Fastenzeit hindurch zeigte ich den Schülern in verschiedenen Klassen zwei Szenen aus diesem Film zum Themenbereich der „Leidensgeschichte" aus dem Neuen Testament:

In der ersten Szene liegt ein Mensch im Schlamm, ein Mensch, dem alles genommen ist, der nichts mehr hat, jede Hoffnung zu Ende, stammelnd: „Gott hilf mir!" In diesem Augenblick erscheint Jesus – die Szene spielt in Nazareth, wo er, zum jungen Mann herangewachsen, kurz vor seinem öffentlichen Auftreten steht und in Josephs Schreinerei die Szene beobachtet hat. Man sieht nur seine Hand, die dem

Verdurstenden Wasser, Leben, schenkt, die Gestalt Jesu, die sich unendlich liebevoll zu dem Verzweifelten hinabbeugt, die Szene untermalt von zauberzarter Musik.

Wie viele Bibelszenen könnte man an diesem Bild festmachen! Jesus rettet den sinkenden Petrus, Jesus heilt einen Blinden – wie viele Szenen aus dem persönlichen Leben, vielleicht auch aus deinem? In diesem Buch kann ich ganz einfach sagen: die Szene, zum Beispiel, in der ich den Bibelspruch existentiell erfuhr, damals: „Siehe, Ich Bin Da" – ein Bild aus der Wirklichkeit meines Lebens, das diesem Filmbild voll und ganz entsprach. Ich könnte an die Aussagen der Bibel nicht so sehr glauben, wenn ich nicht Ähnliches in meinem Leben erfahren hätte.

Wenn Stunden der Ausweglosigkeit uns helfen, den persönlichen Gott, den mächtigen Freund, zu entdecken, sind sie – wenn durchgestanden – das weiß ich heute rückschauend betrachtet, das größte Geschenk Gottes.

Dieser Filmszene von Jesus, der den Verdurstenden rettet, stellte ich nun eine zweite Szene des Jesus-Filmes gegenüber. Der Mensch, der auf wunderbare Weise aus seiner verzweifelten Lage errettet wird, trifft Jesus später wieder, jetzt ist es Jesus, der leidet. Auf seinem Kreuzweg ist er zusammengebrochen, liegt absolut verlassen und hilflos da wie damals der andere. Man sieht ihn unter dem Kreuz nach seinem dritten Fall, blutige Striemen der Geißelung auf seinem Gewand. Der Mensch eilt hinzu, gibt ihm Wasser und Jesus hebt den Kopf mit der Dornenkrone und sieht den Menschen an, der ihm helfen will. Das Antlitz Jesu zeigt der Regisseur nicht auf diesem Bild, aber er gibt Hilfe, dass man sich die unendliche Liebe vorstellen kann, mit der Jesus den anderen ansieht, der ihn trösten will auf seinem furchtbaren einsamen Weg. Wie sehr ist Gott grundgelegt in der menschlichen Seele, dass Filme so sprechen und in Erinnerung rufen können! Ich denke, ein Heiliger hätte den Film nicht besser gestalten können, wer immer der Regisseur, wer immer die Darsteller waren. Bilder oder bildhaftes Erzählen können also entscheidende Hilfen geben, um das Bild Gottes im Herzen zu entdecken.

Untrennbar verbunden mit religiösen Bildern war für uns im Religionsunterricht das Beten. Ich würde sagen: Auf Bilder könnte man zur Not verzichten, malen sie doch immer nur eine subjektive Erfahrung mit Gott. Das Beten aber erscheint mir unverzichtbar, in dem doch der Mensch letztlich sein ureigenes Gottesbild entdeckt, die Art und Weise, wie ihm Gott einmalig und ganz persönlich zulächelt. So möchte ich es zu beschreiben versuchen, wie er uns im Lauf einer langen Zeit manchmal – auch da kann man keine Regel aufstellen – erklärt, wer er ist: „Siehe, Ich Bin [für dich] Da". Lies einmal nach (vgl. Seite 195 Kapitel „Schülerpersönlichkeiten – Nicole"). Wie würde ich Beten heute beschreiben?

Beten

Mit Gott reden
Schweigen
Weinen
Lachen
Schreien
Toben
Warten
Mich immer in Liebe gehalten wissen
in meinem Unvermögen
Ausruhen
Mich fallen lassen
Die größtmögliche Zärtlichkeit erfahren
Unbeschreiblich
Irgendwie durch das Bewusstsein
der Nähe Gottes
So tröstlich
Dass alle Einsamkeit
Selbst in der Einsamkeit
Zu Ende ist.

Erklären kann ich es letztlich nicht, lieber Leser, was ich meine, deshalb gibt es nur zwei Möglichkeiten, dass du mich verstehst: Entweder hast du selbst erfahren, was ich meine, oder du machst dich auf den Weg zum persönlichen Beten, Beten zu Gott, Gott suchen – unbedingt auch durch Beten – und sei es durch einen täglichen Versuch: „Gott, wenn es dich gibt ...“ – „Mein Gott und mein Alles“. So kann auch der Weltmensch beten in dem Augenblick, da er anfängt, absolutes Vertrauen zu riskieren, die einzige Art, in der man den Trost Gottes letztlich bewusst erfahren kann. Ich denke, Gott tröstet uns täglich auf vielerlei Art, auch Menschen, die kein einziges Gebet sprechen, für die Gott scheinbar noch gar keine Rolle spielt, aber die Einladung zu wirklichem Beten beinhaltet immer die Einladung Gott zu begegnen als persönlichen, stärksten, allmächtigen, liebevollsten Freund, den es gibt.

„Aber man kann Gott nicht anfassen“, sagten die Schüler immer wieder. Wer Gott als besten Freund gefunden hat, weiß: Er ist dennoch näher als jeder Mensch in der Erfahrung der göttlichen Zärtlichkeit, die sich in unbeschreiblicher Nähe und Fürsorge ausdrückt, die Gott uns winzigen Geschöpflein zuteil werden lässt, die Jubel im Herzen hervorruft, wenn man beginnt, die Zeichen seiner Gegenwart wahrzunehmen. Bei der Darstellung einzelner Schülerpersönlichkeiten habe ich das zu beschreiben versucht, natürlich vor allem immer wieder bei meinen Anmerkungen *Rosen* **empfangen** oder *Rosen* **verschenken**. Diese Worte sind nur ein *Versuch*, nicht mehr, um auszudrücken, was ich meine.

Wie war es möglich, dass die minutenlange Stille als Voraussetzung für gemeinsame Meditation / Beten auch in lautesten Klassen immer wieder gelang? Zunächst versuchte ich es mit meiner Überzeugungskraft, ganz sachlich. Die Schüler sollten mit mir doch einmal die Stille ausprobieren, nach Absprache. Sie selbst sollten entscheiden, ob sie dergleichen in den Unterricht einbauen wollten. Nun hatte ich die Schüler auf meiner Seite in meinem Bemühen, zunächst die erste Meditation durchzuführen. Etwas ganz Neues ausprobieren, immer! Die Stille begann. Störte nun jemand, hatte er die Klasse gegen sich und das riskiert kein Schüler freiwillig. Ich machte den Schülern klar, welche Leistung es war, eine solche Stille zu erreichen und wie einfach, sie durch eine dumme Bemerkung zu zerstören, zum Beispiel dadurch, dass ein möglicher Störenfried die Stille, die wir doch gemeinsam vereinbart hatten, als willkommene Gelegenheit, seine eigene Person in den Vordergrund zu stellen, missbraucht hätte. Das sah irgendwie jeder ein. Im Anschluss an die erste Stille stimmten wir ab, ob die Klasse dergleichen im Unterricht öfters wünschte, und immer meldeten sich alle dafür. Immer wieder konnten wir dann minutenlang, mit Wort oder Bild eingeleitet, die Faszination der Stille gemeinsam erleben. Die Schüler, denen es gelang, sich wirklich zu entspannen, erwachten nachher wie aus einem Traum und hätten so gerne noch länger meditiert. Mit Rücksicht auf die – das waren immer einige – die innerlich angespannt blieben, die aber auch mit einer gewissen Neugier der Stille gefolgt waren, brach ich diese Phase des Unterrichts nach kürzerer Zeit immer ab mit dem Hinweis darauf, dass jeder zuhause die Meditation wiederholen könnte, wann immer er es wünschte. Dieser Hinweis war sehr wichtig! Ein Schüler, der dem nachkäme, hätte im Unterricht einen Tipp für das Beten zuhause angenommen. Einen größeren Erfolg bei Nicht- oder Kaum-Betern könnte ich mir als Religionslehrerin nicht vorstellen.

Heute ...

der wichtigste Tag – immer. Ich unterbreche mein Schreiben für dich, lieber Leser, und blicke hinaus, an diesem Dienstagmorgen in der Weihnachtszeit. Auch die zauberhafte Aussicht aus meinem Wohnzimmerfenster ist immer wieder eine besondere Freude, die Gott mir schenkt.

Guten Morgen, Leben, ich grüße dich! Wolken wehen vorbei über der alten Burg, die auch den neuen Tag begrüßt. Der Himmel reißt auf – strahlendes Licht über den Häuserdächern, darin Menschen, Schicksale, Gefährten. Die Fahne auf dem alten Turm flattert im Wind. Sieg! Auf den Flügeln der Sehnsucht weht neue Hoffnung, Segen des neuen Tages für dich, für mich, für alle!

Damals, an der Hauptschule, waren Dienstagmorgen-Andachten üblich. Pfarrer und Lehrer wechselten sich in der Gestaltung ab. In eine meiner Andachten von damals möchte ich dich einladen – *heute*!

Morgenandacht
vom heiligen Sterntalerkind

„Und wenn es auch sein allerletztes Hemdchen weggegeben hatte, so hatte es gleich ein neues an und dieses war von allerfeinstem Linnen."   *(Gebrüder Grimm: „Die Sterntaler")*

So schließt das Märchen vom kleinen Sterntalerkind, das im Vertrauen auf den lieben Gott alles weggegeben hatte aus Liebe zu anderen Menschen. Das kleine Sterntalerkind, so scheint es, dümmlich in seiner Liebe, total unrealistisch. Es gibt sein allerletztes Hemdchen und denkt, es ist dunkle Nacht, da sieht dich keiner. Kein Gedanke, dass der nächste Tag kommen wird und alle sehen werden, dass es nicht einmal ein Hemdchen trägt. Das kleine Kind lebt ganz dem Augenblick. Sein Vertrauen auf Gott ist grenzenlos: Gott ist da. Er wird sorgen. Wenn man die Lebensbeschreibung der Heiligen liest, könnte man an das Sterntalerkind erinnert werden. In fast dümmlichem Vertrauen haben sie alles weggegeben aus Liebe zu Gott und den Menschen. Es gibt nichts, das sie für sich behalten hätten. Die Frage bleibt: Sind sie auch belohnt worden wie das Sterntalerkind? Ist er belohnt worden, der Maximilian Kolbe, der aus Liebe zu Gott und aus Nächstenliebe zu einem Menschen singend für diesen in einem Hungerbunker starb? Ist er belohnt worden, Pater Damian, der seine Jugend, seine Kraft, seine Gesundheit, sein ganzes Leben den Ausgestoßenen auf der Leprainsel Molokai schenkte? – Wenn man das Lebensschicksal der Heiligen verfolgt, gibt es Heilige, die auch schon auf dieser Erde beschenkt wurden wie das Sterntalerkind – auch das ist möglich – wie das Schicksal der heiligen Monika zeigt, die Gott nach dreißig Jahren Flehen und Beten, dass ihr Sohn (der spätere heilige Augustinus) doch zum Glauben an Gott finden möge, erhört wurde. Es gibt aber auch Heilige, die das überreiche Beschenktwerden, äußerlich gesehen, erst in vollem Ausmaß in einer anderen Welt erlebt haben, wie Pater Damians Schicksal zeigt. Erst durch den Totaleinsatz seines Lebens, die tägliche Hingabe all seiner Fähigkeiten, wurde die Welt schließlich aufmerksam auf das Elend der ausgestoßenen Aussätzigen und durch den radikalen Einsatz seines Lebens wurde die Welt sich endlich der eigenen Herzlosigkeit diesen Menschen gegenüber bewusst. Erst nachdem Pater Damian schließlich selbst rettungslos an Lepra erkrankt war, sein eigenes Leben auf dieser Erde verloren war, erbarmten sich andere und halfen diesen Menschen in einer Weise, von der Pater Damian nicht zu träumen gewagt hätte all die Jahre.

Pater Damian ... Bevor ich meine Morgenandacht fortsetze, möchte ich an dieser Stelle eine Geschichte einfügen, die ich in Anlehnung an das berühmte Märchen vom Sterntalerkind schrieb. Sag, lieber Leser, was wäre unser Leben, wenn sich nicht Spuren der kleinen Märchengestalt, die ich gleich schildern werde, darin fänden – und wenn es auch nur winzigste Spuren wären, vielleicht wäre ebendas unsere Berufung, an die uns Lebensumstände immer wieder erinnern können, oft, denke ich, auch ohne bewusste Erinnerung an Gott.

Hier nun folgt meine Umdichtung dieses Märchens als Gegenstand für unsere Morgenandacht.

Märchen vom heiligen Sterntalerkind

Es war einmal ein kleines Kind, dem waren Vater und Mutter gestorben und es hatte fast gar nichts mehr, nur noch ein Hemdchen und ein Schälchen, ein Mützchen und ein Stück Brot in der Hand. Da tippelte es mit seinen kleinen Füßchen im Vertrauen auf den lieben Gott hinaus ins Feld. „Der liebe Gott ist ja bei mir!", dachte es bei sich und zog fröhlich los. Bald begegnete ihm ein anderes Kind, das sagte: „Du hast ja so ein schönes Mützchen, kannst du mir das nicht schenken?" – „Aber gern!", strahlte das kleine Kind und gab ihm sofort sein Mützchen her. Bald begegnete ihm ein anderes Kind, das hustete. „Du armes Kind", sagte das kleine Sterntalerkind, „hier, nimm mein Schälchen, dann geht es dir besser!" Es tippelte weiter und der eisige Wind trieb es vorwärts, so dass es schwankte. Die kleinen Öhrchen waren feuerrot vor Kälte und es fing an zu husten, denn das kleine Hälschen war nun ungeschützt. Aber es lief doch sehr fröhlich, denn es dachte an die Kinder, die es beschenkt hatte. Sicher hat das eine nun keinen Husten mehr und das andere friert nicht mehr auf dem Kopf, dachte es.

Es wurde langsam Abend und plötzlich merkte es, dass es lange nichts mehr gegessen hatte. Mit gutem Appetit wollte es in sein letztes Stück Brot beißen, da kam ein alter Mann vorbei und bat: „Ach, Kind, mich hungert so sehr! Gibst du mir etwas ab?" – „Ach, du armer Mann", sagte das kleine Sterntalerkind, „lass es dir nur gut schmecken!", und gab ihm sein ganzes Stück Brot. Inzwischen hatte es einen Wald erreicht und die Dunkelheit war hereingebrochen. Es konnte nur noch ganz langsam tippeln, denn es war so erschöpft, dass es sich kaum aufrecht halten konnte. Das kleine Kind zitterte vor Kälte. Da kam wieder ein Mensch vorbei, der sagte: „Du hast so ein wunderschönes Hemdchen an, das könnte mich wohl wärmen im eisigen Wind, schenkst du es mir?" Da dachte das kleine Sterntalerkind: Es ist dunkle Nacht, da sieht dich keiner! Und schnell hatte es sein allerletztes Hemdchen ausgezogen und gab es auch noch hin.

Ganz erschöpft setzte es sich auf den Boden und die Dunkelheit hüllte es ein wie ein schwarzes Tuch. Da fühlte es plötzlich eine fürchterliche Verlassenheit und der Schmerz brannte wie Feuer im Herzen, dass es Vater und Mutter für immer verloren hatte. Es dachte an den lieben Gott, dem es so sehr vertraut hatte auf seinem Weg, und an all die Menschen, die es beschenkt hatte. „Lieber Gott, du bist doch da, ach, hilf mir doch – ich bin ja so schrecklich allein", schluchzte es. Und der Stein auf dem Herzen des Sterntalerkindes war so fürchterlich schwer wie nur ganz wenige Menschen ihn tragen können – einen Augenblick lang in der Ewigkeit, einen Augenblick nur, denn plötzlich war alles strahlend verwandelt:

Das kleine Sterntalerkind stand in leuchtendem warmem Licht wie ein funkelnder Sternenregen, wie niemals auf Erden ein Mensch es empfinden kann, und die Freude, die es für immer und ewig im Herzen trug, kann niemand beschreiben. Alle Tränen in seinem kleinen Gesichtchen waren getrocknet und für immer und ewig war es geborgen bei Gott. Sein Glück kann niemand beschreiben, ein Glück, das ihm niemand mehr nehmen kann.

Am nächsten Tag fand man das kleine Kind erfroren im Wald. „Das dumme Ding!", meinte einer. „Muss es auch alles wegschenken? Das hat es nun davon!" Aber die Menschen, denen das kleine Sterntalerkind alles geschenkt hatte, kamen hinzu und baten: „Liebes Sterntalerkind, bitte den lieben Gott, dass wir Menschen werden wie du. Nicht nur das Mützchen, Schälchen, dein letztes Brot und dein allerletztes Hemdchen hast du uns geschenkt, sondern den Stern der Liebe. Bitte Gott, dass dieser Stern auch in unserem Herzen leuchtet. Das wäre unser allerschönster Traum."

Und die Geschichte vom kleinen Sterntalerkind ist nicht zu Ende. Vom Himmel her schenkt es zahllose Sterne, wenn du willst, auch dir, wenn ich will, auch mir.

Heilige sind Menschen wie das heilige Sterntalerkind. Sie sind unsere guten Freunde bei Gott im Himmel, zum Beispiel dein Namenspatron – vielleicht liest du einmal dessen Lebensbeschreibung? Wenn wir an Allerheiligen aufwachen, könnte dieser Tag ein besonderer Freudentag für uns sein, wenn wir uns daran erinnern: Wir haben unzählige Freunde bei Gott im Himmel.

Ich möchte meine damalige Morgenandacht an dieser Stelle fortsetzen:

Das Leben des Pater Damian, das Leben der Heiligen in der Zeit ihrer Kämpfe auf Erden, in der, äußerlich gesehen, keine Hilfe kam, war vielleicht, nein bestimmt, auch in dieser Situation von einem *Stern* überstrahlt, den heute so viele Menschen, die scheinbar ohne Leid und Probleme leben, ein Leben lang suchen, ohne es zu wissen: Der *Stern* des Bewusstseins der Nähe Gottes.

„Herr, wir haben alles verlassen und sind dir gefolgt", sagte einmal der heilige Petrus zu Jesus und Jesus antwortete ihm unter anderem: „Schon in dieser Welt werdet ihr das Hundertfache erhalten – wenn auch unter Verfolgungen!" (Mt 19,27ff und Mk 10,28ff).Vielleicht sollten wir einmal darüber nachdenken: Das Lebensschicksal so vieler glaubender Menschen, angefangen bei denen, die Jesus schon auf Erden begegnet sind, der Sünder, der am Zollhaus saß, Maria Magdalena, die in der Stadt verrufene Frau, die Menschen, die auch heute alles, alles für ihren Glauben hingegeben haben, z. B. Mutter Theresa, sie müssen sehr reich beschenkt gewesen sein, schon in *diesem* Leben! Es scheint so, als ob für den, der zum Glauben an Gott gefunden hat, wirklich, ein Leben ohne Gott nicht mehr denkbar, nicht mehr lebenswert ist. Wie steht es mit uns? Sind die Heiligen, die Menschen, die alles aufgegeben haben aus Liebe zu Gott und den Menschen, eben heilig und uns sehr fern? Oder kennen wir das nicht auch? Etwas weggeben wollen für Gott, für den anderen, etwas, das uns kostbar ist? Manchmal wird uns auch einfach genommen, was wir festhalten wollen. Kennen wir das nicht, einen Wunsch an Gott zu haben, so sehr, so lange schon?

Diesen Wunsch weggeben müssen kann sehr schmerzhaft sein und dem glaubenden Menschen bleibt dann das, woran sich die Heiligen festhalten: Das Vertrauen auf Gott. Jede Not, die uns zu Gott rufen lässt: „Ach, erhöre mich doch gleich, sofort!", heißt letztlich nichts anderes, als anzufangen, den Weg des Sterntalerkindes, den Weg der Heiligen zu gehen, den Weg, sich im Vertrauen auf Gott keine Sorgen zu machen oder besser gesagt, seine Sorgen auf Gott zu werfen: „Ich vertraue darauf, dass du für mich sorgen wirst, *wie,* das überlasse ich dir, ob du mir genau das gibst, worum ich bitte, oder etwas anderes, ob du mich jetzt erhörst oder später oder ob du mich vielleicht erst erhörst, wenn ich durch das Tor des Todes gegangen bin. Ein Mensch, der wirklich an Gott glaubt, weiß: Erst in unserm Leben bei Gott werden wir einmal beurteilen können, was wirklich gut für uns war in diesem Leben. Den erwachsenen Leser möchte ich fragen: Auch wenn deine Warum-Fragen noch so dringend sind, kannst du dir nicht vorstellen, dass alles, das auf dieser Erde geschieht, ganz andere Bedeutung gewinnt, wenn dieses Leben eben nur ein winziger Punkt ist, der in die Unendlichkeit führt? Den Weg des Sterntalerkindes, den Weg der Heiligen gehen: Ich vertraue darauf, dass du, Gott, für mich sorgst – wie Edith Stein sagt: „Gott weiß, was er mit mir vor hat – ich brauche mich darum nicht zu sorgen."

Wenn eine solche Haltung in einer Not auch meist nur ein Ziel sein kann, sollten wir, die wir an Gott glauben, sie doch nicht aus den Augen verlieren. In unserem Bitten an Gott, in unserem Gequält-Sein in einer Not, die wir zu Ihm tragen, aber auch in jedem schönen Herzenswunsch, den wir Gott anvertrauen, könnten wir an die heilige Monika erinnert werden. Wer weiß, wie die Jahrzehnte der Enttäuschung an ihrem Sohn in ihr Herz geschnitten haben! Man stelle sich vor: ein Tag aus ihrem Leben nach 29 Jahren Beten! Dass das dreißigste Jahr die Erhörung bringen wird, die Erlösung, weiß sie noch nicht. Alles, alles scheint vergeblich. Doch sie vertraute auf Gott wie das Sterntalerkind! Ganz sicher hätte sie das Vertrauen auf Gott auch nicht verloren, wenn sie in diesem Leben überhaupt nicht erhört worden wäre. Die Heiligsprechung ihres Sohnes erlebte sie ohnehin erst in der anderen Welt.

Das Beispiel der Heiligen, das Beispiel des Sterntalerkindes, beide haben vielleicht gerade denen unter uns etwas zu sagen, die darauf warten, von Gott beschenkt zu werden genau wie das Sterntalerkind. Ihnen könnte seine Geschichte sagen: Vertrau auf Gott! Er wird dir schenken, unendlich viel mehr als das, was dir genommen wurde, als das, was du aus Liebe zu Gott und den Menschen aufgegeben hast. Und wenn Gott einen Herzenswunsch nicht erhört, um dessen Erfüllung du so lange schon flehst, sei sicher: eines Tages wird Er dir schenken, genau wie dem Sterntalerkind, auch wenn es etwas ganz anderes ist, als das, worum du gebeten hast.

Vertrauen wir Gott in unserem Flehen und Bitten, in unserem Weg-geben-müssen und Weg-geben-wollen und wir werden erleben, dass wir eines Tages dastehen werden wie das Sterntalerkind, auf das Sterne des Glücks und der Freude herabregneten in der Stunde, da alles verloren schien. Vertrauen wir auf Gott und Er wird uns geben, vielleicht gleich jetzt, in dieser Stunde, vielleicht erst später. Vertrauen wir auf Gott und in *diesem* Augenblick fängt der *Stern* der Heiligen auch für uns zu leuchten an, der *Stern*, der den drei Königen leuchtete auf ihrem Weg zum Jesuskind, der *Stern* der Gegenwart Gottes in unserem Leben. Ich wünsche uns heute, dass wir uns mehr und mehr dieses *Sternes* der Freude, der dem Sterntalerkind und den Heiligen so strahlend geleuchtet hat, bewusst werden!

Meine Morgenandacht vom Sterntalerkind habe ich in diesem Buch ein wenig abgeändert – für dich.

Rosen empfangen ...

Unter den zahllosen *Rosen* der Liebe Gottes, die ich an diesem Tag empfing, nur diese, die ich dir weitergeben möchte: Am Abend des Tages, an dem ich die Morgenandacht in dieses Buch einfügte, war in der Abendmesse das Bändchen meines Gesangbuches an der Stelle des Liedes Nr. 290. Kein Lied hätte für mich besser passen können! Irgendwie hängt es mit dieser Morgenandacht ganz eng zusammen.

Kirchenlieder – langweilig???

Ich habe, gerade in Notsituationen, wirkliche Abenteuer damit erlebt, wie ich in diesem Buch noch deutlich zu machen versuchen werde! Jetzt aber lade ich dich ein zur Meditation dieses Liedes Nr. 290. Ich habe eine Welt darin entdeckt!

Gott wohnt in einem Lichte

Gott wohnt in einem Lichte,
dem keiner nahen kann.
Von seinem Angesichte
trennt uns der Sünde Bann.
Unsterblich und gewaltig
ist unser Gott allein,
will König tausendfältig,
Herr aller Herren sein.
Und doch bleibt er nicht ferne,
ist jedem von uns nah.
Ob er gleich Mond und Sterne
und Sonnen werden sah,
mag er dich doch nicht missen
in der Geschöpfe Schar,
will stündlich von dir wissen
und zählt dir Tag und Jahr.
Auch deines Hauptes Haare
sind wohl von ihm gezählt.
Er bleibt der Wunderbare,
dem kein Geringstes fehlt.
Den keine Meere fassen
und keiner Berge Grat,
hat selbst sein Reich verlassen,
ist dir als Mensch genaht.

Er macht die Völker bangen
  vor Welt- und Endgericht
und trägt nach dir Verlangen,
  lässt auch den Ärmsten nicht.
Aus seinem Glanz und Lichte
  tritt er in deine Nacht
und alles wird zunichte,
  was dir so bange macht.
Nun darfst du in ihm leben
  und bist nie mehr allein,
darfst in ihm atmen, weben
  und immer bei ihm sein.
Den keiner je gesehen,
  noch künftig sehen kann,
will dir zur Seite gehen
  und führt dich himmelan.

Wer diesen Text nachvollziehen kann und nicht außer sich ist vor Freude in der Tiefe des Herzens, hat noch nichts wirklich verstanden vom Glauben, denke ich.

**Brich auf, komm mit mir, Schritt für Schritt
Schenken wir Gott Zeit in diesem einzigen Entscheidungsleben hier auf Erden!**

Damals schrieb ich viele Texte für meine Schüler, gerade auf unsere AG-Gespräche hin, besonders auch für die kleinen Schülergruppen. Ich nahm die Gespräche in diesen Gruppen auch manchmal zum Ausgangspunkt und natürlich auch mein eigenes Leben, meine eigene Glaubenserfahrung. Diese fließt also ein in den folgenden Text über die Hilfe Gottes, aber auch die Erfahrung von Schülern, die seine greifbare Hilfe beim Beten erfahren haben. Die Texte waren für ganze Klassen teilweise schwer zu verstehen und verlangten gemeinsame Interpretation, aber eigentlich gilt das ebenso für viele Texte unserer RU-Bücher. Mir gelang es immer wieder, meine Texte als „Aufhänger" zu nehmen. Ich stellte Fragen zum Text, auch schriftlich, ließ Schüler laut lesen und schloss Gespräche an. So gewann ich doch manches Mal Impulse für eine interessierte Auseinandersetzung mit den Themen der Arbeitsblätter. Durch den Wechsel der Unterrichtsformen – Antworten eventuell auch schriftlich – kämpfte ich, wenn nötig, auch gegen die immer wiederkehrende Herausforderung von Störaktionen an. Die schriftlichen Antworten der Schüler nahm ich oft mit nach Hause und versuchte dann auch individuell und schriftlich darauf zu antworten. Ich bin mir aber nicht sicher, ob die Schüler sich die Zeit nahmen, meine Antworten auch zu lesen, einige sicher, anderen waren sie nicht einmal die Seiten wert, die ich beschrieb. Einen Augenblick hatte ich ihre Aufmerksamkeit gefangen, sonst hätten sie ihre nachdenklichen Anmerkungen, die mir kostbar waren, nicht formulieren können, dann aber erlahmte das Interesse bei vielen sofort. So vieles scheint gerade dieser Altersstufe – und bleibt es nicht bei vielen, ja auch bei uns selbst ab und zu – recht vordergründig wichtig und lässt wenig Zeit, jene besondere Tür zu öffnen, die man ahnt, die man vielleicht schon gefunden hat. Unvergesslich die Bemerkung eines AG-Schülers, der zu besonderem Anlass mit mir ein Gespräch geführt hatte über die Erfahrungen des Weihnachtsereignisses aus seiner Sicht. Hinein in tiefgründige Betrachtungen sagte er plötzlich mit großer Ehrlichkeit: „Wissen Sie, was für mich jetzt die wichtigste Frage ist? Heute Abend gehe ich zu einem Jugendtreff – was ziehe ich heute Abend an?"

Das Gleichnis vom Sämann ...

(Mt 13,3ff; Mk 4,3ff; Lk 8,5ff) – lies einmal nach, lieber Leser! Geht es uns in Glaubensdingen nicht ein Leben lang so? Der Schatz (ein weiteres Gleichnis vom Gottes-/ Himmelreich nach Mt 13,44) liegt da, doch ganz ohne Anstrengung, ganz ohne Entscheidung kann er nicht gehoben werden. Ich denke, wir alle stehen täglich neu vor der Entscheidung, die uns im Herzen ruft, eine Stimme der Liebe. Was meinst du, lieber Leser? Ich erinnere ich mich an einen Schüler, der meine Texte sorgfältig sammelte und keinen verpassen wollte, zum Beispiel den, der folgt. Ein Hindernis für meine Schüler, sich mit meinen Texten zu beschäftigen, war ganz sicher auch dies, dass ich damals nicht mit der Maschine schreiben konnte und meine Texte stets in teilweise schlecht leserlicher Schreibschrift anbot. Am Fest der Heiligen Therese von Lisieux habe ich – ich war schon über fünfzig – mit dem in diesem Alter schwierigen Lernprozess, „blind" tippen zu lernen, begonnen. Auch das war für mich die Voraussetzung, mein Buch später im unterrichtsfreien Sabbatjahr schreiben zu können.

Was machst du nun mit meinen Texten?

Die Hilfe Gottes – wie oft habe ich, auch heute noch, Hilfe, Freude durch Kirchenlieder erfahren! Abenteuer habe ich mit ihnen erlebt, Wunder der Nähe Gottes, der wirklich, wahrhaftig, in jeder Sekunde da ist, der Gott, der Sonnensysteme erschaffen hat, der gewaltige Gott, der Schöpfer von Milliarden Menschen, unbegreiflicher Weiten, der Schöpfer von allem – nur er kann so sein, er allein. In tausend Dingen hat er mir inzwischen das Wunder seiner Nähe erklärt, zum Beispiel mit Kirchenliedern.

Im folgenden Lied äußert sich eine berühmte Glaubenszeugin unserer Zeit, eine sehr moderne Heilige – Edith Stein. Informiere dich einmal über ihren Glaubensweg, allein ihr *Leben* ist ein Loblied auf den gewaltigen Gott, der Mensch geworden ist in Jesus. Sie schrieb das Kirchenlied Nr. 302 in Anlehnung an Psalm 61.

Erhör, oh Gott mein Flehen

Erhör, o Gott mein Flehen,
    hab auf mein Beten Acht.
Du sahst von fern mich stehen,
    ich rief aus dunkler Nacht.
auf eines Felsens Höhe
    erheb mich gnädiglich,
auf dich ich hoffend sehe,
    du lenkst und leitest mich.

Mein Bitten hast erhöret,
    mein Gott in Gnaden du.
wer deinen Namen ehret,
    dem fällt dein Erbe zu.
So schenke langes Leben
    dem, der sich dir geweiht,
wollst Jahr um Jahr ihm geben,
    ihn segnen allezeit.

Den folgenden Text von der „Hilfe Gottes" habe ich eigentlich schon mit meiner Morgenandacht vom kleinen Sterntalerkind eingeleitet, aber ich möchte doch noch einmal die Kernpunkte für die Lebenspraxis zusammenfassen:

Die Hilfe Gottes

„Ich glaube an Gott, denn er hilft mir (fast) immer"
(Schüler, 15 Jahre).

Die Hilfe Gottes liegt aber nicht nur in der Erfüllung unserer Wünsche, ganz und gar nicht. Ein von Gott offensichtlich erfüllter Wunsch ist oft nur ein Ansatzpunkt für den Glauben. Ein erhörtes Gebet um ein Mofa, zum Beispiel, kann zu Gott führen – Glaubenserfahrung von Schülern.

Das heißt: Bei irgendeiner Gelegenheit, in irgendeinem, für andere ganz unbedeutenden, meinetwegen fast lächerlichen Zusammenhang erfährt der Mensch: Gott ist der, der für mich da ist, der, dem ich vertrauen kann, der, der mich begleitet, sich um das kümmert, was mir wichtig ist. Es ist Sache des Menschen, ob er diese Gnade (= Geschenk Gottes) annimmt oder nicht. Annehmen hieße: Gott bewusst einen Raum im eigenen Leben geben, Gott einbeziehen.

Je stärker dies bereits der Fall ist (z.B. regelmäßiges Gebet ...), desto weniger macht ein Mensch sein Vertrauen auf Gott, seine Liebe zu Ihm von der Erfüllung seiner Wünsche durch den, dessen Liebe er schließlich wieder und wieder erfahren hat, abhängig (obwohl auch der gläubigste Mensch, zerrissen von Schmerz über ein nicht erhörtes Gebet in einem schlimmen Leiden, das Ausbleiben einer greifbaren Hilfe und auch durch Sünde, eine fortdauernde Abkehr von dem, was er als Wahrheit im Herzen erkannt hat, das Gottvertrauen verlieren könnte, wenn nicht Gottes Gnade ihn hielte).

Ein Mensch wie Maximilian Kolbe ging in den Tod, wohl mit der Gewissheit, für den anderen wirklich zu sterben, mit der Gewissheit, dass kein Engel käme, um ihn auf dieser Erde zu retten, doch – wie Augenzeugen berichten – mit der Gewissheit der Auferstehung, mit dieser festen Zuversicht, mit der alle Märtyrer Wunder vollbracht haben. Maximilian Kolbe hatte in seinem Leben wieder und wieder erfahren: Gott ist der, der mich liebt, maßlos! Ich kann ihm blind vertrauen. Unser Leben, das Leben der gläubigen

Christen, ist oft ein Kampf zwischen den eigenen Wünschen (ich bestehe vor Gott auf der Erfüllung meiner Wünsche) und dem Willen Gottes (erfülle meinen Wunsch, doch ich glaube an dich nicht weniger, ich vertraue auf dich, ich liebe dich nicht weniger, wenn du es nicht tust).

„Was du auch tun magst, ich danke dir."

So formulierte es Charles de Foucault, ein Mensch, der viele Jahre wie ein Playboy lebte und schließlich, nachdem er zum Glauben an Gott gefunden hatte, den Satz formulierte:

„Als ich erkannte, dass es Gott gibt, begriff ich, dass ich nicht mehr anders konnte als nur noch für Ihn zu leben."

Vielleicht kann man sich beim Nachdenken über das Gottvertrauen des Maximilian Kolbe, des Charles de Foucault, nur der eigenen leeren Hände vor Gott bewusst werden und mit Augustinus sagen:

„Gib mir, was du verlangst und verlange dann, was du willst."

Hintergründe aus meinem Leben, zu denen ich natürlich auch Gespräche mit Schülern zähle, versuchte ich also in meinem Text, den ich für dich ein wenig überarbeitet habe, aufzuzeichnen. Was mein Leben betrifft, so werde ich in den folgenden Kapiteln zu schildern versuchen, was ich damit meine – Grunderfahrungen mit Gott, die ich in *meinem* Leid gemacht habe.

Am Abend ebendieses Tages, an dem ich diese Erinnerung zu Papier brachte, am Fest „Maria, Königin der Apostel", einem Tag voll besonderer Lebensfreude, entdecke ich nun, zwanzig Jahre nachdem ich damals meine verzweifelte Not erlebt habe und auch das bewusste Durchstehen dieser Not mit Gott, in den Abendtexten meines Tagesgebetbuches die Psalmen 137 und 138. Diese Verse, vielleicht 3000 Jahre alt, lassen – mit anderen Worten nur – meine Erfahrung von damals anklingen. Lies einmal nach, lieber Leser! Auch heute kann man ebendiese Erfahrung machen mit Gott, könnten die Worte des Psalms doch die meinen sein! Heute Abend, der Abend des Tages, an dem ich den Text von der Hilfe Gottes zum letzten Mal überarbeitet und niedergeschrieben habe, in der Abendmesse *mein* Lied: „Wer nur den lieben Gott lässt walten" – dritte Strophe! Ich werde dir noch im Laufe des Buches schildern, welche Wunder mit Gott ich allein mit diesem Lied erlebt habe, inzwischen in Freude ebenso wie damals im bitteren Leid. Ich schreibe dir einmal die dritte Strophe auf, schon jetzt:

Wer nur den lieben Gott lässt walten

3. Strophe
Sing, bet und geh auf Gottes Wegen,
verricht das Deine nur getreu
und trau des Himmels reichem Segen,
so wird er bei dir werden neu.
Denn welcher seine Zuversicht
auf Gott setzt, den verlässt er nicht.

Dieses Lied ist und bleibt *mein* Lied, obwohl die Not, in der ich es kennen gelernt habe, für mich seit Jahrzehnten vorbei ist, aber es ist und bleibt mein Wunderlied in dem, was mir heute wichtig ist. Wieder und wieder, heute wie damals, all die Jahre, seitdem ich es kennen lernte, erlebe ich in den Wechselfällen des Lebens die greifbare Nähe Gottes allein durch dieses Lied, wieder und wieder.

Wie kann das sein?

Am schönsten beschreibt es vielleicht Johanna Spyri in einem Kinderbuch mit der Geschichte

„Daheim und wieder draußen" *(Johanna Spyri)*

Ein kleiner Junge gerät in eine ausweglose Situation und wird wunderbar errettet, indem er sich an diesem Lied festhält, wieder und wieder, und schließlich, als alles verloren scheint, aus seiner ausweglosen Situation aufersteht.

Durch diese Geschichte von Johanna Spyri in einem Buch, das heute leider nicht mehr verlegt wird, lernte ich das Lied kennen und erzählte die Geschichte immer wieder den jüngeren Schülern der Hauptschule. Viele Male habe ich erlebt, dass Schulklassen bereit waren, meiner Erzählung die ganze Stunde ohne die geringste Ermüdungserscheinung wie gebannt zuzuhören und die Kinder mich auch baten, ihnen das Wunderlied aufzuschreiben, obwohl Schüler sonst vom Abschreiben meistens nicht viel halten und dies als Arbeit empfinden.

Als ob Gott mir heute, da ich so begeistert die Kirchenlieder beschrieben habe, wieder einmal bestätigen wollte, dass er wirklich in jeder Sekunde da ist, in dem, was mir wichtig ist, dass er in tausend Dingen spricht, zum Beispiel in einem Kirchenlied!

Wie könnte ich beschreiben, wie man Gottes Nähe erfährt?

In einer Freude, vielleicht auch so: Ein kleines Kind sucht am Ostermorgen mit dem Vater, der Mutter Ostereier, die im Garten irgendwo versteckt sind. Der Vater begleitet lächelnd das eifrige Suchen. Das Kind dreht sich nach dem Vater um. Da – jetzt hat es eine wunderschöne Osterüberraschung gefunden und rennt jubelnd zu ihm, der mit gütigem Lächeln sein Kleines beobachtet hat: ja, ich stehe hinter dir und begleite deinen Weg. Ich bin da, keine Sorge, mein Kleines! So macht Gott dem glaubenden Menschen immer wieder seine Nähe und Liebe deutlich.

Erinnerung

Es war in der Osterzeit, als ich darüber nachdachte, zum ersten Mal. Nach meiner Meditation ging ich zum Briefkasten um die Post zu holen – eine einzige Karte war darin, ein verspäteter Ostergruß von meiner lieben Tante, die schon die neunzig überschritten hatte, ein Mensch, für den Gott von Jugend auf immer das Allerwichtigste war im Leben. Sie war an diesem Morgen der Mensch, den Gott berufen hatte sein Engel zu sein: Hinein in meine Meditation über die Liebe Gottes hatte sie mir ein Bild von bunten, fröhlichen Ostereiern geschickt, genau passend zu meinen Gedanken! Gott lässt uns immer wieder suchen oder überrascht uns ganz einfach so mit seiner greifbaren Fürsorge. Wenn es auch ein weiter Weg sein kann, uns dieser Nähe und Liebe bewusst zu werden – wie sagt man? Schon der Weg ist das Ziel, wie ich vielleicht auch in meiner Lebensbeschreibung ein wenig deutlich machen werde.

Himmelsleuchten

An dieser Stelle möchte ich eine der schönsten, besonderen Erfahrungen der Nähe und Liebe Gottes beschreiben, ähnlich wie damals zu Anfang meiner Hauptschulzeit mein Erlebnis in der Klosterkirche Rüdesheim mit dem Jesaja-Vers „Siehe, Ich Bin Da". Ich war schon einige Jahre gefangen in meinem *Dunklen Tunnel*. Meinen Kummer brauchte ich eigentlich immer nur tageweise wirklich in aller Schärfe auszuhalten. Zeitweise war er so sehr durchstrahlt von der Freude über Gott und meinen neuen Weg, dass ich gerade dort unbeschreiblich großes Glück empfing, welches ich früher nie gekannt hatte. Das Leid fühlte ich aber andererseits immer wieder so bitterschwer, dass ich auch heute meine, dass es vielleicht auf die Dauer kaum zu ertragen gewesen wäre, mein Leben verkürzt hätte, mir vielleicht doch die Kraft meiner Grundsubstanz, die ich für meine neue Aufgabe so sehr brauchte, genommen hätte, wenn ich daraus nicht nach sechs, bzw sieben Jahren endgültig, befreit worden wäre. In diesen sechs Jahren aber nahm meine Kraft nicht ab, trotz des bitteren Leids nicht, ganz im Gegenteil! Im Jahr vor meiner Hauptschulzeit hatte ich an nervösem Herzrasen, immer wieder mit Todesängsten verbunden, gelitten. Nachdem ich aber begonnen hatte, täglich zur Heiligen Messe zu gehen – das war etwa zu der Zeit, als ich meinen Dienst in der Hauptschule aufnahm – war es bald wie weggeblasen. In meinem *Dunklen Tunnel* gewann ich sogar an Kraft. Gott selbst stärkte mich immer wieder mit kleinen und großen Zeichen seiner tröstenden Gegenwart.

Maria Laach wurde damals einer meiner ganz besonderen Zufluchtsorte. Wieder erschien mir alles unerträglich, eine pechschwarze Nacht des Kummers. Schluchzend machte ich mich auf den Weg dorthin. Auch kurz vor der Klosterkirche konnte ich die Tränen noch nicht zurückhalten, mein Gesicht war wohl schon ganz verschwollen. In der Kirche wusste ich die Mönche bei ihrer Andacht. Wie sollte ich mich nur mit meinem verschwollenen Gesicht unter die Leute wagen, mit dem krampfhaften Schluchzen, das ich nicht stoppen konnte? Im Halbdunkel der Kirche nahm ich Platz ... Vorne die Mönche mit ihren Gebeten, die ich nicht hörte. Mein Blick heftete sich auf das Mosaik von Jesus, dem großen Bild im Altarraum: „Ich bin der Weg, die Wahrheit und das Leben" steht dort auf dem Bild:

Ego sum Via, Veritas et Vita

In diesem Augenblick erfuhr ich diese Worte, Bibelworte, diesmal des Neuen Testamentes (Joh 14,6), existentiell, Worte Jesu, ähnlich wie bei meinem Erlebnis damals in Rüdesheim: „Siehe, Ich Bin Da" – Es war wie eine Vorwegnahme des Himmels, einen Augenblick lang. Mein Herz war plötzlich mit unirdischer Freude erfüllt, hinein in den beißenden Kummer, unsagbar!

„Es wird alles gut. Ich gebe dir meine Verheißung!"

Gott selbst offenbarte mir das wie ein Wunder in diesem Augenblick. Wie damals in Rüdesheim wurde meine Stimmung durch wundersamen Zauber Gottes verwandelt in strahlende Freude, feste Zuversicht, dass Er mich hielt und in diesem Augenblick schenkte er mir auch, irgendwie, die Verheißung der Ewigkeit, des Himmels, Verheißung unsagbarer Freude für immer! Strahlend verließ ich die Kirche nach einiger Zeit. Den gleichen Weg ging ich zum Parkplatz zurück, aber wie hatte sich alles verwandelt! Die weißen Rosen an der Mauer, die ich vorher noch gar nicht bemerkt hatte, blind vor Kummer, nahm ich plötzlich wahr und die Welt war in strahlendes Licht getaucht. Es war wie ein *Lächeln Gottes*, das ich dort empfangen hatte.

Gottes Lächeln

Leise aus Ewigkeiten
hinein in die dunkle Nacht
Freude für alle Zeiten
hat mir dein Lächeln gebracht
Weiß nicht wie es geschehen
maßlos der Jubel in mir
all meine Tränen vergehen
Lichtstrahl der Himmelstür

So möchte ich dich ein wenig mitnehmen auf meinem Weg durch all die Jahre an der Hauptschule, aber ebenso versuchen, dir mein Heute und Jetzt mitzuteilen, mitzuteilen den Tag heute – darauf kommt es an, für dich, für mich!

Nach meiner Hauptschulzeit bin ich also keine Karmelitin geworden, ging in kein Kloster, wie es mir zunächst passend erschien. Aber ein Leben ohne den täglichen Besuch der Heiligen Messe wäre inzwischen für mich schwer vorstellbar. Hier habe ich meine besondere Erinnerung an die einzige sichere Heimat, die es für Menschen gibt, die Heimat in Gott. In gewisser Weise aber lebe ich wie alle, gehe meinem Beruf nach, der mir bei aller Freude vielleicht genau wie dir, immer wieder schwer wird, freue mich über Freizeit, ein gutes Essen, ein Glas Wein. Wie die meisten Frauen bemühe ich mich ab und zu um mein Outfit, das auch auf dem Weg „der evangelischen Räte" meiner Ansicht nach nicht unbedingt dezent und „gediegen" sein muss. Warum sollte eine Nonne, ein Pater, ein Pfarrer sich nicht aufmachen wie ein Popstar, wenn es ihm für sein Leben und seine Umgebung passend erscheint? Dieses Äußere schließt eine Askese durchaus nicht aus. Beeindruckt hat mich einmal die Lebensbeschreibung des Thomas More, dieses berühmten Glaubenszeugen, der als erster Mann nach dem König in Prachtgewändern umherging und heimlich ein Bußkleid trug, oder der heiligen Elisabeth, die sich für ihren Mann schmückte, „um ihm keinen Grund zur Untreue zu geben", allerdings in Witwenkleidern umherging, wenn er nicht da war.

Ich habe Träume, immer noch, wie sie jeder hat, alle überstrahlt allerdings von dem Traum aller Träume, dem wunderbarsten der Träume, der Wirklichkeit ist – Gott. Trotzdem, das gebe ich zu, habe ich mein Gelübde inzwischen ganz klösterlich gemacht:

Armut – Keuschheit – Gehorsam, wie man es mit alten Worten ausdrückt. Das heißt, nicht unbedingt sichtbar für die Welt, in der ich lebe, beruft mich Gott täglich zu meiner Form von Armut, auch die Kirche, die Gemeinschaft, der ich zugeschworen bin, irgendwie die ganze Welt, alle Menschen in Not, alle auch in dem, was ich besitze, mit in den Blick zu nehmen.

Heimlich, ab und zu einmal ein „Bußhemd" zu tragen – dies könnte auch das Leid sein, das jeder hier und da tragen hat, oder die Sorgen des Lebens, die wohl jeder kennt, auch wenn er auf der Sonnenseite des Lebens steht. Es könnte bedeuten, das Leid und die Sorgen anzunehmen, sich ihnen zu stellen oder um die Freude zu kämpfen, wenn es einmal schwer wird. Und – warum nicht auch einmal bewusst auf etwas verzichten beim Essen oder Trinken, nicht nur in der Fastenzeit?

Keuschheit – was könnte das heißen für mich? Im Zölibat leben, um frei zu sein für die besonderen Berufungen meines Lebens, z.B. Freizeit zu haben für meine Kirchenbesuche, Sozialaufgaben, Schreiben dieses Buches, zusätzlich zu meinem Beruf. Mein Dienst an der Hauptschule mit den Nachmittags-AG-Gruppen, meine Kirchenfahrten, auch meine Lebensgestaltung jetzt ist nur möglich, weil zuhause keine familiäre Verpflichtung auf mich wartet. Natürlich können verheiratete Menschen ebenso wie unverheiratete ein Leben ganz für Gott leben, aber die Berufungen sind unterschiedlich, denke ich.

Wenn Gott mir die allergrößte Freude macht, mich so viele Jahre nun mitten in der Welt als wirkliches Weltkind, also keiner Ordensrichtung zugehörig, zu berufen zum täglichen Messbesuch, so heißt das in keiner Weise, dass ich besser bin als andere.

Als Sünder sind wir eingeladen dorthin – tägliche Bitte vor Empfang der heiligen Kommunion für uns alle: „Herr ich bin nicht würdig, dass du eingehest unter mein Dach, aber sprich nur ein Wort, so wird meine Seele gesund!" Wenn ich also sage, dass ich viele Menschen, z.B. die Schüler, die Menschen, die mir in besonderer Weise nahe stehen, die Leidenden, die, für die ich mich verantwortlich fühle, die sich meinem Gebet empfehlen, wenn du willst, auch dich, lieber Leser, in die heilige Messe „mitnehme", hat das nichts damit zu tun, dass ich besser wäre als andere. Ich habe meinerseits die Hoffnung, dass der eine oder andere Leser dieses Buches und auch sonst manche Menschen besonders für mich beten, vielleicht auch du einmal irgendwann oder mich „mitnimmst" in eine heilige Messe.

Stelle dir dann mein strahlendes Gesicht vor! Als Hintergrund für den Erfolg meines Religionsunterrichtes z.B. sehe ich damals wie heute das Beten gläubiger Menschen an, die ich vielleicht gar nicht kenne. In Gott sind wir alle eine riesige Familie. Wenn ich immer wieder auch für dich Einladungen in die Kirche ausspreche, so nur, weil ich mir für dich ein ähnliches Glück erträume wie ich es erfahren durfte.

Benediktinisches Ideal:
„In jedem Menschen Christus sehen."

Meine Klostergefährten in meinem Einzelkloster mitten in der Welt – das sind die Menschen in dieser Welt. Wenn ich die rechte Sichtweise habe von allen Menschen, ist es so. Wie schwer das aber sein kann, die rechte Sichtweise von Menschen zu haben, möchte ich an einem Beispiel deutlich machen.

Erinnerung

Es war bei einer Ferienfahrt nach Innsbruck. Am Tag vorher hatte ich von diesem benediktinischen Ideal zum ersten Mal gehört: „In jedem Menschen Christus sehen!" Ich war begeistert: Wie wunderbar! In Rosenheim hatte ich einen kurzen Aufenthalt. Ich wollte eine kleine Rast machen. In der Bahnhofsgaststätte nahm ich an einem leeren Tisch Platz und bestellte mir einen Kaffee. Plötzlich setzte sich ein Mann neben mich, obwohl doch noch genug andere Tische frei waren, wie ich ärgerlich feststellte. Wie aufdringlich und welch unsympathisches Äußeres! – „In jedem Menschen Christus sehen" – In *diesem* aber nicht! Sein Gesicht aufgequollen, mit widerlichem Grinsen, so schien es mir. „Guten Tag", sagte er. Ich antwortete nicht, verärgert über diese vermeintliche Anmache. Mein Tischnachbar verhielt sich nun aber ruhig und trank sein Bier. Jetzt fiel mir auf: Das Bierglas hatte bereits dort gestanden, als ich mich an diesem Tisch niederließ und der Mann war nur einen Moment hinausgegangen um dann an seinen Tisch zurückzukehren. Ich sah ihn verstohlen an. „In jedem

Menschen Christus sehen" – der Satz ging mir nicht aus dem Sinn, gerade jetzt nicht. „Mögen *Sie* Zucker?", schlug ich eine Gesprächsbrücke als Entschuldigung für meine fehlende Grußantwort eben. In kürzester Zeit entspann sich ein Gespräch und der Fremde erzählte mir seine Geschichte: Er hatte Krebs, war schon vom Tode gezeichnet, das Gesicht angeschwollen von Medikamenten. Das Bahnhofslokal besuchte er täglich um sich abzulenken. Als die Zeit gekommen war, dass ich mich verabschieden musste, brachte er mich noch zur Bahn. Von meinem eigenen Leid hatte ich ihm nichts erzählt. Ich hatte es auch bei unserem Gespräch wohl vergessen. Ohne dass er es wusste, gab er mir aber ein Trostwort mit auf den Weg, als er sagte: „Ich habe etwas, woran ich mich festhalte! Bei meiner Konfirmation bekam ich einen Spruch mit auf den Weg:

‚Wenn Gott für uns ist, wer kann dann gegen uns sein?'

(Röm 8,31). – „In jedem Menschen Christus sehen" – Klostergefährten in dieser Welt! Armut – Keuschheit – Gehorsam: In allem den Willen Gottes suchen, täglich neu.

Fest Maria Königin, im Jahr 2000.
Der *Dunkle Tunnel* von damals liegt etwa zwanzig Jahre hinter mir. Ich durfte Auferstehung erfahren – vollkommen. Die Welt liegt sonnenüberflutet da, ein Glitzern auf dem Wasser des Flusses, den ich auf einer Brücke überquere. Der Morgen ist schon vorbei: Besuch der heiligen Messe um 06:30 Uhr in Schönstatt, einem meiner ganz besonderen Gnadenorte (Gnade = Geschenk Gottes, also ein besonderer Ort des Beschenktwerdens für mich) und dann ein weiterer Besuch der heiligen Messe für andere Menschen, die ich in mein Beten eingeschlossen habe. Am Nachmittag dieses Tages mache ich mich auf den Weg hinaus, komm doch mit, lieber Leser, mach mit mir diesen Ausflug! Wie beschreibt es das wunderschöne Kinderkirchenlied?

Unser Lied nun erklingt

2. Strophe
Sieh die herrliche Welt
sieh die Blumen im Feld
hör die Vögel im Wald
nun ihr Loblied erschallt:
Heilig, heilig, heilig bist du..

(aus: Pfälzer Kindermesse)

Und wenn dir der Gedanke an Gott nicht viel sagt, auch dann, setze dich einfach mit mir auf eine Bank, mitten in einem Park oder sonst irgendwo, atme tief ein, unsere Sonnenwelt, erinnere dich an alles, was schön ist und dass du leben darfst. Und wenn *du* in einem *Dunklen Tunnel* lebst, warte! Sieh auf mich! Gleich wandere ich hinaus in die wunderbare Sommerwelt, der liebe Gott geht mit.

Ich wage einen Gedankensprung: In einem Pop-Konzert für Schüler, bei dem große Stars auftraten für die Welthungerhilfe, war als Höhepunkt der Vorstellung der Auftritt des Hauptstars in Aussicht gestellt. Zwischen den Einzelaufführungen wurden immer deutlicher werdende Umrisse seiner Gestalt eingeblendet. Schließlich kurz vor dem Ende der Veranstaltung, erschien er in seiner ganzen Person und riss die Fans, die so lange auf ihn gewartet hatten und teilweise für ihn weit angereist waren, zu Begeisterungsstürmen hin.

Ein Aufleuchten Gottes gibt es auch täglich in unserem Leben, wir ahnen in vielfältiger Weise seine Gestalt – jeder Mensch auf seine Art – da bin ich gewiss. Nehmen wir uns aber Zeit, was setzen wir ein, damit wir Gott wahrnehmen in unserem Herzen?

Zurück zum nachmittäglichen Ausflug zum sonnenüberfluteten Fluss. Ich hatte mich auf den Steintreppen hinunter zum Wasser niedergelassen. Im Hintergrund spielte ein Leierkastenmann. Sonnenfunken tanzten auf dem Wasser. Wie unendlich lange war es her, dass ich mir dergleichen gestattet hatte an einem ganz normalen Alltag, der für mich allerdings ein heimlicher Festtag war: Maria, Königin der Apostel. Um mich herum Menschen, die mit einer gewissen Andacht der Stimmung des strahlenden Sommernachmittags folgten. Man sprach wenig, betrachtete, sinnierte, meditierte. Ich löste ein Ticket für die Schiffsrundfahrt. An den Ufern sahen wir alte Häuser, in denen Menschen gelebt, gebangt, gehofft, sich gefreut und gelitten hatten, geboren und gestorben sind. Der Zauber des Nachmittags spiegelte sich auf allen Gesichtern. Auf unserem Schiff schien man fest entschlossen, den Sorgen eine Pause zu gönnen. Ich selbst fuhr gelöst, heiter, voll Freude über Gott und die Welt, über mein Leben, ein wenig auch in Gedanken an meine Leser, an unsere Gemeinschaft, über das strahlende Glitzerwasser.

Kapitel III

„Du", lieber Leser!

Unterwegs mit dem *Stern*. Die *Schwester*

Kirchenlieder langweilig – zu oft gehört?
Kirchenlieder – Ausdrucksformen des Abenteuers mit Gott, zum Beispiel meines (Gotteslob Nr.: 258):

Lobe den Herren

Lobe den Herren,
den mächtigen König der Ehren,
lob ihn, o Seele,
vereint mit den himmlischen Chören.
Kommet zuhauf,
Psalter und Harfe, wacht auf,
lasset den Lobgesang hören!

Lobe den Herren,
der alles so herrlich regieret,
der dich auf Adelers
Fittichen sicher geführet,
der dich erhält,
wie es dir selber gefällt.
Hast du nicht dieses verspüret?

Lobe den Herren,
der künstlich und fein dich bereitet,
der dir Gesundheit verliehen,
dich freundlich geleitet.
In wie viel Not
hat nicht der gnädige Gott
über dir Flügel gebreitet!

Lobe den Herren
was in mir ist, lobe den Namen.
Lob ihn mit allen,
die seine Verheißung bekamen!
Er ist dein Licht,
Seele, vergiss es ja nicht.
Lob ihn in Ewigkeit. Amen!

So sehe ich nun mein Leben, in Freude und irgendwie auch sogar noch im Leid. Gottes greifbare Nähe und Hilfe, zum Beispiel heute, an diesem Tag, nachdem der Stern mich leitete, im Dunklen Tunnel und so viele Jahre. Heute Morgen meditierte ich das Kreuzwegbild und das Wort: „Selig sind, die da Leid tragen, denn sie werden getröstet werden." (Mt 5,4). Auch jenseits des Dunklen Tunnels wechseln Stimmungen ab, gibt es Freude und Leid, wenn ich nun auch schon so lange Zeit mit dem Stern übergroßer Grundfreude in meinem Leben unterwegs sein darf.

Das Kreuzwegbild hatte ich an einer Haltestelle gegenüber einem Krankenhaus entdeckt, an der Krankenhausmauer eingraviert. Unsägliches Leid, das unter dem Dach dieses Hauses wohnt: „Wir bitten dich, Herr, segne dieses Haus ..." – Sternsingersegen. An diesem Freitagmorgen betete der Priester, einer Eingebung folgend den Psalm: „Die mit Tränen säen, werden mit Jubel ernten" (Ps 126,5). Und gerade heute hätte ich weinen können – ein Sternsinger-Leid. Ein Buch solcher und ähnlicher Erlebnisse könnte ich schreiben, in Freude und Leid – Nähe Gottes, greifbar!

Sternsinger-Leid – Sternsinger-Freude – Monate später: Heute, am Fest der Sternsinger, Dreikönig 2001, fällt mir ein Gedicht von Joseph von Eichendorff ein:

Schläft ein Lied in allen Dingen

Schläft ein Lied in allen Dingen,
Die da träumen fort und fort,
Und die Welt hebt an zu singen,
triffst du nur das Zauberwort.

Die damalige Situation, längst vorbei, ein Tag strahlender Freude! Heute ist Sonntag, Fest der Taufe des Herrn mit dem Evangelium des Dreikönigstages: „Als sie den Stern sahen, wurden sie von übergroßer Freude erfüllt" (Mt 2,10). So möchte ich heute das Gedicht des großen Dichters für dich, lieber Leser, ein wenig abändern:

Lebt ein Lied in allen Dingen

Lebt ein Lied in allen Dingen,
Und es waltet fort und fort,
brächt' ich doch dein Herz zum Klingen,
fänd' ich doch das Zauberwort!

Lieber Leser, in diesem Buch kann ich vielleicht noch persönlicher reden als zu den Schülern in meinen Glaubensgesprächskreisen, wenn mir die Beziehung zu dir auch verschleiert ist. Wird mein Buch *überhaupt* Leser haben? Ist es möglich, jemanden aus einem Buch heraus anzusprechen wie einen Freund? Kann ich wirklich ein Mensch sein, der dich ein Stück deines Weges begleitet, auch wenn du mich persönlich gar nicht kennst?

„Als ich erkannte, dass es Gott gibt, begriff ich, dass ich nicht mehr anders konnte, als nur noch für Ihn zu leben." Diese Worte könnten auch die meinen sein, aber ich möchte es so formulieren:

„Als ich erkannte, dass es Gott gibt, als ich begann, Gottes greifbare Nähe und Liebe wahrzunehmen, mehr und mehr, begriff ich, dass ich nicht mehr anders konnte, als auf meinem Weg zu suchen, suchen, suchen, ob es möglich ist, das Licht weiterzuschenken, das ich empfangen habe, Lichtträger zu sein."

Wie sagt ein Kirchenlied? „O Iesu Christe, wahres Licht, erleuchte, die dich kennen nicht ..."

Meine erste Erinnerung
an Gott aus meiner Kinderzeit

Sie geht schon in das Kindergartenalter zurück – Szenen aus dieser Zeit: Meine Mutter hatte mir wohl wegen irgendetwas Vorwürfe gemacht und nun überlegte ich, etwa fünf Jahre alt, ohne besondere Angst, aber in Gedanken an etwas Unangenehmes, dass ich nun wohl vielleicht in die Hölle käme. Tiefsinnig spazierte ich auf und ab, dann hatte ich die Lösung: Ach was, das ist doch nur die Seele, die dahin kommt, dachte ich – und das war für mich ein weißes Etwas in meinem Körper, das mit mir nichts zu tun hatte. Heute weiß ich: Die Seele – das bin *ich*, mit allem, was ich bin und fühle und das was mit mir gehen wird durch das Tor des Todes.

Im dunklen Wohnungsflur hatte ich damals fürchterliche Angst. Eines Abends aber war die Angst plötzlich weg und irgendwie hatte das mit Gott zu tun, das fühlte ich undeutlich, aber wunderbar. Ich genoss das Gefühl der Freiheit und wanderte fröhlich hin und her, immer wieder. Da rief meine Mutter aus dem Wohnzimmer: „Moni, was machst du denn?" Ich aber hörte nicht, wollte nicht hören. Da rief meine Mutter energisch: „Moni!" Ein leises Schuldgefühl, ungehorsam zu sein, zerstörte mein Glücksgefühl und die alte Angst war wieder da. Gott, der, der die Angst nimmt oder der, der da ist in der Angst.

Jesus und die Silberschale

Ein Traum

Meine Mutter hatte im Schrank eine Silberschale, vielleicht auch nur glänzendes Blech, aber für mich wunderschön. Einmal träumte ich, dass Jesus, wie ich ihn wohl auf kitschigen Andachtsbildchen, die für mich als Kleinkind aber wunderschön waren, gesehen hatte, mir begegnete, groß, mit weißem Gewand, schulterlange Haare, in der Hand Mamas silberne Schale. Das Besondere aber war sein

Gesicht und die Art und Weise, wie er sich mir zuwandte, unbeschreiblich. Jesus sah mich an und reichte mir die Schale. Immer hätte ich so bei ihm bleiben mögen. Bei ihm war es unbeschreiblich schön.

Genau diese Erfahrung macht jeder Mensch, der Gott wirklich kennen lernt. Es gibt für ihn Glücksstunden, in denen der Himmel auf Erden schon greifbar wird. „Du bist bei mir, das ist gut, schenkst mir Liebe, machst mir Mut ..." (vgl. Kapitel „Nicole", Seite 194). Dieses Kindergebet, das einmal während eines Ewigen Gebetstages in der Andachtsstunde für Kinder vorgetragen wurde, habe ich vielen Grundschulkindern weitergegeben.

„Siehe, Ich Bin Da" – besondere Erinnerung für mich.

Zwei Szenen noch: Als ich ungefähr im dritten Schuljahr war, suchte ich mit einer Freundin eine Kirche auf. Die Stille schien uns besonders geeignet, um gerade hier Unfug zu machen. Ich setzte mich in die erste Bank, die Freundin hinter mich. Nun ging es los mit Fratzenschneiden. Ich bekreuzigte mich sogar aus Spaß, vielleicht zehnmal hintereinander. Plötzlich erschien der Küster, für mich kleine Gestalt ein riesiger schwarzer Mann in seinem dunklen Anzug. Wie der Wind sauste ich zur Kirchentür, außer mir vor Scham. Der Küster folgte uns schimpfend. Ich aber blieb nicht stehen, sondern rannte durch die ganze Stadt bis zum Markt, in der Annahme, dass mich der Küster im Dauerlauf verfolgte. Diese Szene habe ich oft später ganzen Klassen, auch der Religions-AG, erzählt, mit dem Hinweis, dass Gott es so gefügt hatte, dass ich trotzdem Religionslehrerin in vielen Klassen werden würde und dass ich heute dergleichen Spaß für kein Geld, für nichts in der Welt tun würde, nicht für alle Millionen – und so ist es auch.

Mein erstes Beten in einer Not war Beten in einer Kindernot. Bei einer Ferienerholung hatten die Kinder eine Tanzgruppe gebildet für einen Tanz, den ich so gut konnte. Ich aber durfte nicht mittanzen, war auch zu schüchtern, um die Leiterin um die Erlaubnis zu fragen. Ich erinnere mich, dass ich sonst wohl kaum betete, dass ich aber damals, zwischen den anderen Kindern stehend, auf der ganzen Welt keinen größeren Wunsch hatte, als mittanzen zu dürfen bei dem Tanz, den ich so gut konnte, was aber niemand wusste. Diesen Wunsch trug ich Gott flehentlich und mit aller Kraft vor: „Ach, lass mich doch mittanzen, bitte, bitte, bitte!" Und was geschah? Die Leiterin stellte unmittelbar auf mein Gebet hin fest, dass eine Tänzerin die Tanzschritte nicht beherrschte, und fragte uns, wer für sie einspringen könnte. Ich meldete mich und durfte mittanzen. Augenblicklich hatte Gott dieses Gebet erhört! Keine Sekunde aber dachte ich nun mehr über Gott nach und dass ich mich bedanken könnte. Der Tanz, das war wichtig, sonst nichts. Erst zwanzig oder dreißig Jahre später bedankte ich mich bei Gott vor den Schülern, denen ich diese Begebenheit im RU erzählte. Erst da fiel mir ein, nach der langen Zeit, dass ich mich noch nicht bedankt hatte.

Eben kommt mir ein Gedanke: Wie wird es wohl am Ende unseres Lebens sein? Spätestens dann wird uns unser Beschenktsein bewusst werden. Den Fragen des Lebens nicht nachgehen, der Suche nach dem Sinn, heißt das nicht auch, unser Beschenktsein nicht wahrnehmen zu können, und schaden wir uns damit nicht schon auf dieser Erde?

„Das stärkste Mittel gegen die Traurigkeit ist der Dank"
(I. F. Görres).

Rosen empfangen – aber wie, aber wo?

Machen wir uns täglich auf den Weg sie wahrzunehmen – ich werde das für mein Leben in diesem Buch noch zu beschreiben versuchen. Immer wieder erzählte ich den Schülern Begebenheiten aus meinem Leben, Glaubenserfahrungen. Es war für mich *eine* Möglichkeit, Gott in den Herzen der Jugendlichen zu *malen*, Tipps zu geben für das Leben mit Gott. Die Kinder nahmen solche Erzählungen, in denen sie sich manchmal selbst wieder fanden – und das war meine Absicht – anscheinend immer interessiert auf. Öfters hatte ich dann wohl gesagt, dass Gott mich „Monika" nenne und nicht „Frau Myway", was mir schließlich an der ganzen Schule bei meinen Schülern den Namen „Monika" einbrachte. Sie nannten mich, bei allen wenig schmeichelhaften Bezeichnungen, mit denen wir Lehrer immer wieder zu rechnen haben und die es mit Sicherheit auch gab, häufig untereinander so.

An dieser Schule wurde ich von Schülern verhöhnt, angegriffen, verlacht, aber – auch das steht mit Sicherheit fest – teilweise sehr akzeptiert, von zehnten Schuljahren immer. Die Klasse eines zehnten Schuljahres lud ich sogar zur Abschlussfeier in meine Wohnung ein. In meiner Religions-AG waren einerseits besonders intelligente, nachdenkliche Schüler, auch Schulsprecher. In der Zeit, in der ich zehnte Schuljahre unterrichtete, waren ebendiese Schüler des zehnten Schuljahrs, aber auch andererseits Schüler des neunten Schuljahres, die durch ihr auffälliges Verhalten im Unterricht kaum zu bändigen waren. In unseren AG-Stunden, Gesprächskreisen mit etwa drei bis fünf Jugendlichen, nahm einer den anderen sehr ernst und jeder hielt sich an die Gesprächsregeln. Von den Schülern wurde viel verlangt. Da ich die Samstagvormittag-AG in kleine Nachmittagsgruppen aufgeteilt hatte, hatten die Teilnehmer der Religions-AGs an diesen Tagen eigentlich acht Stunden Unterricht, sechs Stunden vormittags und zwei Schulstunden anschließend am Nachmittag.

Wiederholt machte ich die Beobachtung, dass Schüler, die gähnen mussten, dies mit Räuspern zu verbergen suchten um nicht uninteressiert zu erscheinen. So höflich können Jugendliche sein, wenn sie sich akzeptiert fühlen, und ich denke, das war ein Grundzug unserer AG: Jeder akzeptierte jeden und hörte ihm aufmerksam zu. In den drei zehnten Schuljahren war ein Jugendlicher, mindestens 16, als er in die Klasse kam, und für sein Alter schon reif, an den ich mich in besonderer Weise erinnere: ein sehr netter und entgegenkommender Schüler – Paul. Ich werde ihn in diesem Buch bei der Beschreibung von verschiedenen Schülerpersönlichkeiten noch in besonderer Weise erwähnen.

Spott erntete ich – das vermute ich nach meinen Beobachtungen – vor allem bei solchen Schülern, die es selbst nicht leicht hatten bei den anderen. Es war allerdings *in*, öffentlich gegen mich zu reden. Die Schüler, die dies wollten, kamen zum Zuge, aber wenn man Religion in der Weise unterrichtet, wie ich es beschreibe in diesem Buch, geht man immer wie auf einem Seil, denke ich. Unbewusst tun wir das aber im Leben alle und unser Bemühen, darauf Rücksicht zu nehmen, was Leute denken könnten, wenn wir ein ehrliches Anliegen haben, ist letztlich einfach lächerlich. Wenn ich mich recht erinnere, hat man unter Menschen, die nicht mehr lange zu leben hatten, einmal eine Umfrage gemacht, ob sie etwas bereuten, *nicht* getan zu haben. Übereinstimmend bedauerten viele, sich in dem, was ihnen wichtig und von dem sie überzeugt waren, sich nicht mehr getraut zu haben. „Ist der Ruf erst ruiniert, lebt man nachher ungeniert." Dieses Sprichwort fiel mir bei meiner missionarischen Tätigkeit im RU ein und ich zitierte es manchmal lachend.

Zurück zu meinem Lebensweg: In meiner Kindheit also war das *Bild* von Gott wie ein wunderbares Aufleuchten ab und zu, ein fernes Ahnen von der tiefsten Geborgenheit, die es gibt, dann fast wieder letztlich vergessen. Bis zum Abitur hatte ich eigentlich keinen Religionslehrer, an den ich mich besonders erinnert hätte, bis auf zwei, die mich ganz besonders angesprochen haben, eine Ordensschwester, die uns einige Stunden im dritten Schuljahr unterrichtete, und ein Kaplan, der mich während der Oberstufe meines Gymnasiums begleitete. Mein eigentlicher „Religionslehrer" war die Schönstattschwester, die ich mit ungefähr 25 Jahren kennen lernte.

Die Ordensschwester: Einmal eröffnete sie den Religionsunterricht im dritten Schuljahr damit, dass sie einen riesigen Wecker auf das Pult stellte und uns Kinder anscheinend nicht beachtete bei unserem Toben über Tische und Bänke – eine Verhaltensweise, die Schüler zu allen Zeiten an den Tag legen, wenn sie die Möglichkeit dazu haben. Irgendwann ging der Wecker los, übertönte alles – Kommentar der Schwester: „Ich denke, dass ich euch nun genug Zeit gelassen habe, ruhig zu werden." Durch diese Schocktherapie waren wir auch wirklich gleich mucksmäuschenstill und die Schwester hatte sich gleichzeitig bei uns bleibenden Respekt verschafft. So sind einige Worte von ihr das Stärkste, bis heute, das mir von allem Religionsunterricht, an dem ich als Schülerin teilgenommen habe, in Erinnerung geblieben ist und mich bleibend beeindruckt: „Und wenn man auch nur den Schlusssegen der heiligen Messe mitbekommt, das ist viel besser als nichts!" Wenn ich mich recht entsinne, meinte sie auch, dass allein schon dieser Schlusssegen den Besuch der heiligen Messe kostbar machte. Und sie sagte weiterhin: „Auch wenn man die ganze Zeit in der heiligen Messe geschlafen hat – wenn der Pastor sagt: ‚Erhebet die Herzen', dann muss man wach werden!" Ihre Ansicht ist heute auch die meine!

„Das, was man den Kindern sagt, den Jugendlichen, muss grundsätzlich in einer anderen Ausdrucksform ebenso für Erwachsene gelten." Diesem Satz, den ich auf einer Religionslehrertagung hörte, stimme ich voll und ganz zu.

Der junge Kaplan hat mir geholfen, eine wichtige Glaubenswahrheit der katholischen Kirche, die ich hier nicht näher ausführen möchte, zu verstehen. Was mich aber in anderer Weise tief beeindruckte, war sein persönliches Bemühen, sein Eifer und Fleiß und sein Bestreben, gegen einen Grundzug seines Wesens anzukämpfen, der mir selbst auch immer wieder Schwierigkeiten bereitet, seine cholerische Natur. Allein sein Bemühen, sich da zu beherrschen, fand ich prima. Auch heute bleibt das noch für mich selbst nicht einfach, wenn mich jemand herausfordert, aber vielleicht macht mich diese Eigenschaft, die ich mit dem damaligen Religionslehrer teile, manches Mal nicht nur in meinem Unterricht, sondern auch sonst irgendwie stärker. Bin ich zu erbittert über die Verhaltensweise eines Menschen, eine ungezogene Herausforderung in einer Klasse, hilft es mir ab und zu, alle Angst zu überwinden und mit einer schwierigen Situation fertig zu werden. Allerdings ist es schlecht, wenn man die Kontrolle über sich verliert – das bringt niemandem etwas. Ich denke aber schon, dass man Menschen, die einen quälen, irgendwann, wenn möglich, bei allen Versuchen, die Nächstenliebe nicht zu verlieren, Grenzen setzen muss, wenn dies die Situation erfordert, zum Beispiel eine Erfahrung meiner damaligen „Papierkügelchenstunde".

Als 21jährige Studentin beeindruckte mich mein Theologieprofessor, der tiefgläubig war und trotz seines Alters über Fünfzig auf mich jugendlich revolutionär wirkte, viel mehr als seine jüngeren Kollegen. Einige Sätze von ihm sind mir in Erinnerung geblieben. Einerseits war er hochintellektuell, andererseits ganz einfach in seiner Ausdrucksweise, aber – weise.

Einmal sagte er: „Wenn ich durch das Tor des Todes gehe und bei Gott ankomme, werde ich zu ihm sagen: ‚Jetzt bist du still, jetzt bin ich dran: Warum ...? Warum ...? Warum ...?'" So also setzte er sich mit der Kernfrage des Leids, die jeden Menschen früher oder später beschäftigt, auseinander. Auch dieser Mensch ist nun seinen Weg durch das Tor des Todes gegangen, der Weg, der so natürlich ist und den wir alle für uns selbst letztlich meist nicht wahrhaben wollen, er und auch – *die Schwester*.

Diese ältere Schönstattschwester war für mich wie eine Frau Holle, eine gute Fee aus dem Märchen, eine Mutter Theresa in meiner Not, als sie mir begegnete. Ich bin ganz sicher, dass ich in dem, was ich von ihr erzähle, dem einen oder anderen Leser etwas bringen kann. Wie ich sie kennen gelernt habe mit etwa 25 Jahren, werde ich erst später schildern ...

Zum Thema Leid – mein Professor ging so weit zu sagen: „Dass Gott gut ist, kann man aus den Gegebenheiten dieser Welt nicht erkennen. Es muss einem geoffenbart werden." Gott offenbart sich ganz besonders auch durch Menschen – das sollte ich bald bewusst erfahren.

Die Schwester

... war der Mensch, der mein eigentlicher Religionslehrer war. Mit unendlicher Geduld vermittelte sie mir über viele Jahre durch ihr ganzes Sein Gott als den, der – wie ich es den Schülern an die Tafel schrieb – maßlos den Menschen liebt in Jesus, mich zu meiner Verwunderung, ausgerechnet mich, und dass es nichts gibt, das diese Liebe beenden kann. Sie zeigte mir auf, dass Gott dem Grundzug der menschlichen Seele entspricht, dem Hunger, den wir alle haben, geliebt, anerkannt und akzeptiert zu werden. Sie war es, die mit größter Zuversicht fast alle Hauptschuljahre hindurch meinen Weg schließlich begleitete, als das Schicksal mir diese Berufung gab.

Sie zeigte mir den Weg auf, im Glauben wirklich Geborgenheit zu erfahren, dass man sich in jeder Not an Gott festhalten kann wie an einer Planke auf dem Ozean und dass wir alle berufen sind zu unsagbarer Freude, die hier auf Erden schon beginnt – für den Menschen, der Gott im Glauben existentiell erfahren hat, in Freude und Leid. Die Schwester *lebte* diese Zuversicht.

Sie trat in mein Leben als Antwort auf die jahrelange, mehr oder weniger verzweifelte Suche, einen Menschen zu finden, der mich vollkommen versteht. Ich würde sagen: die Sehnsucht, ganz verstanden zu werden, war für mich ein besonderer *Stern*, der mich Gott suchen ließ, von Jugend auf. Diese Sehnsucht haben wir wohl alle, aber irgendwann gibt man auf und erkennt, dass es schon viel ist, wenn man sich mit Freunden zeitweise sehr gut versteht. So hat mich auch die Schwester nicht immer ganz verstanden – das ist menschenunmöglich. So drückt es auch Hermann Hesse in seinem Gedicht aus:

Im Nebel

4. Strophe
Seltsam, im Nebel zu wandern!
Leben ist Einsamsein.
Kein Mensch kennt den andern,
Jeder ist allein.

Aber ich erinnere mich, dass die Schwester durch den unsichtbaren Hinweis auf Gott – ohne Worte oder nur mit wenigen Worten – vor allem durch ihre ganze Art, diesen Man-

gel vollkommen ausglich. Mit unglaublicher Geduld ertrug
die Schwester meinen Motzkopf, mit dem ich ihr vor allem
in den Jahren des *Dunklen Tunnels* begegnete und mit dem
ich ab und zu wohl auch heute noch schwierigen Schülern
Konkurrenz machen könnte. In den Jahren des besonderen
Leids muss ich für die Schwester zeitweise wie die zankende
Witwe für die heilige Elisabeth gewesen sein, an der, so sagte mir irgendjemand, diese heilig geworden war. Was mir an
aufsässigen Reden einfiel im bitteren Kummer – ich sagte es
der Schwester, machte *sie* verantwortlich für das Schweigen
Gottes in meinem Wunsch, schimpfte oft mit aller Leidenschaft meiner Natur. Aber gerade in dieser Zeit lehrte mich
die Schwester durch ihre ganze Art, dass ich unbesorgt alle
Aggressionen im Leid vor Gott tragen durfte, alles, was mich
bewegte, genauso wie ich es empfand. Ich tat dies eigentlich
schon in dieser Zeit in grenzenlosem Vertrauen auf Gott.

Er, der *versteht* – ich hatte ihn gefunden.

Die Schwester, die damals schon recht alt war, forderte ich
allerdings immer wieder heraus und sie begegnete diesen
Angriffen mit unsagbarer Geduld. Ich sagte ihr wohl nicht,
verriet ihr nicht meine heimlichen Stunden der Hingabe an
Gott, die sie getröstet hätten, denn sie trug das Leid, das ich
ihr ansatzweise anvertraut hatte, wie eine Mutter mit mir.
Mein heimlicher Trost war damals so oft der Aufblick zum
Kreuz und die Bilder des Kreuzweges. Auf den gekreuzig-
ten Heiland konnte ich auch in wütendem Kummer nicht
schimpfen – ich brachte es nicht übers Herz. Einmal flüchtete ich mich in eine Kirche und sah ein Steinkreuz an, lange,
lange, schluchzend. Dass es Jesus wirklich gibt, dass er das
wirklich alles aus Liebe trug, war meine Antwort in unbeantworteten Fragen. Auch ich wollte ihm Liebe zeigen und sagte im Herzen in etwa: „Ich nehme alles an – keine Fragen."
Damit meinte ich: Ich hebe meine Fragen in grenzenlosem
Vertrauen für die andere Welt auf. Sogleich war ich wunderbar getröstet. Diese Erfahrung machte ich oft in Leidsitua-
tionen, auch heute noch. Gerade aber in diesem Leid, das

ich damals trug wie ein wirkliches Bußhemd, immer wieder, würde ich Auferstehung erleben, Beantwortung aller Fragen, auf dieser Erde schon. Und eines Tages werden in der Ewigkeit unsere Warum-Fragen, auch die des persönlichen Leids, so beantwortet werden, wie mir die meine am Ende des *Dunklen Tunnels*:

Jenseits der letzten Tür, da werden alle Nebel unseres Lebens *Rosen* tragen, lieber Leser.

Dies ist und bleibt eine meiner Lieblingsgewissheiten im Glauben – und Gott hat mich durch eine besondere Begebenheit in meinem Leben auch daran erinnert:

Über zehn Jahre schon bringe ich am Tag vor Herz-Jesu-Freitag, dem Priesterdonnerstag, Rosen in eine große Kirche, an einen besonderen Platz. Sie werden zur Ehre Gottes im Muttergottes- / Peter-Friedhofen-Winkel der Kirche aufgestellt. Beim Umbau der Kirche musste ich befürchten, dass ein Rosenverbot verhängt würde, weil dieser Winkel durch den Umbau nicht zugänglich war. Der Herz-Jesu-Freitag fiel in diesem Jahr auf das Erntedankfest. ‚Was habe ich wohl geerntet?', dachte ich im Hinblick auf dieses besondere Dankfest, dann zaghaft: Vielleicht doch – *Rosen*? Am nächsten Tag, als ich das Gefäß für die abgestellten Rosen abholen wollte – o Wunder! – der Küster hatte, außerplanmäßig, meine Rosen zu den Gaben vom Erntedank gestellt!

Himmelsrosen

Rosen, lieber Leser, bedeutet mir das, was an Liebe übrig bleibt in unserer Todesstunde und was vielleicht doch manchmal wie ein Lichtstrahl in unserem Leben wie ein Wunder geschieht. Welche Berufung auch immer wir haben – nur die Liebe wird *Rosen ernten* und ich denke, auch unsere jämmerlichsten Versuche zu lieben sind vor Gott groß.

O Jesus, du wirst alles strahlend verwandeln, hilf uns, im Korb unseres Lebens *Rosen* für dich zu sammeln für die Ewigkeit!

Manchmal sehe ich ein Bild vor mir: Jesus, wie er uns strahlend empfängt, wenn wir durch das Tor des Todes gehen. „Ich habe mich so sehr über dich gefreut, da ... und da ... und da ... du hast mich so sehr auf meinem Kreuzweg, Gründonnerstagnacht, wie ein Engel getröstet, da ... und da ... in deinem Leben auf Erden. Dann kehren wir heim zu ihm in unserem weißen Taufkleid wie Kinder, die für immer zu Hause sind in der wunderbaren Heimat, die niemand mehr nehmen kann und die für den Glaubenden auf Erden schon beginnt, irgendwie in Freude und Leid.

Lieber Leser, wo immer wir heute berufen werden – du auf deinem, ich auf meinem Weg – welche *Rosen* werden das wohl sein heute, an diesem Tag, *Rosen*, die wir eingeladen sind, Gott zu schenken? Ich werde heute Abend das Nachdenken über diese Frage nicht vergessen, bei aller Betriebsamkeit nicht, ich verspreche es dir: Wo hat mir Gott *Rosen* geschenkt, heute? Wo war ich *heute* eingeladen Gott *Rosen* zu schenken?

„Aber ich kenne Gott nicht wie du, glaube nicht an ihn", könntest du sagen. Trotzdem kann es für dich etwas geben heute, wo du in der Entscheidung für oder gegen die Liebe stehst genau wie ich – und das *ist* die *Rosenfrage*. Im Laufe des Buches werde ich immer wieder zu erklären versuchen, was das für mich heißt am Ende des Tages: *Rosen empfangen* und *Rosen verschenken* – was *das* für mein Leben bedeutet. Das ist nicht einfach, aber ich werde es immer wieder *versuchen*. Noch ist die Tagesmitte nicht erreicht und ich schreibe weiter: Wenn ich auf das Leid des *Dunklen Tunnels* zurückblicke – es war ein Weg, den Gott mich führte hinein in tiefe Geborgenheit, man könnte so sagen, ein Weg in eine Heimat, die niemand mehr nehmen kann, auf dieser Erde schon beginnend – das *Nest*, wie es die Schwester nannte.

In der Heimat

Kornblumen leuchten blau
tiefrot der Mohn,
die tanzende Libelle schillert,
frei wie ein Vogel trillert
ganz unsagbar mein Herz sein Lied,
ein Jauchzen, Jubeln, Staunen
im Leben, das geschieht!
Im Zaubertanz der Sonnenfunken
ein leises Gräserwehen,
im Himmelsblau ein Raunen,
behütet darf ich gehen,
fröhlich wandern
zusammen mit dem anderen.
Im Rosenduft wie trunken
bin ich nun ganz versunken
und fern ist alle Not
geborgen so in allem,
geborgen nun bei Gott.

„Sie sind ein freier Vogel", sagte die Schwester und meinte damit einen Grundzug meines Wesens, meine Freiheitsliebe. Ich ertrage keinen Zwang. Und doch hat gerade dieses Gebet mich betört – es ist mein Lebensziel:

Nimm hin, oh Herr, meine ganze Freiheit

Nimm hin, o Herr, meine ganze Freiheit,
nimm an mein Gedächtnis, meinen Verstand,
    meinen ganzen Willen.
Was ich habe und besitze hast du mir geschenkt.
Ich gebe es dir wieder ganz und gar zurück,
dass du es lenkst nach deinem Willen.
Nur deine Liebe schenke mir mit deiner Gnade.
Dann bin ich reich genug
und suche nichts weiter.

(Ignatius von Loyola)

Rosen empfangen – eine Auswahl

21. und 22. April. Im Vollbesitz meiner Kräfte wache ich auf, Fahrt zur Kirche, 21. April – heilige Messe für die Erstkommunionkinder, die morgen ihr großes Fest haben, morgen am 22. April, meinem Tauftag! Vor dem Gottesdienst beschenkt mich ein Erstkommunionkind mit einem Text und ermahnt mich, ja laut mitzusingen. In diesem wunderbaren Text ist in Kurzform alles Wesentliche des Glaubens zusammengefasst. „**Gottes**-Zauberhaft-Vereine" – *Schiff ahoi*! Vorne auf dem Blatt, das ich wie ein greifbares Geschenk Gottes in meiner Hand halte, entdecke ich ein gemaltes Schiff, das durch Riffe und Nebelbänke gleitet, auch durch wunderbare abenteuerliche Weiten der See – wir Menschen unterwegs im Boot unseres Lebens und Gott fährt mit, erkannt und unerkannt.

Erinnerung

„Der Sturm auf dem See" (Mt 8,23f), auch in meinem Leben – „Siehe, Ich Bin Da" – und ein zweites Bild entdecke ich – zur heiligen Kommunion, diesem wichtigsten Teil der heiligen Messe: Jesus, der Freund. Er geht alle Wege mit.

Rosen empfangen

Mein Lebenstraum – einmal heimkehren zu Gott in unserem weißen Taufkleid, *Rosen* größtmöglicher Liebe im Korb unseres Lebens – das hieße für mich, die „blaue Blume" des Volksliedes zu gewinnen. So oft habe ich mit den Kindern diese Strophe gesungen:

Wir wollen zu Land ausfahren

4. Strophe
Es blühet im Wald tief drinnen
Die blaue Blume fein;
Die Blume zu gewinnen,
Ziehn wir in die Welt hinein.
Es rauschen die Bäume, es murmelt der Fluss,
Und wer die blaue Blume finden will, der muss
|: Ein Wandervogel sein. :|

(Hjalmar Kutzleb)

Die blaue Blume als Sinnbild für größtmögliches Glück – die Kinder begriffen das immer sofort und malten sie mit Eifer auf vielerlei Weise hinein in geheimnisvolle Landschaften. Und am 22. April, dem Erstkommuniontag, ist in diesem Jahr mein Tauftag!

Rosen empfangen

„**Gottes**-Zauberhaft-Vereine" – abends vor der zweiten heiligen Messe betet unsere Rosenkranz-Gruppe vor – *Schiff ahoi*! Im Altarraum hängt ein großes Bild von einem Schiff, darauf die Photos der Erstkommunionkinder. Welchen Lebensweg hat unser Lebensschiff genommen seit damals, deines, meines? Was ist aus den Hoffnungen des Erstkommuniontages geworden, aus der frommen Kinderunschuld? Einmal heimkehren zu Gott in unserem weißen Taufkleid! Und morgen am Erstkommunionfest darf ich mein Taufversprechen wiederholen, auch zusammen mit den Erstkommunionkindern. Abends schalte ich kurz ein Schlagerkonzert ein, Tausende sehen zu, Millionen Zuschauer. Eine Sängerin

singt mit strahlendem Gesicht, von Herzen, das spürt man:
„Wer Liebe lebt ..." Ich finde das Lied wunderschön, auch
die vielen Tausende sind begeistert, zünden Lichter an. Warum es nicht *so* sagen: „Wer Liebe lebt" – doch was *ist* Liebe?
Das ist die *Rosenfrage* des Tages!

Liebe!

„Wir sind Bettler, das ist wahr!", sagt Martin Luther kurz
vor seinem Tod. Kann er etwas anderes gemeint haben als
Liebe? „Gib, was du verlangst, dann verlange, was du willst"
(Augustinus). „Wer Liebe lebt ..." – o Jesus!

Rosen empfangen

Wort zum Sonntag: „Selig seid ihr ..." – eine Pastorin beschreibt das größtmögliche Glück wie es Jesus verkündet:
Heute, zweiter Tag meiner fortlaufenden Novene „um *Alles*",
morgen an meinem Tauftag, der dritte – Spruch im Novenenbüchlein von Pater Reinisch: „Im Herzen Jesu verwurzelt".
Wir sind unterwegs zum Ziel, unterwegs in die ewige Heimat
im Herzen Jesu, die ewige Heimat in Gott. Die blaue Blume –
ich wünsche sie dir, mir. Und *heute* kann dieses Glück schon
beginnen, heute, in Freude und Leid für den, der Gott sein
Herz geschenkt hat, da bin ich gewiss. „Suchet zuerst das
Reich Gottes und alles andere wird euch dazu geschenkt"
(Mt 6,33). Machen wir uns gemeinsam auf den Weg, heute
wieder neu: „Bleib nicht beim Lesen, wandere mit!"

Rosen empfangen

Am großen Tag für die Erstkommunionkinder, meinem
Tauftag? Unsagbares, lieber Leser, aber so viel möchte ich
beschreiben: Auf dem Einladungsplakat für die Erstkommunionfeier im Aushang der Kirche – *mein Bild* aus der
Klosterkirche Rüdesheim, ganz anders gemalt und doch
genau finde ich es wieder als Kinderbild, mein Leben, wie
es der Psalm ausdrückt oder das Kirchenlied, mit dem
ich meine Anmerkungen zum Tage für heute beschließen
möchte, meine Lebensgeschichte mit Gott:

Der Gute Hirt (Psalm 718)

Der Herr ist mein Hirte,
    nichts wird mir fehlen.

Er lässt mich lagern auf grünen Auen
    und führt mich zum Ruheplatz am Wasser.

Er stillt mein Verlangen;
    er leitet mich auf rechten Pfaden, treu
    seinem Namen.

Muss ich auch wandern in finsterer Schlucht,
ich fürchte kein Unheil; denn du bist bei mir,
    dein Stock und dein Stab geben mir
    Zuversicht.

Du deckst mir den Tisch
vor den Augen meiner Feinde. Du salbst mein
Haupt mit Öl,
    du füllst mir reichlich den Becher.

Lauter Güte und Huld werden mir folgen mein
Leben lang
    und im Haus des Herrn darf ich wohnen für
    lange Zeit.

„Siehe, Ich Bin Da"

Ich schreibe dir also die Worte des uralten Psalms des Gottvertrauens auf, die in meinem Herzen leben. Am Ende meines Buches werde ich es noch einmal als Lied aufschreiben, lieber Leser, möge es dir ein täglicher Segen sein!

Fest soll mein Taufbund immer stehen!

Erstkommunionfest – Montag, ein Tag des besonderen Dankes! *Rosen* für mich wie *Sterne* – nur dieses Beispiel für dich: Abends bei meiner montäglichen Anbetungsstunde vor dem ausgesetzten Allerheiligsten bei den Klarissen, wo eine Handvoll Weltmenschen in schweigender Andacht versammelt ist, *ziehe* ich meinen Bibelspruch aus den vielen im bereitgestellten Beutelchen, ein Wort für die Kirchenbesucher, die ihren Weg bald fortsetzen werden mitten in der Welt:

„Wenn zwei auf Erden einig sind, um irgendetwas zu bitten, so wird es ihnen zuteil werden von meinem Vater im Himmel, denn wo zwei oder drei in meinem Namen versammelt sind, da bin ich mitten unter ihnen" (Mt, 18, 20)

– „Ich bin mitten unter euch", steht auch auf dem Schiff der Erstkommunionkinder – und unter all den Bibelsprüchen hatte ich gerade diesen *gezogen*, in dem übrigens alles, was mir wichtig ist, enthalten ist, lieber Leser! – „Um *Alles*" bete ich schon so lange Zeit und bis zur letzten Stunde. Gott kennt mich, ich lasse nicht locker – betest du mit? „Maria, Königin der Apostel, bitte für uns!" ist die besondere Bitte am 4. Novenentag! Und doch gehört auch dieses tägliche Gebet dazu – untrennbar verbunden mit meinem Bitten:

Nie kann ich danken dir genug

Nie kann, o Herr, ich danken dir genug,
es soll dir danken jeder Atemzug,

es soll dir danken jeder Herzensschlag
bis zum letzten Schlag am letzten Tag,
Es soll dir danken jeglicher Gedanke
nichts will ich sprechen als, o Herr, ich danke!

Dieses Gebet, das fast wortgleich aus dem Begleitbüchlein „Die Familien-Pilgerfahrt der Mutter Gottes" stammt, entdeckte ich an einem Neujahrsmorgen in einem Gesangbuch und bete es nun in Freude und Leid. Wie weit war der Weg, bis ich dieses Gebet verstanden habe! Begleitest du mich ein wenig weiter?

„In der Heimat" – an jenem Tag, da ich dieses Gedicht vollendete und aufschrieb, auch die folgenden Zeilen, wurde in der heiligen Messe das Evangelium vom Weinwunder vorgelesen: Jesus verwandelt Wasser in Wein! *Rosen empfangen* – die Predigt erzählte von den Wundern des Alltags, „Weinwunder", von Menschen, die uns wie Wunder manchmal in einer Not begegnen und uns heraushelfen, von Berufungen, die in uns schlummern. Beim Abendgebet in meinem Stundenbuch entdeckte ich diesen Text:

„Sei treu bis in den Tod, dann werde ich dir den Kranz des Lebens geben"

(Offb 2,10).

Treu bis in den Tod – das war die *Schwester* für die Menschen, denen zu helfen sie berufen war. „Sie hat schon vielen Menschen geholfen", verriet mir einmal jemand.

Ein wirkliches Wunder, kaum glaublich, dies: An dem Tag, an dem ich das Gedicht „In der Heimat" vollendete, hatte der Pastor einen kunstgefertigten Vogel während der heiligen Messe auf den Altar gelegt. Im Laufe des Gottesdienstes zeigte er ihn der Gemeinde und eröffnete damit eine Ausstellung in der Kirche, bei der ähnliche Kunstwerke verkauft werden sollten zugunsten von Straßenkindern – und dies ausgerechnet hinein in meine Gedanken von mir als freiem Vogel, von der Heimat, die mir niemand mehr nehmen kann! *Rosen empfangen* und *Rosen verschenken* –

heute auch als eine besondere Einladung Gottes, auch die nicht zu vergessen, die, ganz irdisch gesehen, keine Heimat haben, nicht frei, sondern gefangen sind – nicht nur materiell. Natürlich kann auch ein gläubiger Mensch in schrecklichster Weise gefangen sein, aber er ist irgendwie dennoch frei – und sei es in der dunkelsten Tiefe des Herzens.

„Ich glaube an die Sonne, ob ich sie sehe oder nicht und an das Licht, das keinen Abend kennt, die Ewigkeit."

So, in etwa, beschrieb es ein Märtyrer. So viele haben mit ihrem Leben diese Wahrheit bezeugt. Aber die Strahlen dieser Sonne können wir auch dann wahrnehmen, wenn wir vielleicht keine Helden sind und uns nur mit den gewöhnlichen Ärgernissen und Belastungen des Alltags herumplagen müssen, wenn nur ganz gewöhnliche Enttäuschungen unseren Weg ab und zu durchkreuzen. Die Strahlen dieser Sonne machen unser irdisches Lebensglück, die leidfreie Zeit, noch unendlich leuchtender und tiefer.

Ich möchte an dieser Stelle einfügen, was ich am 16. 11. 2000 notiert habe, es war ein Tag wie jeder andere und doch, wie jeder Lebenstag, ein besonderer Tag! Erinnerung an eine verzweifelte Stimmung an einem 16. November vor langer Zeit: Voller Aggressionen in meinem Leid, die ich auch im Gebet ausdrückte, fuhr ich die Autobahn entlang. Hinein in ebendiese Situation nahm ich plötzlich einen Regenbogen wahr, der sich wie ein Himmelstor über die Straße spannte. Da war es wieder in meinem Wüstenweg damals – Wasser für diesen Tag! Wie oft habe ich dergleichen in meiner Leidphase erlebt! Einmal lag ich nachts stundenlang wach – wie sollte es weitergehen? Morgens schaltete ich gegen meine Gewohnheit mein Radio ein, „zufällig" sprach jemand das „Wort in den Tag": „Es kann sein, dass Sie gerade in einer Wüste leben", sagte so in etwa der Sprecher, „aber die Wüste gibt auch Kraft", und weiter: „Man lernt dort mit wenig auszukommen." Damals lernte ich es, die Nähe Gottes wahrzunehmen in tausend Zeichen und so ist es auch heute noch, in Freude und Leid. Wie sehr hatte ich in meiner Jugend unter Einsamkeitsgefühlen gelitten, auch mitten unter Menschen, immer wieder. Ich darf heute sagen, dass ich nun Jahrzehnte lang nie mehr wirklich einsam gewesen bin und mich das Gefühl der Geborgenheit nie mehr verlassen hat.

Und nun finde ich an jenem 16. November des Jahres 2000 in *meinem* Gesangbuch, das ich unter den vielen, die in der Kirche auslagen, *zufällig* auswählte, die Bändchen auf den Seiten der Texte, die für mich an diesem Tag die bedeutsamsten waren. Auf der letzten Seite war das Datum des 14. 4. angegeben, dem Fest der Namenspatronin der heiligen Lydia – Lidivina. Beschäftigst du dich schon einmal mit deinem Namenspatron, lieber Leser? Es könnte sich lohnen. Lidivina! Sie war ein Mensch, der von furchtbaren Krankheiten heimgesucht wurde und diese, nach anfänglichem Aufruhr im Leid, mit wunderbarer Geduld ertrug, die sich schließlich dahin steigerte, dass sie in ihrem Leiden einen besonderen Weg zu Gott entdeckte. Die Erinnerung an diese Heilige, die unter anderem unter entsetzlichen Zahnschmerzen litt, gerade heute, da auch ich Zahnschmerzen hatte, die mich zwangen einen Zahnarzt aufzusuchen.

Lieber Leser, ich werde dir noch bei der Beschreibung unseres letzten Betriebsausfluges an der Hauptschule bei Gewitter anvertrauen, dass ich keineswegs unbedingt ein Held bin, zum Beispiel beim Zahnarzt. Die Erinnerung an Lidivina nun gab mir guten Mut für den Zahnarztbesuch. Die Meditation des Lebensschicksals der heiligen Lidivina sah ich aber auch irgendwie im Zusammenhang mit dem Text aus dem im ersten Kapitel erwähnten Novenenbüchlein „Froh sein im Alltag" von Pater Eberschweiler, der darin in wunderbarer Weise den christlichen Auferstehungsglauben beschreibt, an den wir uns viel öfter erinnern sollten, wenn wir uns schon *Christen* nennen, lieber Leser!

Novenentag 8

„Was unsere Freude auf Erden unzerstörbar macht, ist der Ausblick auf die ewige Freude, die Gott uns genießen lässt, nicht nur 100 Jahre lang, nein, eine ganze Ewigkeit hindurch

... Da erleben wir die allerheiligste Dreifaltigkeit in höchster Pracht und Herrlichkeit, in ihrer unendlichen Schönheit, inmitten der glückseligen Scharen der Engel und Heiligen (und unserer Verwandten und Bekannten, unserer Eltern und Kinder, die mit uns auf Erden lebten). Darf ich mich da noch der Traurigkeit überlassen, darf ich Missmut nähren bei den Arbeiten, Prüfungen und Mühen, die mein Herr mir auferlegt, während er zur selben Zeit damit beschäftigt ist, mir einen Thron im Himmel zu errichten, ein Prachtgewand zu wirken, eine Krone zu bereiten? Nein das geht nicht, ich schulde meinem Herrn Freudigkeit."

Lieber Leser, du wirst es nicht glauben! Am gleichen Tag, an dem ich diesen Text niederschrieb, schenkte mir jemand einen Text von Pater Eberschweiler, der noch einmal zum unbedingten Vertrauen auf Gott aufruft. In der Gnadenkapelle von Schönstatt sehe ich auf das Datum in meinem Gesangbuch: 12. 7. 97. Im liturgischen Kalender entdecke ich zuhause zu diesem Datum den Spruch: „Ihr Gebeugten, sucht den Herrn!" Es ist das Fest des heiligen Placidius.

Das Glaubenszeugnis von Pater Eberschweiler – eine Vertröstung auf das Jenseits? Ich hoffe, dass es mir doch ein wenig gelungen ist, dir zu beschreiben, dass eine solch wunderbare Aussicht auf ein unendliches Leben, das Jesus uns versprochen hat, gerade auch schon die Freude unseres irdischen Lebens zum Leuchten bringen kann wie nichts anderes. Auch er spricht von der Lebensfreude, aber auch davon, dass sie im Glauben schon auf dieser Erde unzerstörbar werden kann – und er hat diese Zuversicht auf dieser Erde gelebt! Ich denke, dass nicht nur ich in meinem Buch den Lesern mehr von mir anvertraue, mehr in mein Herz sehen lasse wie viele Menschen, die mir persönlich begegnet sind. Warum soll also nicht der Autor einer Schrift mir zum Freund werden, wenn er auch schon das Lebensziel, auf das wir alle zustreben, erreicht hat? Pater Eberschweiler ist in der Trierer Jesuitenkirche beerdigt. Viele Wallfahrer strömen zu seinem Grab und sehen im ihm wie ich, einen der vielen Freunde, die wir im Himmel haben.

Die Lebensbeschreibung der heiligen Lidivina erinnert ein wenig an seine Worte. In einer Art Vision wurde ihr eine Krone im Himmel versprochen und auch sie hatte den Gedanken, dass Leiden sich in *Rosen* verwandeln kann, etwas, das segensreich wird. Ein Segen zeigte sich in ihrem Leben darin, das ihre große Liebe zu Gott ihrer Liebe zu den Mitmenschen entsprach. So schwach sie war, so konnte sie doch vielen Menschen raten und helfen. Trotz ihrer bitteren Schmerzen muss sie ein großer Optimist gewesen sein, ebenso wie alle anderen Heiligen, die ihre Mitmenschen in ihren winzigen Kümmernissen ebenso beraten wie in großen Leiden. Ich darf dir jetzt schon vorwegnehmen, dass dies genau dem Wesen der *Schwester* entsprach, wie sie mir begegnete – und ebenso erfahre ich Gott immer wieder. Meine Zahnschmerzen nahm er zum Anlass, mich durch die Erinnerung an Lidivina zu ermutigen, in unserem Wohlstandsdeutschland zu einem Zahnarzt zu gehen, bei dem mir eine gute Betäubungsspritze sicher war, gleichzeitig konnte mir die Lebensbeschreibung dieser Heiligen aber auch eine Erinnerung geben an meine irdische *Rosenernte*, die ich auf dieser Erde schon erfahren durfte durch das Leid des *Dunklen Tunnels*.

Ja, lieber Leser, diese Erfahrung habe ich in meinem Leben gemacht: Man darf Gott mit den winzigsten und schwersten Kümmernissen kommen – was mir wichtig ist, ist ihm auch wichtig, in Freude und Leid. War nicht das erhörte Gebet, dass ich mittanzen durfte bei dem Kindertanz damals, eine meiner ersten bewussten Begegnungen mit dem liebenden Gott? Ich muss kein Held wie Lidivina sein, damit er mich liebt – auch kein Asket. Wer weiß, vielleicht hast du schon beim Lesen des Buches gedacht, dass ein Weg mit Gott unvereinbar ist mit Festen, feiern – Unsinn! Ein Beispiel aus dem täglichen Leben: Gestern verfolgte ich im Fernsehen eine Preisverleihung für Stars unserer Medienwelt. Überall strahlende, wunderbar zurechtgemachte und auch schöne Menschen, Künstler, in denen ein göttlicher Funke brennt. Das Leid der Welt hatte hier, wie auf allen Festen, scheinbar Pause. Unter anderem wurde der

Film „Titanic" im Lauf dieses Medienereignisses prämiiert. Millionen Menschen hatten diesen Film, der auch an ein plötzliches Ende, an die Begrenztheit des menschlichen Lebens auf dieser Erde erinnert, am heiligen Abend verfolgt. „No God!" – „Wir brauchen keinen Gott!", hatte man auf die Wand dieses scheinbar unsinkbaren Luxusschiffes gepinselt, das so vielen zum Schicksal wurde.

Wie ich als Religionslehrerin auch erfahren hatte, kann ein Film durchaus zum Nachdenken über den Sinn des Lebens anregen und unbedingt auch künstlerische Darstellungen. Mitten unter *diesen* Menschen sitzen, in einem wunderbaren Abendkleid, voll Vorfreude auf ein Fest, das nach der Prämiierung noch gefeiert wird, voll Interesse für die Dinge *dieses* Lebens – das wäre absolut vereinbar mit dem Glauben, wenn man das Herz offen hat für wirkliche Liebe.

Auch radikales Christentum muss sich keineswegs in äußerer Schlichtheit abspielen. Übrigens, in meinen 30er Jahren war ich äußerlich wohl eine der auffälligsten Erscheinungen in meinem Kollegium: Mein Outfit weiterhin: krause Mähne, knallenge Jeans, T-Shirt. Das erste öffentliche Auftreten Jesu fand bei einer Hochzeit statt und sein erstes öffentliches Wunder war ein Weinwunder! Irgendwann auf dem Glaubensweg möchte man natürlich für Gott etwas aufgeben, im Kleinen und im Großen, aber glaube mir, lieber Leser, unser Blick schärft sich im Laufe der Zeit, wenn wir wirkliches Vertrauen zu Gott gewinnen, so sehr, dass das Verzichten dann auch eine Freude ist – Liebe.

Gefordert ist es allerdings, das Päckchen Leid anzunehmen, das wir nicht ändern können, aber das müssen wir auf dieser Erde alle, ob wir an Gott glauben oder nicht – und wie viel besser hat es da ein Mensch, der an Gott glaubt!

Die Heiligen – Freunde für alle: Viele Unterrichtsstunden versuchte ich dies den Kindern an faszinierenden Gestalten klar zu machen. Heilige, Menschen, die Jesus ähnlich sind, Jesus, der dem Verlorenen nachgeht. So ist es auch im Neuen Testament zu lesen: „Wenn einer von euch hundert Schafe hat und eins davon verliert, lässt er dann nicht die neunundneunzig in der Steppe zurück und geht dem verlorenen nach, bis er es findet? Und wenn er es gefunden hat, nimmt er es voll Freude auf die Schultern, und wenn er nach Hause kommt, ruft er seine Freunde und Nachbarn zusammen und sagt zu ihnen: Freut euch mit mir; ich habe mein Schaf wieder gefunden, das verloren war. Ich sage euch: Ebenso wird auch im Himmel mehr Freude herrschen über einen einzigen Sünder, der umkehrt, als über neunundneunzig Gerechte, die es nicht nötig haben umzukehren" (Lk 15,4 f)

Was ich *wage* zu glauben?

Dass der gewaltige Gott sich tatsächlich so sehr um den Einzelnen kümmert, dass es für mich in seinem Tagesplan liegen kann, dass dieser und jener Umstand eintritt, eine Begegnung, ein Text, etwas, das mich zum Nachdenken bringt, um uns an Gottes Liebe zu erinnern. Was aber ist nötig um dieses Wunderbare auch als Wunder zu erfahren? – Es ist der Glaube! Gott schickt uns Wunder, aber nur im Glauben können wir sie wahrnehmen.

So schwer es ist – immer wieder versuche ich, dir von *meinen eigenen* Erfahrungen mit Gott zu erzählen um dir Beispiele aufzuzeigen, obwohl dies wohl nur ansatzweise möglich ist, da vieles Wunderbare, das sich für mich an die täglichen Ereignisse des Tages knüpft, unsagbar bleibt. Es bedarf natürlich keiner Gesangbuchtexte oder der Lebensbeschreibung eines Heiligen um Gottes Nähe aufleuchten zu lassen – das Lächeln deines Kindes, eine herzliche Versöhnung nach einem Streit, die besondere Begegnung mit einem Menschen, eine gute Sache, die mir wichtig war und die gelang, der tägliche Sonnenaufgang ... alles, alles könnten wir als Geschenke Gottes wahrnehmen.

Rosen empfangen – heute, Montagabend

Bei meiner Anbetungsstunde bei den Klarissen *zog* ich diesen Bibelspruch: „Kehrt um und glaubt an das Evangelium" (Mk 1, 15), passend zu meinen Gedanken an ebendiesem Tag: Mk = Evangelium nach Markus und der Tag, an dem ich diesen Text in der endgültigen Form niederschreibe, ist das Fest des heiligen Markus! Markus, der Evangelist. Das Evangelium – Gottes Einladung unserer Lebensdeutung von der Ewigkeit her. Keine Zeit, darüber nachzudenken? Die Lebensdeutung vom Glauben her – zu wunderbar, wenn man bedenkt, wie entsetzlich unschuldige Menschen immer wieder unter einer wahrhaft teuflischen Bosheit anderer leiden müssen, Leiden ertragen, in denen Gott scheinbar beharrlich schweigt? „Mein Gott, mein Gott, warum hast du mich verlassen?" (Ps 22,2). Doch auch davon redet die „Frohe Botschaft": Der menschgewordene Gott hat ebendieses Leiden geteilt. Keine Zeit auf dieser Erde, den Sinn des Lebens immer wieder zu bedenken? Christus ist erstanden! – Eine Erzählung, die die Ewigkeit zu beschreiben versucht, habe ich mir gemerkt. Ich erzähle aus der Erinnerung:

Berg aus Granit

In Pommern gibt es einen Berg aus Granit, der reicht bis zum Himmel. Dorthin fliegt alle hundert Jahre ein winzigkleines Vöglein und wetzt sein Schnäblein daran. Wenn es den ganzen Berg abgewetzt hat, ist erst eine einzige Sekunde der Ewigkeit vorbei.

Diese Erzählung könnte daran erinnern, wie anders alles wird, wenn wir unser Leben als Punkt sehen, der in diese Unendlichkeit führt. Wenn wir unseren Lebenssinn so bedenken, hilft das nicht auch bei unseren Fragen an Gott, auf die wir keine Antwort finden? Unvorstellbar, unerträglich, ist doch gerade im Zusammenhang mit dem Gedanken an unsagbares, unerklärliches Leid, das auch uns selber jederzeit treffen kann oder getroffen hätte, die Vorstellung von unserem Leben in irdischer Begrenztheit. Wenn auch gerade Leben in solchem Leid vielleicht zeitweise nicht weiter sehen kann als bis zu der dünnen Wand, die uns von der Ewigkeit trennt, ist der

Glaubende eingeladen, auf diese zu vertrauen in Freude und Leid.

Ich habe den Tag heute und darf heute fröhlich wandern, in Freude und vielleicht, sogar noch im Leid: „Mein Herz strömt über vor Freude, inmitten jeglicher Trübsal" (2 Kor 7,4).

Veronika (Simon)

> *Osterfreude unendlich,*
> *was immer mir nun geschieht,*
> *wenn ich doch scheiterte, menschlich,*
> *Jesus, der für mich sieht.*

So lautet die zweite Strophe meines Gedichtes, das im Kapitel „Veronika und Simon" (vgl. Seite 302) vollständig abgedruckt ist.

Die *Schwester*

Bevor ich ihr begegnete, mit etwa 25 Jahren, hatte ich das Grundgefühl geringen Selbstvertrauens, obwohl ich manches Mal als junges Mädchen Szenen wie diese erlebte: Als ich eine Autostraße entlangging, gaben die vorbeifahrenden Männer ein Hupkonzert, dergleichen war ich gewohnt. Es bedeutete mir nichts in der inneren Einsamkeit, die ich in meiner Jugend so oft spürte, auch mitten unter Menschen.

Wie anders ist alles geworden! Mein Grundgefühl ist nun so viele Jahre Lebensfreude und Zuversicht. Wie schade, dass viele Menschen in einer Not sich nicht die Schülerin „Nicole" zum Vorbild nehmen. Ihre Erfahrung war auch die meine, die aber insofern über diese hinausging, als mein Festhalten an Gott, manches Mal wie das des sinkenden Petrus, untrennbar verbunden war mit jahrelangen häufigen Besuchen der heiligen Messe – und mit dem, was mich die *Schwester* lehrte – ich werde das noch näher beschreiben. Die Zeichen der Gegenwart Gottes wie Wunder entdecken – ganz sicher können Menschen uns einen Weg aufzeigen, damit wir sie wahrnehmen.

Eigentlich genügt es aber, sich beharrlich an Gott selbst festzuhalten, wieder und wieder und wieder, und wenn unser Beten nur lange Zeit darin bestünde, zu warten und den wichtigsten Rat der *Schwester* zu beherzigen, den ich dir jetzt schon vorwegnehmen will:

„Wenn Sie auf Ihrer Forderung Gott gegenüber bestehen, brechen Sie zusammen."

Es war ganz und gar nicht ihre Art, weise Sätze zu dozieren, deshalb ist es so wichtig, dass ich dir den Zusammenhang, in dem sie mir das sagte, noch schildern werde.

Zurück zu meiner Jugend. Irgendwie fügte es sich, dass „der Richtige" nicht kam, bei allen Verliebtheiten, Tanzereien nicht. Bis zur kirchlichen Trauung brachte ich es nie. Niemand, mit dem ich diesen Schritt schließlich wagen wollte. Eine standesamtliche Trauung, für mich nur eine Verlobung, bei der die kirchliche Trauung geplant war, ging noch *vor* diesem unwiderruflichen Schritt in die Brüche – glücklicherweise, das erkannte ich bald. Es gab wohl auch Missverständnisse und Lebensumstände, die mich in den folgenden Jahren davon abhielten, zu heiraten, d h. für mich: eine kirchlich geschlossene Ehe einzugehen mit einem unwiderruflichen Treueversprechen bis zum Tod.

Irgendwie genügte alles nicht. Mit 21 Jahren faszinierte mich in einem Kaufhaus ein Buchtitel so sehr, dass ich das Buch kaufte:

„Gott allein genügt"

Die Überschrift dieses Buches, ein Glaubenszeugnis von Ordenschristen, geht auf Theresia von Avila zurück, die Reformatorin des Karmel. Für mich war mit diesem Buch auch eine Erinnerung aus der Kindheit verbunden. Als kleines Mädchen von etwa 10 Jahren spazierte ich manchmal über den Friedhof zur Grabstätte „der armen Schwestern vom heiligen Franziskus." Fast ebendieser Spruch stand vor den schlichten Grabsteinen dieser Ordensschwestern:

„Mein Gott und mein Alles"

Betörend schön fand ich diese Worte schon damals. Wenn ich auch ihren Inhalt nicht begreifen konnte, hatte ich doch einen Grund gefunden, immer wieder sinnend davor zu verweilen. Im Kindergartenalter überraschte ich einmal meine Mutter mit einer Bemerkung, als sie von einem Menschen erzählte, der erbarmungslos mit einem anderen umgegangen war: „Mama, war der auch mal ein Baby?" Als junges Mädchen von 14 Jahren machte ich mir tiefgründige Gedanken über den Sinn des Lebens, dass dieses unser irdisches Leben einmal mit dem Tod enden wird und dass unser Leben nur durch Gott Ewigkeit gewinnt. Dass er es ist, der unserem Leben seinen Wert gibt, drückte ich in Tagebuchnotizen damals wortwörtlich so aus: „Die Menschen, mit denen ich lebe, fliegen alle solange im Licht, bis die Dunkelheit auch sie trifft. Sie denken nicht an den Tod. Sie meinen, er geht sie gar nichts an. Für Menschen, die ich kenne, wird die Dunkelheit noch hereinbrechen. Ich fliege mit ihnen im Licht." Ich denke, dass mir äußerlich niemand meine tiefgründigen Gedanken anmerkte. Wie andere in meinem Alter konnte ich mich wegen Albernheiten auch immer wieder ausschütten vor Lachen und hatte Träume vom wunderbaren Leben, Schwärmereien, Tanzstundenträume wie alle anderen.

Heute ist der Todestag meines Vaters. Er war damals 49. Noch sieben Jahre sollte er nach meiner Tagebucheintragung leben und mit 56 ganz plötzlich mitten aus dem Leben gerissen werden durch einen Herzinfarkt. Ich war damals so jung, dass ich nicht begriff, bei aller entsetzlichen Trauer nicht, *wie* jung mein Vater bei seinem Sterben war – so alt wie ich heute bin – und mir kommt es eigentlich so vor, manches Mal, als finge mein Leben erst an.

Wie geht es dir, lieber Leser? Das Leben rast, die Jahre rasen. Und wenn wir einmal die Frage stellen: „War das alles?", dann wird die Antwort lauten: „Ja, *das* war alles". Was habe ich dann aus meinem Leben gemacht, was mache ich *heute* daraus, *heute*, dem wichtigsten Tag meines Lebens?

In weiteren Tagebuchaufzeichnungen finde ich viele Fragen über Gott, auch, dass ich sicher manches im Glauben belastend und falsch sah. Dennoch klang schon damals für mich an, dass Gott der ist, den man lieben und dem man sein ganzes Leben weihen sollte. Dieses Ziel hatte ich irgendwie schon in dieser Lebensphase, wenn mir auch noch ein langer, langer, schmerzhafter Weg des Suchens bevorstand.

An dieser Stelle unterbrach ich meine Niederschrift, um zur Kirchenchorprobe zu fahren. Wir übten für das große Fest der Orgeleinweihung am Welttag der geistigen Berufe, der inzwischen auch ein besonderes Gedenkfest ist für *mich*.

Rosen empfangen
„Psallite Deo nostro in laetitita,
Exsultate nomini eius in saecula"
jubelte unser Gesang:
„Singt unserem Gott in Fröhlichkeit!
Jubelt seinem Namen in Ewigkeit!"

„In Pommern gibt es einen Berg ..." – das schrieb ich heute, vor der Probe, nicht wissend, welche Lieder dort ausgewählt werden würden nach der langen Ferienpause. So oft schrieb ich es in Wallfahrtsbücher und auch einem Menschen:

„Wir sind unterwegs zum Ziel, unterwegs mit dem *Stern* und dem *Regenbogen*" (Sinnbild der Treue Gottes).

Den Grundschulkindern versuchte ich es auf vielerlei Weise zu vermitteln: Wenn du einen Regenbogen siehst, erinnere dich: Gott hat dich lieb! Und auf meinem Rückweg, auf meiner Autofahrt, spannte sich wieder ein Regenbogen über den Himmel! Das ist es eigentlich, was ich dir immer wieder deutlich machen möchte: Den *Regenbogen Gottes*, sein Erbarmen. Mein eigenes Leben ist nur *ein* Beispiel. „Kyrie eleison – Herr, erbarme dich!" Auch dies hatten wir eben gesungen.

Mit 16 Jahren entdeckte ich in einer Bücherei ein Werk von Johannes vom Kreuz:

„Der Aufstieg zum Berge Karmel"

Das Buch faszinierte mich: Die gewaltige Liebe, von der da die Rede war – das war es, was ich suchte. Da ich aber niemanden hatte, der mir dieses Werk in meine Lebenspraxis übersetzen konnte, wurden mir gerade beim Lesen dieses Buches meine eigenen Grenzen schmerzhaft bewusst. Es klappte nicht, absolut nicht, in die Fußtapfen des heiligen Johannes vom Kreuz zu treten. Ich weiß noch, dass meine Mutter froh war, als ich das „grüne Buch" wieder in der Bücherei abliefern musste, denn meine Mitmenschen erlebten mich gerade in dieser Zeit besonders ungeduldig und gereizt.

Wie wichtig ist es, wie unsagbar wichtig, dass wir Menschen finden, die uns auf unserem religiösen Weg führen und leiten! Recht verstanden, ist genau dieser Johannes vom Kreuz zahllosen Menschen zum Segen geworden und schließlich auch mir. Gerade Vertreter des Karmel haben mir später wertvolle Impulse gegeben für mein eigenes Leben, ganz besonders die heilige Therese von Lisieux, die vor kurzer Zeit zur Kirchenlehrerin erhoben wurde, und die auch Menschen, die ein ganz weltliches Leben führen, viel Lebensweisheit mit auf den Weg geben kann. Lies einmal ihr Buch: „Geschichte einer Seele" und wähle für dich aus, lieber Leser. In einem neunten Schuljahr stellte ich durch dieses Buch diese Heilige als Nonne vor, die schon mit 15 Jahren, also im Alter meiner Hauptschüler, in den Orden eintrat, als verständnisvolle Freundin für alle, der man unbedingt vertrauen kann – und das ist sicher die angemessenste Beschreibung für alle Heiligen, über deren Nächstenliebe man immer ebenso staunen kann wie über ihre Liebe zu Gott. Nie vergesse ich, dass die damalige Klasse so viel in dem Gesicht dieser freundlich lächelnden jungen Schwester entdeckte, dass sie ihr Bild – im Nonnengewand – wochenlang in ihrer Klasse aufhängte. Sehnsucht verstanden zu werden, dieser besonderen Sehnsucht der suchenden Jugend kam dieses Bild entgegen.

Zurück zu dem, was ich damals wie einen *Dunklen Tunnel* empfand in meinem Leben. Ich betete lange Jahre um die Erhörung meines Wunsches, so wie ich es mir vorstellte, und schließlich empfing ich überreich, eigentlich so, wie ich es mir gewünscht hatte, aber in ganz anderer Weise. Bitten im Leid war für mich ein abenteuerlicher Weg durch die Wüste der heiligen drei Könige, die von einem *Stern Gottes* geführt wurden und die ab und zu auf einer Oase rasten durften, aber auch immer wieder Durst litten unterwegs zum Ziel, und die von dem Regenbogen Gottes begleitet wurden, auch bei Nacht. Damals formte sich in meinem Herzen, halb unbewusst, dieses Bild. Beten formulierte ich in dieser Zeit so – und so werde ich es immer sehen, und ganz besonders *heute*, an *diesem* Tag:

Beten

Mit Gott reden
Schweigen
Weinen
Lachen
Schreien
Toben
Warten
Mich immer in Liebe gehalten wissen
in meinem Unvermögen ...

Rosen empfangen

Heute, an diesem Tag, an dem ich mich noch einmal in besonderer Weise mit der Sinnfrage des Leids auseinandersetzte, besuchte ich im Anschluss daran wieder einmal das Grab Pater Kentenichs, der in der Burgkirche Schönstatt bestattet ist, an der Stelle, wo er ganz plötzlich, nachdem er die heilige Messe gefeiert hatte, mit 80 Jahren sanft entschlummerte nach einem Leben bedingungslosen Gottvertrauens, wie es für viele Glaubende nur ein Ziel sein kann, nach einem Leben der Hingabe an Gott und die Menschen, das so reiche Ernte einbrachte. Auf seinem Steingrab entdeckte ich in einem Kästchen kleine Karten, die für die Besucher ausgelegt waren – der Spruch, den ich *zog*, ein Satz von ihm, den er in seinem bewegten Leben selbst erfahren hatte:

„Wir verstehen den lieben Gott nicht immer, aber eines ist gewiss: seine Liebe!"

– Diesen Satz möchte ich uns heute ganz neu mitgeben auf unseren Weg. Die *Schwester* schenkte mir irgendwann einen Rosenkranz, ein Gebet, das mir eigentlich fremd war, das ich furchtbar langweilig fand. Dass dieses Gebet Unbeschreibliches sagt über Gott und die Mutter Gottes, kann man nur selbst erfahren. „Daran habe ich einige hundert Ave für Sie gebetet", sagte die Schwester. „Danke", antwortete ich höflich, legte den Rosenkranz weg und vergaß. Irgendwann, es war wohl Jahre später, quälte mich der Gedanke, dass ich als guter Christ wohl den Rosenkranz beten *müsse*. Als ich das der Schwester sagte, antwortete sie so bestimmt, dass alle Skrupel sich für mich in nichts auflösten: „Brauchen Sie nicht! *Ich* bete den Rosenkranz für *Sie!"*

Was ist für mich heilig? Ein Mensch wie die Schwester, ein Mensch, der Gottes verstehende Liebe so durchscheinen lässt. Ohne den geringsten Skrupel, sondern einfach, weil ich es nun einmal selbst probieren wollte, habe ich mich in Erinnerung daran – ungefähr zwanzig Jahre später – einer Rosenkranzgruppe angeschlossen, die zwanzig Minuten vor dem Gottesdienst den Rosenkranz betet – manchmal bete ich sogar vor. Wie es so meine Art ist, hatte ich gleich den Einfall, viele Menschen für unsere Gruppe zu begeistern, im Ort vielleicht eine Rosenkranzgruppe zu gründen ... und ... und ... und ... – was tun? Ich schloss mich der Wandergruppe der Frauengemeinschaft des Ortes an um zu werben, wenn es sich ergäbe, natürlich nur. Wir wanderten also durch Feld, Wald und Wiesen, kehrten in einer Waldhütte ein und wurden von einem Mitglied der Gruppe bestens und herzlich bewirtet, von der Dame, die *mich* für die Rosenkranzgruppe des Ortes vor einigen Wochen angeworben hatte, mit Worten. Ich hatte sofort freudig zugesagt. Wenn ich es recht bedenke, hatte mich der liebe Gott auf diese Einladung vorher aber jahrelang vorbereitet, auf vielerlei Weise – und nun bedurfte es nur noch eines winzigen Anstoßes, dass ich voll Freude meiner neuen Berufung folgte. Ach, lieber Leser, ist es denn wirklich ganz unmöglich, dass mein Buch dir Anstöße geben könnte für deinen Weg mit Gott? Dies muss ganz und gar keine Rosenkranzgruppe sein, aber ist es zu gewagt, wenn ich dir verrate – die Idee kommt mir eben – dass ich alle Leser in die Gebete unserer Rosenkranzgruppe einschließen werde? Im Allgemeinen muss man lange überlegen, ob man jemandem anvertraut, dass man für ihn betet, aber, lieber Leser, um ehrlich zu sein, ich tue es jetzt in der Hoffnung, dass auch du ein kleines Gebet uns schenkst – und *mir*, meinen Plänen. Wäre es nicht eine wunderbare Möglichkeit, wenn sich tatsächlich weitere „**Gottes**-Zauberhaft-Vereine" bildeten, zahllose gibt es ja bereits in unserer Kirche, wenn meine Bezeichnung für christliche Gruppen auch neu sein mag. Wer weiß, vielleicht hast du eigene originelle Pläne? Dann aber frisch ans Werk! Erfolg oder Misserfolg – Gott ist an deiner Seite! Gott ist der, der uns schenken wird, maßlos, und auf Ihn wollen wir uns verlassen.

Erinnerung

In meinem Religionsunterricht hat mich oft der Gedanke an das Beten in Klöstern sehr gestärkt und jetzt soll es auch der Gedanke an Leser sein, die nicht nur lesen, sondern auch *tun*. Ich denke, das winzigste Gebet wäre schon eine Tat, lieber Leser. Immer wieder sind mir Menschen begegnet, die trotz ihrer guten Geistesgaben kein einziges wagten. In den Gesprächen mit der Wandergruppe unterwegs und auch am Tisch war spürbar, dass alle fröhlich sein wollten, jeder aber irgendwie auch sein Päckchen zu tragen hatte. Ist es nicht auf vielen Festen, die wir besuchen, genauso? Wenn auch niemand sich beklagte, unhörbaren Kummer hat mancher im Gepäck. Am liebsten hätte ich laut die Trommel geschlagen für meine Rosenkranzpläne. Nach meiner Erfahrung wäre das aber sicher nicht das Optimale gewesen. Man könnte so alles gewinnen, aber auch alles verlieren. Auf jeden Fall hätte ich mich in ein *Out* gesetzt, das die kirchliche Rosenkranzgruppe nicht unbedingt gefördert hätte. Die *Schwester* hatte mich jahrelang ganz behutsam kommen lassen auf meinem Glaubensweg. Für sie war allerdings auch die Möglichkeit zahlloser Begegnungen mit mir gegeben. Ich aber habe als Religionslehrerin und auch besonders mit diesem Buch mehr oder weniger nur einen kurzen Augenblick, bei anderen vielleicht einen guten *Punkt* setzen zu dürfen. Letztlich ist es einzig Gottes Kraft, die überzeugt. Deshalb war, bin und bleibe ich ein unverbesserlicher Optimist:

„Herr, auf dich vertraue ich – in deine Hände lege ich mein Leben!"

Erinnerung

In einem beißenden Kummer las ich irgendwo diesen Satz: „Herr, auf dich vertraue ich, in deine Hände lege ich mein Leben!" Das Leid damals brennend wie Hohn und Spott. Ich triumphiere – dieser Satz *kann* dich nicht trösten! Er blieb für mich stehen, damals, einfach so.

Jahre später. Der Trost kam später wie *Sternenregen*. Du hast mich absolut herausgeführt aus diesem Schmerz, lieber Gott, und heute darf ich mit Freude dieses kurze Gebet beten. Gottes tägliche Einladungen nicht in den Wind schlagen, darauf kommt es an – für dich, ebenso für mich. Uns alle lade ich auch heute wieder ein, dem *Stern* im Herzen zu folgen.

Das war ein Grundgedanke der Religions-AG: sich Zeit nehmen für Gott, den Tag überdenken im Hinblick auf Gott – Beten! In meinem Dienst als Religionslehrerin, in meinen Religionsstunden, fühlte ich mich oft im Zeitdruck, fast fürchtete ich das Stundenende. So vieles wollte ich erklären, vermitteln ... Und doch gründete mein Optimismus darauf, dass ich mich von Gott getragen fühlte in meinem leidenschaftlichen Bemühen. Auch damals war mir irgendwie klar: Ich kann alles versuchen, so sehr erhoffen, aber letztlich liegt alles bei Gott. Manchmal, auch im Grundschulunterricht später, hatte ich so eifrig unterrichtet, dass ich versucht war, diese Wahrheit zu vergessen. Die Kinder erinnerten *mich* manches Mal an das Beten oder mir selbst fiel es erst am Ende der Stunde ein, denn im Anfang des Unterrichts musste ich immer wieder sehr energisch für Ruhe sorgen – und weder hinein in Unruhen soll man mit Kindern beten, noch nach einem strengen Ton. So plante ich das Reden mit Gott oft für einen geeigneten Augenblick mitten in der Stunde ein. Den Kindern versuchte ich allerdings immer wieder deutlich zu machen, dass das Beten das Wichtigste ist in der ganzen Religionsstunde und die Kinder nahmen diese Wahrheit mit Freude auf. Ich habe es eigentlich nie anders erlebt, als dass die Kinder sehr gerne beteten. In Hauptschulklassen war dies allerdings auf Grund von Disziplinproblemen nicht immer möglich, leider. Grundsätzlich möchte ich sagen: Nichts ist so wichtig im Glauben wie Beten, sich unter Gottes Augen bewusst stellen, diese liebenden verstehenden Augen, die unser ganzes Sein mit unsäglicher Güte umfangen, wer immer und wie immer wir sind, und wenn wir in schlimmste Schuld verstrickt, in Sackgassen geraten wären, aus denen wir nicht herauskommen – gerade dann ist Gott an unserer Seite. Ein Aufblick zu Gott – das ist schon Beten. „*Wir* verstehen den lieben Gott nicht immer", dieses Wort Pater Kentenichs habe auch ich erfahren, aber ebenso dies: wir nicht – aber *Er* ist *derjenige*, der versteht, immer!

Zurück zu der Zeit des *Dunklen Tunnels*: Die *Schwester* lehrte mich Zappelphilipp, der alles gleich, sofort und genauso wie ich es mir vorstellte, haben wollte, das Beten im Leid – durch ihr ganzes Sein. Ein Dozieren oder Anweisungen, hätten mich nicht erreicht. „*Wir* beten", sagte sie immer wieder, hinein in meine leidenschaftlichen Ausbrüche

des Kummers, der Aggressionen – und schließlich, als sich
nichts änderte in meinem Sinne, jenen weisen Satz, den
ich, schon einmal erwähnt habe:

**„Wenn Sie auf Ihrer Forderung Gott gegenüber beste-
hen, brechen Sie zusammen."**

„Sie sind ein Star im Nicht-Erhört-Werden", sagte ich einmal bitter. Die Schwester schwieg auf solche Worte hin. Gott
war für mich in dieser Zeit der Adler, der das Kleine auf seinen Flugversuchen unterfliegt und trägt, unterfliegt und trägt
– kennst du dieses Naturwunder? – und die *Schwester* war
sein Engel, sein Bote. In den sechs Jahren schlimmen Leids,
das aber immer wieder durchstrahlt war von der Erfahrung
der greifbaren Nähe und Liebe Gottes, hinein in die Ausweglosigkeit, kam ich manchmal mehrfach in der Woche zu
der Schwester und wenn ich ging, war es so, als ob ich einen
Krafttrunk genommen hätte, einen Krafttrunk, den Gott für
jeden bereit hält, der sich an ihm festhalten will und der darin besteht, dass wir lernen, seine Zeichen im Alltag wahrzunehmen und ihm blind zu vertrauen, zuversichtlich zu sein,
zumindest, immer wieder zu warten, dass er uns die Zuversicht schenken möge, wenn wir verzweifelt sind. In meinem
Leid war es so, dass mir diese Zuversicht schließlich, auch
wenn ich selbst mich noch so schwach erlebte in meinem
Kummer, immer wieder ganz einfach geschenkt wurde, aber
dies brauche ich eigentlich nicht mehr zu erwähnen. Du
kannst es meiner Lebensbeschreibung entnehmen.

Warten – Gott selbst lehrte mich, seine Zeichen der Nähe
im Alltag zu entdecken, wie beschrieben, manchmal hinein in verzweiflungsvolle Stimmungen. Aber nicht nur
nach meiner eigenen Erfahrung, sondern auch nach den
Gesprächen, die ich mit anderen Menschen führte, kann
ich dir versichern: Wenn du wieder und wieder, jahrelang,
in einer Not um Erhörung flehst, erwarte nicht unbedingt,
dass du so erhört wirst wie du dir das vorstellst, aber es
ist unmöglich, dass du nicht langsam anfängst, die Zeichen
der Liebe und Nähe Gottes wahrzunehmen:

„Siehe, Ich Bin Da"

Die Erfahrung der greifbaren Nähe Gottes übertrifft den Trost menschlicher Fürsorge, gibt Wasser in einer Wüste und weckt in der Freude Jubel im Herzen: *Rosen empfangen ...*

Manchmal aber dürfen wir Auferstehung erleben in einem Bitten im Leid

– in diesem Leben schon, und ich machte diese Erfahrung auch dadurch, dass alles ganz anders kam, als ich es geplant, mir vorgestellt und Gott wieder und wieder vorgeschlagen hatte ...

Die Erbarmungen des Herrn will ich in Ewigkeit lobpreisen!

Veronika (Simon)

Auferstehung vom Leiden,
strahlender Jubel für mich!
Fragen aber, die bleiben
auch jetzt noch, sicherlich.

> *Osterfreude unendlich,*
> *was immer mir nun geschieht,*
> *wenn ich **doch** scheiterte, menschlich,*
> *Jesus, der für mich sieht.*

An einem Kreuzweg lädst du uns ein,
Jesus, dich trösten, Brücke zu sein.
Jesus vergessen – und keiner sieht ...
wer kann ermessen, was da geschieht?

> *Wenn manchmal Tränen auch bleiben,*
> *– treu uns in Ewigkeit*
> *Gott wird das Dunkel vertreiben,*
> ***Sein** sind wir für alle Zeit!*

Wege?

Auch die *Schwester* zeigte mir, irgendwie ohne ausdrücklicheliche Einladung, ohne Worte, ohne Erklärung, Gottes Trost in der Kirche und doch hat er selbst mir seine besondere Nähe dort erklärt. Als die Not des *Dunklen Tunnels* begann, fing ich an, täglich in die heilige Messe zu gehen. Ich hielt mich an diesen Kirchenbesuchen manches Mal fest wie ein Ertrinkender und entdeckte im Laufe der Zeit, welch unsagbarer Schatz in den Kirchen verborgen ist:

Jesus ist im allerheiligsten Altarssakrament anwesend, wirklich wahrhaftig, leibhaftig.

Diesen Glaubenssatz – ich habe ihn *erfahren*, eigentlich kann man ihn auch nur so *begreifen*.

„Man kann Gott nicht anfassen", hatten meine Schüler immer wieder gesagt, aber hier trifft dieses Wort: **be-grei-fen!**

Die Schwester lehrte mich durch ihr ganzes Sein, dass mich Gott annimmt wie ich bin, wie mir gerade zumute ist, mit dem, was mich bewegt. Manches Mal waren meine Aggressionen im Leid so groß, dass ich mich weigerte mitzusingen – und dies in vollem Vertrauen auf Gott. Das war dann *meine* Art, dort zu beten – *motzen* wie eine ungezogene Schülerin. Manchmal war es mir sogar unerträglich, wenn mich ein Mensch anlächelte in solchen Stimmungen. Ich hatte auf jeden und auf alles die Wut.

Mit allem, was mich bewegte, hielt ich am täglichen Besuch der Messfeier fest. Obwohl ich am Sonntagsgottesdienst seit meiner Kindheit regelmäßig teilnahm, wurde mir erst in dieser Zeit die heilige Messe zur stärksten Heimat, die es auf Erden gibt. Ich hörte manches Mal kaum hin was der Geistliche sprach, in schweren Stimmungen. Was aber irgendwie da war, in Trotz und Unglücklichsein in meiner aussichtslosen Lage, war eigentlich dies: Ich hatte mich in Gottes besondere Nähe geflüchtet und wusste: Er nimmt mich an wie ich bin – gerade jetzt. Er versteht.

Zeitweise hatte ich einen kochenden Zorn auf einen Menschen, der mich so schüttelte, dass ich manchmal einen organischen Druck auf dem Herzen fühlte. Auch in solchen Stimmungen besuchte ich die heilige Messe. Einmal, nein mehrmals, erlebte ich dies: der Zorn war so groß, dass ich dachte: so kann man nicht zur heiligen Kommunion gehen, mit so einer Wut, eine Einflüsterung des Bösen, da bin ich gewiss! Aber dann kam der Gegengedanke: Es sind ja noch einige Schritte bis nach vorn. Im Vertrauen auf Jesus machte ich mich auf den Weg zum Empfang der heiligen Kommunion. Als ich das heilige Brot empfing, war – so erlebte ich es damals als großes Wunder immer wieder – der Zorn wie weggeblasen, in meinem Herzen Friede und Freude, die ich allen Menschen von Herzen wünschte, allen, ohne Ausnahme. Ähnlich ging es mir immer wieder in bitterstem Kummer: Im Augenblick des Empfangs des heiligen Brotes war es oft so, als ob Jesus mir den Kummer wegwischte mit seiner unsagbar tröstenden Nähe.

Aber auch kleine Schüler erzählten mir, dass sie beim Kirchenbesuch Ähnliches erlebt hätten. Einer sagte, ihm sei die geliebte Oma gestorben und das sei ihm unerträglich gewesen. Er habe überhaupt nicht mehr leben können. Da habe er sich in eine Kirche geflüchtet und dort gesessen, lange, lange. Danach sei der Kummer wieder erträglich gewesen und er habe getröstet die Kirche verlassen. Eine Schülerin erzählte Ähnliches bei einer furchtbaren Enttäuschung, eine andere, dass sie sich mit einem schlechten Zeugnis erst nach dem Kirchenbesuch nach Hause getraut hatte.

Erinnerung:
„Wer nur den lieben Gott lässt walten" –
das Lied wird mein Wunderlied

Noch ein ganz besonderes Erlebnis möchte ich hier erwähnen aus dem Jahr, in dem mein *Dunkler Tunnel* begann
– am Fest Allerheiligen. Das Allerheiligste war in der Burgkirche Schönstatt ausgesetzt, fast leer, die Kirche, ich selbst
so erschöpft vom Leid!

Wie schon im Kapitel „Siehe, Ich Bin Da" beschrieben,
las ich damals mit den Schülern mehrerer fünfter Schuljahre im Religionsunterricht in einem Buch von Johanna Spyri,
das leider nicht mehr verlegt wird, die Geschichte:

Daheim und wieder draußen

Ein kleiner Junge verliert die Heimat und stirbt fast vor
Heimweh. Eine ausweglose Lage, denn es besteht für ihn
nicht die geringste Hoffnung, dass er die verlorene Heimat
jemals wiedergewinnen kann. Da schenkt ihm seine kleine
Freundin ein Lied, das sie im Religionsunterricht gelernt
hat: „Wer nur den lieben Gott lässt walten".

Dieses Lied aus dem Gotteslob, Nr. 295 – ich möchte es
dir noch einmal ganz aufschreiben, obwohl du es im Gesangbuch selbst finden kannst.

Wer nur den lieben Gott lässt walten

Wer nur den lieben Gott lässt walten
und hoffet auf ihn allezeit,
den wird er wunderbar erhalten
in aller Not und Traurigkeit.
Wer Gott dem Allerhöchsten traut,
der hat auf keinen Sand gebaut.

Was helfen uns die schweren Sorgen,
was hilft uns unser Weh und Ach?
Was hilft es, dass wir alle Morgen
beseufzen unser Ungemach?
Wir machen unser Kreuz und Leid
nur größer durch die Traurigkeit.

Sing, bet und geh auf Gottes Wegen,
verricht das Deine nur getreu
und trau des Himmels reichem Segen,
so wird er bei dir werden neu.
Denn welcher seine Zuversicht
auf Gott setzt, den verlässt er nicht.

Mit meinem Stein auf dem Herzen ergriff ich einmal eines der ausgelegten Gesangbücher, in der Hoffnung, dass ich irgendeinen Trosttext finden würde. „Was willst du mir sagen, lieber Gott?", betete ich. Ich schlug das Gesangbuch auf: „Wer nur den lieben Gott lässt walten"! Genau dieses Lied schlug ich auf! Es war das Lied, an dem sich der kleine Junge in seiner ausweglosen Lage festgehalten hatte, bis er im Vertrauen auf Gott wie durch Wunder die verlorene Heimat wiedergewann, genau das, das ich gerade in drei fünften Schuljahren im RU thematisierte:

„Siehe, Ich Bin Da"

Gott erinnerte mich in diesem Augenblick greifbar an das Wort, das ich damals in St. Hildegard so wunderbar empfangen hatte. In dieser Stunde wusste ich noch nicht, dass es in Gottes Plänen lag, mich aus meiner eigenen ausweglos erscheinenden Lage zu erlösen, auf dieser Erde schon, dass er gerade in *diesem* Leid alle Warum-Fragen für seinen Weg, der meinen eigenen Plänen zu diesem Zeitpunkt absolut widersprach, erklären würde, und in meinem Wüstenweg erstrahlte plötzlich wieder das unbeschreibliche Licht seiner besonderen Gegenwart. Das Lied, das ich in dieser Stunde ganz neu wie ein Wunder empfangen hatte, wurde nun ein besonderer Trost auf meinem Weg.

Lieber Leser, es gibt so viele Kirchenlieder von gewaltiger Aussagekraft! Wie schade, dass wir das vielleicht oft nicht genügend wahrnehmen, weil wir die kostbaren Texte einfach überlesen. Setzen wir uns doch ab und zu in einer stillen Stunde in eine leere Kirche oder auch zuhause hin und meditieren wir einmal einen Text, der uns bei näherer Betrachtung besonders anspricht. In jedem Kirchenlied spricht ein Glaubenszeuge, das sollten wir nicht vergessen – so viele Zeugen an unserer Seite!

Mit *meinem* Lied Nr. 295 erlebte ich manches Mal noch Wunder, wenn es nicht weiterzugehen schien – „Wer nur den lieben Gott lässt walten" – am liebsten möchte ich dieses Lied, das mich auch heute noch in besonderer Weise begleitet, in Freude und Leid, an dich weiterschenken! Im Gottesdienst dachte ich immer wieder einmal ganz verzweifelt: *„Mein* Lied muss kommen, *mein* Lied muss kommen!"*, oder: „Es wird Zeit für *mein* Lied!", und so oft erlebte ich, dass es dann tatsächlich im Gottesdienst gespielt wurde oder das Bändchen in meinem Gesangbuch war genau auf dieser Seite.

Erinnerung

Einmal war der Kummer so groß, dass ich mich, wie zahllose Male in den Jahren meines besonderen Leids, allein aufmachte nach Bornhofen, ungefähr sechs Stunden Fußmarsch, die Straße entlang. An diesem Tag schien alles wieder einmal unerträglich und ich hatte sogar Herzklopfen vor Aufregung. So machte ich mich noch nachmittags auf den Weg zum Wallfahrtsort der Muttergottes. Unterwegs betete ich nicht. Ich ging einfach wie ein Kind zu einem Zufluchtsort – das *war* mein Beten. Unterwegs wurde ich ruhiger. In der Kirche angekommen, ganz erschöpft nach dem langen Fußmarsch, griff ich mir das nächste Gesangbuch: „Ich kann nicht anders, als jetzt *mein* Lied aufschlagen", dachte ich verzweifelt und ich *habe* es aufgeschlagen! – „Siehe, Ich Bin Da" – Nichts hatte sich dadurch geändert an meiner äußeren Situation, aber nun hatte ich wieder Kraft – Gott war an meiner Seite, greifbar. In diesem Augenblick hatte er mich wieder ganz besonders seiner unbeschreiblichen Nähe versichert. Wie sollte ich da nicht anders als zuversichtlich sein? Mit neuer Kraft kam ich zuhause an. Der *Tunnel* blieb *dunkel*, aber ich wusste stark und stärker: Der liebe Gott begleitet meinen Weg wie der allerbeste, treueste Freund! So sagte ich es später öfters den begeisterten Kindern sogar schon des ersten und zweiten Schuljahres, aber auch höheren Jahrgängen:

„Wer Jesus kennt, weiß, dass er den allerbesten Freund immer dabei hat."

Und sag, lieber Leser, kann man es erwachsenen Menschen, gleich welcher Bildung, besser sagen? Gott ist an unserer Seite, in Freude und Leid, an deiner, an meiner! Um alles kommt es in unserem Leben darauf an, dass wir diese Wahrheit wahrnehmen. Gott schickt uns seinen *Stern*, dir und mir.

„Vater unser ..." – dieses Gebet schenkte uns Jesus und ich denke, man kann es sogar irgendwie beten, wenn es zuweilen vielleicht auch nur darin besteht, in Aufruhr zu warten, warten und aushalten, manchmal wie Hiob, wie Jonas, wie Elias in den Büchern des Alten Testaments, oder beten wie Jesus am Ölberg: „Mein Vater, wenn es möglich ist, lass doch diesen Kelch an mir vorübergehen..", beten wie Jesus am Kreuz.

„Seele, dein Heiland ist frei von den Banden"
(GL Bistum Trier Nr. 830).

Ich fragte einmal einen Priester, ob er bei Menschen, die sich das Leben genommen hätten, übereinstimmend etwas festgestellt hätte. Er antwortete nur zögernd, da sich eine solche Frage schwer beantworten lässt, gab dann aber in etwa die folgende Antwort: „Sie waren gewohnt, nur in Notsituationen zu beten. Wenn Gott nicht so reagierte, wie sie es sich vorstellten, ließen sie vom Beten ab."

Rosen empfangen
Nachmittag dieses Tages –Auswahl: Um die Mittagszeit besuchte ich die heilige Messe. Meinen Gedanken folgend wurde im Gottesdienst, ausgerechnet heute, das erwähnte Osterlied gespielt, genau passend zu der eben niedergeschriebenen Seite!

Seele, dein Heiland

Seele, dein Heiland ist frei von den Banden,
glorreich und herrlich vom Tode erstanden!
Freue dich, Seele, die Hölle erbebt:
Jesus, dein Heiland, ist Sieger und lebt!

Freue dich, Seele, die Hölle erlieget,
Sünde und Satan und Tod sind besieget!
Der im Triumphe vom Grab sich erhebt:
Jesus, dein Heiland, ist Sieger und lebt!

Fasse dich, Seele, sei tapfer im Streite,
Jesus ist mit dir und kämpft dir zur Seite!
Zage nicht, wenn auch der Tod dich umschwebt:
Jesus, dein Heiland, ist Sieger und lebt!

Hast du dann standhaft mit Jesus gestritten,
hast du den Tod wie dein Heiland gelitten,
glaube, dass Jesus vom Grabe dich hebt:
Jesus, dein Heiland, ist Sieger und lebt!

Beten in der Not, Bibeltexte, Meditation der Lebensumstände, Messbesuch – das waren also die Marksteine am Weg für mich, Jesus kennen zu lernen. Diesen Weg wollte ich auch immer wieder den Schülern eröffnen – Gottes Spuren in ihrem Leben sie selbst entdecken lassen.

Als ich an die Hauptschule kam, war in der Lehrerstundentafel mein Namenszeichen ein grüner Punkt. Nichts hätte besser gepasst: „Ein Sämann ging aus um zu säen ...“ Später ersetzte der Konrektor dieser Schule mein Namenszeichen durch schwarzes Herz, um mir eine Freude zu machen. Vielleicht unbewusst hielt er damit die wichtigste Kurzpredigt für Religionslehrer, die es gibt: was nützt der *Punkt* ohne das *Herz*?

Willst du Menschen gewinnen, musst du dein Herz an die Angel hängen"

(Johannes Don Bosco).

Sein Herz in die Waagschale werfen, alles riskieren, den Weg Jesu gehen ... – Wenn ich es recht bedenke, war die „Predigt“ des Konrektors eine Predigt für uns alle: „Nur die Liebe zählt“ (NT). Was werden wir ernten in unserem Leben, lieber Leser? – Ich vertraue darauf, dass es *Rosen* sein werden, viele ... – Gott wird vollenden. Wir alle sind berufen *Rosen zu ernten*, auch wenn es andere Menschen anders ausdrücken. Ist nicht jeder Dank, jede Anerkennung, die uns geschenkt wird, eine *Rose* für uns oder umgekehrt eine *Rose*, die wir anderen schenken können? Jedes kleine Bemühen für einen anderen, ein bisschen Zeit, die wir uns für ihn nehmen, eine *Rose*! Ein Lächeln, das wir dem anderen schenken, gerade dann, wenn uns nicht danach zumute ist, eine Freundlichkeit, eine *Rose*. Die Zeit, die wir Gott schenken beim Gebet, ein Dank an Gott, zu dem wir so viel Grund haben, immer – denk einmal nach, lieber Leser, ganz sicher auch du – ein Gottesdienstbesuch verwandelt sich für uns augenblicklich in Kostbarkeiten! Wie viele *Rosen* könnten wir täglich ernten – wie viele *Rosen* schenkt Gott uns täglich! Wie viele übersehen wir! Wie viel Freude lassen wir uns entgehen! Jesus, wie viele *Rosen* hast du mir in meinem Leben geschenkt!

Rosen empfangen

Heute meditierte ich wieder einmal über die chinesische Weisheit, die den diesjährigen liturgischen Kalender eröffnet, eine Weisheit, die mir bereits die *Schwester* „geschenkt" hatte:

Kalenderspruch zum Neujahrstag

Ich sagte zu dem Engel, der an der Pforte des neuen Jahres stand: „Gib mir ein Licht, das mir die Dunkelheit erleuchtet!"

Der Engel aber antwortete mir: „Lege deine Hand in die Hand Gottes, das ist besser als ein Licht und wird dich sicher ins neue Jahr begleiten."

Abends bemerkte ich, dass auf dem Lesezeichen meines Tagesgebetbuches der Spruch stand: „Jesus reicht dir seine Hand." Unmittelbar danach schlug ich meinen Abendgebetbuchtext auf. Und was entdeckte ich dort als Tagesfrage? – „Lasse ich mich von Gott an der Hand nehmen?"

Jesus reicht dir seine Hand, dir, mir – in tausend Zeichen! Machen wir uns doch täglich gemeinsam auf die Suche, die Spuren Gottes und die Berufungen jedes neuen Tages wahrzunehmen!

In den Ferien verbringe ich immer wieder einige Tage in der Nähe des bayrischen Wallfahrtsortes Maria Eck. Ein kleiner Wanderweg führt von der Kirche mitten in die zauberhafte Schönheit der Bergwelt. Manches Mal machte ich unterwegs vor einem Kunstwerk aus Bronze Rast. Die Skulptur trägt den Titel: „Der verlorene Sohn kommt heim." Daneben hat man einen Holzkasten angebracht, aus dem der Wanderer einen Spruch für den weiteren Lebensweg ziehen darf. Auch ich machte von dieser Möglichkeit Gebrauch und hielt einen Text in den Händen, der in Kurzform ausdrückte, was mir auch die *Schwester* in langen Jahren auf vielerlei Weise, am stärksten aber durch ihr ganzes Sein, ihre unendliche Geduld mit mir, vermittelt hatte: **„Jesus liebt dich unsagbar, wer immer du bist, wo immer du stehst – wenn keiner versteht, er versteht alles, denn er ist auch dein Schöpfer. Du kannst ihm alles sagen, auch jede Schuld."**

Lieber Leser, ich kann dir leider nicht mehr als Worte weitergeben und die Versprechen, dies und das zu tun. Die *Schwester* kann ich dir nur immer wieder mit Worten beschreiben, aber ich bin ganz sicher: Der Spruch aus dem Holzkasten muss keine Worthülse für dich bleiben, auch wenn es im Augenblick nur dies ist und nicht mehr – *Rosen empfangen ...* – mach dich auf den Weg! Lernen wir zu sehen, du auf deinem, ich auf meinem Weg. Wir haben das gleiche Ziel, die gleiche unverlierbare Heimat:

Brich auf, komm mit mir, Schritt für Schritt,
Bleib nicht beim Lesen, wandere mit!

In jeder Minute können wir neu anfangen, wieder und wieder und wieder, ein Leben lang. Gott wartet immer schon mit liebenden barmherzigen Augen, voll unendlicher Güte. Unzählige Menschen durften diese Wahrheit erfahren. Auch das Kunstwerk aus Bronze, das Bild von der Heimkehr des verlorenen Sohnes, ist ein Zeugnis dafür, wie die Inschrift unter dem Bild es beschreibt. Auch in der Verstrickung, wenn alles so dunkel erscheint, halte dich an Gott fest! Seine Geduld mit uns ist grenzenlos. Aber – reiße dich irgendwann los – es gibt einen Weg, immer! Entscheide dich für das Glück!

Das, was ich von der *Schwester* weitergebe, ist eigentlich eine Predigt über gelebtes Christentum, aber keine langweilige, denn ich bezeuge, dass ich die Schwester so erlebt habe, wie ich es beschreibe. Auch den Schülern erzählte ich ab und zu von ihr, mit dem Ergebnis, dass viele sie kennen lernen wollten. Wie groß ist die Sehnsucht, auch in unserem Wohlstandsland, nach einem Menschen, ähnlich wie Mutter Theresa!

Die Schwester lehrte mich erst die Toleranz. Niemals habe ich erlebt, dass sie über irgendjemanden schlecht geredet hätte, niemals in den etwa 25 Jahren, die sie meinen Weg begleitete. Nie sagte sie auch etwas gegen irgendjemanden, von dem ich begeistert war. Sie ließ mich behutsam selbst erkennen, was Menschen für mein Leben bedeuteten. Einmal schimpfte ich tüchtig auf einen mir äußerst boshaft erscheinenden Menschen: „Ja, diesen Menschen muss man wirklich mit Liebe überschütten, damit er sich ändert", so in etwa ihre Antwort. –Was bringt uns ein noch so „berechtigter" Hass, ein Nicht-Verzeihen, lieber Leser? Ich denke, nichts andres als dies: eigenes, weiter vertieftes Leid!

In all den Jahren hatte die Schwester neben ihrem schweren, verantwortungsvollen Dienst außer mir noch einen zweiten Schützling, dem ich immer wieder begegnete, zu versorgen, eine von schweren Dauerschmerzen gepeinigte, krebskranke Frau. Ihr ging es ähnlich wie mir: Allein die Gegenwart der Schwester gab ihr Kraft.

Rosen empfangen

Zum Fest des heiligen Valentin am 14. 2. 2001 – unmöglich die Zeichen der Liebe und Fürsorge Gottes heute aufzuzeichnen, die göttliche Zärtlichkeit, nur eine einzige Begebenheit möchte ich dir schildern. Abends im Kirchenchor übten wir zum ersten Mal ein Lied, das ich dir an anderer Stelle noch ganz aufschreiben werde:

„Hilf mir lieben, Herr, wie du getan, weil nur deine Liebe Menschen ändern kann."

Genau das hatte die *Schwester* getan! Aber gerade sie sagte mir einmal: „Der Mensch hat nichts Gutes aus sich" (Thomas von Kempen, Nachfolge Christi). Dazu fällt mir eine Umkehrung dieser Weisheit ein:

„Es gibt auf der Welt keinen Schatten von Güte, der Gottes Liebe nicht als erste Quelle hätte." (Thomas von Aquin)

Als ich die Schwester mit etwa 24 Jahren kennen lernte, litt ich an einer allabendlich wiederkehrenden Angst, die in der Zeit entstanden war, als ich in einem kleinen Dorf, meiner ersten Dienststelle, ein Jahr ganz allein im Schulhaus wohnte. Diese Angst hatte zunächst durchaus natürliche Ursachen für ein junges Mädchen, das zum ersten Mal ohne Familie lebte, ganz allein in dem großen, alten Gebäude, ohne Telefon, mit Fenstern ohne Rollläden, meine Wohnung über die Turnhalle für jeden Einbrecher leicht erreichbar. Die Rückfront des Hauses hatte keine Lampe und war nachts in pechschwarze Finsternis gehüllt. Als ich nach einem Jahr in ein Mietshaus mit mehreren Familien zog, ging die „Abendangst" aber nicht mehr weg, sondern stellte sich bei Einbruch der Dunkelheit weiterhin ein, das war das Schlimme. Ich therapierte mich mit Beruhigungsmitteln. Heute würde ich sagen, dass diese Ängste besondere Ursachen hatten, eine tiefe Ungeborgenheit, die zahllose Menschen ein Leben lang begleitet. Es lag aber in Gottes Plänen, dass ich bald der *Schwester* begegnen würde. Ja, lieber Leser, wie kam es, dass dieser menschliche Engel, diese gute Fee, in mein Leben trat?

Begegnung mit der *Schwester*

Bei einem Besuch in meiner Heimatstadt hatte ich einen Streit gehabt und tief deprimiert ging ich durch die Stadt, kerzengerade, wie es so meine Art war. Ein Kollege sagte mir einmal, er sei mir in K. begegnet und ich ginge, als ob die ganze Straße mir gehörte. In meiner äußerst trüben Stimmung nahm ich plötzlich eine ältere Frau wahr und weiß noch wie gestern, dass ich dachte: ihr geht es auch schlecht, als sich unsere Blicke begegneten. Irgendwie musste dieser Mensch meine Anteilnahme gefühlt haben, denn die Frau sprach mich an: „Ach, Fräulein, ich kann nicht mehr, würden Sie mir wohl helfen, den Kasten hier zur Bushaltestelle zu tragen?" Natürlich erfüllte ich ihr diesen Wunsch herzlich gern, lenkte sie mich doch ab. Unterwegs erzählte mir meine Begleiterin, dass sie solche Kisten, die gefüllt waren mit Lebensmitteln, wöchentlich vom Krankenhaus für sich und ihre alten Geschwister geschenkt bekam, dass sie nun aber auf Grund ihres Rückenleidens die Sachen nicht mehr transportieren könnte. Ich bot der Frau an, den Kasten in Zukunft für sie vom Krankenhaus abzuholen und bei ihrer Wohnung, die auf dem Weg zu meinem Dienstort lag, abzugeben. So lernte ich auch ihre Familie kennen, drei alte Menschen, Geschwister, denen das Schicksal einiges aufgebürdet hatte und die in einer feuchten Kellerwohnung hausten. Bald entstand gegenseitige Sympathie. Wenn ich vorbeikam, empfingen mich die alten Leute immer mit ungeheuchelter Freundlichkeit, Freude auch an meiner Person, und das tat mir gut. Wenn ich Geburtstag hatte oder ein anderes Fest zu feiern war, sparten sie sich ein Geschenk vom Munde ab, immer etwas besonders Gutes. Wie nett diese Leute waren, weiß ich erst heute – in ihrer Kellerwohnung vornehme Menschen, durch und durch.

Wer aber packte wöchentlich die Pakete für die bedürftigen Leute? – Die *Schwester*!

Als ich ihr das erste Mal begegnete, bemerkte ich sie kaum. Für mich junges Mädchen war sie schon recht alt, denn sie ging wohl auf die Siebzig zu. Allerdings hatte sie auch auf den ersten Blick die Energie der Menschen, die mitten im Leben stehen und die täglich viel zu bewältigen haben. Heute weiß ich, dass diese kleine, unscheinbare Frau der stärkste Mensch war, der mir jemals begegnet ist. Aus ihr strahlte Gottes Kraft und ein unsagbar fröhliches, zuversichtliches Wesen. Zunächst unterhielten wir uns immer ganz sachlich über die Lebensmittel, die mir für die bedürftigen Menschen mitgegeben wurden. Irgendwann vertraute ich der Schwester so nebenbei an, dass ich gewohnt wäre, abends Beruhigungstabletten zu nehmen, mir der Gefahr nicht bewusst, die das für meine jugendliche Lebenskraft bedeutete. Auf diese Medikamente ging die Schwester zunächst nicht näher ein, aber langsam ergaben sich persönliche Gespräche, wöchentlich. Alles konnte ich bei ihr loswerden, alles auch, was bei ich bei guten Ansätzen in meinem Glauben falsch verstanden hatte, bog sie zurecht. Immer vermittelte sie mir das Gefühl, unendlich wertvoll zu sein, mit allem, was mich bewegte. Es gab für sie keine verrückten, „falschen" Gedanken, über alles konnte ich mit ihr reden.

„Mit menschlichen Fesseln zog ich dich an mich, mit Ketten der Liebe band ich dich an mich, ich war für dich wie ein Kosender dem Kleinkind, ich neigte mich dir zu und gab dir Nahrung zum Leben" (Hosea 11,4).

Diese Worte, die ich auf der Todesanzeige eines Priesters entdeckt habe, drückten die maßlose Zärtlichkeit Gottes wunderbar aus, die Zärtlichkeit Gottes, die Jubel im menschlichen Herzen hervorruft, wenn wir sie wahrnehmen: *Rosen empfangen ...*

Diese Fürsorge Gottes versuchte mir die Schwester in Jahrzehnten deutlich zu machen mit nimmermüder Geduld. Alles, was mir wichtig war, war ihr auch wichtig. Ich hatte ihr anvertraut, dass ich keinerlei Vorschriften vertrüge, was meine Kleidung anginge. So kam ich zu ihr wie

ich es gewohnt war: knallenge Jeans, krause Mähne, eine
Herausforderung eigentlich für Ordensschwestern. Die
Schwester schien dies ebenso positiv aufzunehmen wie ein
Nonnengewand, äußerte sich niemals negativ, im Gegenteil. Als ich ihr von einer Auseinandersetzung wegen meiner Kleidung erzählte, sagte sie: „Ich hätte früher auch nur
angezogen, was mir gefällt!"

Die Abendängste hatte ich bald verloren, nachdem ich ihr
begegnet war. Wie sollte sich dergleichen noch halten? Wo
sollte die Angst herkommen, bei der Geborgenheit in Gott,
die mir die *Schwester* aufzeigte? Ich möchte hier das Gebet
aufschreiben, das sie mir damals schenkte, hinein in meine
quälenden Beunruhigungen. Sie erklärte es mir gleichzeitig
durch ihr ganzes Sein, aber letztlich Gott, dessen menschlicher Engel sie für mich war.

Ein Gebet der Schwester als Weg zur Geborgenheit im Gottvertrauen

Ich weiß, o Vatergott, was ich dir schulde,
ein frohes, kindliches Vertraun,
nicht Angst, noch Zweifel in mir dulde,
lass auf dein Wort mich Häuser baun.

Du, Vater bist die Weisheit, Macht und Liebe,
du willst als Kind mich sorgenlos.
Hilf, dass ich mich im Kleinsein übe,
nur mein Vertrauen mache groß.

Bett mich in deiner Hände Milde,
wie sich das Küchlein an die Henne schmiegt.
Ich weiß, was ich dir, Vater schulde:
die Kindlichkeit dir stets genügt.

Dazu gab sie mir das Bild, das ich inzwischen wohl tausendmal verschenkt habe, wenn nicht öfters (vgl. Seite 190 Kapitel „Regine"). Der Mensch, geborgen in Gottes Hand, gehalten von ihm, behutsam, mit unsäglicher, liebender Fürsorge. Zu dem aufgezeichneten Gebet möchte ich noch einen Satz von Pater Kentenich, dem Gründer des Schönstattwerkes, anfügen, den mir die Schwester in Jahren deutlich zu machen versuchte durch ihr ganzes Sein:

„Geborgenheit in Gott werden wir in dem Maße haben, wie es uns gelingt, das Vertrauen eines Kindes aufzubringen."

„Meister, ich habe die ganze Nacht gefischt und nichts gefangen, aber auf dein Wort hin will ich die Netze noch einmal zum Fang auswerfen" (Lk 5,5). Ein solches Vertrauen muss sicher immer wieder neu erkämpft werden, lieber Leser – und ist letztlich Gnade (= Geschenk Gottes), aber Jesus ist an unserer Seite: Er verlässt uns nicht, was immer geschieht.

Die *Schwester* – ein Bote Gottes – unsagbare Gnade, wenn uns das Schicksal Engel sendet wie sie. Aber ich könnte dies Buch nicht schreiben, meine Arbeit als Religionslehrerin nicht leisten, wenn ich nicht überzeugt wäre, dass auch Kurzbegegnungen im Leben mit Menschen und Texte, die einladen, sie ins Existentielle zu übersetzen, engelhaft wirken und bedeutsam werden können für unseren Weg mit Gott, wenn sie uns in unserer Existenz berühren. Auch Kirchenlieder, die noch eine sehr alte Sprache sprechen, können mit ihrer Ausdruckskraft engelhaft wirken, zum Beispiel dieses, die vierte Strophe des Liedes „Wie schön leuchtet der Morgenstern" (Gotteslob Nr. 554), die ich an dieser Stelle meines Buches zitieren möchte, denn sie drückt genau aus, was ich damals langsam begriff:

Wie schön leuchtet der Morgenstern

4. Strophe
Von Gott kommt mir ein Freudenschein,
wenn du mich mit den Augen dein
gar freundlich tust anblicken.
Herr Jesu, du mein trautes Gut,
dein Wort, dein Geist, dein Leib und Blut
mich innerlich erquicken.
Nimm mich freundlich
in dein Arme und erbarme dich in Gnaden.
Auf dein Wort komm ich geladen.

Die Schwester nahm mich an wie ich war, ließ mich sein wie ich wollte – genau da knüpfte sie immer an. Vielleicht kann ich das am besten beschreiben mit einigen Szenen, die mir in besonderer Weise in Erinnerung geblieben sind. Einmal – es war noch in der Anfangsphase unseres Kennen lernens – hatte ich mich wieder einmal zu ihr geflüchtet. Ich durfte immer kommen, wenn ich etwas auf dem Herzen hatte – irgendwie erübrigte sie die Zeit. „Sie ist in der Kapelle", sagte man mir an der Pforte. Die Schwester kniete bewegungslos in den ersten Bänken, vor dem Allerheiligsten, der ausgesetzten Monstranz. Obwohl ich als Katholikin und aus regelmäßiger Teilnahme an der Sonntagsmesse durchaus wusste, was das bedeutete, irgendwie, nahm ich nur Platz, fläzte mich in die Kirchenbank, missmutig: Zu dumm, ich musste warten, kein Gedanke an Beten.

Die Schwester kniete unendlich lange.

Schließlich kam mir doch der Gedanke, dass ich mich auch einmal hinknien könnte vor dem ausgesetzten Allerheiligsten. Ich kniete so lange, dass es mir jungem Menschen sehr beschwerlich wurde, bis die Schwester schließlich aufstand und strahlend auf mich zukam: „Ach, Sie sind es, Fräulein Myway, warum haben Sie sich denn nicht gleich bei mir gemeldet?" So viel hatte sie bis dahin schon für mich getan, verlangte aber nichts, keinen Kirchgang, kein Beten. Die *Schwester!* Vielleicht hat sie mir erklärt, warum „gottgeweihte" Menschen sich Schwester oder Bruder oder Pater, d. h. Vater, nennen. Eine *Schwester* für mich, eine Hilfe, eine Weggefährtin, ein Schutzengel, ein leibhaftiger Schutzengel – das war sie in meinem Leben.

Ein andermal kam ich vor einer Abschlussfeier eines zehnten Schuljahres zu ihr um ihr die Karten zu zeigen, die ich für die jungen Leute ausgesucht hatte. Mein Outfit: ein kurzes Mäntelchen über viel zu engen Jeans, die mir meiner Meinung nach aber gut standen. Beim Abschied sagte ich zu der Schwester: „Ich kann kaum aufstehen, die Hosen sind zu eng." Ich erinnere mich noch, dass sie sich ausschüttete vor Lachen und ich mit ihr. Das taten wir öfters, wenn etwas plötzlich komisch war, mitten im Ernsten. Meinen Trotzkopf, den ich immer wieder wegen allem möglichen aufsetzte, meine Kompliziertheiten, hat sie mir oft einfach *weggelacht* und so hat sie auf diese Weise die besondere Saite meiner Persönlichkeit, selbst auch oft und gern zu lachen, immer wieder zum Klingen gebracht.

„Ich kann mir Gott nicht vorstellen – Glaube, was sagt mir das denn?" So viele Menschen stellen solche Fragen. Den strahlenden Glauben gewinnen – das ist vielleicht ein lebenslanger Prozess und unter den Menschen, die uns begegnen, ist mancher Engel, der uns leitet.

Glauben gewinnen?

Es sind immer wieder Samenkörner, die uns gegeben werden und Jesus wartet mit Sehnsucht auf unsere Antwort, unsere „Frucht".

Gott der, der mit Sehnsucht auf uns wartet – in Jesus mit Schmerzen! Jesus beschreibt es im einzigartigen Gleichnis vom Verlorenen Sohn oder vom Barmherzigen Vater. Ihn zeigte mir die Schwester in Jesus. Jesus ist *die* Person unseres Gottes, in der mir Gott von Kindheit an – ich beschrieb es schon – greifbar erschien. Die *Schwester* knüpfte daran an. Ich war es gewohnt zu Jesus zu beten, mir Gott vor allem so vorzustellen, auch den Schülern Gott so zu *zeigen*, mit Hilfe von Bibeltexten und Bildern der Kunst, die Jesus als Ausdrucksform der Erfahrung Gottes darstellten, allerdings auch den Vater – Gott wie ihn das berühmte Bild von Michelangelo in seiner Ausdruckskraft aufleuchten lässt: „Gott erschafft den Adam".

„Wer mich sieht, sieht den Vater"
(Joh 12,45).

Die regelmäßige Beschäftigung mit Bibeltexten, innerhalb und außerhalb des Gottesdienstes, verbunden mit nachfolgender Meditation und Beten ist eine wunderbare Möglichkeit, das Bild Gottes im Herzen zu gewinnen. Fast meine ich, dass für diese Art von Begegnung der Umgang mit Texten des Neuen Testaments unverzichtbar ist, wenn man Jesus kennen lernen will – allerdings lassen sich andererseits für die Begegnung mit Gott im Glauben niemals Regeln aufstellen. Zuweilen kämpfte ich auch tiefe Glaubensfragen mit der *Schwester* durch. Jede Frage durfte ich stellen, alle Beunruhigungen, Unklarheiten in meiner Sprache, meinen Vorstellungen entsprechend formulieren. War eine Glaubensfrage aber einmal durchgesprochen, hatte ich das Ergebnis als sicheren Besitz. Die Schwester vertrat in allem die Lehrmeinung der katholischen Kirche und erklärte sie mir mit ihren Antworten so, dass es an meine Eigenart anknüpfte, mir wohltat und mich überzeugte. In der Frage der Dreifaltigkeit formulierte ich schließlich für mich ganz einfach: „Es ist Gott also egal, ob ich einfach Gott ‚denke' beim Beten oder nur den Vater, nur Jesus, wenn mir dies mehr liegt, oder nur den Heiligen Geist oder ob ich beim Beten ganz einfach mich an Gott erinnere ohne diese Unterscheidung." Auch für den Religionsunterricht sehe ich es so: Jede Glaubensfrage darf gestellt werden.

Ich denke, man soll ihr sogar nachgehen, aber man muss sorgsam den wählen, der hilft, zu einer Antwort zu kommen. Auf keinen Fall aber sollte man in diesen Zeiten des Suchens und Fragens aufhören zu *beten*, auch wenn dies phasenweise vielleicht nur noch so möglich wäre: „Gott,

wenn es dich gibt ..." Sei gewiss: Gerade im Nebel unge-
klärter Fragen – gleich welcher Art – ist Gott der allerbeste
Freund an unserer Seite. Wie aber sollen wir ihn wahrnehmen, wenn wir uns dem Gebet verschließen? Sage nicht:
„Ich kann nicht mehr beten", wenn du meinst, dass es so
ist! Sage: „*Gott*, ich kann nicht mehr beten", – und schon
betest du! Halte am täglichen Beten fest, in welcher Form
auch immer!

Immer wieder machte ich die Feststellung, dass es bei
den Heranwachsenden ganz normal ist, dass Glaubensfragen entstehen, „Zweifel", gerade dann, wenn im Grundschulalter Gott schon eine wichtige Rolle gespielt hatte.
Das Tragische: Nach meinen Gesprächen mit Schülern
hörte ich immer wieder heraus, dass viele mit aufkom-
menden Zweifeln auch aufhörten zu beten. Man war nicht
bereit, Zeit zu investieren für den Glauben, der in den Jugendcliquen scheinbar so gar keine Rolle spielte. So viele
Freuden, Parties, Partnerschaften, die Sorge um ein angemessenes Outfit, Erfolg in der Clique, eine gute Aus-
bildung, einmal viel Geld verdienen, *in* sein – das zählt,
scheint oft genug zu sein. Wenn man den inneren Hunger,
nach Jahren, vielleicht in einem tiefen Loch erst, wieder
wahrnimmt, ist es nicht unbedingt leicht, die Brücke zu
finden zu dem, was Gott für uns bereithält und was man
als Kind keimhaft im Herzen getragen hatte. Glaube – dieses kostbare Gut wird manchmal gesehen, als ob es *nichts*
wäre in den vordergründigen Freuden des Lebens – ist es
nicht so, lieber Leser?

Im Religionsunterricht legten mir die Jugendlichen immer wieder Glaubensfragen vor – daran mangelte es nie,
z. B.: Warum so viel Leid in der Welt? Warum greift Gott
nicht ein? Wie viel Zeit wurde mir dann aber gewährt um
gemeinsam die Antwort in den Blick zu nehmen, für eine
Äußerung meinerseits – mehr konnte es fürs Erste nicht
sein. Keine Minute manchmal, dafür aber abgedroschene
Argumente gegen dies und das in unserer Kirche, tja, lieber
Leser – so habe ich es immer wieder empfunden. Wie soll
denn Kritik, so berechtigt sie manchmal sein mag, im Glau-

ben weiterhelfen, wenn man nicht mehr einsetzt – Verstand und *Herz*?

In den Religions-AGs nahmen wir uns allerdings mehr Zeit. Unvergesslich, die „Leid-AG", unvergesslich die Schüleräußerung, immer wieder lächelnd vorgetragen: „Es wäre ja nicht so schlimm (mit meinem Leid), wenn ich nur wüsste, dass Gott da ist!" Wie tapfer dieser junge, etwa 13jährige Mensch war – für mich, wie ich heute erkenne, ein Vorbild. Heute, zwanzig Jahre später – Johannes, wenn du mein Buch liest – es kann nicht anders sein, als dass du inzwischen zum festen Glauben gefunden hast!

Rosen empfangen

Am 9. Mai 2001 – Auszüge eines bewegenden Tages. Lieber Leser, wenn ich dir meine Glaubenserfahrung zu beschreiben versuche, empfinde ich manchmal ein wenig wie ein Kind, das den Regenbogen fangen will um einen anderen an seiner Freude teilhaben zu lassen:

Ich schenke dir meinen Regenbogen

Eben noch war ich so tief versunken
– da reißt plötzlich der Himmel auf.
Strahlendes Licht, glitzernde Funken:
Staunend blicke ich hinauf.
Bin wie verzaubert, mein Kleid aus Licht
Leuchten rieselt herab wie Segen,
Gottes Nähe wie Sternenregen,
Feuerwerk seiner Liebe, greifbar nah:
Siehe, allzeit bin ich für dich da!

Und an diesem Tag ist ein Bändchen meines Gesangbuches auf der Seite des Textes: *Himmelfahrt!* – „Und seht, ich bin bei euch, alle Tage, bis zum Ende der Welt!" (Mt 28,19). Ich besuchte heute die Frühmesse in meiner „Rosenkirche", du weißt ...

Heute, an diesem 9. Mai, ist der 90. Geburtstag einer mir befreundeten, fast taubblinden alten Dame. Bei unserem letzten Treff gab ich ihr ein Gedicht von Josef von Eichendorff mit auf den Weg:

Die Welt mit ihrem Gram und Glücke

Die Welt mit ihrem Gram und Glücke
will ich, ein Pilger, frohbereit
betreten nur wie eine Brücke!
Zu dir, Herr, überm Strom der Zeit."

Und am Ende dieser heiligen Messe, die zwar im Schmerz um eine Verstorbene, die sich lange Jahre im sozial-karitativen Dienst ausgezeichnet hatte, aber auch in der festen Zuversicht der Auferstehung gefeiert wurde, sagte gerade heute der Zelebrant:

„Das Leben ist eine Brücke."

Urplötzlich leuchtet ein Bild aus meinem Leben in meinem Herzen auf, ein 9. Mai vor etwa zehn Jahren: Ich stehe an einem strahlenden Maienmorgen in einem blühenden Garten an einem Drahtzaun und sehe durch ein Gitter auf den Strom, das glitzernde Wasser des Rheins. Besondere Lebensumstände, eine besondere Begegnung mit einem Menschen: Eine neue Herausforderung für mein Gottvertrauen – der *Dunkle Tunnel* viele Jahre vorbei und fast vergessen – gibt es auch an diesem Morgen und das ist und bleibt Gnade und Geschenk Gottes in Freude und Leid, wenn ich richtig damit umgehe. Ich hätte der alten Dame ein Photo dieser Szene zu Eichendorffs Gedicht beilegen können oder ein gemaltes Bild, aber sie hatte das Kreuz wirklicher Blindheit zu tragen. Ich aber brauche nur Gottvertrauen und schon ist alles, was mich damals und heute immer wieder bedrücken will, in strahlendes Licht getaucht. Daran wollte mich Gott heute durch den Sternenregen seiner Wunder wieder ganz neu erinnern, denn er hat die damalige Szene ebenso wenig vergessen wie ich. Glaube mir, lieber Leser, Gott vergisst nichts, was uns bewegt – Er allein. Lesungstext, gerade in diesem Trauergottesdienst:

„Wenn Gott für mich ist, wer kann dann gegen mich sein?"

(Röm 8,31).

Sollte Gott mit ihm nicht alles schenken? Erinnerung an die Begegnung mit dem schwer krebskranken Menschen in Rosenheim, der sich an ebendiesem Spruch festhielt, Erinnerung aber auch an diesen Satz aus dem Neuen Testament, den ich auf die Rückseite eines Bildes von Jesus, dem Dornenkönig, ein Bild seiner hingebenden Liebe, mit der er sich der Bosheit der Menschen ausliefert, geschrieben hatte.

Jenseits der letzten Tür, da wird der Nebel Rosen tragen.

Jesus, der Dornenkönig. „Hilf, dass deine Dornen *Rosen* tragen in unseren Herzen." – Diese Worte hatte ich auch vor längerer Zeit in ein Wallfahrtsbuch der Muttergottes geschrieben, in ebendieser Kirche.

Diese heilige Messe, besondere Feier von Tod und Auferstehung, bezeugt die strahlende Zuversicht der Christen! Der Stein ist weggewälzt, der Stein des *Dunklen Tunnels* vor fast einem Vierteljahrhundert fast schon vergessen, doch Steine wollen sich immer wieder auf unser Herz legen, das Maienpflänzchen der Freude ersticken, so geht es dir, so geht es mir. Der Stein, der damals an jenem Morgen eines 9. Mai auf meinem Herzen lag, droht auch jetzt immer wieder und wieder die Freude zu verscheuchen, doch es ist nichts, wenn ich Gott vertraue. Immer wieder schenkt er mir seine Wunder, hinein in meine Schwäche: „Wenn ich schwach bin, bin ich stark!" (2 Kor 12,10), und: „Alles vermag ich in dem, der mich stärkt!" (Phil 4,13). Unbeschreiblich erinnert mich Gott immer wieder an diese Worte des NT. Heute wurde ich an einen besonderen Segen erinnert, der vor über zehn Jahren bei einer Adventsandacht in meiner *Rosenkirche* am Fest des hl. Nikolaus, gesprochen und den Gläubigen auf einem Textblatt für den weiteren Lebensweg mitgegeben wurde. In der heiligen Messe am 9. 5. 2001 sagte der Geistliche, dass dieser Segen der Lieblingssegen der Verstorbenen gewesen sei, dass sie ihn immer bei sich getragen habe und dass er ihn an uns alle weitergeben wolle. Diesen Segen möchte ich heute auch als Gebet für dich weitergeben:

Der Herr sei vor dir

Der Herr sei vor dir,
um dir den rechten Weg zu zeigen.

Der Herr sei neben dir,
um dich in die Arme zu schließen
und dich zu schützen.

Der Herr sei hinter dir,
um dich zu bewahren
vor der Heimtücke böser Menschen.

Der Herr sei unter dir,
um dich aufzufangen wenn du fällst
und dich aus der Schlinge zu ziehen.

Der Herr sei in dir,
um dich zu trösten,
wenn du traurig bist.

Der Herr sei um dich herum
um dich zu verteidigen,
wenn andere über dich herfallen

Der Herr sei über dir,
um dich zu segnen.
So segne dich der gütige Gott

(Alter irischer Reisesegen)

Zurück zu dem Weg meiner Jugend. Als ich die *Schwester* kennen lernte, hatte ich schon viele Tanzereien hinter mir, hatte mich manches Mal verliebt, aber bis zur kirchlichen Trauung kam es in meinem Leben nie. Irgendwie hielten mich Lebensumstände, Enttäuschungen zurück. Wie heißt es in einer Operette? „Ich schenk mein Herz nur dem allein, dem ich das größte Glück kann sein."

Dieses Glück, das für mich die Voraussetzung für eine letztverbindliche kirchlich geschlossene Ehe gewesen wäre, hatte ich bleibend in gegenseitiger Liebe nicht gefunden und mit weniger wäre ich nicht zufrieden gewesen, um diesen Schritt zu wagen. In der katholischen Morallehre wird Partnerliebe, die auch in der körperlichen Liebe ihren Ausdruck findet, so hoch gewertet, dass diese nur dann gelebt werden darf, wenn sie mit einem absoluten Treueversprechen bis zum Tod, also in einer kirchlich geschlossenen Ehe, verbunden wird. In der Tiefe des Herzens – da bin ich sicher – haben zahllose Menschen diesen Traum, unabhängig von der Konfession oder Weltanschauung. Hören wir nur zahllose Schlager an, „Hits"! Singen nicht die meisten *davon*: Wenn ich den finde, den „Prinzen", die „Prinzessin", die mir absolutes Glück schenkt, ich *wäre* treu, natürlich, ein Leben lang, es gäbe für mich in der Partnerschaft nur diesen einen Menschen!

In der Karnevalszeit ging ich, auch in meinen 30er Jahren, als ich anfing, täglich in die heilige Messe zu gehen, noch aus und erinnere mich an folgendes Erlebnis: Für die karnevalistische Tanzveranstaltung hatte ich mich wie ein Indianer geschminkt und die Freundin, die mich begleitete, sagte anerkennend: „Der Erfolg ist dir sicher!" Bei aller Wimperntusche, Schminke, auffallendem Outfit, hatte ich aber mein Kreuzchen, das ich täglich um den Hals trug, das Zeichen dessen, dem mein Herz gehört, ohne den es für mich kein Glück gibt, auch damals schon, nicht vergessen.

Tatsächlich, ein Mann widmete mir bald seine besondere Aufmerksamkeit. Er suche eine „unverklemmte" Frau, meinte er während des Gespräches in einer Tanzpause. Es wurde Zeit, ihm meine Einstellung zu bekennen. Unvermittelt machte ich ihn, hinein in seine Erwartungen, aufmerksam auf das Kettchen um meinem Hals: „Was sagst du dazu? Ich gehe täglich in die heilige Messe," verriet ich ihm. „Was ich sage?", war für mich seine überraschende Antwort, „Ich kenne all das. Ich ging den gleichen Weg wie du. Mit 19 Jahren wäre ich im Winter kilometerweit durch den Schnee gestapft um in die heilige Messe zu kommen." – „Was hat dich davon abgebracht?", fragte ich ihn. „Eine Frau!", meinte er und sagte weiterhin: „Warum musst du aussehen wie du aussiehst? Aber vielleicht hätte ich dich sonst gar nicht angehört."

Wir trennten uns bald. Gott hatte mir auch an diesem Abend meinen missionarischen Auftrag erteilt, an diesem Abend, an dem ich vielleicht unbewusst noch einmal den Weg überprüfen wollte, den ich eingeschlagen hatte.

Langsam wandelte sich meine Sehnsucht, den idealen Partner zu finden, in den Ursprung sehr früher Jugend zurück. Auch in Tagebuchnotizen aus dieser Zeit finde ich noch Aufzeichnungen, dass mir schon damals klar war, dass der einzige Lebenssinn für mich darin bestehen könnte, mein Leben für Gott zu leben – so oder so. Mit meiner neuen schulischen Aufgabe an der Hauptschule wäre es auch unvereinbar gewesen, eine Familie zu gründen – volle Stundenzahl, überwiegend Religionsunterricht, dazu in meiner Freizeit noch die Religions-AG-Stunden, täglicher Besuch der heiligen Messe. Unmöglich, da noch Zeit und Kraft für eine Familie zu erübrigen. Für meine Aufgabe – das fühlte ich – musste ich auch privat ungebunden sein. Außerdem: allein stimmlich war ich nachmittags, wenn ich nach Hause kam, so erschöpft, dass ein zusätzliches Reden quälend gewesen wäre, erst abends hatte sich meine Stimme wieder erholt. Und doch: den klösterlichen Weg zu gehen, wirklich, wenn auch äußerlich unsichtbar, diese Entscheidung kam eigentlich erst, nachdem ich viele Jahre täglich in die heilige Messe gegangen war.

Damals und heute war und ist mein Leben nicht ohne Gefahren. Immer sind wir in Versuchung unsere kostbare

Kraft zu verlieren. Ist es nicht so, lieber Leser? So vieles könnte man erreichen an einem Tag, so vieles hatte man sich vorgenommen, etwas Wichtiges, gute Vorsätze – und dann kommt etwas ganz Dummes dazwischen, ein Ärger, ein Streit ...

Aber es gibt auch die großen und größten Gefahren. Ende meiner 20er Jahre, beschenkt mit neuer innerer Geborgenheit, befreit von meiner Abendangst, hatte ich mir angewöhnt, recht viel Alkohol zu trinken. Der Wein, ein Getränk, das mir bis zu etwa 25 Jahren völlig unbekannt war, steigerte jetzt ab und zu mein schönes Lebensgefühl, das ich mehr und mehr entdeckte. Ganz langsam, ohne dass ich mir der Gefahr bewusst war, wurde der Konsum zu hoch. Ich erzählte der *Schwester* von meiner Vorliebe. Ihr Kommentar: „Ich glaube, ich muss Ihnen doch einmal einen Korkenzieher schenken, damit Sie bei dem bleiben – nichts zum Drehen!" So warnte sie mich vor „harten Sachen" – typisch! Den anderen Kommentar sagte sie mir nicht, aber ich bin felsenfest davon überzeugt, dass sie auch in diesem Punkt für mich betete, betete, betete. Der Alkohol wurde in meinem Leben auch nie eine wirkliche Gefahr. Irgendwann traten Umstände ein, durch die ich mir phasenweise Alkoholeinschränkungen auferlegte, die ich auch, da ich noch in keiner Weise abhängig war, unbedingt und ohne Anstrengung hielt, und so verschwand dieses gefährliche Gespenst aus meinem Leben. Heute freue ich mich ab und zu am Wein als Geschenk Gottes, halte natürlich auch unbedingte Abstinenz in der Fastenzeit, sehe aber keinen Grund, ganz darauf zu verzichten. Bei Gelegenheit ist der Wein eine Freude in meinem Leben und so gesehen, in Maßen, kann man ihn ganz sicher zur Ehre Gottes, in Dankbarkeit für seinen Segen, trinken.

Erinnerung

Mit 29 Jahren – obwohl ich die *Schwester* schon einige Jahre als treue Begleiterin an meiner Seite wusste, immer noch eine besondere Zeit des Suchens für mich – stellte sich ab und zu nervöses Herzrasen bei mir ein, das mit Todesängsten verbunden war. Einmal, nach einem Kaffeekränzchen mit guten Bekannten, bekam ich den Anfall zum ersten Mal, soweit ich mich erinnere. Ich flüchtete mich zu einer weiteren Bekannten, die auf der gleichen Straße wohnte wie ich und die mich in ihre Wohnung eintreten ließ. Ich legte mich gleich flach auf den Küchentisch, weil irgendjemand mir einmal gesagt hatte, dass das einen Herzinfarkt verhindern könne. Mein Puls raste, war aber kaum wahrnehmbar. Die Bekannte telefonierte – es war spätabends – einen Arzt nach dem anderen an, aber keiner kam. Beim Notruf hieß es: „Rufen Sie den Hausarzt an!" Ich aber war bis dahin nie eigentlich krank gewesen und hatte keinen Hausarzt. Ich erinnere mich noch meiner Hilflosigkeit in dieser Stunde, den Tod in dieser Weise vor Augen. Jesus – er war mir plötzlich so seltsam nahe. Ich hatte keine Angst vor ihm, ach, lieber Leser, nie. Er, meine einzige sichere Heimat, die ich auf dieser Erde gefunden habe! Irgendwie aber hatte ich in dieser Stunde das Gefühl, mein Leben bis dahin vergeudet zu haben, obwohl ich, was ich hier nur kurz bemerken möchte, neben meinem Beruf einige Jahre eine schwerkranke Frau immer wieder besucht hatte, in vielen Stunden meiner Freizeit, in der Nähe meiner ersten Dienststelle, und auch Kontakt aufgenommen hatte zu einem großen Multiple-Sklerose-Krankenhaus und dort viele Kranke immer wieder spazieren gefahren hatte. Diese „sozialen Taten" kamen mir nicht einmal in den Sinn in dieser Stunde. Irgendwie hatte ich das Gefühl, das Leben nicht richtig gelebt zu haben.

„Jesus, ach, lass mich doch noch einmal von diesem Tisch herunterkommen", betete ich. „Ich will alles anders machen, ich verspreche es dir!" – Ähnlich wie ein Versprechen, das ich mit 21 Jahren nach dem plötzlichen Tod meines Vaters gegeben hatte. Auch damals wollte ich mein Leben ganz neu beginnen – für Gott. Vielleicht kennst du auch solche Versprechen, lieber Leser?

Ich *kam* von dem Tisch herunter, ich erholte mich wieder. Aber ich machte *nichts* anders, nichts. Alles ging weiter, im alten Trott. Allerdings überfiel mich nun immer wieder das Herzrasen. Bald darauf bekam ich die Berufung an die Hauptschule – und auch bald mein Problem, mein neues Kreuz, meine neue Verzweiflung, mein aus-der-Bahn-geworfen-Sein, und mein täglicher Weg in die heilige Messe begann. Ich trat ein in den *Dunkeln Tunnel*, in das Land des Leids, wo nur noch Gott helfen kann, aber auch in das Land strahlender Freude, wo er sich mir offenbarte wie nie zuvor. In allem gewann ich gewaltig an Stärke. Ich kam an die Hauptschule, an der der Dienst für mich unvergleichlich schwieriger war, als an der Grundschule. Sowie aber mein täglicher Besuch der heiligen Messe begann, hörte das Herzrasen seltsamerweise sofort auf! Ich durchschritt Freude und Leid, mit großer Kraft, denn Gott trug mich, wie ein Adler das Kleine auf seinen Schwingen trägt: „Siehe, Ich Bin Da" – „Der Herr fand Jakob in der Steppe, in der Wüste, wo wildes Getier heult. Er hüllte ihn ein, gab auf ihn acht und hütete ihn wie seinen Augenstern, wie der Adler, der sein Nest beschützt und über seinen Jungen schwebt, der seine Schwingen ausbreitet, ein Junges ergreift und es flügelschlagend davonträgt." (Dtn 32, 10.11). „Lobe den Herren!"

Viele Jahre später ...

Im Anschluss an meine Wallfahrt nach Lisieux, dem Geburtsort meiner Lieblingsheiligen, der heiligen Therese von Lisieux, schrieb ich einmal an einem 4. August ein Erlebnis meiner Pilgerfahrt in ein Wallfahrtsbuch, das mich genau an dieses Lied erinnerte und an meinen Lebensweg: „Lobe den Herren" – So viele Kirchen, so viele Kathedralen unterwegs! Am letzten Abend – die Zeit war knapp – rannte ich durch die Straßen der großen Stadt: ich wollte unbedingt noch einmal die wundervolle Kathedrale sehen, die Kathedrale von Orleans (inzwischen hat auch die heilige Johanna, die besondere Heilige dieser Stadt, an die hier ein steinernes Monument erinnert, eine ganz große Bedeutung für mich gewonnen – kämpfen, auf dieser Erde, für Gott und die Menschen – das möchte auch ich! Ähnlich wie in dem Lied von Ludwig Uhland „Ich hat einen Kameraden

..." Die heilige Johanna von Orleans entspricht meinem Ideal, selbst ein guter Kamerad zu sein für die Menschen, die kämpfen wie sie.). Die Sehnsucht nach ein wenig Stille in der Kathedrale zum Ende meiner Wallfahrt begleitete mich auf meinem Weg. Die Versuchung, die Zeit in einem riesigen, faszinierenden Kaufhaus zu vergeuden, streifte mich sacht, doch der Wunsch nach der Rast in der Kathedrale ließ mich nicht los. Als ich ankam, hatte sich der Touristenstrom tatsächlich verlaufen. Vor dem Tabernakel saß nur ein einziger Mensch, eine ältere Dame mit einer hässlichen Einkaufstüte neben sich in dieser Ewigkeitsschönheit aus Stein und Glas. Dieser Mensch war berufen, in nächster Nähe des Allerheiligsten zu sitzen, dem wundervollsten Platz. Als die Dame die Kathedrale mit dem Geschenk eines Lächelns für mich verließ, nahm ich ihren Platz ein, den allerschönsten, in deiner besonderen Nähe – bei dir, lieber Gott. Jesus, Brunnen, Quelle aller Gnaden, aller Güter, aller Güte ... – Welche Wunder hattest du mir bereitet am letzten Abend meiner Pilgerfahrt! Du hast nicht zugelassen, dass ich das Wunder vergeudete bei den Tändeleien im Kaufhaus – der Zug zum Kirchenbesuch in meinem Herzen war zu stark, auch da warst du der Adler! Bei meinem Ausruhen vor dem Tabernakel entdeckte ich plötzlich den riesigen Steinadler neben dem Tabernakel in seiner tiefen Symbolbedeutung für mich. Die Erkenntnis überflutete mich wie ein Lichtstrahl, wie ein *Rosenregen* der Liebe Gottes. Ausgerechnet hierhin hatte der liebe Gott mich am Ende der Reise geführt. Der Adler, der das Kleine, das Fliegen lehren muss, unterfliegt und hält, unterfliegt und hält – Gott und ich – mein Leben!

Kennst du dieses Naturwunder, lieber Leser? Adler unterstützen die ersten Flüge ihrer Jungen auf diese Art und tragen sie notfalls auf ihrem Rücken zurück in das Nest. So oft habe ich dieses Wunder später Grundschulkindern im Religionsunterricht vorgespielt, mit Vögeln aus Stoff. Einmal brachte eine Schülerin sogar einen ausgestopften Raubvogel mit riesigen Schwingen mit: „Wer unterm Schutz des Höchsten steht ..."

„Lobe den Herren" – Jesus, so viele Jahre sind nun vergangen, aber das dümmliche Kleine bin ich immer noch vor dir. Ich verlasse mich auf dich, ich verlasse mich auf dich! Zu diesem symbolischen Steinadler führte mich also mein Weg am Ende der Wallfahrt zur heiligen Therese von Lisieux – Erinnerung auch an das Ende ihres berühmten Buches „Geschichte einer Seele" – ich beschreibe es mit meinen eigenen Worten: der göttliche Adler hat sie am Ende ihres Lebens für immer heimgeholt in sein göttliches Herz.

Rosen empfangen

Unzählige Zeichen der Nähe und Liebe Gottes, so viele Male auf dieser Erde, in Freude und Leid, täglich, und an die Rosen glauben, die wir im Himmel ernten für all das, was wir zu säen versuchen hier auf Erden, du und ich!

Vielleicht wirst du sagen, lieber Leser: „Mag sein, dass *du* säst, aber *ich* – bin ich Religionslehrerin wie du oder Pastor?" Als Antwort möchte ich noch einmal den Satz von Thomas von Aquin zitieren, der auch meine tiefste Überzeugung ist:

„Es gibt auf der Welt keinen Schatten von Güte, der Gottes Liebe nicht als erste Quelle hätte."

Güte walten lassen, wo immer ich in meiner weltanschaulichen Überzeugung stehe – dazu lade ich uns fürs Erste ein! „Stärke mich Gott, durch die Gnade des heiligen Geistes ..." (aus: Nachfolge Christi, Thomas von Kempen).
„Das stärkste Mittel gegen die Traurigkeit ist der Dank!" (I. F. Görres). Durch ihr Buch: „Das verborgene Antlitz der hl. Therese von Lisieux" bin ich dieser beeindruckenden „Kleinen Heiligen" vor vielen Jahren zum ersten Mal begegnet.

Erinnerung

Heute, am 17. September ist das Fest der heiligen Hildegard – Klosterkirche Rüdesheim! Erinnerung, unvergesslich: „Siehe, Ich Bin Da".

Rosen empfangen – eine Auswahl

In der Sonntagsmesse an diesem 17. September ist in meinem Gesangbuch das Bändchen im Psalm: „Der Herr ist mein Hirte. Er führt mich an Wasser des Lebens" Das Bild im Altarraum St. Hildegard! Und an diesem Tag schenkte mir jemand ein Buch von der „großen" Theresia von Avila: „Aus den Quellen schöpfen" – Jesus, der Brunnen ...

Rosen empfangen

... am Welttag der geistigen Berufe 2001, Misericordiae Domini – Orgelweihe in einer besonderen Kirche – ich nenne sie „St. Antonius unter dem *Stern*". Die Erbarmungen des Herrn will ich lobpreisen in Ewigkeit! „Wir sehen schon die Lichter und wir hören schon die Musik!" – „Lobe den Herrn, meine Seele und vergiss nicht das Gute, das Er an dir getan!"

Kapitel IV:

Schülerpersönlichkeiten

Junimond

Die Welt schaut rauf zu meinem Fenster
Mit müden Augen ganz staubig und scheu
Ich bin hier oben auf meiner Wolke
Ich seh Dich kommen aber Du gehst vorbei
Doch jetzt tuts nicht mehr weh
Nee jetzt tut's nicht mehr weh
Und alles bleibt stumm
Und kein Sturm kommt auf
Wenn ich Dich seh

Es ist vorbei bye, bye Junimond
Es ist vorbei es ist vorbei bye, bye

Zweitausend Stunden hab ich gewartet
Ich hab sie alle gezählt und verflucht
Ich hab getrunken geraucht und gebetet
Hab Dich flußauf- und flußabwärts gesucht
Doch jetzt tuts nicht mehr weh
Nee jetzt tut's nicht mehr weh
Und alles bleibt stehn
Und kein Sturm kommt auf wenn ich Dich seh
Es ist vorbei bye, bye Junimond
Es ist vorbei es ist vorbei bye, bye...

(„Echt" – Jugendgruppe des Jahres
bei der Verleihung der Goldenen Europa 2000)

Wer öffnet den Jugendlichen den Blick für die Heimat in uns, die Stärke, die bleibt, mitten in Schmerzen? Wer öffnet ihre Augen für die Schönheit der Welt, den Trost in allem, die Heimat in uns, zu der man immer wieder zurückkehren kann in den Widerständen des Lebens? Eine Zeitungsnotiz, die durchaus meinen Beobachtungen von möglichen Gefährdungen der Jugendlichen entsprach, berichtete über viele Selbstmorde Jugendlicher aus *Liebe*.

Dies ist nun mein eigenes Juni-Gedicht:

Mondnacht im Juni

Golden das Leuchten im Abendrot,
Gesang der Blumen,
die Luft so lau,
Engel in meiner Not –
Sagt ihr mir: schau,
komm doch heraus aus dem Tod
in deinem Herzen?
Strahlt mich die Welt an in meinen Schmerzen?
Auch wenn der Traum nun zusammenbricht:
In meiner Heimat gibt es das Ende nicht!

Siebter Tag meines fortlaufenden Neuntagegebetes – ich lasse nicht locker, nie – erster Bitttag N1 – heute wieder einmal 27. September, Gedenktag des hl. Vinzenz von Paul. Mein Novenenspruch heute: „Von Gott geführt" – für mich Erinnerung an den Weg, den Gott mich führte, meinen Stern. Du hast diesen Weg ein wenig mitverfolgen können, lieber Leser. Der Weg mit Gott, ein spannendes Abenteuer! Talk-Shows bieten heute so viele Lebensdeutungen irgendwelcher Meinungen, Aberglauben an, von intelligenten Menschen in beredten Worten vorgetragen, Menschen, die manches Mal auch noch eine lebendige positive Ausstrahlung einzubringen haben. Ich kann mich nur wundern, dass bei vielen, die doch getauft sind, die Tendenz besteht, sich dafür sehr viel Zeit zu nehmen, um sich in dieser Weise mit Lebensfragen auseinanderzusetzen, aber nie oder fast nie mit Bibeltexten, Kirchenbesuchen, Beten.

In einer Talk-Show trat neulich eine Dame auf, die allen Ernstes mit irgendwelchen Zahlenrechnungen aus Geburtsdaten usw. die Schicksalswendungen des Lebens berechnen zu können glaubte und dies so geschickt und lebenssprühend vortrug, dass man dort bereit war, ihr eine relativ lange Zeit für diesen blühenden Unsinn in der Gesprächsrunde zuzubilligen. Irgendwie war es vielleicht ihr Entertainment, dass man bereit war, ihr zuzuhören – anders kann ich mir das nicht erklären. Vielleicht war das Verführerischste an ihren Reden die Tatsache, dass sie ab und zu durchaus tiefgründige, akzeptable, wirklich *intelligente* Sätze in ihre Reden einflocht.

Das ist auch sonst eine große Gefahr: In jedem Menschen lebt das Göttliche – das macht ihn stark – aber wenn die Fähigkeiten verzerrt werden, in den Dienst der Lüge gestellt, vollzieht sich das, was die christliche Tradition als Kampf der Engel bezeichnet, die vor Urzeiten in die Versuchung des Bösen gerieten und ihre Fähigkeiten, die Gott ihnen geschenkt hatte, missbrauchten. Dies kann im Großen und im Kleinen geschehen, denke ich – auch in unserem eigen Herzen: Der Mensch ist stets in der Versuchung zu lügen und zu belügen, auch sich selbst.

„Zaubereien", Aberglauben – dafür nimmt sich mancher endlos Zeit, Lebensdeutungen zu gewinnen mit Dingen, die mich an das „Tischrücken", den Geisterglauben mancher Schüler erinnern – ihre Faszination von „Hokuspokus", ein passenderes Wort finde ich dafür nicht. Auf diese Art ist mancher bereit, sich mit den nicht wegzuleugnenden Sinnfragen des Lebens auseinanderzusetzen, aber nicht wirklich mit der Frage, ob es Ihn geben könnte, den persönlichen, liebenden Gott, der Mensch geworden ist in Jesus.

Heute, am 27. September, ist also der jährliche Gedenktag eines Menschen, dessen Leben überzeugende Früchte trug, ein Mensch, der sich vom Geist Gottes leiten ließ durch alle Widerstände hindurch, ein Mensch wie ein Wunder – Vinzenz von Paul, der Gründer der Caritas. Beschäftige Dich einmal mit den Lebensbeschreibungen einzelner Heiliger, zum Beispiel mit der Geschichte dieses Menschen. Er gibt ein gewaltiges Glaubenszeugnis ab, als Mensch, als Priester, der, ähnlich wie Mutter Theresa, sein Leben für die Armen und Kranken ganz verströmte, Tausenden half, zu leben.

Einmal ließ er sich sogar für einen Galeerensklaven, einen Strafgefangenen, anketten, nahm dessen Schicksal auf sich, um den anderen zu retten. Zahllose Menschen gibt es in unserer Kirchengeschichte, die ähnlich gelebt haben und leben wie er. Ich hatte die Gnade, der Schwester begegnen zu dürfen, selbst jemanden, ähnlich wie eine Mutter Theresa, kennen lernen zu dürfen.

Ich denke, wenn man auf die Kirche schimpft, sollte man sich die Frage stellen: Wie viel Zeit nehme ich mir, um dem Heiligen, das in der Kirche damals wie heute auch in Menschen aufleuchtet, zu begegnen? Wie viel Zeit nehme ich mir, das Herz der Kirche, Jesus, der im Allerheiligsten Altarssakrament gegenwärtig ist unter den Zeichen von Brot und Wein, wirklich zu entdecken? Wenn ich Missstände, einen mir kritisch erscheinenden Punkt entdeckte, würde ich diesen unbedingt nur vor Menschen äußern, von denen ich weiß, dass sie sich mit dergleichen Fragen intensiv und kompetent auseinandersetzen und im Allgemeinen nicht einfach abgedroschene, nicht wirklich reflektierte Kritik anbringen – sonst aber herzlich wenig tun oder nichts.

Noch etwas: Viele scheinbar strenge „Regeln" der Kirche kann man nur verstehen, wenn man „alles andere" versteht, das Gott uns durch die Kirche – bei allen Fehlern einzelner Vertreter – schenkt. Wer ist ohne Fehler? Wenn Du das – zum Beispiel von mir – erwartest, lege das Buch sofort weg – das kann ich leider nicht bieten, nie.

Wir alle, Menschen innerhalb und außerhalb der Kirche, sind eben Menschen mit Fehlern – das gilt ebenso für die Kritiker. Aber da, wo Gottes Geist wirkt, Jesus selbst, ist die Kirche gewaltig, liebenswert und groß. Das wird in dem Leben der Heiligen in besonderer Weise deutlich.

Auch in Texten und Liedern unseres „Gotteslobes" versuchen Menschen, die ihr Leben in den Dienst der christlichen Botschaft gestellt haben, immer wieder Gottes Geist zu bezeugen: Kirchenlieder, Gebete, Litaneien … viele sind auch heute noch hochaktuell! Ich erinnere mich, dass ich einmal versuchte, in einer Religions-AG-Stunde die Herz-Jesu-Litanei für meine diesbezüglich wirklich nicht vorgebildeten Schüler zu aktualisieren und stieß dabei auf überraschendes Interesse, auch für andere Texte des Gotteslobes. Natürlich verstanden sie nicht alle Worte, vielleicht nur einzelne wenige, aber diese waren manches Mal wunderbar mit Leben zu füllen, und einem Erwachsenen gelingt das natürlich unvergleichlich viel leichter:

Herz-Jesu-Litanei (Auszüge)

Du Herz voll Güte und Liebe
Herz Jesu, Du König und Mitte aller Herzen
Herz Jesu, Du Sehnsucht der Schöpfung
von Anbeginn
Herz Jesu, du Rettung aller,
die auf dich hoffen

(GL Nr. 768)

Ich denke, die Aussagekraft der einzelnen Worte spricht für sich selbst. Kirchenlieder – ein anderes Beispiel: „Wie schön leuchtet der Morgenstern".

Rosen empfangen – eine Auswahl vom 27. 9.

An diesem Tag ergab es sich, dass ich an einer Kirchenchorprobe teilnahm, in einer Kirche, die ich oft besuche und die an ihrer Decke einen wunderschön sichtbaren, großen Stern hat. Unter anderem sangen wir ausgerechnet an diesem Tag, an dem ich morgens über das Lied vom Stern nachgedacht hatte, gerade dies: „Wie schön leuchtet der Morgenstern." Der Morgenstern – was dies nun heißt in meinem Leben nach all den Jahren der Führung Gottes wie Wunder?

Ab und zu lese ich Heiligenbiografien. Ich habe vielleicht dreißig einzelne Lebensbeschreibungen dieser besonderen Persönlichkeiten übereinander gestapelt im Bücherschrank und zog mir am 25. September wahllos irgendeine heraus – und welche ziehe ich? Vinzenz von Paul, als Vorbereitung auf seinen Festtag, den 27. 9. Der Todestag der Heiligen, ihr Freudentag, ihr Triumph, ihr Geburtstag für den Himmel, wenn *es* – die Todesstunde – durchlitten ist. Für den wirklich glaubenden Menschen gibt es letztlich keinen Tod. Der Tod – Tor zum ewigen Leben. Welche Hoffnung hat da der Diesseitsmensch zu bieten? Welche Hoffnung die, die ihr Leben von irgendeinem Aberglauben her deuten?

Vinzenz von Paul hatte eine Helferin, die ihm an Güte und Menschenliebe gleichkam, Louise de Marillac. Auch ihre Lebensbeschreibung hatte mich einmal tief beeindruckt. Sie ist eigentlich nicht zu trennen vom Werk des Caritas-Gründers. Als ich ihr Leben damals meditierte, dachte ich bei mir: So, wie sie für die Armen da war, genauso wollte ich da sein für die Armen unseres Wohlstands – Deutschlands Einsame, Depressive, Gelangweilte, Suchende, Suchtgefährdete ... Alle diese Versuchungen hatten auch mich schließlich einst angefochten, aber Gottes Gnade – seine Fügungen – hatten mich bewahrt. Es ist nicht mein Verdienst, denn ich wurde getragen so wie in einem meiner

Lieblingslieder: „Lobe den Herren". Von Gott geführt werden wir immer auch für andere, wir alle gehören zusammen. Ausgerechnet am Fest des Vinzenz von Paul kam mir der Gedanke, einmal Schülerpersönlichkeiten vorzustellen, die mir von den Tausenden, die ich in all den Jahren unterrichten durfte, in Erinnerung geblieben sind.

Liana

Soweit ich mich erinnere, lernte ich Liana als Schülerin des sechsten oder siebten Schuljahres kennen. Sie war phasenweise auch in der Religions-AG, dem Glaubensgesprächskreis für Schüler. Als ich ihr begegnete, war sie gerade dabei, dem Kindesalter zu entwachsen, etwa elf oder zwölf Jahre alt, bescheiden, freundlich, höflich. Im RU fiel sie mir allerdings dadurch auf, dass sie stets interessiert und konzentriert an meinem Unterricht teilnahm und sich durch tadelloses Betragen auszeichnete. Als ich sie einmal nach der Religions-AG nach Hause fuhr, erzählte sie mir ihren Glaubensweg. Ihre Aufgabe war es, zu Hause die kleinen Geschwister zu hüten, die für sie noch keine Gesprächspartner sein konnten, damit die allein erziehende Mutter ihrer Berufstätigkeit nachgehen konnte. Sie erzählte mir, dass sie sich in dieser Zeit angewöhnt hatte, im NT zu lesen, die Begebenheiten mit Jesus. Er gewann Gestalt in ihrem Herzen, in ihrer Vorstellung, auch dadurch, dass sie sich in ihrer Einsamkeit angewöhnt hatte, mit ihm zu reden – zu *beten*.

Genau das, was ich immer wieder rate und auch selbst erfahren habe auf meinem eigenen Glaubensweg, eigentlich durch viele Jahre Kirchenbesuch, entdeckte sie zuhause wie von selbst: Sich mit einem Text über Jesus beschäftigen, im Anschluss daran mit ihm reden.

So hatte sie ihren Weg, aufmerksam zu werden auf den allerbesten Freund. Kirchgang war sie ab und zu gewöhnt, der Tag der heiligen Firmung war für sie ein ganz starker Eindruck gewesen. Als ich sie kennen lernte, betete sie längst regelmäßig.

In der AG, an der sie teilnahm, stellte ich einmal die Frage: „Was würdet ihr tun, wenn es ab heute verboten wäre zu beten – würde euch dann irgendetwas fehlen?" Liana gab die unvergessliche Antwort: „Wenn man mir das Beten verbieten würde – es wäre, als ob man mir das Lachen verbieten würde. Ich glaube, ich würde sterben." Liana war von großer religiöser Begabung: Beten, an Gott glauben, das war bereits ihr sicherer Besitz. Könnte sie nicht andere Schüler bewegen, sich Zeit zu nehmen für Glaubensfragen? Könnte sie mich nicht unterstützen in meinem Bemühen, selbst eine Art Glaubensgesprächskreis zu leiten, privat?

Zu spät erkannte ich, dass das eine Überforderung dieses jungen Menschen war. Eigentlich war ich der einzige Mensch, den sie kannte, für den der Glaube im täglichen Leben nicht wegzudenken war. Jugendliche in ihrem Alter, die ihr Glaubensinteresse geteilt hätten, kannte sie nicht. Genau das war die Tragik, die ich immer wieder bei einzelnen Jugendlichen, nicht nur an den Hauptschulen, beobachten konnte: Es gab zwar mehrere junge Leute, die durchaus Lianas Interesse am Glauben teilten, aber diese Schüler kannten sich meistens nicht untereinander und trafen sich zu selten, als dass sie sich wirklich gegenseitig im Glauben hätten stärken können. Es war auch nur ab und zu so, dass glaubensstarke Schüler wie Liana an einer einzigen AG teilnahmen. Diese Schüler kamen oft auch aus verschiedenen Klassen, so dass sich kaum Freundschaften glaubensbekennender Schüler bilden konnten. In der AG war also meist die einzige Möglichkeit gegeben, wo man sich zum Thema „persönlicher Glaube" aussprechen konnte, ohne die geringste Furcht, bei anderen sonderbar zu erscheinen, denke ich. In Lianas Klasse war niemand, mit dem sie zusammen ihren Glaubensweg hätte gehen können. Gemeinsamer Kirchenbesuch mit anderen Jugendlichen war nicht möglich, eine Jugendgruppe, die sie gestützt hätte, nirgends für sie gegeben!

Sie selbst als Hilfe für religiös wenig interessierte Klassenkameraden oder junge Leute in ihrem Bekanntenkreis? Damals erkannte ich nicht so klar wie heute, was es für einen jungen Menschen in ihrer Klasse bedeutet hätte – regelmäßige Kirchenbesuche. Kirchenbegeisterung, offen bekundete Freude am Religionsunterricht – das wäre ein *Out* gewesen, in das man sich gesetzt hätte. Es ist so, dass Lianas Situation oft gegeben ist, wenn sich ein junger Mensch für Religion, Gott und Glauben in besonderer Weise interessiert.

Ich erinnere mich an die disziplinschwierigste Klasse meiner ganzen Hauptschulzeit, die ich im letzten Jahr meines Hauptschuldienstes unterrichtete. Eine Zeit lang war es dort wirklich so, dass einige Schüler mir mit Hohn und Spott begegneten und immer wieder versuchten, meinen Unterricht zu boykottieren, vor allem auch, um sich vor den anderen Schülern herauszustellen. Ich hatte das Gefühl, dass sie so die Verachtung zeigen wollten für das, was ich in dieser Klasse jahrelang im Fach Religion zu vermitteln gesucht hatte, hinein in das, was *in* war.

Dies alles geschah, obwohl ich zu dieser Klasse, als sie noch zur Jahrgangsstufe fünf gehört hatte, ein besonders herzliches Verhältnis hatte und jede Unterrichtsstunde nicht nur für mich, sondern augenscheinlich auch für die kleinen Schüler eine Freude gewesen war. Bis zur Klassenmesse, Mitte sechstes Schuljahr, war kaum eine Ermahnung nötig gewesen. Schließlich aber machte ich einen verhängnisvollen Fehler: Der allgemeine Sog, den ich schon geschildert habe, wurde auch in dieser Klasse spürbar, mehr und mehr. Schließlich gab es Disziplinschwierigkeiten, denen ich hätte energisch und konsequent begegnen müssen – den Anfängen wehren. Genau das versäumte ich und so entglitt diese Klasse mir vollständig. Extreme Disziplinschwierigkeiten traten auf und einige Schüler versuchten mich immer wieder lächerlich zu machen. Wenn ein Lehrer aber erst einmal sein Gesicht verloren hat, ist es nur sehr schwer möglich, sich wieder Respekt zu verschaffen. Ich war froh, diese Klasse im siebten Schuljahr abgeben zu können. Jede Stunde gab mir zum Schluss eine neue Herausforderung, und so blieb es auch, als ich die Klasse im neunten Schuljahr erneut übernehmen musste. Ich fand schließlich doch einen Weg, meine Stunden in erträglicher Weise halten zu können, aber nichts erinnerte jemals mehr an das herzliche Verhältnis zu dieser Klasse im fünften und zu Anfang des sechsten Schuljahrs.

Warum erzähle ich das in diesem Zusammenhang? In ebendieser Klasse war nämlich keineswegs alles verloren in meinem Bemühen, den Kindern einen guten *Punkt* mitzugeben auf ihrem Glaubensweg. Zwar beeindruckten die, die sich in der geschilderten Weise gebärdeten – die „Rädelsführer" – sicher einige Schüler, so dass es äußerlich gelang, mich „auszuschalten". Andererseits – und das fiel mir erst später auf – konnte ich gerade in dieser Klasse über das unentwegt ausgezeichnete Betragen einiger Schüler nur staunen. Phasenweise hätten sie die Möglichkeit gehabt, allen Respekt ungestraft vergessen zu können in meinen schwächsten Stunden – aber genau das Gegenteil war der Fall. Hinein in das unmögliche Benehmen einzelner begegneten sie mir mit ausgesuchter Höflichkeit, folgten den Arbeitsanweisungen, im Lärm manchmal kaum hörbar, in gewissenhaftester Weise – ebenso wurden alle Hausaufgaben erledigt. Natürlich waren diese Schüler auch religiös interessiert, und das ließen sie sich in keiner Weise nehmen von dem Betragen einiger „Frechdachse" (das ist selbstverständlich nicht abwertend gemeint. Vielen begegnete ich später im Erwachsenenalter wieder, und ich habe es eigentlich nie anders erlebt, als dass dann gerade solche Schüler mich sehr freundlich begrüßten. Letztlich hatten auch sie diese Eskapaden im Unterricht nicht böse gemeint. Ich hatte ihnen durch meine Schwäche eben die Möglichkeit gegeben, sich vor den anderen herauszustellen, und dies wird für manche Schüler zur großen Versuchung, gerade dann, wenn das Selbstbewusstsein letztlich gering ist.).

Liana also stand ganz allein auf weiter Flur mit ihrem Glauben. Langsam erwachte in ihr auch das Interesse an Parties, Jugendtreffs, Popsound, Spaß haben, *in*-Sein in der typischen Jugendwelt, in der der Glaube an Gott – nach meinen Beobachtungen in den allgemein üblichen Jugendcliquen – keine Rolle spielt, nicht thematisiert wird. Eine solche Jugendclique erlebte ich einmal bei einer Klassenfahrt in einem achten Schuljahr. Ich saß beim Abendtreff als Aufsichtsperson dabei, getarnt mit harmloser, scheinbar uninteressierter Miene, in eine Handarbeit vertieft, so dass sich alle letztlich unbeobachtet fühlten von der Lehrerin. Die Unterhaltung der heranwachsenden Jungen und Mädchen, bei der sich alle augenscheinlich königlich amüsierten, stellte nicht wirklich eine fruchtbare Kommunikation dar, sondern sie bestand darin, dass einer den anderen auf die Schippe nahm. Die Reaktion: ein Spiel, möglichst schlagfertig zu antworten, worauf dann wieder eine Lachsalve folgte. Auch zeigte niemand, wie ihm zumute war. Spaß haben, Spaß machen – darauf kam es an! Ein gegenseitiger Austausch über irgendein Thema kam aber nicht wirklich zustande, auch zeigte niemand sein wahres Gesicht, sozusagen. Amüsant, gut drauf sein, das war es, was hier gefragt war, alles andere, Nachdenklichkeit über irgendetwas, fehl am Platz. Übten diese Jugendlichen an diesem Abend nicht schon ein, was *in* ist in unserer Gesellschaft? Wenn sich an diesem Abend ein junger Mensch herausgelöst hätte aus dieser Gruppe, zum Beispiel mit den Worten: „Ich möchte noch ein wenig im Kapellchen beten ... könnten wir nicht zusammen zum Abendgebet ins Kapellchen gehen?" (ein solches stand mitten im Jugendzentrum, das uns für einige Tage beheimatete) – er hätte sich unmöglich gemacht und dem Spott dieser Gruppe ausgesetzt. Sich ins Abseits setzen durch eine offen bekundete Freude an Glauben und Kirchenbesuch? Diesen Weg wollte Liana auf keinen Fall gehen – verständlicherweise.

Im neunten Schuljahr war es dann so weit. Liana, die durchaus Führungstalente besaß, hatte es geschafft. Sie war *in* in der Welt der Jugendlichen ihrer Klasse. Man wählte sie zur Klassensprecherin. Obwohl ich Liana in der AG eingeladen hatte, soweit ich mich erinnere, vielleicht auch andere Jugendliche für ein religiöses Leben zu begeistern, so hatte ich dies doch niemals gefordert, oder sie gedrängt. Trotzdem entstand für sie ein Konflikt, denke ich heute. Einerseits fühlte sie eine innere Berufung, andererseits wollte sie unbedingt genauso sein wie alle anderen sich äußerlich zeigten. Ein besonderes Interesse für Dinge, denen andere gleichgültig gegenüberstanden? Nein! Mit aller Kraft bemühte sie sich um ein angemessenes Outfit, auch darum, offene Aggressionen zu zeigen gegen die Anti-Trend-Religionslehrerin, Frau Myway. Ich erinnere mich daran, dass sie einmal mitten in der Stunde meinen Unterricht verließ, mich beschimpfte und die Tür knallte.

Heute würde ich sagen: Ihre Wut war Ausdruck ihres inneren Konflikts. Hier der Zug zum Beten, Kirchgang, *Fromm*-Sein – aber bei Jugendlichen in ihrem Umkreis niemand, der dieses Interesse teilte! Und auf der anderen Seite die Religionslehrerin, die sie durch ihre bloße Gegenwart an ihren Konflikt erinnerte.

Wie ging es weiter mit Liana? Bis auf die recht aggressive Schülerin im Unterricht des neunten Schuljahrs hatte ich mit Liana in den nächsten Jahren keine persönliche Begegnung mehr. Einige Jahre darauf traf ich sie in einem Kaufhaus, eine selbstbewusste junge Frau, die mich herzlich begrüßte. Sie erzählte mir, dass sie Mutter geworden sei, allein erziehend, und wir machten aus, dass ich sie einmal zu Hause besuchte, damit sie mir ihr Baby vorstellte. Liana hatte inzwischen einen neuen Freund als Pflegevater ihres Kindes, der, wie ich bei meinem Besuch feststellte, es wirklich gut mit dem reizenden Kleinkind verstand. Was soll ich noch erzählen, lieber Leser? Das Predigen unterließ ich bei der jungen Frau ganz, versuchte ihr deutlich zu machen, dass ich sie auf ihrem Weg ebenso akzeptierte wie das fromme Kind, als das sie mir damals zum ersten Mal begegnet war. Ihrem Kind schenkte ich ein Spielzeug, und ihr selbst einmal einen Strauß Rosen – *„Rosen*, Zeichen der Liebe Gottes", wie ich sagte. Das war die einzige Erinnerung an die Glaubensgespräche ihrer Schulzeit bei unserer Begegnung.

Um Liana mache ich mir keine Sorgen. Sie hat ihren Weg mit Gott! Einen *Punkt* durfte ich setzen in ihrem Leben, da bin ich gewiss – und sie hat ihren *Stern*, der sie leitet, ihren *Stern*, der sie zu ihrer Vollendung führen wird. Von Gott geführt – das ist auch der Ausblick auf die Vollendung unseres Lebens, lieber Leser. Wie viele *Rosen* werden wir im Korb unseres Lebens haben, wenn wir heimkehren zu Gott, Du und ich? – „Nur die Liebe zählt."

Rosen empfangen

Gedanken zu diesen Tagen 28. bis 30. September – Todestag der heiligen Therese von Lisieux, Kirchenlehrerin, Patronin der Missionare, an deren Festtag, dem 1. Oktober, ich angefangen habe, das Schreiben auf der Tastatur zu erlernen, im Hinblick auf das geplante Buch. Therese von Lisieux, die *Rosen*-Heilige, die versprochen hatte, einen *Rosenregen* auf die Erde zu senden vom Himmel aus. 1. Oktober, der Tag, an dem ich damals meine *Kirchen-Rosen* zwischen den Erntegaben zum Erntedankfest fand. Irgendwie ging es mir an dem Tag, an dem ich mich mit Lianas Lebensweg beschäftigte, durch den Kopf: das Buch muss ich schreiben, bevor ich sterbe. Es wird nach meinem Tod vielleicht Früchte tragen für die Ewigkeit. Kurze Zeit darauf entdeckte ich in einer Allerweltszeitung ein Gedicht von Michelangelo: „Sonett auf den Tod", Michelangelo, dessen berühmtes Bild „Gott erschafft den Adam" für mich wie ein tägliches Gebet in zweifacher Ausfertigung mein Wohnzimmer illustriert.

Sonett auf den Tod – wie viel Zeit ich noch habe auf dieser Erde? – ich weiß es nicht. Ach, dass ich die Zeit, die mir bleibt, doch recht nütze! Und – was bringt die Zukunft? Wie viel Zeit haben wir noch, lieber Leser? Wie viel Zeit auf dieser Erde? Zum Bild Michelangelos „Gott erschafft den Adam", das Bild, das ich in so viele Klassen mitnahm, um das Bild Gottes in den Herzen der Kinder zu malen, das Bild Jesu aus der Klosterkirche Rüdesheim in den Weinbergen: Beide Bilder äußerlich ganz unterschiedlich, geben mir eine ähnliche Ausdrucksform der Erfahrung Gottes. Im Neujahrskalender zum Jahr 2001, dem liturgischen Kalender, sieht man einen Ausschnitt aus diesem Bild: die Hand Gottes, die unsagbar zart die des Adam berührt. Darunter steht der Text, den mir in ähnlicher Form die *Schwester* gab und den ich immer wieder so gern zitiere:

Kalenderspruch zum Neujahrstag

Ich sagte zu dem Engel, der an der Pforte des neuen Jahres stand: „Gib mir ein Licht, das mir die Dunkelheit erleuchtet!"

Der Engel aber antwortete mir: „Lege deine Hand in die Hand Gottes, das ist besser als ein Licht und wird dich sicher ins neue Jahr begleiten."

Willst Du mit mir gehen auf dem Weg, dem ich folgen will, lieber Leser? Heilige könnten auch kleine *Sterne* sein auf unserem Weg, ebenso die Menschen auf Erden, die wie gute Engel unseren Weg hier begleiten – *Rosen empfangen*, heute.

Unsägliche Nähe Gottes! Nachdem ich die heute aufgezeichneten Gedanken meditiert hatte, entdeckte ich, dass in der heiligen Messe, die ich später besuchte, der Text von Kohelet (AT), mit dem ich mich schon einmal im Hinblick auf die Ewigkeit auseinandergesetzt hatte, vorgelesen wurde:

Windhauch

Windhauch, Windhauch, sagte Kohelet, Windhauch, Windhauch, das ist alles Windhauch. ... Was geschehen ist, wird wieder geschehen, was man getan hat, wird man wieder tun: Es gibt nichts Neues unter der Sonne.

(Kohelet 1,2 ff)

So lautet der Text des alttestamentlichen *Predigers*, hinein in meine Gedanken heute. Nichts Neues unter der Sonne? Ohne Gott hätte der Autor dieses Textes wohl Recht, denke ich, aber mit Gott ist jeder Mensch neu und einmalig. Durch ihn ist unser Leben, unsere Liebe ewig.

Alles, was wirkliche Liebe war in unserem irdischen Leben, wird auch im Himmel nicht sterben, wird mit uns bei Gott ewig leben.

Das Gedicht Michelangelos über den Tod stand unter einem Bilddruck seines Gerichtsbildes aus der sixtinischen Kapelle. Mich aber erinnerte sein Gedicht auf den Tod viel mehr an sein Bild von Gottvater, dem Schöpfer, der die Hand Adams, Symbol der ganzen Menschheit, berührt mit unaussprechlicher Liebe.

„Gott wird vollenden" – das waren an diesem Tag meine Gedanken im Hinblick auf das Leben meiner Schüler, zum Beispiel Lianas, die ich ein kleines Stück ihres Weges begleitet und dann aus den Augen verloren habe. Gott wird vollenden – mein, unser Leben, darauf vertraue ich! Ausgerechnet an diesem Tag entdeckte ich abends in meinem Tagesgebetbuch die Worte zu diesem Tag: „Schenke am Ende auch die Vollendung!" – Gott erschafft den Adam – „Lass uns zu der Unschuld, zu der Du uns alle berufen hast, zurückkehren in der Ewigkeit – Adam und Eva – zusammen mit (dem) Menschen unserer Liebe!" Dieses Gebet möchte ich heute sprechen zu diesem Bild.

Zum Fest der heiligen Therese von Lisieux möchte ich ein Gebet aufschreiben, das ich am Abend eines achtzehnten Oktobers – dem Vorabend des Tages, an dem diese Heilige 1999 zur Kirchenlehrerin erhoben wurde – bei Einkehrtagen in einem Kloster aufschrieb:

Du hast uns geliebt

O Jesus, Du hast uns geliebt wie ein Narr
Wie ein hingebungsvoll liebender Mensch
mit äußerster Liebe lieben kann, mehr.
Du hast uns ohnmächtig geliebt,
weil Du es so wolltest.
All unsere Liebesfähigkeit haben wir von Dir.
Lass nicht zu, dass wir uns verzetteln,
Glas für wertvoller halten als Edelsteine.
O Jesus, Du hast mir erklärt, wie Du liebst
hinein in alles.
Du hast mir Deine Sehnsucht erklärt,
so lange schon,
hinein in alles.
Nimm heute meine Sehnsucht neu entgegen!
Lass uns Dich wiederlieben wie ein Narr,
gottähnlich werden so.
Wenn wir das nicht erreichen,
in unserem einzigen Entscheidungsleben
hier auf Erden,
wird der schönste Traum nie Wirklichkeit.
Du darfst das nicht zulassen!

Die folgenden Zeilen von Nikolaus von der Flüe fügte ich an:

Nimm alles mir

Mein Herr und mein Gott,
nimm alles mir,
was mich hindert zu Dir.

Mein Herr und mein Gott,
gib alles mir,
was mich fördert zu Dir,

Mein Herr und mein Gott,
nimm mich mir,
und gib mich ganz zu Eigen Dir!

Und später jenes mir lieb gewordene Gebet, das ich eines Neujahrsmorgens in einem Gesangbuch entdeckt hatte:

Nie kann ich danken dir genug

Nie kann, o Herr, ich danken dir genug,
es soll dir danken jeder Atemzug,
es soll dir danken jeder Herzensschlag
bis zum letzten Schlag am letzten Tag,
Es soll dir danken jeglicher Gedanke
nichts will ich sprechen als, o Herr, ich danke!

Regine

In mehreren AG-Gruppen war es nötig, sich erst einmal mit der Frage auseinanderzusetzen, ob Beten überhaupt möglich sein könnte für die Teilnehmer. Mit Gott reden wie mit einem Freund? „Da ist es ja, als ob ich mit mir selber rede", so in etwa einzelne Meinungen. Seltsamerweise bereitete einigen Schülern das schriftliche Reden mit Gott im Anschluss an die Meditation eines Bibeltextes keine Schwierigkeiten. In der AG habe ich es eigentlich nie anders erlebt, als dass die Schüler gerne dazu bereit waren, allerdings mit dem Hinweis, dass solche Texte im Allgemeinen nicht, und wenn, dann nur auf ausdrücklichen Wunsch des betreffenden Schülers, vorgelesen werden sollten.

Aber Reden mit Gott im Herzen, einfach so? „Ich kann nicht beten", meinte Regine, „was soll das schon?" Ich schenkte den AG-Teilnehmern das Vögelchenbild, das ich ebenso wie das Jesusbild aus der Klosterkirche Rüdesheim-Eibingen wohl mehrere hundert Mal ausgeteilt hatte, eingebettet in eine Meditation der Stille. Es ist das Bild, das in so vielen Klassen Hilfe zum Beten gegeben hatte, und in entsprechender Stimmung von den Kindern *immer* gut aufgenommen worden war. Ich zeige es hier im Zusammenhang mit meiner Arbeit mit den „Tagesheften", die ich in der Grundschule und im fünften und sechsten Schuljahr während des Bibelunterrichtes, den ich noch beschreiben werde, anlegen ließ.

Ein Bild als Stern auf dem Glaubensweg vieler Menschen: Das Vögelchenbild

„Lieber Gott, ich will mich jetzt daran erinnern, dass ich so in Deiner Hand bin wie das Vögelchen in der Menschenhand ..."

Jeder Mensch, auch der Geringste,
ist so in Gotteshand,
als wäre er Gottes einzige Sorge.

Ich übersetzte den Text unter dem Bild in die Schüler-
sprache und schloss dann absolute Stille an, um den Schülern Gelegenheit zu geben, eigenes Beten zu formulieren.
Es war das Stärkste, das mir bei zahllosen Schülern im RU
immer wieder gelang. Ich erinnere mich, dass im letzten
Jahr meiner Hauptschulzeit die später erwähnten AG-
Schüler, ca. 14- bis 15jährige Jungen, denen das niemand
in der Klasse zugetraut hätte, sich gerade diese Meditation
von ihrer erschöpften RU-Lehrerin wiederholt wünschten
(vgl. Seite 226 Kapitel „Bernhard").

Manchmal gab ich den Schülern Vorschläge für ein erstes Sätzchen: „Gott hörst Du mich? Wer bist Du? Zeige
mir Deine Hilfe ..." Ich weiß nicht, wie Regine gebetet, also
mit Gott gesprochen hat, mit und ohne Worte, aber irgendwann nach Abschluss der AG – es war wohl in der Pause
– fragte ich sie im Vorübergehen einmal lächelnd: „Betest
du jetzt?" Unvergesslich! Regine zog das Vögelchenbild aus
der Gesäßtasche ihrer Jeans, ziemlich zerknittert, aber es
hatte seinen Zweck voll und ganz erfüllt! Das Bewusstsein
der Nähe Gottes hatte Einzug gehalten in ihr Herz: „Aber
klar doch bete ich jetzt!" So in etwa ihre Antwort. Ich begegnete Regine später noch einmal als Verkäuferin in einer
Konditorei. Beten, mit Gott reden, ihn als Freund bei sich
wissen – dies war mein wichtigstes Ziel, darin dem Schüler
Hilfe zu geben, wenn er es nötig hatte – diesen *Punkt* durfte ich setzen, auch für ihr Leben. Längst habe ich sie aus
den Augen verloren, aber sie ist unterwegs zum Ziel, genau
wie ich, genau wie Du, und sie weiß, dass sie ein Ziel hat.

Nicole

Nicole, ein dreizehnjähriges Mädchen, lernte ich auf dem Schulhof kennen – übrigens nicht der einzige junge Mensch, dem ich als Religionslehrerin auf diese Art begegnete, also eigentlich nicht durch Kennen lernen im Religionsunterricht. Diese Schüler hatten wohl von anderen Schülern von mir gehört, und diese hatten immerhin so positiv von mir geredet, dass die mir fremden Jugendlichen manchmal einfach so Vertrauen zu mir fassten, und mir Probleme anvertrauten, wenn dies auf diese Art auch selten war.

So erzählte mir Nicole von ihrem Leid. Sie schwärmte für einen jungen Mann aus ihrem Bekanntenkreis, der sie nicht beachtete, ein Problem, das mancher Erwachsene auf dieser Altersstufe vielleicht in keiner Weise ernst genommen hätte. Auf die Ursache ihres Kummers, der sicher nicht neu unter Jugendlichen aller Zeiten ist, ging ich auch wirklich nicht näher ein, aber ihr Leid nahm ich durchaus ernst, denn dies war offensichtlich und trotz ihrer Jugend wirklich und groß. Ich gab ihr bei unserem kurzen Gespräch in der Pause die Hilfe, die ich ihr geben konnte in dieser Angelegenheit, einen guten Rat. Diesen guten Rat zeichnet auch der folgende Text: „So könnte man Gott kennen lernen" nach einem Gespräch mit ihr in der Religions-AG, etwa zwei Jahre später, nachdem ihr Problem gelöst war, auf. Nach diesem kurzen Gespräch in der Pause bis zu ihrem Eintritt in die Religions-AG kann ich mich an kein weiteres mit ihr erinnern. Den guten Rat aber nahm Nicole in nächster Zeit zum Anlass, Gott kennen zu lernen, oder ich würde sagen, Gott nahm Nicoles Jugendschwärmerei zum Anlass, dass sie ihn entdeckte, den allerbesten Freund, auf der Suche nach einem Freund: „Siehe, Ich Bin Da"

Ob ich sitze oder steh

Ob ich sitze oder steh,
ob ich liege oder geh –

Du bist bei mir, das ist gut,
schenkst mir Liebe, machst mir Mut!

Ob ich rede oder nicht,
ob im Finstern, ob mit Licht –

Du bist bei mir, das ist gut,
schenkst mir Liebe, machst mir Mut!

Ob ganz nahe oder fern,
überall hast Du mich gern –

Du bist bei mir, das ist gut,
schenkst mir Liebe, machst mir Mut!

Schon im Anfang warst Du da,
bist mir bis zum Ende nah –

Du bist bei mir, das ist gut,
schenkst mir Liebe, machst mir Mut!

(Ein Gebet aus einer Andacht, ein Gebet für jeden Tag)

Zwei Jahre nach unserer ersten Begegnung auf dem Schulhof erzählte mir Nicole also dann einmal ihren Glaubensweg, den ich nachfolgend aus der Erinnerung aufgezeichnet habe.

So könnte man Gott kennen lernen

Eigentlich bin ich aufgewachsen wie ein Mensch, zu dem man Missionare schickt: In meinem Elternhaus sprach niemand von Gott. Kirchenbesuche waren in unserer Familie nicht üblich. Man kann sagen, dass ich bis zu meinem 13. Lebensjahr wie ein Heide lebte, der zufällig getauft worden war, was man dann aber vergaß in meiner Familie.

Auch kein Gebet. Ich würde sagen, dass die meisten Jugendlichen, die ich kenne, so leben. Sie beten höchstens kurz in der Not, und wenn Gott dann nicht so ‚funktioniert', wie sie es sich vorstellen, hören sie mit dem Beten sofort auf. Bei mir war es anders. Ich bekam ein ganz riesengroßes Problem, dass so furchtbar war, dass ich mich eigentlich an nichts mehr so recht freuen konnte.

In dieser Zeit sagte mir eine Religionslehrerin, dass man sich in *jeder* Not an Gott wenden könnte, dass es nichts gibt, das er nicht versteht, denn er habe uns ja erschaffen. Sie gab mir den Rat, mich immer wieder an ihn zu wenden. Also machte ich mich ans Beten. Ich flehte Gott, den ich ja gar nicht kannte, an, dass er mir aus meiner schlimmen Lage heraushelfen sollte, eigentlich jeden Tag.

Zuerst passierte anscheinend gar nichts, aber mit dem Beten aufhören konnte ich nicht, dazu war die Not zu groß. Schließlich merkte ich doch etwas! Gott schickte mir immer wieder kleine Zeichen, dass er mein Beten hörte, dass er sich um mich kümmerte.

Ein Beispiel. Einmal ging ich abends auf eine Party, einfach, weil ich meinen Kummer nicht mehr aushalten konnte. Ich wollte mich ablenken. Da waren alle Leute plötzlich so nett zu mir wie noch nie, obwohl sie doch gar nichts von meinem Problem wussten. Ähnliche Zeichen, die mich an Gott erinnerten, mitten im Leben, kamen immer wieder und immer mehr merkte ich, dass er wirklich da ist. Er antwortet schon, wenn man mit ihm redet, so!

Irgendwann merkt man, dass er sich um einen kümmert wie der allerallerbeste Freund. Einen solchen Freund wünsche ich Dir auch. Du hast ihn immer dabei und kannst im Herzen jederzeit mit ihm reden.

Wie ich mir ihn vorstelle? Unsagbar gütig ... man kann ihm alles, alles sagen. Und, wo er uns doch selbst erschaffen hat, und einen gemacht hat, wie man ist, kann man sich bei ihm auch nie blamieren. Er wundert sich über nichts.

Nachdem ich ihn einenhalb Jahre angefleht hatte, mich von meinem Kummer zu erlösen, hat er mich wirklich davon befreit, und ich bin sehr glücklich darüber. Aber das schönste ist, dass ich nun weiß, dass es Gott wirklich gibt.

Wie viel Zeit ich mir heute, wo mein Problem so wunderbar gelöst ist, für Gott nehme? Wann ich an Gott erinnert werde?

Ich bespreche mit ihm meinen Kummer und meine Freude, aber eigentlich denke ich immer an Gott, das heißt, natürlich nicht bewusst. Aber immer weiß ich, dass Gott mir ganz nahe ist, in jedem Augenblick meines Lebens."

Nachdem Nicole ihren Glaubensweg in der Not beschrieben hatte, wies ich sie zum Schluss unseres Gespräches auf Jesus hin, den sie eigentlich nur von Filmen her kannte. „Meinst du, dass die Darstellungen der Schauspieler etwas mit dem zu tun haben, was du von Gott erfahren hast?", fragte ich sie in etwa. Sie bestätigte dies. Nicole, die sich Gottes Nähe so sehr und wunderbar bewusst geworden war, hatte noch dies vor sich: Gott zu erkennen in Jesus, in dem er uns begegnet ist auf Erden. Auf ihn hatte ich sie aufmerksam gemacht, damals auf dem Schulhof, in ihrer Not.

Auch Nicole habe ich, wie fast alle Schüler, später aus den Augen verloren. Es war immer nur *mein Punkt*, den ich im Leben einzelner Schüler zu setzen versuchte – für ihren ureigenen Weg mit Gott. Mich bewegte in allen Jahren immer der Gott, der in Jesus Mensch geworden ist: Jesus, der Christus. Er ist es, den ich bezeuge – Jesus, das Licht (aus dem Prolog des Johannes-Evangeliums). Für Nicole und für alle Menschen, die auf mein Glaubenszeugnis hören, wünsche ich mir so sehr, dass sie Gott auch in der Kirche finden, wo Er greifbar nahe ist unter den Zeichen von Brot und Wein.

Barbara

Ich erinnere mich an eine liebe Schülerin, die ihr Leben ganz in den Dienst von Menschen in Not stellen wollte, und die Berufung in sich fühlte, vielleicht nach Indien zu gehen, um dort den Bedürftigen nahe zu sein. Sie war Schwesternschülerin in einem großen Krankenhaus und vielleicht 16 Jahre alt, als sie mir begegnete. Auch sie wandte sich an mich, weil sie von mir gehört hatte, von ihrem Bruder, den ich im Fach Religion unterrichtete. Sie suchte den Glauben an Gott, fand ihn aber nicht, auch nicht im NT. Dass Glaube ein unermesslich hoher Wert sein müsse, dass das Leben einfach zu genießen zu wenig war, war ihr klar.

Bei der Beschäftigung mit Bibeltexten ergaben sich für sie Fragen, die sie an dem Wagnis eines ersten Gebetes hinderten. Kirchenbesuch, ein langsames Hineinwachsen in die Inhalte des Glaubens gab es in ihrem Leben nicht oder kaum. Wie aber sollte sie zu dem Glauben an Gott finden, wenn sie ihre Zweifel nicht mit dem Versuch des Betens verhindern konnte? Dieses erste Beten – und sei es nur ein winziges Sätzchen, das man täglich wiederholt, so oder so, ist ganz entscheidend: „Gott, wenn es Dich gibt." – „Jesus, so viel verstehe ich nicht an Dir. Zeige mir doch, wer Du bist – ich lasse nicht locker, bis Du es mir gezeigt hast." So in etwa, denke ich, könnte man mit Gott reden, beten, was mir in den Sinn kommt – aus dem Herzen heraus.

Auf einer Religionslehrertagung sagte ein Professor das unvergessliche Wort: „Gott verlangt von keinem Vertrauen, Glauben, wenn er ihm nicht vorher klar gezeigt hat: ich bin der, dem Du vertrauen kannst." Kluge, theologisch hochgebildete Menschen sind meiner Ansicht nach nicht automatisch auch gute Lehrmeister im Glauben, aber in diesem Punkt hatte der Professor unbedingt recht. Immer wieder traf ich mich mit Barbara zu Glaubensgesprächen in Kirchen, lud sie auch in die Frühschicht einer Gemeinde ein. Aber all das sagte ihr anscheinend wenig. Über Jesus ergaben sich für sie allerlei Fragen – Kritik, so in etwa, er wirke auf sie eingebildet ... Für den Glaubenden spricht Jesus mit göttlicher Autorität, und wer außer ihm hätte jemals Sätze gewagt wie diesen: „Ich bin der Weg und die Wahrheit und das Leben." (Joh 14,6)?

Die angemessene Sprache des Glaubenden ist die des Gebetes – andererseits aber empfängt man auch den Glauben durch das Gebet. Bei Zweifeln, wie sie Barbara beschrieb, würde ich raten: „Bring deine Zweifel ein, formuliere sie in deinem Beten, alles, was dir in den Sinn kommt, was Du nicht verstehst! Riskiere Beten, wieder und wieder – irgendwann verschwinden die Zweifel, erkennst du Gott als den liebenden Freund!"

Ob Barbara dies wirklich immer wieder versuchte? Im privaten Bereich traten inzwischen Umstände ein, die die ganze Aufmerksamkeit eines jungen Menschen fangen, die natürlich unendlich wichtig für ihn sind: neue Freunde, Eifersucht, Enttäuschung, wechselnde Partnerschaften. Wenn sie nun gerade diese Dinge des Lebens, wie mir andere Schüler in der AG erzählt hatten, in ihr Beten eingebracht hätte – vielleicht wäre das ein Weg gewesen, Gottes Spuren im Leben zu entdecken, Vertrauen, Glauben zu gewinnen. Aber es ist oft so: tausend Dinge kommen dazwischen, wenn man sich fast schon aufgemacht hat. Manches Mal war ich mit diesem jungen Menschen zum Beispiel zu einem Jugendgottesdienst verabredet, aber dann klappte es bei ihr irgendwie nicht.

Barbara habe ich auf dieser Erde auch ganz aus den Augen verloren, diesen jungen Menschen, der schon seine besondere Berufung darin hatte, die Kraft, die ihr geschenkt war, in den Dienst der anderen zu stellen. Das war schon eine ganz besondere Begegnung mit dem Gott, den sie unbewusst so sehnsüchtig suchte. Hinein ihn diese Sehnsucht wird er irgendwann wieder bei ihr anklopfen, so dass sie ihn schon auf dieser Erde bewusst finden kann, in der ihr gemäßen Weise. Vielleicht durfte ich ein kleiner *Punkt* sein für ihren Glaubensweg – doch!

Heute würde ich sagen: Gerade durch Begegnungen mit Menschen wie Barbara belehrt mich Gott. Papst Benedikt XVI hat einmal gesagt:

„Es gibt so viele Wege zu Gott wie es Menschen gibt"

– und Barbara ist unterwegs mit Dir, mit mir, mit allen Menschen guten Willens. Warten, zuversichtlich sein, das ist das zweite – Gott hat mir selbst diese Zuversicht immer wieder ganz einfach geschenkt, nicht nur für mich, sondern für alle Menschen, für die als Religionslehrerin einfach Warten und alles letztlich Gott überlassen von mir gefordert ist. Heißt es nicht auch für Barbara wie in *meinem* Lied (GL Nr. 295):

„Sing, bet und geh auf Gottes Wegen, verricht das Deine nur getreu, und trau des Himmels reichem Segen, so wird er bei Dir werden neu. Denn wer nur seine Zuversicht auf Gott setzt, den verlässt er nicht."

Der Mensch, der den persönlichen Gott aus ehrlichem Herzen sucht, hat ihn doch unbewusst schon gefunden. „Verricht das Deine nur getreu ... vertrau dem Segen, habe Zuversicht!" Diesen *Stern* nimmt Barbara mit auf ihren Weg.

Rosen empfangen

am Fest des heiligen Vinzenz Palotti – es ist der 22. Januar. Schon seit Jahren bringe ich Rosen zum Grab des Pater Reinisch, der ein Schönstätter, ein Pallottiner ist. An einem solchen Tag machte ich einen Besuch bei Freunden. Obwohl es mir an diesem Tag sehr gut ging, ich auf der Sonnenseite des Lebens stehen durfte, auch die besondere Freude hatte, weiter an diesem Buch schreiben zu dürfen, ging es mir auf die Nerven, dass jeder Tag angefüllt war mit „Programm". Anstatt ein Lied des Dankes zu singen, zum Beispiel bei meinen Freunden, beschwerte ich mich und lamentierte, so eingespannt zu sein. Am Ende des Besuchsnachmittages, der im weiteren Verlauf sehr schön verlief, beschenkte mich die alte Dame in dieser Familie mit einem Gedichtvortrag, den sie passend zu den Rosen, die ich mitgebracht hatte, und die sie auf Grund ihrer Fastblindheit nur mit dem Herzen hatte wahrnehmen können, ausgewählt hatte. Es war ein Gedicht von Heinrich Heine:

Leise zieht durch mein Gemüt

Leise zieht durch mein Gemüt
Liebliches Geläute.
Klinge, kleines Frühlingslied,
Kling hinaus ins Weite.
Kling hinaus, bis an das Haus,
Wo die Blumen sprießen,
Wenn du eine Rose schaust,
Sag, ich laß sie grüßen.

24. Januar – ein anderer Tag – *Rosen* empfangen – Auswahl

„Religionsunterricht" – Belehrt uns nicht immer wieder Gott selbst durch die Ereignisse und Fügungen des Tages, wenn wir genau hinschauen? Jesus selbst belehrt mich so oft! Ein Kirchenlied:

„Deinem Heiland, deinem Lehrer, deinem Hirten und Ernährer, Zion stimm ein Loblied an. Preis nach Kräften seine Würde, da kein Loblied, keine Zierde, seiner Größe gleichen kann."

Diese Strophe hatte ich am Festtag des heiligen Franz von Sales, dem katholischen Bischof von Genf, vor der Morgenandacht, die ich anschließend um 7. 57 Uhr im Radio hörte, aufgeschrieben. Und welche Worte im Anschluss an meine Aufzeichnung sagte dort der evangelische Pfarrer, der diese Morgenandacht hielt in der Gebetswoche für die Einheit der Christen 2001?

„Der Bischof eurer Seelen ist Christus!"

Rosen empfangen an diesem Tag – Auswahl

Am Neujahrstag hatte mir eine Fügung den Text des heiligen Franz von Sales, den ich schon zu Anfang meines Buches zitierte, in die Hände gespielt und ich hatte ihn in besonderer Weise für mich meditiert. Und dann hatte ich beim Lesen meines Tagesgebetbuches entdeckt, dass er der Patron der Schriftsteller ist! Welche Ermutigung, mir weiter Mühe zu geben mit diesem Buch! Gott begleitet mein Vorhaben. Und immer wieder hatte ich Sorge gehabt, dass Menschen, die ich hochschätze, mich entmutigen könnten durch ihre Kritik! Das Kindergebet, das ich so oft zu vermitteln gesucht hatte:

„Du bist bei mir, das ist gut, schenkst mir Liebe, machst mir Mut ..."

Erinnerung

Wenn Jesus selbst uns belehrt, macht er uns Mut, und nach seinem Vorbild sollten wir erziehen und unterrichten.

Jugendcliquen:
Tommy und Anton auf dem Weg einer ganz „normalen Sucht"

Vergeuden wir nicht die Sehnsucht, diesen Stern, wenn Gott ihn leuchten lässt! Als Vierzehnjährige im Alter meiner Hauptschüler war diese Sehnsucht schon für mich spürbar, die Sehnsucht nach dem Guten, wie ich es damals in Tagebuchaufzeichnungen formulierte. Manches Mal erlebte ich diese Gefühle in der Stille, durch den Anblick der Natur, bei klassischer Musik. Wie sehr aber wird heute die Stille, für die die Jugendlichen damals wie heute so empfänglich sind, verbannt! Die Sehnsucht fängt der Mega-Sound. In freien Stunden dröhnt stundenlang per Kopfhörer der CD-Player, Fernsehen tagsüber, den ganzen Tag – in Amerika und sicher auch bei uns als Untermalung der Kommunikation in vielen Familien schon lange üblich.

Stille als Hintergrund für großes gewaltiges Erleben, für die Suche nach dem *Stern*, der in uns grundgelegt ist. Diese Sehnsucht sollte sich eigentlich entfalten im Laufe des Lebens wie eine Blume von der Knospe zur Blüte, wenn das Wesentliche im Leben gelingen soll. Für mich wird das ganz wunderbar in der Erzählung von den drei Königen im NT deutlich, die Könige, die *ihrem* Stern folgten und schließlich das Jesuskind fanden. Vielleicht klingt auch etwas von dieser Sehnsucht an im Leben des heiligen Christophorus, der vielen Herren gedient hat, bis er schließlich, auf seiner Schulter, das Jesuskind fand. Augustinus drückt es so aus:

„Du hast uns für dich geschaffen, o Gott, und unruhig ist unser Herz bis es Ruhe findet in dir."
Es ist der Satz, mit dem er sein bedeutendes Werk „Confessiones" (= Bekenntnisse) beginnt.

Die Stimme der Sehnsucht hören – *Rosen* empfangen wir täglich. Heute lade ich uns wieder einmal ein, lieber Leser, den Tag genauer zu betrachten als unwiederholbares Geschenk Gottes: Wo war da ein besonderes Etwas an diesem Tag, in scheinbar Alltäglichem? Ist es nicht so, dass manches erst als Geschenk erscheint, wenn wir es plötzlich nicht mehr haben – Schmerzfreiheit, wenn wir Schmerzen haben, Nahrung, wenn wir unseren Hunger nicht stillen können, meine Arbeit, dass ich gebraucht werde, etwas leisten kann, Begegnungen mit Menschen ... Läuft mancher Tag nicht immer wieder so ab: Bewältigung der Aufgaben, denen ich nicht entfliehen kann, die Arbeit als Last. Mag sein, dass ich diese Aufgabe eigentlich mag, aber dazwischen ist sie immer wieder auch eine Last, Hetze, den ganzen Tag – und dann das Ventil, abends, ein Druck auf den Fernseher, manchmal wahllos. Hier fangen mich wieder neue Inhalte, bevor die alten verarbeitet sind, neue Stimmen, die Zeit rast weiter. Schließlich ist man zu müde, selbst dafür, keine fünf Minuten Zeit oft zur Stille, zum Beten, auch wenn man es könnte, Gott viel zu sagen, oder zu schweigen, zur Meditation, ob ich diesen Tag ausgeschöpft habe in seinen Möglichkeiten, ob ich Grund habe zum Dank.

Von der Sehnsucht zur Sucht

– manchmal nur ein kleiner Schritt: Der Griff zur Zigarette, zum Alkohol, in Maßen und auch noch ein wenig darüber hinaus – ganz normal. In der Freizeit bis zum Exzess, auch dies wird akzeptiert, solange man im Berufsleben funktioniert. Was einer in seiner Freizeit macht – seine Sache! In diese unsere Gesellschaft wächst die Jugend hinein. Kritik an der Jugend von der älteren Generation, die gab es immer schon, aber nach meiner Beobachtung gibt es da heute doch etwas ganz Neues, *Lebens*-gefährliches: Viele Jugendcliquen leben ohne wirkliche Jugendleiter, sich selbst überlassen, ohne Leitideal, manches Mal ausgesprochen suchtorientiert. Manchmal gibt es wechselnde Partnerschaften auch innerhalb der Gruppe – sehr schnelle Bindung und nachfolgende Trennung verursachen tiefes Leid, dem der Jugendliche ohnmächtig ausgeliefert ist. Jugendträume vom idealen Partner enden oft ganz schnell in bitterster Enttäuschung. Liebe hat keine Zeit, sich über

Freundschaften zu entfalten. Liebe auch als Verantwortung für den anderen – kein Begriff!

Wie eh und je bringen Jugendliche die Sehnsucht nach Abenteuer mit in ihre Clique. Ein Segen ist es dann, wenn diese Sehnsucht nach dem Besonderen in Bahnen gelenkt wird, wie man sie bei Pfadfindergruppen beobachten kann durch Ideale, die hier gelebt und geübt werden sollen zusammen mit Jugendleitern, die positive Akzente setzen. In der Grundschule trugen kleine Pfadfinder einmal das tägliche Pfadfindergebet vor und ich sagte spontan – und das meinte ich auch so: „Mein höchstes Ziel wäre es, ein richtiger Pfadfinder zu sein" (so wie das Gebet es beschrieb, meinte ich). Die allerliebste Bemerkung eines kleinen Schülers schloss sich an: „Bist du schon!" Schön wäre es ... Wie schade, dass nur wenige Schüler der Hauptschule die Möglichkeit wahrnahmen, die Pfadfindergruppen anbieten, aber vielleicht lag es auch an der Tatsache, dass sie schon ein wenig zu alt waren, um an einer solchen Gruppe teilzunehmen. Die meisten meiner Schüler jedenfalls erzählten mir, dass sie sich in Jugendcliquen ohne Jugendleiter regelmäßig träfen.

Messdiener-Jugendgruppen sind in den Gemeinden auch heute noch eine ganz große Chance für junge Leute! Hier haben die Jugendlichen ein gemeinsames Ideal, verbunden mit Freizeitgestaltung, verantwortliche Erwachsene, die unsichtbar die Leitung übernehmen bei aller Freiheit, die den Jugendlichen zum Beispiel bei der Messdienerfreizeit eingeräumt wird. Die Jugendlichen an der Hauptschule aber hatten keine älteren Jugendleiter in ihren Cliquen. Leiter, das waren die, die aus irgendeinem, manches Mal fragwürdigen Grund für die Jugendlichen tonangebend waren. Abenteuerlust? Nach dem, was ich mitbekommen habe – ich will es ausdrücken wie Anton, mein AG-Schüler, äußerlich voll integriert in diese Jugendwelt, es einmal ausdrückte, wörtlich:

„Man trifft sich abends im Park. Bier saufen. Scheiß reden. Da muckt keiner auf."

Dass Zigaretten selbstverständlich für diese ab 11-jährigen *in* waren, kein Thema. In diesen Jugendcliquen gab es natürlich Jungen und Mädchen, „Verliebtheiten", wechselnde Partnerschaften. In S., wo sich überwiegend ältere Jugendliche, die die Schule bereits verlassen hatten, trafen, nahm ich regelmäßig an den Treffs teil, man hatte mich eingeladen. Während der Treffs war es meine Aufgabe, den Teil des allgemeinen Gesprächs zu leiten, der sich mit Religion, Gott und Glauben, mit allgemein menschlichen, manchmal persönlichen Themen beschäftigte, und der diese Jugendlichen durchaus interessierte. Für diese Themen war ich, die ehemalige Religionslehrerin, ihrer Meinung nach kompetent. Die Chance, bei diesen Gesprächen vielleicht einen positiven *Punkt* setzen zu können, wollte ich mir nicht entgehen lassen, und so fuhr ich regelmäßig, manches Mal zusammen mit meinem Neffen, in dieses Dorf. Einmal bekam ich mit, dass in dieser Gruppe eine Meinungsverschiedenheit entstanden war. Zwei ältere Jugendliche hatten ein „Verhältnis" beendet. Nun sollte in der Gruppe diskutiert werden, wer daran „Schuld" hatte. Ich denke, dass dies die ganze Verantwortungslosigkeit und Unreife dieser Jugendlichen im zwischenmenschlichen partnerschaftlichen Bereich deutlich macht. Ich lehnte es natürlich energisch ab, mich an so einem Gruppengespräch zu beteiligen und machte die Jugendlichen darauf aufmerksam, dass es Sache der beiden jungen Menschen sei, die es anginge, darüber zu reden – unter vier Augen!

In der Jugendclique in S., bei der auch einzelne Jugendliche, die noch die Schule besuchten, manchmal an den Gesprächen teilnahmen, war die Luft vom Zigarettenqualm verpestet. Die älteren Jugendlichen waren in ihrer Rauchsucht bereits so gefangen, dass ich wohl mit meinen Ratschlägen nichts mehr für sie tun konnte. Meine jungen Schüler rauchten selbstverständlich in meiner Gegenwart nicht, wurden auch – so vermute ich – von niemandem zum Rauchen absichtlich verführt, aber bei den Vorbildern in dieser Clique war der Weg in diese Sucht sehr zu befürchten. Immerhin einigten wir uns darauf, dass schließlich nur außerhalb des Clubraumes geraucht werden sollte.

Unsere Treffs verliefen im Allgemeinen so: Der Beginn der Gespräche gehörte mir, das heißt, mit mir sollten die „tieferen" Themen besprochen werden. Interesse über Gott und die Welt – im wörtlichen Sinne – war durchaus da für einige Zeit des Nachmittags. Später, wenn man Spaß und Musik haben wollte, verließ ich die Gruppe. Es hätte wirklich keinen Sinn gehabt, wenn ich dann noch dageblieben wäre – es hätte nur gestört. Als Leiterin für diese Gruppe mit teilweise jungen Erwachsenen war ich nicht erwünscht, das war klar. Man wollte überhaupt keinen Leiter. Doch entdeckte ich auch hier bald, dass einer der Jugendlichen tonangebend war: Der Älteste, Volker, eigentlich ein freundlicher und sympathischer junger Mann, vereitelte leider das, was ich in dieser Gruppe so gerne vermittelt hätte, weil er das Gespräch meistens an sich riss und sich meinen Plänen, die Jugendlichen auch der Kirche ein wenig näher zu bringen, entgegen stellte. Er sah darin keinen Wert – warum sollten es die anderen? Trotzdem, eine Zeit lang hatte ich auch hier die Gelegenheit, meinen *Punkt* zu setzen.

Zwischenzeitlich lang gelang es wirklich, die anderen Teilnehmer der Gruppe für Kirchenbesuche zu interessieren. Vor den eigentlichen Treffs im Clubraum versammelten sich die Teilnehmer der Jugendgruppe, die dieser besonderen Einladung folgen wollten, vor der Kirche. Dort wurde absolute Stille vereinbart. Jeder suchte sich eine Bank und zündete sich eine Kerze an. Ich las einen Bibeltext, der mir auf den ersten Blick leicht verständlich erschien, vor. Eine kurze Stille schloss sich an. Mein Ziel war es, Bibelmeditation und persönliches Beten, einigen Jugendlichen dieser Clique durchaus vertraut, zu verbinden, Hinweis dann auf die besondere Gegenwart Gottes im Tabernakel. So hätte ich auch schon einen kleinen Schritt für das Verständnis der heiligen Messe getan.

Einige Meditationen dieser Art schienen ein voller Erfolg zu sein. Die Jugendlichen zeigten wirkliches Interesse und Andacht. So sehr kämpfte ich dafür, dass wenigstens einige aus dieser Clique die Kirche als Zufluchtsort bleibend entdeckten. Das wäre auch möglich gewesen, wenn sich nicht – wie so oft – Gegenkräfte eingeschlichen hätten.

Ich wage sogar zu behaupten: solche kurzen Stille-/Gebetsmeditationen vor dem Allerheiligsten, einzeln oder zusammen mit einer vertrauten Gruppe, mehrfach die Woche, den Blick gerichtet auf Jesus im heiligen Altarssakrament, Jesus, der dort gegenwärtig ist, wirklich, wahrhaftig, leibhaftig unter den Zeichen von Brot und Wein, vorher vielleicht noch ein kurzer anschaulicher Bibeltext, der ihn zeichnet – ich bin sicher: Der Weg zur Eucharistie würde sich den Jugendlichen erschließen, auch suchenden Erwachsenen, mehr und mehr!

Volker, der mir der eigentliche Leiter dieser Gruppe zu sein schien, sprach sich aber wiederholt gegen diese Kirchentreffs aus, an denen er nicht teilnehmen wollte, und hatte er sich in gewisser Weise selbst ausgeschlossen, an dem sich die anderen Gruppenmitglieder gern beteiligten. Er hatte seine Entscheidung, so schien es mir, an diesem Punkt seines Lebens, absolut getroffen, und die hieß: Kein Kirchgang! Er erwartete von den Gesprächen mit mir Hilfe für sein Leben. Das war ja eigentlich ganz in meinem Sinne, für mich aber verbunden mit der Möglichkeit, den Jugendlichen in der Kirche in einer ihnen gemäßen Form diese Hilfe auch durch Gott, den allerbesten Freund, der da ist, auch wenn Menschen nicht helfen können, aufzuzeigen. In den Problemgesprächen sollten auch alle gehört werden. Volker aber redete, wann es ihm passte. Die anderen konnten mit ihm in ihrer Ausdrucksweise nicht Schritt halten und schwiegen meistens, wenn er das Wort wünschte. Da er sich immer stärker gegen die Kirchenbesuche aussprach – es gefiel ihm augenscheinlich nicht, dass wir uns vor den gemeinsamen Stunden ohne ihn in der Kirche trafen und dass die anderen, die ihm in ihrer Ausdrucksweise doch unterlegen waren, eine andere Entscheidung getroffen hatten als er – unterblieben die Kirchenbesuche bald ganz.

Ach, fänden sich unter meinen Lesern doch Menschen, die das damals begonnene Werk weiterführen könnten! Ein wertvoller *Keim* hatte sich damals entwickelt und es ist normal, dass gerade dann sich Gegenkräfte regen, lieber Leser, – das habe ich auf meinem missionarischen Weg immer wieder erfahren. Vielleicht aber habe ich damals meine Chance nicht wahrgenommen, die darin bestand, dass ich doch eigentlich zu Volker ein ausgezeichnetes Sympathie-Verhältnis hatte. Ich hätte darauf, auf sein Gerechtigkeitsgefühl und seine Reife bauend, ihm in einem Einzelgespräch die Situation, wie ich sie sah, deutlich zu machen versuchen sollen – natürlich ohne ihn zu kritisieren. Das wäre auch nicht berechtigt gewesen, denn er war sich der Umstände, wie ich sie sah, bestimmt nicht bewusst.

Sehnsucht – Sucht

Die Sehnsucht war bei den Freizeitgesprächen in der Gruppe in S. bei allen spürbar. War die Stille bei den wenigen Malen, wenn *es* gelang, erreicht, konnte ich ihre Faszination beobachten. Vordergründig aber war es eben viel verlockender, laute Musik einzuschalten – keine Meditationsmusik, die ich auch durchaus gerne verwendet hätte, oder der Rauchsucht zu frönen, wenn man ihr bereits verfallen war, und nicht zu kämpfen um das, was dem Leben ein wertvolles Fundament hätte geben können. Darum war es auch viel verlockender, Frau Myway nur ab und zu ein paar Sätze zu gestatten, hinein in die Gemütlichkeit des Clubraums, wenn man gerade „Bock darauf" hatte und sie auch wieder abzuschalten wie ein Radio.

Sind wir nicht auch in gewisser Weise ganz ähnlich, lieber Leser? So vieles wäre so gut für uns. Wir erkennen es irgendwie – und dies muss man selbst erkennen und entscheiden, irgendwie auch als junger Mensch – aber dann kommt der Hang zur Bequemlichkeit und man hebt die hohen Ziele für später auf, man hebt es für später auf, sich mit einem Angebot, das einem kostbar erscheint, wenn nötig, auch mit Mühe auseinanderzusetzen, dem Stern zu folgen.

Ich meine, Volker sah zu diesem Zeitpunkt seines Lebens keinen Wert im Kirchenbesuch und es war sein gutes Recht, dies in Freiheit zu entscheiden, aber vielleicht war er einfach zu jung, hatte nicht Einsicht genug, um tolerant zu sein gegenüber anderen Entscheidungen, die sich in der Gruppe angebahnt hatten: Lieber Volker, liebe junge Menschen von S., auch euch habe ich aus den Augen verloren, möge Gott aus meinem geringen Bemühen doch etwas Gutes für euch werden lassen! Gottes Segen!

Zum Thema Sucht

Informativ waren für mich damals die Bücher von Kriminalhauptkommissar Jörg Schmitt-Kilian, der lange Jahre das Abgleiten von vielen Jugendlichen in den Drogenkonsum beobachtete: Er hat erschütternde Lebensberichte aufgezeichnet, aber das soll nicht Thema dieses Buches sein. Ich setze mich hier mit der ganz gewöhnlichen „Alltagssucht" auseinander. Die Jugend hatte schon immer ihre eigene Ausdrucksform, rebelliert, unverständlich für viele Ältere, aber die Suchtorientierung zahlloser Jugendlicher, die ich am Beispiel von Anton und Tommy aufzeichnen möchte. Sie wird meiner Ansicht nach zu Krankheit und Tod, zu vorzeitigem Kräfteverlust führen, das ist die Tragik.

Anton, mein AG-Schüler, der die Jugendtreffs in B. in der angeführten Weise beschrieb, war schon mit vierzehn Jahren seit langer Zeit gewohnt, täglich mindestens eine Schachtel Zigaretten zu rauchen. Sein Weg zur Sucht war typisch: im Kindesalter mal eine Zigarette aus Spaß probiert, in der Jugendclique machte er sich dann das Rauchen zur Gewohnheit, zunächst um nicht *out* zu sein. Irgendwann rauchte er mit, noch nicht einmal, weil ihn jemand dazu gezwungen oder ihn eigentlich absichtlich verführt hätte, sondern weil dies dem Gemeinschaftsgefühl, der „Abenteuerlust" seiner Clique entsprach.

Ich erinnere mich an die „Raucher-AG", an der Anton teilnahm. Ein anderer Schüler war eingetreten, weil er sich auf der Klassenfahrt, innerhalb weniger Tage, das Rauchen angewöhnt hatte und ähnlich wie die anderen Teilnehmer dieser Gruppe, von mir Hilfe erwartete, freizukommen. Trotz meines Bemühens gelang dies Anton nicht. Auch im Erwachsenenalter muss er weiterhin mit dieser Sucht leben, wie er mir vor einiger Zeit, als ich ihn als jungen Familienvater wiedertraf, erzählte.

In der „Raucher-AG" wurde die unbezwingbare Gier nach der Zigarette thematisiert. Ich versuchte die Willenskraft der Jugendlichen zu stärken, indem ich sie auf Hunger und Elend in der Welt hinwies. Für jeden Tag, an dem sie es schafften, nicht zu rauchen, wollte ich zwei Mark pro Person zurücklegen. Das so ersparte Geld wollten wir gemeinsam am Ende der Fastenzeit auf der Bank einzahlen für die Hungernden. Zwei AG-Teilnehmer hielten angeblich durch. Ich nähme es ihnen nicht übel, wenn sie gelogen hätten.

Ich glaube, Anton schaffte es tatsächlich eine Zeit lang, nicht zu rauchen. Einige Zeit kämpfte er tapfer gegen die Sucht an. Unvergesslich, der Jugendkreuzweg zur Fastenzeit, den Antons Gemeinde veranstaltet hatte, und an dem ich auch teilnahm. Auf diesem Jugendkreuzweg verführte ein anderer junger Raucher, der Zigaretten mitgenommen hatte, Anton wieder zum Rauchen, ganz bewusst. Ich kannte diesen jungen Menschen und erfuhr später von seinen besonderen privaten Problemen. Ich bin ganz sicher: Er verführte den anderen aus Verzweiflung über sich selbst. Ich konnte nur mit großer Bestürzung, ohne helfen zu können, zusehen, wie Anton sich plötzlich eine Zigarette nach der anderen anzündete, wie ein Ertrinkender. Wie die Gier eines Ertrinkenden nach Luft – so sehr hatte die Sucht Besitz von ihm ergriffen. Es regnete auf diesem Jugendkreuzweg in Strömen. Anton tat mir unendlich leid. Alles, was ich in diesem Augenblick für ihn tun konnte, war es, meinen Schirm über diesen jungen Menschen zu halten, auch symbolisch.

Später, als Anton verheiratet war, lud er mich zur Taufe seines ersten Kindes ein. Ich schenkte ihm ein Kreuz: Jesus fällt das dritte Mal unter dem Kreuz, 9. Station, Kreuzweg. Auch ein suchtkranker Mensch hat seinen besonderen Kreuzweg und wird – besondere Tragik! – anderen so oft selbst zum bitteren Kreuz, das manchmal nicht mehr tragbar erscheint. Wer ist ganz frei von Süchten?

„Die Versuchung zur Unwirklichkeit ist die größte Versuchung, die es gibt"

(Sigrid Undset)

Immer suchen wir für die tiefste Sehnsucht im Herzen ungute Ventile, so scheint es mir, lieber Leser! Anton raucht heute mindestens zwei Päckchen Zigaretten pro Tag, wie er sagt. Liebe Eltern ...

Erinnerung an Tommy

In einer meiner Arbeitsgemeinschaften ergab sich eines Tages für mich ein Gespräch mit Tommy, unter vier Augen. Zu meinem Entsetzen gestand mir dieser höchstens Vierzehnjährige, dass er mehrfach in der Woche Alkohol zu trinken gewohnt sei. Er vertrage aber viel, sei auch nicht „blau" nach dem Alkoholkonsum. Natürlich könne er den Alkohol jederzeit weglassen, war die stereotype Meinung dieses jungen Menschen mit Alkoholproblemen, der schon die Vorstufe zum Trinker erreicht hatte. „Mach' die Probe", bat ich ihn dringend. Eine trinkfreie Woche sollte mit Erdbeerkuchen, seiner Lieblingstorte, belohnt werden. Angeblich hatte er diesen auch immer verdient, wenn wir uns zu Einzelgesprächen in der Dorfkirche trafen. Vielleicht gelang es wirklich, dass ich ihn eine Zeit lang vor dem Alkoholmissbrauch retten konnte. Andere AG-Schüler erzählten mir von irgendwelchen Schülern von anderen Schulen, deren Namen sie nicht nennen wollten. Ich fürchte, manche meinten sich selbst. „Sie reden von Gott. Ihr Gott ist eben der Alkohol", sagte einmal eine Schülerin, und so ist es oft auch, allerdings nicht ihr Gott, sondern ihr Götze, der sie zerstört, der Götze, der nicht Liebe bringt, sondern Krankheit und Tod.

Wenige Jahre, nachdem Tommy die Schule verlassen hatte, besuchte er mich einmal während eines Unterrichtsmorgens. Bei dem Gespräch konstatierte ich seine Alkoholfahne, wenn er sich in seinem Verhalten auch durchaus unter Kontrolle hatte und auch seine Worte nichts von dem Alkoholkonsum am Morgen verrieten. Ich ließ mir von meiner Beobachtung nichts anmerken. Es hätte keinen Sinn gehabt. Im Kampf gegen die Sucht hatte ich auch auf dem Lebensweg dieses jungen Menschen versucht, einen *Punkt* zu setzen, mehr war nicht möglich. Tommy geht seinen Weg weiter, unterwegs mit dem barmherzigen Gott.

Unsere Jugend in der neuen Gefährdung der Sucht ... Was mir dazu einfällt? Hilfe! Hilfe! Hilfe! Liebe Eltern, helft euren Kindern, bevor es zu spät ist! Soviel Liebe, soviel ehrliches Bemühen um ihre Kinder habe ich immer wieder bei Eltern beobachten können. In der Grundschule – nach meiner Hauptschulzeit – ergab sich für mich als Klassenlehrerin, die auch Deutsch und Mathematik unterrichtete, die Möglichkeit zu stundenlangen Einzelgesprächen mit vielen Eltern, deren ehrliches Bemühen und die Sorge um ihre Kinder mich beeindruckten. Ist es aber immer so, dass Eltern ihren Kindern die Zeit geben, die sie brauchen? Wenn das Kind Geborgenheit gewonnen hat in der Elternliebe, wird es im Kindesalter die Warnungen der Eltern vor der Sucht umso eher beherzigen, denke ich, und diese Warnungen sollten möglichst früh ausgesprochen werden. Die Eltern als Gesprächspartner für das Kind, denen es sich jederzeit anzuvertrauen wagt, mit allem. Aber auch dann kann *es* schief gehen. Eine Garantie, dass das Kind verschont bleibt von gefährlichen Süchten gibt es letztlich nicht.

Das Gleichnis vom verlorenen Sohn, lieber Leser, wenn du das wirklich noch nicht kennst, lies diese Beispielerzählung des NT (Lk 15,11-32) bitte unbedingt durch! Gott – das Urbild eines liebenden Vaters! Dem Kind die Tür offen halten, voll Liebe, was immer geschieht. Aber ich denke, auch das war den meisten Eltern, die mir begegnet sind, selbstverständlich, auch wenn sich für Eltern und Erzieher immer neue Schwierigkeiten ergeben, den Jugendlichen in seinen Ausdrucksformen zu verstehen. Die Liebe im Herzen aber wird das Kind immer fühlen. Was also könnte fehlen? Lieber Vater, liebe Mutter, es fehlte so oft die wirklich religiöse Erziehung, die dem Kind diese Heimat in Gott aufgezeigt hätte. Alle anderen Heimaten sind nie sicher, stehen auf tönernen Füßen. Die liebsten Menschen kann man jederzeit verlieren. Von Herzen hoffe ich, dass dieses Buch den Eltern ein wenig deutlich macht, auch an meiner eigenen Lebensgeschichte, wie unsagbar wichtig diese Heimat für dein Kind ist. Oft habe ich gedacht: So viel tun diese Eltern für ihr Kind, sie würden ihm wohl ihr Leben geben, wenn dies gefordert wäre – was aber tun sie dafür, dass es wirkliche Heimat gewinnt im Glauben, eine Heimat, die niemand nehmen kann? Sag nicht: „Eine solche Heimat habe auch ich nicht. Ich habe sie selbst nicht gefunden."

„In dir muss brennen, was du an anderen entzünden willst."

(Augustinus)

Machen wir uns gemeinsam auf den Weg, immer wieder neu, auch für unsere Kinder!

Möge die Kraft Gottes

Möge die Kraft Gottes uns führen.
Möge die Macht Gottes uns behüten.
Möge die Weisheit Gottes uns lehren.
Möge die Hand Gottes uns beschützen.
Möge der Weg Gottes uns lenken.
Möge der Schild Gottes uns verteidigen.
Möge das Heer Gottes uns bewahren vor den
Schlingen des Bösen und den Versuchungen der
Welt.
Möge Christus mit uns sein, Christus sei über
uns, Christus in uns, Christus vor uns.
Mögest du, o Gott, uns immer retten, an diesem
Tag und für alle Zeit.

(Ein Segen des hl. Patrick)

Ich fand ihn im diesjährigen Weihnachtspfarrbrief. Übrigens – liest du Pfarrbriefe aufmerksam durch? Damit könnte alles anfangen ...

Paul

Paul lernte ich vor etwa zwanzig Jahren als Schüler des zehnten Schuljahrs kennen. Auch er ist eine Schülergestalt, die mir irgendwie in ganz besonderer Erinnerung geblieben ist. Bernhard und Paul, zwei junge Menschen, die in ihrer Weltanschauung auf dieser Altersstufe scheinbar nicht gegensätzlicher hätten sein können, und doch hatten beide eines gemeinsam: Jeder erkannte die ungeheure Möglichkeit, die der Glaube an Gott für das menschliche Leben bedeuten kann – doch der eine sah für sich nur den Weg zum Atheismus, der andere fühlte sich gerufen zu absoluter Lebensdeutung aus dem Glauben.

Bernhard habe ich auf meinem Lebensweg zu meiner Freude – und wie viel Freude machte mir dieser junge Mensch auf seinem persönlichen Glaubensweg immer wieder – noch nicht aus den Augen verloren wie Paul ...

In meinen 30er Jahren unterrichtete ich drei Klassen des zehnten Schuljahres im Fach Religion. Darunter fanden sich einige besonders intelligente und lernwillige Schüler. Paul war, soweit ich mich erinnere, im ersten zehnten Schuljahr, das mir in diesem Fach anvertraut wurde, und das ich gerade in der Karnevalszeit übernahm. Ich eröffnete meinen Unterricht mit einer schockartigen Frage – als Herausforderung. Alles, nur keine Langeweile aufkommen lassen:

Was bringt mehr – sechs Stunden vor dem Tabernakel oder sechs Stunden Highlife?"

– Stille. Das Ganze war natürlich nur ein Aufhänger für ein Klassengespräch über Religion, Gott und Glauben als Einstieg in meinen Religionsunterricht. Kein Religionslehrer hätte im Ernst vermutet, dass irgendein 15- bis 16jähriger dieser Klasse in den Karnevalstagen sechs Stunden vor dem Allerheiligsten in einer Kirche säße oder kniete. Paul aber sagte in etwa: „Meine Antwort: Sechs Stunden vor dem Tabernakel brächten mir mehr – wenn ich an Gott glauben könnte. „So stellte er sich mir vor in seiner Lebenseinstellung, und so blieb er. Interessiert an all meinen Themen, mustergültig in Verhalten und Mitarbeit, aus diesem Interesse heraus und auch auf Grund seiner Reife, die mich an die eines Erwachsenen erinnerte.

Er war vor kurzer Zeit vom Gymnasium zurückgekommen. Nicht mangelnde Intelligenz oder Leistungsvermögen, sondern private Probleme waren die Ursache dafür, soweit ich davon hörte im Kollegium. Ich forschte auch nicht weiter nach, aber dieser junge Mann schien Leid erlebt zu haben, Kämpfe, die ein weiteres Lernen an der anderen Schule unmöglich machten. Auffälliges Verhalten, Streiche, Albernheiten, die dieser Altersstufe durchaus entsprechen – das war nicht seine Art! Allerdings, einen stärkeren Kontrahenten gegen die Lebenseinstellung, die ich vermittelte, hätte ich mir nicht vorstellen können. In mustergültigem Verhalten, in tadelloser äußerer Form versuchte er mir von seinem Standpunkt aus klar zu machen, dass der Atheismus die einzige vernünftige, realistische Deutung der Wirklichkeit sei, und dass ich das Leben nicht richtig sähe.

So verliefen alle Stunden. Von seinem Standpunkt aus begegnete er allen Fragen und Themen des Unterrichts. In gewisser Weise forderte er mich so immer wieder heraus und gab dem Unterricht damit besondere Triebkraft, so dass es wirklich nie langweilig wurde. Die Klasse entschied sich bei Glaubensgesprächen, in denen sich gerade Paul aktiv zeigte, weder für meine, noch für seine Position, kam aber ganz gewiss immer wieder ins Nachdenken. Paul trat schließlich, zusammen mit der Klassensprecherin, die viel gemäßigter in ihren Ansichten war, in die Religions-AG ein, um, wie er sagte, „mich vom Glauben abzubringen." – „Wenn Sie dort oben ankommen, sagen Sie: ‚Oh! Hier ist ja gar nichts!'", versetzte er einmal spöttisch. Viele Diskussionen ergaben sich für mich in dieser AG mit den beiden jungen Menschen. Aber, wie das meistens so ist bei Diskussionsgesprächen über den Glauben, änderte niemand seinen Standpunkt, und am Ende des Jahres war die Partie unentschieden.

Irgendwann einmal – war es an meinem Namenstag? – fand ich eine Kerze in meinem Lehrerbriefkasten. „Die hat Paul heute morgen für Sie hier abgegeben", verriet mir eine Kollegin. Ich freute mich riesig über dieses Geschenk, für mich eines der stärksten Glaubenssymbole, das Paul für mich ausgesucht hatte, und eines, das, wenn ich es recht bedenke, Menschen aller Religionen und Überzeugungen verbinden könnte.

Ob Paul als Kind nie gebetet habe, fragte ich ihn einmal. Und hier gab er die typische Antwort von vielen, die im Jugendalter den Kinderglauben verlieren: „Als Kind schon! Aber als dann mit dem Nachdenken die Zweifel kamen, habe ich selbstverständlich damit aufgehört."

Und das ist der Punkt, lieber Leser! Im Jugendalter kommen viele Fragen, bezüglich des Kinderglaubens, wenn man den, immerhin, hat – das ist ganz normal. Man soll den Glaubensfragen sogar nachgehen, denke ich. Ich habe das früher auch getan, lange, bevor ich die Schwester traf, im Alter von Paul schon. Aber wie traurig, wenn man dann aufhört zu beten. Es wäre so, als ob man mit einem Freund auf einen Verdacht hin plötzlich nicht mehr redet, ihm die Freundschaft kündigt.

Paul war sehr sensibel. Wie ich später erfuhr, züchtete er in einem Terrarium Spinnen, weil, wie er meinte, diese „teilweise wunderschönen Tiere", die die unterschiedlichsten Lebensformen hätten, zu Unrecht von Menschen verachtet würden. Mit seiner Zucht wollte er ein Zeichen setzen dagegen. Als ich einmal in Pauls Gegenwart eine Spinne zertrat, weil mich das Insekt störte, brach er in bittere Tränen aus. „Wie können Sie das nur tun?", sagte er erschüttert. Einen solchen Gefühlsausbruch zu diesem scheinbar unbedeutenden Anlass hätte ich dem so erwachsen und kühl-intellektuell wirkenden jungen Menschen nicht zugetraut. Nach meiner Überzeugung steht das Tier im Dienste des Menschen, und bei aller Bewunderung für Gottes Schöpfung darf er es töten, wenn der Nahrungsgewinn es erfordert, oder zum Beispiel ein Insekt, wenn es ihn belästigt. Dass dies in bestmöglicher

Schmerzlosigkeit geschieht, dass der Mensch in dem Bemühen seinen Verstand einsetzt, dem Tier beim Sterben viel weniger Schmerz zuzufügen, als wenn es durch natürliche Umstände zu Tode käme, ist allerdings unbedingt gefordert. Nachdem ich Paul meine Einstellung deutlich zu machen versucht hatte, entzog er mir sein Vertrauen sogar auch nach dieser Szene nicht. Selbstverständlich hätte ich mich in Pauls Gegenwart nicht so verhalten, wenn ich um seine Empfindlichkeit in diesem Punkt gewusst hätte.

Paul war und blieb ein ausgezeichneter Schüler im Fach Religion, dem ich auf dem Zeugnis die Note „sehr gut" aus klarer Überzeugung geben konnte, trotz seiner atheistischen Lebensdeutung. Später, als er die Schule verlassen hatte, begegnete er mir noch zweimal, *zufällig*. Wie es ihm gehe, fragte ich ihn. „Wie soll es mir gehen – bei meiner Einstellung?", antwortete er, ein wenig spöttisch, aber doch ernst. Dieser junge Mann empfand – so hatte ich es immer gesehen – mehr als mancher scheinbar Gläubige, wie sinnlos das menschliche Leben letztlich ist, wenn mit dem Tod alles zu Ende wäre. Paul erspürte diese Aussicht als große Einsamkeit. Er konnte aber, zu diesem Zeitpunkt seines Lebens, nichts an dieser Lebensdeutung ändern. Diese Trauer hatte ich immer gefühlt hinter seiner kritischen Sprache, und deshalb hat er meine ganz besondere Sympathie, auch heute noch in der Erinnerung. Irgendwann nach seiner Schulentlassung begegnete ich ihm noch ein letztes Mal irgendwo in der Stadt. Ich fuhr ihn dann über die Autobahn nach Hause. „Das Leben ist eine Straße", sagte ich zu ihm, und das war eigentlich das Abschiedswort, in dem ich unsere Begegnung in diesem Leben zusammenfasste.

„Gekommen ist die Stunde deiner Liebe"

– Irgendwann wird auch Paul seinen *Stern* klar aufleuchten sehen. Wenn ich später einmal hörte, dass er Pater geworden ist, ich wäre nicht im Geringsten überrascht.

„Als ich erkannte, dass es Gott gibt, begriff ich, dass ich nicht mehr anders konnte, als nur noch für ihn zu leben"
(Charles de Foucault, der mitten auf seinem Weg als „Lebemann" vom Glauben überwältigt wurde.)

Alles oder nichts! Dieser Heilige muss von Pauls Art gewesen sein.

Mich selber wundert es immer wieder, dass auch sehr intelligente Menschen diesem irdischen Leben alle Bedeutung geben, oft ohne Bezug zur Ewigkeit. Beweisbarer aber als die Tatsache der schnellen Vergänglichkeit von allem hier auf Erden ist nichts und unvorstellbar lang die Ewigkeit. Wenn also hier, wie der christliche Glaube es bezeugt, jede Minute unseres irdischen Lebens in Bezug steht zu der ganzen Ewigkeit, hier also die Weichen gestellt werden, ist der oft gehörte Satz für mich nicht nachvollziehbar: „Was soll ich mich hier um die Ewigkeit kümmern? In der Todesstunde werde ich ja sehen, was kommt!" Wenn es aber nicht so ist, lieber Atheist? Wenn es so wäre wie in jener Erzählung vom

Berg aus Granit

„In Pommern gibt es einen Berg aus Granit, der reicht bis zum Himmel. Zu diesem Berg kommt alle 100 Jahre ein winziges Vöglein und wetzt sein Schnäblein daran. Wenn es den ganzen Berg abgewetzt hat, ist erst eine einzige Sekunde der Ewigkeit vorbei"

Bernhard. Der *Stern* führt weiter

Manchmal hat eine Mutter an einem Kind besonders viel Freude – für mich ist das als Religionslehrerin unter all meinen Schülern Bernhard, der sich inzwischen für den Priesterberuf entschieden hat – Bernhard, Björn, der auch das Vorwort für dieses Buch schreibt. Wie lernte ich ihn kennen? Noch bevor ich ihn als Schulkind eines fünften. Schuljahres persönlich traf, erzählten mir seine Mitschüler über ihn: „Der ist fromm! Da werden Sie staunen! Der betet ganz viel – und fromme Bücher hat er auch!" Bald lernte ich Bernhard näher kennen. Im Rahmen der Religions-AG unternahmen wir damals öfters Kirchenfahrten – auch Bernhard hatte ich dazu eingeladen. An diesem Nachmittag war er mein einziger Gast.

Wir begannen unsere Reise in der Dorfkirche, wo er sich am Schriftenstand ein Bild aussuchen durfte als mein Geschenk und Erinnerung an den Nachmittag: „Jesus wäscht seinen Freunden die Füße". Bernhard konnte sich später auch noch als junger Erwachsener an dieses Bild erinnern. Es sollte in besonderer Weise bedeutsam für ihn werden. Da ich die AG-Schüler und sicher auch diesen kleinen Jungen geistig nicht überfordern wollte, wurden nicht nur Bilder ausgesucht, sondern manches Mal fand auch ein Besuch in einer Eisdiele statt, und auch Bernhard durfte sich unterwegs so stärken. Ich erinnere mich, dass wir im weiteren Verlauf dieses Ausflugs noch eine Kirche besuchten und Jesus dort begrüßten. Ich denke, wir taten dies mit einer Kniebeuge vor dem Tabernakel. Bernhard schien es sehr zu gefallen und ich hatte den Eindruck, dass diese Gestaltung des Nachmittags sehr in seinem Sinne verlief. Später machte er mir als junger Mann das unvergleichliche Geschenk, mir zu sagen, dass ihn diese Fahrt damals tief beeindruckt und nachhaltig auf ihn gewirkt hätte.

In diesem jungen Menschen hat sich auf wunderbare Weise sichtbar erfüllt, was ich bei allen Schülern, die ich unterrichten durfte, so sehr hoffe: ein positiver *Punkt*, Hilfe für den Glaubensweg in ihrem Leben gewesen zu sein. Bei diesem Schüler allerdings wurden all meine Erwartungen übertroffen, auf dieser Erde schon.

Bernhard unterrichtete ich auch in späteren Jahren im Fach Religion, während dessen er in einer disziplinschwierigen großen Klasse mehr im Hintergrund blieb, mir gegenüber nicht ohne Kritik, wie es dieser Altersstufe entspricht. In der Religions-AG, an dieser Schule meine allerletzte Religions-AG, die er als Schüler des neunten oder zehnten Schuljahres besuchte, hielt er sich ebenfalls sehr zurück neben den drei 15jährigen Nichtkirchgängern, die diese AG besuchten. Diese Schüler hatten meinen Unterricht immer wieder auf erhebliche Weise gestört. Umso rührender, dass sie sich in dieser meiner letzten Religions-AG, in der wir uns näher kennen lernten, mustergültig verhielten. Diese Schüler hatten vielleicht – so schien es mir – von dem, was ich ihnen vermitteln wollte, doch etwas verinnerlicht, andererseits erkannten sie, wie außerordentlich erschöpft ich war nach der sechsten Stunde in diesem letzten Jahr Hauptschuldienst. Jede noch so geringe Störaktion hätte mir einen Nachmittagsunterricht unmöglich gemacht, aber so weit ließen es diese lieben jungen Leute nicht kommen. Wie viel Feingefühl hat mancher sich „unmöglich" gebärdende Jugendliche, wenn es gelingt, ihm begreiflich zu machen, dass man es gut mit ihm meint! Eine solche Möglichkeit war in den kleinen Gesprächsgruppen immer gegeben. Da jeder ständig angesprochen wurde, gab es in der AG keine Störaktionen und der Umgangston war ausgesucht höflich und freundlich. In manchen Klassen kam es im Religionsunterricht, den ich meist als einziges Fach – bis auf den Anfangsunterricht in einer eigenen Klasse zu Beginn meiner Hauptschulzeit – unterrichtete, immer wieder zu erheblichen Störaktionen und so war ein solcher Gesprächston in großen Klassen für mich oft unmöglich.

Bernhard also war längst *gefangen* von Jesus selbst, das war mir klar. Irgendwann machte er die Bemerkung, dass es für ihn nur diese eine Hoffnung einer Lebensdeutung aus dem Glauben heraus gäbe. Er meinte das nicht depressiv, sondern in diesem Sinne: Dies ist für mich die Hoffnung aller Hoffnungen, nichts lässt sich mit dieser vergleichen: Jesus Christus. Manche Schülerbemerkungen vergesse ich nie – und das ist so eine. Bernhard nahm in seinem Heimatort B. regen Anteil am kirchlichen Leben und gestaltete auch die Jugendgottesdienste mit. Ich wusste ihn damals schon auf dem Weg der allergrößten Freude. Was das für mich bedeutet, werde ich dir, lieber Leser, in einem anderen Kapitel noch in besonderer Weise deutlich zu machen versuchen.

Ab und zu fand ich in meinem Lehrerbriefkasten wunderbare Texte, die Bernhard für mich ausgesucht hatte für meinen Unterricht, wunderbare Worte des Glaubens. Ach, diese vermitteln zu können, lieber Bernhard – schön wäre es, dachte ich manches Mal, wenn ich solche Schriften nach durchkämpften Stunden in meinem Fach vorfand. Was ich selbst in der Mitte meines letzten Hauptschuljahres noch nicht wusste: Meine Zeit dort ging langsam zu Ende. Ich würde gehen, jedoch nicht, weil meine Kraft zu Ende war. Ich würde bald gehen und meine Aufgabe an die Kollegen abgeben. Als sich am Ende des Schuljahres die Schwierigkeiten wieder einmal auftürmten, verließ ich die Schule letztlich nicht deshalb. Hatte ich nicht zu Anfang meines Dienstes vor 17 Jahren mit Gottes Kraft den *Dunklen Tunnel* schließlich fröhlich und bei bester Gesundheit überlebt, dabei noch schwierigste Unterrichtsstunden immer wieder gemeistert? Ich denke, dass nach 17 Jahren die Zeit gekommen war, die Aufgabe an andere weiterzugeben, vielleicht an Klassenlehrer, die verschiedene Fächer in einer Klasse unterrichteten und so einen Vorsprung darin hatten, auch im Fach Religion, von allen Schülern sofort akzeptiert zu werden. Kein Mensch ist unersetzlich und so gab ich auch meine Sorge um die religiöse Erziehung der Kinder ganz einfach ab, irgendwie einer spontanen Eingebung folgend.

Ich habe meine Entscheidung – allerdings erst nach 17 Jahren zum ersten Mal und auf keinen Fall früher! – einen Versetzungsantrag zu stellen, nie bereut. Ich denke nachträglich, dass mit etwa 46 Jahren die Zeit dazu gekommen war, dass meine Aufgabe im Reiche Gottes auf andere Weise weiterging. Die meine hat sicher mit Glaubensverkündigung mit und ohne Worte weiterhin zu tun. Auch ein neuer Einblick in den Grundschulunterricht ist für mich sehr wichtig gewesen, wie ich es auch schon in diesem Buch deutlich zu machen versuchte. Es ist auch notwendig, einmal Abstand zu gewinnen von meiner Arbeit an der Hauptschule und alles neu zu überdenken. Glaubensverkündigung, wie sie mir die Schwester damals vorlebte, wäre mein Traum. Wenn bei mir der Weg des Wortes vielleicht auch viel mehr als bei ihr im Vordergrund stehen soll, ist er nicht zu trennen von dem, was man in seinem Sein als Christ täglich neu anstreben muss und damit eng verbunden mit der Bitte um Gottes Hilfe.

„Es gibt auf der Welt keinen Schatten von Güte, der Gottes Liebe nicht als erste Quelle hätte."
(Thomas von Aquin)

Zum Abschied von der Schule fand ich einen Brief von Bernhard in meinem Lehrerbriefkasten, seitenlang, in dem er unter anderem schrieb: „Wer wird Ihre Arbeit an dieser Schule jetzt tun?" – Die Antwort habe ich eben gegeben. Bernhard hatte seinem Brief ein Kreuz mit einem Bild darauf beigefügt: Jesus und die Emmausjünger, das Kreuz, das auf die Auferstehung hinweist! Mit so vielen Menschen war ich an dieser Schule unterwegs gewesen – als Religionslehrerin mit Tausenden. Jesus in unserer Mitte, manches Mal blieb er unerkannt.

Bernhard – Gottes Gnade, die ich durch ihn empfing!

Ich schrieb ihm später einmal: „Ich weiß nicht, welche Berufung Du in Deinem Leben hast" – das musste er selber herausfinden – „aber diese sicher: ein Engel zu sein für mich unter den Schülern, ein Engel der Freude." Wie ich noch weiter ausführen werde – dies ist und bleibt er.

Die Kollegen machten mir zum Abschied eine große Freude. Sie schenkten mir ein Bild: Die Verklärung Jesu. Auf dem Bild sieht man die Gestalt Jesu als strahlende weiße Lichtgestalt. Um ihn herum ein Zeichen, ähnlich wie ein Stern. Die Verklärung Jesu. „Du bist das Licht der Welt" – wie oft hatte ich dieses Lied mit den Schülern gesungen und wie sehr hatte mich sein Inhalt begleitet all die Jahre! Ich erinnere mich auch noch besonders an einen wunderschönen Blumenstrauß, der mir zum Abschied überreicht wurde von den Eltern eines lieben AG-Schülers, und dann später auch vom Kollegium – verschiedenartige Blumen ... Therese von Lisieux hat uns Menschen einmal mit unterschiedlichen Blumen verglichen, jede mit ihrer ureigenen Berufung, jede von Gott größtmöglich geliebt. Danke! Das Bild von Jesus hängt nun über meiner Wohnzimmertür – wenn ich es recht bedenke, Sinnbild unserer gemeinsamen Berufung. Jesus ruft Sünder ... Religionsunterricht? „Aber er ruft doch nicht mich?"

Erinnerung

Vielleicht sollte ich gerade an dieser Stelle eine Begebenheit, ein besonderes Erlebnis mit meinen Kollegen erzählen, eine ganz besondere Erinnerung an sie. Den letzten Jahresausflug an dieser Schule machten wir nach Maria Laach. Wir wanderten um den wunderschönen See herum. Weniger schön war das Wetter! Als wir unseren Weg schon ein gutes Stück gegangen waren, kein Haus weit und breit, überraschte uns mitten im Laubwald unter den Bäumen ein starkes Gewitter. Nirgends ein Platz, um sich vor den Blitzen zu schützen, eine echte Gefahr! Ich flüchtete mich mit einer Kollegin unter einen Schirm, voller Angst. „Es ist wie im Krieg!", flüsterte ich ihr zu. Sie habe auch Angst, gab sie zurück. Die anderen Kollegen aber schritten scheinbar ruhig und lächelnd durch diese wirkliche Gefahr und ich schämte mich meiner Angst, konnte sie aber nicht unterdrücken. Das Verhalten meiner Kollegen fand ich einfach toll. Wie stark sie sich zeigten und wie schwach war ich!

Heute denke ich, dass Gott mir dieses Erlebnis geschenkt hat zum Schluss. Richtig, ich war letztlich vielleicht einer der ängstlichsten im Kollegium, von Natur aus leicht zu verunsichern, gar nicht selbstbewusst eigentlich. Am liebsten wäre ich an dieser Hauptschule nicht aufgefallen, schön im Hintergrund geblieben, am liebsten wollte ich ganz unauffällig meinen Dienst tun. Aber das steht fest: in den 17 Jahren Hauptschuldienst als Religionslehrerin in so vielen Klassen hatte ich immer wieder Mut, Kraft und Zuversicht gezeigt, war einen Weg gegangen, manches Mal, wie auf einem Seil, waghalsig und furchtlos in schwierigen Situationen, immer wieder, bei aller zeitweiligen Schwäche. Alle Kraft, aller Mut aber war Geschenk Gottes, der meinen Weg wie der stärkste, allerbeste Freund all die Jahre begleitet hatte und mir in meinem Leben manches Mal auch sichtbare Engel schickte, *große* und *kleine*.

Ein *Engel*, den ich hier nennen möchte, war für mich in den 17 Jahren an dieser Schule ganz sicher auch die Kollegin für evangelische Religion. Sie war ein tiefgläubiger Mensch, der meine Weltanschauung teilte. Zwar verbanden uns keine Freizeittreffen, dazu war unser Privatleben zu unterschiedlich, aber all die Jahre war sie mir eine liebe Vertraute, zu der ich jederzeit kommen durfte, die mich immer ermutigte, wenn ich wieder einmal wegen irgendetwas total verunsichert war. Danke, lieber Gott, für diese liebe, besondere Kollegin!

Zurück zu Bernhard: Nachdem ich die Schule gewechselt hatte – ich unterrichte jetzt wieder seit Jahren an der Grundschule – meldete er sich wieder schriftlich bei mir. Er sei jetzt im Ausland, in N. um seine Studien weiterzuführen, mitten in der Diaspora. Dass er seinen Glaubensweg in voller Intensität weiterging, war den Briefen zu entnehmen. Er äußerte tiefgründige Gedanken, jetzt die eines Erwachsenen. Es kam zu einem jahrelangen Briefwechsel. Seitdem Bernhard wieder in Deutschland ist, treffen wir uns in Zeitabständen zu langen Gesprächen über den Sinn des Lebens und wie der Lebensweg dementsprechend zu gestalten sei. Nachdem er lange Zeit mit viel Liebe seinen Dienst als Krankenpfleger für psychisch Kranke geleistet hatte, überraschte er mich eines Tages mit der Nachricht, dass er sich zum Priesterberuf entschlossen habe. Er wollte Pater werden. Eine ganz besondere Bemerkung von ihm möchte ich hier wiedergeben:

„Wenn ich auf dem Gang meiner Dienststelle auf das Kreuz sehe, bin ich außer mir vor Freude!"

Er sagte mir, dass er vor dem Dienst zwischen 5 und halb 6 Uhr aufstehe und ohne Frühstück in die heilige Messe nach K. zu den Ordensschwestern fahre. Ich fragte, ob das nicht ein Opfer für ihn sei. „Oh nein, *das* ist kein Opfer!", erklärte er strahlend.

Bernhard werde ich nun lange Zeit nicht sehen, denn er ist jetzt in einer Art Vorbereitungsschule für seine Priesterlaufbahn. Allein der Gedanke an diesen Schüler ist eine große Freude für mich. Eigene Kinder habe ich nicht, das war nicht mein Weg. Aber wie ich schon zu Anfang sagte, durch Bernhard kann ich etwas von der Freude einer Mutter nachempfinden über den guten Weg ihres Kindes.

Kapitel V:

Gott finden in den Kirchen

Schiff ahoi, wer ist noch an Bord? Religionsunterricht und religiöse Erziehung: Liebe Eltern ...

„So vieles geben Eltern ihren Kindern mit, aber das, was sie so nötig brauchen, Hilfe, dass sie Gott als Begleiter in ihrem Leben entdecken – das vernachlässigen sie oft." Diese Worte des Geistlichen, der am heutigen Tag die Sonntagsmesse feierte, sind mir nicht nur aus dem Herzen gesprochen, sondern ich möchte es so formulieren: es geht darum, *die* Heimat zu finden! Die Sehnsucht nach der Heimat aber hat jeder in seinem Herzen: Sie steht bereit, die einzige Heimat, die niemand nehmen kann, aber ...

„Heute ist der Tag des Herrn, da geh ich in die Kirche gern!"

Lieber Leser, wie stehst *du* zu diesem Wort? Ist es ein Satz für dich aus alter Zeit, nicht mehr nachvollziehbar, beiseite gelegt irgendwann nach der Erstkommunion, und vielleicht durch Kirchenkritik ersetzt?

Wie sehr habe ich mich dir vorgestellt in diesem Buch, dir aus meinem Herzen erzählt wie einem Freund, mein Inneres manchmal nach außen gewendet! Ich denke mir, wenn du all das, was ich schrieb, gelesen und mir diese Zeit geschenkt hast, wäre es schade, wenn du gerade jetzt nicht weiterliest: „Tut mir leid, Kirchgang kommt für mich nicht in Frage!"

„Ein Schiff, das im Hafen liegt, ist sicher. Aber dafür werden Schiffe nicht gebaut."

Gerade wenn es in deinem Leben so sein sollte, dass Kirchgang für dich kein Thema mehr ist, oder fast keines, möchte ich dich einladen, in diesem Buchabschnitt ganz besonders, diese Einstellung noch einmal sorgfältig zu überprüfen. Ich denke, jetzt könnte mein Buch erst richtig spannend werden für dich! Jetzt fängt das Abenteuer erst richtig an! Ohne Durststrecken wirst du die allergrößte Freude nicht gewinnen, nicht halten können auf dieser Erde. Darin werden mir alle recht geben, die diese Freude gefunden haben und ich bin mir dessen bewusst, dass es auch beim Lesen dieses Buches Durststrecken geben kann. Beim „Überlesen" wird es vielleicht unerträglich langweilig – dessen bin ich mir bewusst – interessant nur dann, wenn du meinen Brief an dich – das ganze Buch ist immer wieder irgendwie auch ein Brief – mit hineinnimmst in deine Existenz! Tu's, tu's doch gleich! Mache dich mit mir auf den Weg, heute, zu praktizieren, was ich verkünde! *Schiff ahoi* – Jugendgruppen in Gemeinden könnten ein Anfang sein, ein einzelner Mensch, der dem Glauben Zeit und Kraft einräumt, ganz neu, könnte ein großer Anfang sein – eine einzige Stunde des Nachdenkens weit reichende Früchte tragen!

Was hätte mit meinen Schülern nicht alles werden können, wenn ich die Eltern der Hauptschüler an meiner Seite gehabt hätte! Als Nur-zwei-Stunden-pro-Woche-Lehrerin in einem „unwichtigen Fach" wie Religion aber kannte ich diese meistens kaum. Beim Elternsprechtag an unserer Hauptschule wartete ich manchmal Stunden auf ein Gespräch, obwohl es für die Kinder um *Alles* ging, weiterhin um alles geht in der Frage der religiösen Erziehung.

An der Grundschule, wo ich nach meiner Hauptschulzeit unterrichtete, war das völlig anders, denn ich unterrichtete als Klassenlehrerin meistens Fächer wie Deutsch und Mathematik. Hier ergaben sich in den Elternsprechstunden für mich immer wieder stundenlange, interessante Gespräche. Gerade bei diesen Begegnungen gewann ich den Eindruck, dass die Eltern ihre Kinder sehr liebten, und alles für sie tun wollten.

Liebe Eltern – wirklich *alles?* Unendlich wichtig ist es, dass das Kind bestmöglich gefördert wird in allen Fächern, besonders in den Hauptfächern, wie Eltern oft meinen, – aber *Religion* den ersten Platz zubilligen, diesem Fach wirklich den ersten Stellenwert geben in der Skala der Unterrichtsfächer, wie auf unseren Zeugnissen immerhin noch immer zu lesen ist: Religion, das erste Fach, das benannt wird? An welcher Stelle steht es aber bei dem einzelnen wirklich? Das ist auch die Frage, die ich dir, lieber Vater, liebe Mutter, stellen möchte. Da ich in der Grundschule längst nicht in allen Klassen Religion unterrichtete, kam ich bei meinen langen Gesprächen mit den Eltern leider oft gar nicht auf dieses Thema zu sprechen und ich will hier nun versuchen darzustellen, was ich ihnen weitergeben würde, indem ich meine Beobachtungen aus meiner Praxis des Religionsunterrichtes weiter ausführe:

Wenn das Kind zuhause keine oder kaum eine religiöse Erziehung erfährt, ist es für den Religionslehrer äußerst schwierig, wenn auch nach meiner Erfahrung niemals unmöglich, hier *Punkte* zu setzen. Das Gottesbild in Jesus, der uns dem liebenden Gott vertrauen lässt, ist im Allgemeinen die wichtigste Voraussetzung für persönliches Beten, obwohl – wie zum Beispiel in Nicoles Fall – man auch durch Beten ein Bild Gottes im Herzen gewinnen und zum Gottvertrauen finden kann. Aber wird man vertrauensvolles Reden mit Gott ohne weiteres wagen wie Nicole, wenn man in einer Not nicht schon ein Gottesbild im Herzen trägt?

Kirchenbesuch waren nur sehr wenige meiner Schüler gewohnt. So hatten sie doch oft im privaten Bereich, wenn Eltern sich nicht um die religiöse Erziehung bemühten, keine Begegnung mit Bibeltexten. Die Gestalt Jesu, die gerade Kinder im fünften Schuljahr, besonders auch Grundschulkinder, so leicht faszinierte, blieb sehr vielen Schülern bis zu meinem Unterricht an der Hauptschule eigentlich letztlich unbekannt, wenn nicht Religionslehrer die wichtige Aufgabe, hier einen Einblick zu geben, übernommen hatten.

Neulich sagte mir jemand, ein Professor habe vor Religionslehrern die Ansicht vertreten, Bibeltexte, auch in erzählender Form dargeboten, seien auf keinen Fall Stoff für die unteren Jahrgänge. Diese Ansicht unerfahrenen Lehrkräften vorzutragen und gar zu verlangen, dass diese sich seine jungen Zuhörer zu eigen machen sollen, halte ich für unbedingt praxisfern und unverantwortlich, widerspricht sie doch absolut meiner Erfahrung von Religionsunterricht in über 30 Dienstjahren! Das Gegenteil ist der Fall! Ich fand gerade bei den kleinen Schülern der Grundschule, wie mir auch Eltern von Kindern der ersten und zweiten Schuljahre wiederholt bestätigten, das Herz immer weit offen für die Gestalt Jesu, in altersgemäßer Form *gezeichnet*, auch verbunden mit Beten.

Wenn man diesem Thema nicht schon im Grundschulunterricht einen breiten Raum zubilligte – wo sollen die Kinder von Nicht- oder Kaum-Kirchgängern, von Eltern, die zuhause keine religiöse Erziehung mehr praktizieren, denn der Grundlage unseres Glaubens begegnen?

So gehörte ein großer Teil meiner Religionsstunden zunächst der Auseinandersetzung mit Bibeltexten des NT, an die sich Beten / Meditation anschloss. Nur diese Art des Unterrichts möchte ich hier ein wenig beschreiben. In vielen Jahren meines Hauptschulunterrichtes schien mein RU in fünften Schuljahren überwiegend erfolgreich zu sein. Die Kinder waren im Allgemeinen sehr interessiert, wenn ich von Jesus redete mit Bildern, Texten, Filmdarbietungen und Malen in unseren Tagesheften, die ich für meine Bibelarbeit anlegen ließ und die die Kinder meist mit Begeisterung führten. Ihre Seele schien naturgemäß weit offen, ja begeistert zu sein für diesen Jesus, das Urbild des allerbesten Freundes, wie ihn Bibeltexte beschreiben, Jesus, den jeder Schüler in seinen liebsten Menschen ein wenig wiederfinden sollte und, wenn er den nicht hatte, im Traum von ihm. Hatte ich nicht als kleines Mädchen den schönsten Traum meines Lebens gehabt – Jesus, im weißen Gewand, seine Gestalt wie eine Heimat, wie ein Lächeln, in dem ich mich ausruhen konnte, in dem ich so wunderbar geborgen war?

Bild, Text, Stille, Beten/Meditation – ich malte, malte, malte, versuchte Jesus zu *malen* in den Herzen der Kinder. In den Tagesheften, die ich den fünften und sechsten Schuljahren immer wieder im Klassensatz gab, konnten sie aber ihr eigenes Gottesbild von Jesus zum Ausdruck bringen. Hier ein Beispiel aus meiner Unterrichtsarbeit:

Jesus, der Auferstandene begegnet Petrus

Wir hatten den Bibeltext vorher natürlich ausführlich besprochen. Das Kind malte in dem Tagesheft zum angegebenen Datum Szenen dieser Perikope. Bewegende Bilder entstanden, die Personen der Texte mit Sprechblasen.

Schülerdarstellung vom 18. und 19. Mai 1988

Ein anderes Beispiel: Zu einem anderen Datum wählten die Kinder ein religiöses Ereignis, vielleicht aus ihrem Leben, Darstellung eines Gebetes, eines im Unterricht gelernten Liedes, eines Kirchenbesuches, das sie im Heftchen aufzeichneten. Spätestens im fünften und sechsten Schuljahr erklärte ich die Einteilung des NT nach Kapitel und Vers, die leicht auch von sehr schwachen Schülern verstanden werden kann, die aber heutzutage wohl viele intelligente Erwachsene einfach deshalb nicht verstehen, weil sie sich niemals damit beschäftigt haben.

Ich leitete die älteren Schüler der Grundschule, auch des fünften und sechsten Schuljahres, an, Blätter mit meist vorbesprochenen anschaulichen Bibeltexten, die ich allen ausgeteilt und in der Religionsmappe im Laufe des Jahres gesammelt hatte, falls zuhause kein NT vorhanden wäre, selbstständig zu meditieren und im Anschluss daran schriftlich vielleicht ein eigenes Gebet zu formulieren.

Schülerzeichnungen als Illustrationen von Bibeltexten – Beispiele:

Jessica, 20. Mai 1988

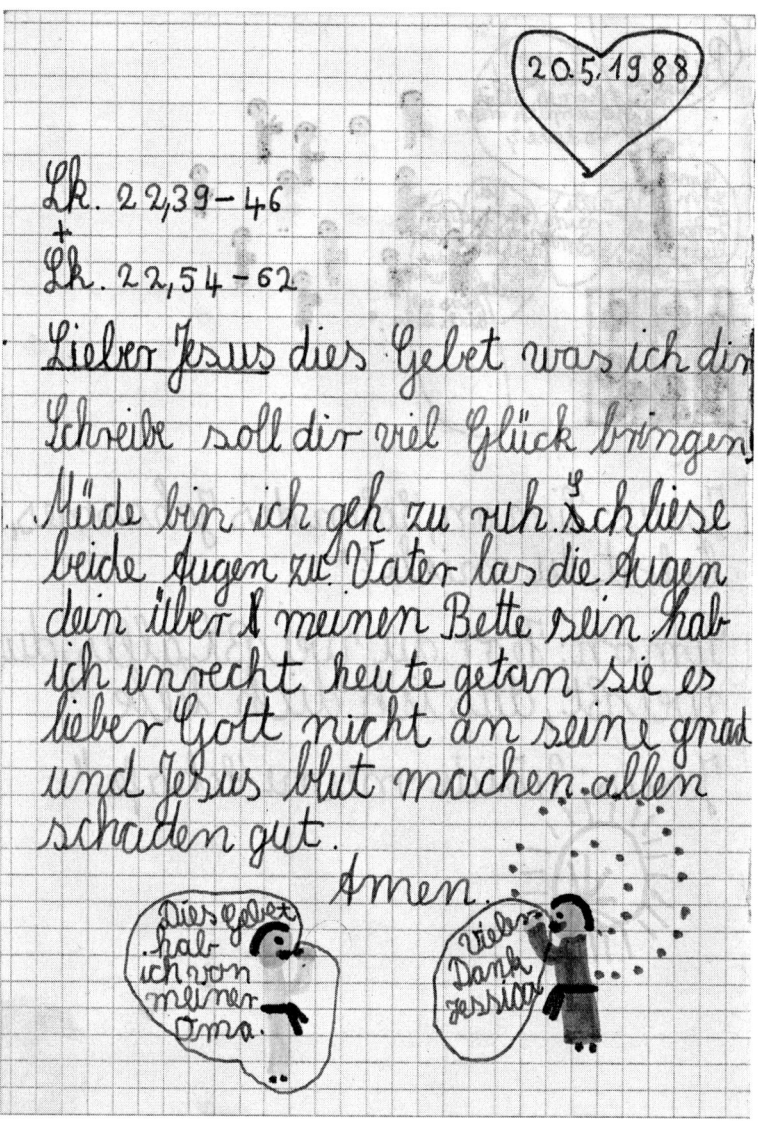

Jessica, 26. Mai 1988

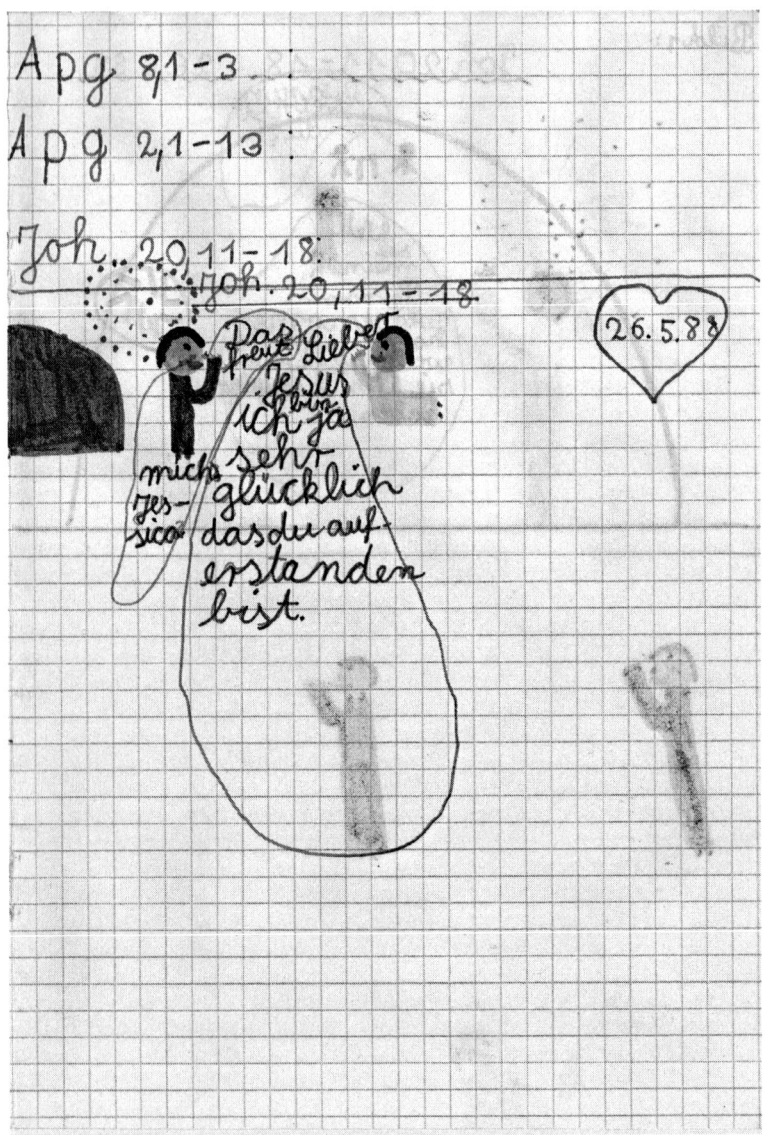

Schülerdarstellung Mareike

JEDER
mensch,
auch DER
GERINGSTE,
IST SO IN
GOTTES hanD,
als wäre
ER GOTTES
EINZIGE
SORGE

Für Mareike

Gott ist bei uns - immer

Ich Mareike, bin so in Gottes
Hand, als wäre ich Gottes einzige
Sorge.

Jessica, 8. Juni 1988

Verena, 26. Juni 1988

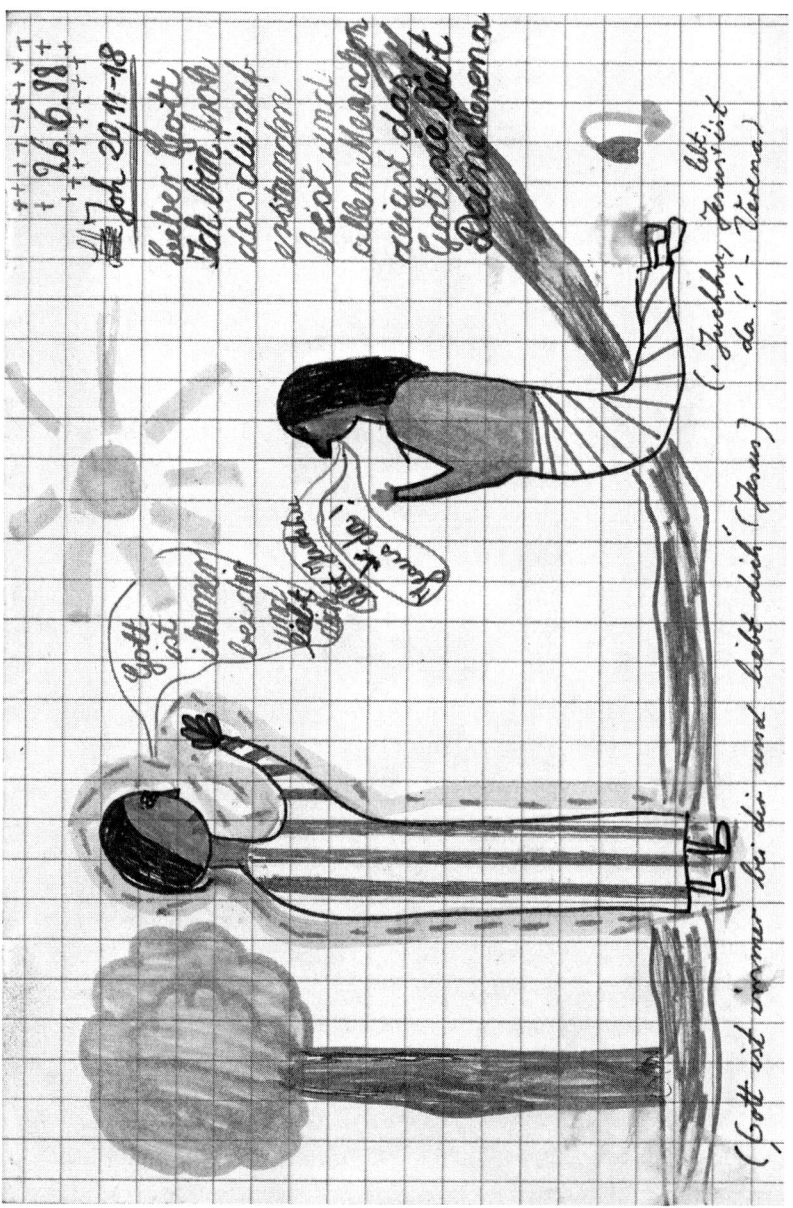

Das wäre für einige Schüler vielleicht ein Schritt zur selbstständigen Meditation von Bibeltexten, die im Unterricht noch nicht besprochen worden waren, auch als Anleitung für das Beten zuhause im Anschluss an das Lesen von Kinderbibeln, die ich in der Grundschule den Eltern manches Mal empfehlen konnte. Es wäre unendlich wertvoll, wenn es gelänge, die Kinder zu dieser selbstständigen Meditation von Bibeltexten auch zuhause anzuleiten!

Ein wertvoller Tipp auch für manchen erwachsenen Leser:

Liana – hatte nicht sie mir erzählt, dass sie durch die Meditation von Bibeltexten des NT mit nachfolgendem Beten, das sicher auch langsam gewachsen ist, zum Gottesbild in Jesus, Grundlage für ihr Beten, gefunden hatte?

An dieser Stelle möchte ich aber bemerken, dass ich für diese Meditation immer Texte des NT und nicht des AT wählte. Für den Umgang mit dem AT braucht man meiner Ansicht nach unbedingt die Hilfe von Experten – sonst bleibt vieles missverständlich – für die Meditation der neutestamentlichen Texte, die das Leben Jesu zu *zeichnen* versuchen, aber nicht unbedingt!

Es ist selbstverständlich, dass der Religionslehrer für die Anleitung im Umgang mit diesen Heftchen viel Zeit und Mühe einsetzen muss, aber wenn es gelingt, hat das Kind eine wertvolle Hilfe zum Glauben gewonnen, eine Hilfe, ein ureigenes Gottesbild zu gewinnen, Grundlage für persönliches Beten – und was ist wichtiger als das ?

Wenn man als Religionslehrerin auch Hilfe zur Entfaltung geben kann, ist doch das Gottesbild jedes Menschen neu und einmalig. Jesus begegnete in seiner Erdenzeit zahllosen Menschen, zahllose Menschen spürten seine Liebe. Wie aber jeder Mensch ganz unterschiedlich auf andere Menschen wirkt, jeder den anderen unterschiedlich, seiner persönlichen Eigenart entsprechend, wahrnimmt, so erfah-

ren wir sicher auch Jesus – wenn wir ihn bewusst wahrnehmen – im Herzen neu und einmalig und begegnen ihm auf
einzigartige Weise.

In den Tagesheften der fünften und sechsten Schuljahre also malten die Kinder zu einem Bibeltext Bilder mit
Sprechblasen, sich selbst daneben und legten für jede Begebenheit, die sie aufzeichneten, eine neue Seite an, so dass
ein selbst gefertigtes Beiheft zur Bibel, von jedem Kind anders gestaltet, entstand. Diese Arbeit setzte ich später auch
im Grundschulunterricht fort. Beeindruckende Bilder entstanden, dazu nun einige Beispiele:

Jesus beruft den Zöllner Matthäus

Jesus ruft Menschen manchmal mitten in der Sünde. So
hatten wir vorher das Thema des Bibeltextes besprochen.
Matthäus sieht Jesus an, will ihn betrügen – wir stellten uns
das genau vor und spielten wohl auch diese Szene. Hinein
in seine betrügerischen Gedanken trifft ihn der Blick der
Liebe: „Folge mir nach!" Jesus bietet Matthäus also seine
besondere Freundschaft an, hinein in alles.

Jesus ruft Sünder

Unvergessliche Zeichnung eines Jungen aus dem vierten
Schuljahr. Er malte Matthäus vor seinem Zollhaus. Vor ihm
steht Jesus mit einer Sprechblase: „Folge mir nach!" Das
Kind schrieb sich selbst in die Sprechblase – ich habe es mir
wörtlich gemerkt: „Dasselbe kannst du mir auch sagen!"

Jesus, der Dornenkönig

Ein anderes Bild, eine andere Szene: Jesus wird gegeißelt.
Ich hatte den Schülern den entsprechenden Bibeltext vorgelesen, dazu ausgewertet: Das lässt Jesus sich gefallen! Er
wird verspottet und verhöhnt, niemand, der ihm hilft!

Ein kleiner Grundschüler namens Sascha malte diese
Szene, sich selbst daneben mit der Sprechblase: „Ich halte
zu dir, Jesus!" Und Sascha lässt Jesus antworten: „Danke
für den Trost, Sascha!"

Danke für den Trost ...

Ein Pater sagte einmal, dass jede Szene aus dem Leben Jesu auch heute noch gegenwärtig ist. Ganz sicher ist es so, auf geheimnisvolle Weise. Danke für den Trost – Jesus wartet auf unseren Trost, auf unsere Antwort der Liebe auch heute, bis zur Vollendung der Welt.

Lieber Leser, die Begegnung mit Bibeltexten – ganz besonders des NT – in ähnlicher Weise, ob zuhause oder beim Gottesdienstbesuch, ist für uns Erwachsene natürlich ebenso wichtig, damit sich unser Gottesbild in Jesus im Herzen entfalten kann. So, wie es auch bei Liana war – lieber Leser, erinnere dich daran wie sie zum Glauben kam!

Erinnerung

Bei der Gestaltung der Kartage mit Jugendlichen hatte ich eines Jahres die Aufgabe, eine Andachtsstunde in der Gründonnerstagnacht zu gestalten. Mein Ausgangspunkt: ein Kreuzwegbild aus einem sehr guten bibelnahen Jesusfilm mit ausgezeichneten Darstellern – ich erwähnte das an einer anderen Stelle des Buches: ein Mann gibt Jesus Wasser auf seinem Kreuzweg.

Die Jugendlichen waren eingeladen – natürlich absolut freiwillig – sich in einen stillen Winkel der nächtlichen Kirche zu setzen und in einer Gebetsmeditation Jesus etwas aufzuschreiben. Anschließend konnte jeder seinen Text an ein Plakat hängen – zur Meditation für alle.

Ergreifend, was diese Jugendlichen zu Papier brachten!

Bei dem bedeutenden Mystiker Meister Eckhart las ich einmal erschütternde Worte, mit meinen Worten wiedergegeben, in etwa so: Wenn wir sündigen, uns nicht um Gottes- und Nächstenliebe kümmern, vertreiben wir Jesus aus unserem Herzen. Er kann nicht bleiben, aber er bleibt in unserer Nähe. Wie der Vater im Gleichnis vom Verlorenen Sohn geht er vor der Tür des Herzens auf und ab und wartet voll Sehnsucht, dass man ihn wieder einlässt. „Siehe, ich stehe an der Tür und klopfe an" (Offb 3,20)

Danke für den Trost ...

Jesus trösten, seine verachtete Liebe in unserer Welt trösten – o Jesus hilf, dass wir deinen Ruf nicht überhören! Wie aber wollen wir diesen Ruf hören, wenn wir uns mit dem Leben Jesu, ganz besonders auch mit dem Leidensweg, der die ganze Radikalität seiner Liebe zum Menschen bis zum Äußersten offenbart, nicht beschäftigen, diese Texte, die immer wieder meditiert werden müssten, nicht wirklich auf diese Weise kennen lernen ? Es ist vielleicht ein weiter Weg, einen solchen Text vielleicht einmal zu hören, zu lesen – und ihn wirklich wahrzunehmen. Und doch ist das der Weg, der so viele Menschen bewegt hat, Gottes Liebe mit Liebe zu beantworten.

Wenn man sich mit Jesus beschäftigt, mit seiner sich selbst verströmenden Liebe, die die Menschen nicht verlässt, obwohl menschliche Bosheit und Starrköpfigkeit ihn bis zum Kreuz bringen – wenn man dies erkennt, wie könnte man dann noch *nein* sagen?

„Es gibt auf der Welt keinen Schatten von Güte, der Gottes Liebe nicht als erste Quelle hätte."

Wenn Menschen Gott auch auf vielerlei Weise begegnen können, nimmt wohl doch mancher diesen Jesus persönlich ein Leben lang nicht wahr, ganz einfach, weil er sich keine Zeit nimmt, ihn kennen zu lernen, oder weil ihm die Möglichkeiten fehlen, auf ihn aufmerksam zu werden.

Wie viele Möglichkeiten hatte dagegen ich! O Jesus, manchmal denke ich: Jeder andere an meiner Stelle wäre bereits heilig! Möglichkeiten verspielen, lieber Leser, das kann man so leicht! Eines ist gewiss: Immer wieder lädt Gott uns ein, seine Geduld ist grenzenlos – treu und unerschütterlich seine Liebe.

„Kann denn eine Frau ihr Kindlein vergessen, eine Mutter ihren leiblichen Sohn? Und selbst wenn sie ihn vergessen würde: ich vergesse dich nicht."

(Jes 49,15)

Danke für den Trost ...

Rosen empfangen – Auswahl:

Am Abend des Tages, an dem ich diese Zeilen schrieb, war ich noch bei einer Anbetungsstunde im Kloster Bethlehem – ausgerechnet heute sang dort jemand *zufällig* diesen Text: „Das Schönste meines Lebens ist, dich trösten, Herr". Immer wieder Gottes Nähe und Liebe wie Wunder! Wie sehr begleiten sie auch dieses Buch! „Wie sieht der liebe Gott aus?", fragte ich manchmal die kleineren Hauptschüler. Allerlei Vermutungen schlossen sich an. „Und *Sie*, was meinen *Sie*?", wurde ich gefragt. Ich versuchte eine Beschreibung mit folgendem Text:

„Wie sieht der liebe Gott aus?"

(Schülerfrage)

Gott wohnt nicht auf dem Gipfel der Berge –
Gott ist ganz nah.
Gott wohnt nicht in den Fernen und Weiten.
Er ist dir nah.
Jesus war Mensch auch für dich.
Wer kann ermessen, wie sehr er uns liebt?
Wer kann leben und ihn ganz vergessen,
ihn, der für alle sein Leben hingibt?

Jesus finden, auch in der Kirche, seine besondere Nähe dort – immer wieder probierte ich dies und das aus um den Schülern einen Weg aufzuzeigen, dorthin. Wenn die Schüler nicht in die Kirche gingen – warum nicht eine Schulmesse veranstalten, in großem Rahmen? Ich trug meinen begeisterten Plan dem Rektor vor, der mich auch sonst immer wieder mit seinem Rat so wunderbar unterstützt und in Schwierigkeiten ermutigt hatte.

Dieser Rektor, der viele Jahre lang meinen Weg an der Hauptschule begleitete, war in der Art und Weise, wie er mit meinen Kollegen und auch mit Schülern umging, mein Vorbild. Wie ich beobachtete, nahm er sich für jeden Kollegen und seine Anliegen Zeit, nahm sie wichtig, begegnete aber ebenso – das beeindruckte mich besonders – mit Achtung und Zuwendung den Schülern, die auf Grund eines schlechten Betragens zu ihm geschickt wurden.

Mein Rektor also zeigte sich einverstanden mit meinem Vorhaben. Auch eine Jugendband mit E-Gitarren und Konzertinstrumenten konnte ich für meinen Plan gewinnen, irgendwo hatte ich diese jungen Leute kennen gelernt. Erst heute erkenne ich, welch großes Geschenk mir damit gemacht wurde, mir und unserer Schule, von Jugendlichen, die kaum das Vaterunser kannten. Sie waren trotzdem bereit, für die geplante Jugendmesse Zeit und Mühe einzusetzen, einfach so, unentgeltlich.

Unendlich viel könnte jugendgemäße Musik in der Glaubensverkündigung bewirken, aber ich denke, dass das inzwischen allgemein so bekannt ist, dass ich es eigentlich nicht zu erwähnen brauche, nur dies: Wenn bekannte Pop-Stars, die vielleicht ihren Glauben manches Mal auch in ihrer Kunst zum Ausdruck bringen möchten, sich entschließen könnten, mitten hinein in ihre weltlichen Songs of Love, einmal ein Lied der Liebe im Dienste der Glaubensverkündigung zu singen, das wäre unendlich wertvoll. Was könnten berühmte Stars – gerade dann, wenn sie nicht unbedingt auf diese Art Lieder festgelegt sind – bewirken! Ein kleines Lied, ein kurzer Song – ich bitte darum!

Manchmal gelingt dies vielleicht auch unabhängig von weltanschaulicher Überzeugung, z. B. beim Grad Prix Eurovision 2001:

Wer Liebe lebt

Wer Liebe lebt
Wird unsterblich sein
Wer Liebe lebt,
Ist niemals allein
Such sie an jedem neuen Tag!"

(Michelle)

Diese Zeilen des bekannten Songs, den ich schon einmal in anderem Zusammenhang erwähnt habe, sind, in Kurzform, die Zusammenfassung meines ganzen Buches!

Eine Schulmesse in der Turnhalle in großem Rahmen für etwa 300 Schüler zu veranstalten – *wie* gewagt mein Plan war, stellte sich erst während des Gottesdienstes heraus. Für viele Schüler war eine heilige Messe Neuland und blieb vermutlich sehr vielen der ehemaligen Kommunionkinder nach jahrelanger Kirchenabstinenz unverständlich. Die Teilnahme an einer einmaligen Feier dieser Art konnte ihnen kaum helfen, den Gottesdienst in seiner Bedeutung mit zu vollziehen. Ich mutete auch meinen Kollegen in dieser *Schulmesse* allerhand zu. Die Klassen- und Fachlehrer, die die Kinder begleiteten, hatten teilweise große Mühe, einzelne Schüler zu einem angemessenen Betragen zu bewegen: zum Kommunionempfang ging mancher in ähnlicher Haltung nach vorn wie zu einer Sportveranstaltung. In diesem Teil der heiligen Messe spielte die Band wunderschöne, meditative Hits, das war allerdings – so fürchte ich – bei vielen Schülern das einzige, was sie beim Empfang des heiligen Brotes bewusst wahrnahmen. Zum Schluss der heiligen Messe teilte ich einen Strauß dunkelroter, wunderschöner Rosen aus, auch in Anlehnung an mein Unterrichtsthema in so vielen Klassen: „*Rosen* – Zeichen der Liebe Gottes" – diese *Rosen* hinein in Unruhen, Unverständnis und Gleichgültigkeit, mit denen man diesem *Happening* wohl mehr oder weniger begegnete

Gottes Liebe – wenn ich an mein eigenes Leben denke, habe ich Gottes *Rosen* auch oft empfangen hinein in Unverständnis und Chaos im Herzen.

„Über allem steht Gottes Liebe."

Dieser Spruch, den ich irgendwo einmal gelesen hatte, galt auch hier. Der Rektor sagte mir nach dieser Feier freundlich, aber bestimmt, dass es bei einem einmaligen Ereignis dieser Art bleiben müsse, öffnete mir aber gleichzeitig eine neue Tür: Ich dürfe jederzeit Klassenmessen vorbereiten und mit einem Priester, den wir dazu einluden, im Klassenraum feiern. Wäre dies nicht eine Möglichkeit, meine Arbeit fortzuführen? Wie immer ermutigte er mich und ermöglichte es mir auch hier, wieder mit Feuereifer eine neue Aufgabe zu beginnen, nämlich die Vorbereitung von Klassenmessen mit anschließender Klassenfeier! Die Grundlage hatte ich in fünften Schuljahren zu setzen versucht, indem ich den Schülern Hilfe anbot, ihr eigenes Jesusbild im Herzen zu gewinnen.

Glaub mir, lieber Leser, wenn dir die Gestalt Jesu fremd bleibt, wird dir auch die heilige Messe fremd bleiben.

Ich würde es so ausdrücken: Die besondere Begegnung mit Jesus – das *ist* die heilige Messe! Er ist es, der uns dort besonders begegnet, wirklich, wahrhaftig, leibhaftig, unter den Zeichen von Brot und Wein. Diesen Satz aber kann man letztlich nicht erklären, sondern nur erfahren, nicht unbedingt als außerordentliches, inneres fühlbares Erlebnis, sondern als ein ganz besonderes Zuhausesein in Gott.

Die Sehnsucht nach einer Heimat ist eine Ursehnsucht im Herzen. „Ich muss in die Kirche gehen." Wie kann man aber mit diesem Gefühl dort Heimat gewinnen? Es ist die Aufgabe der religiösen Erziehung, lieber Vater, liebe Mutter, dem Kind *behutsam* den Blick zu eröffnen für das, was uns Gott dort schenkt. Immer wieder traf ich Erwachsene, die sich in ihrer Jugend *gezwungen* fühlten zu „religiösen Übungen" und die damit das Kostbare aus dem Blick verloren, ich würde fast sagen, notwendigerweise, wenn man eine solche Erfahrung macht. Sie wurden jahrelang in die Kirche *geschickt* – damit erschöpfte sich die religiöse Erziehung bereits weitgehend. Lieber Leser, sollte diese Erfahrung auch die deine sein, rate ich dir, dich neu auf den Weg zu machen, die dunklen Wolken beiseite zu schieben, den Schatz unermüdlich zu suchen und zu entdecken, den Gott uns in seiner Kirche bereitet hat. Lass ihn nicht entgelten, was dich an Menschen enttäuscht hat und vergiss nicht: auch wir enttäuschen und freuen uns, wenn man uns vergibt.

In meinem Leben war es so, dass ich bis zu meiner Berufung an die Hauptschule durchaus sonntäglichen Kirchenbesuch von Jugend auf gewohnt war, aber zu einer Heimat wurde mir die heilige Eucharistie erst in den Jahren, in denen ich, vom verzweifelten Leid getrieben, anfing, mich am täglichen Besuch der heiligen Messe festzuhalten. In meiner Jugend litt ich oft unter Gefühlen der Einsamkeit, auch mitten unter Menschen. Seitdem ich die Heimat in der heiligen Messe entdeckt hatte, bin ich nie mehr einsam gewesen, seit vielen Jahren nicht!

In meinen Einzelferien hat sich so oft erwiesen, dass durch diese besondere Möglichkeit, auf dieser Erde Gott mein Leben mit Gott und den Menschen zu überdenken, in einer besonderen Art persönlicher „Exerzitien" Gott nahe zu sein, Einsamkeitsgefühle auch dann nicht aufkommen, wenn ich einige Tage bewusst ohne eigentliche Gespräche mit anderen lebe. Andere Menschen sind mir durch den Glauben an Gott in besonderer Weise nahe. Ich habe gelernt, dass man Menschen, die man liebt, im Herzen mit sich trägt, auch wenn sie weit entfernt sind oder eine direkte Kommunikation nicht möglich ist. In Gott sind wir eine Familie, zu der für mich letztlich alle Menschen gehören. Sie sind mir sogar durch den Tod nicht genommen. Die

Schwester – ich überlasse es Gott, welchen Einblick er ihr in mein Leben gibt. Bei ihrem Grab steht ein Baum, in dem sich die Jahreszeiten spiegeln. Wenn ich dort stehe, überkommt mich etwas von der märchenhaften Freude eines Aschenputtels, das sich Kraft holt am Grab seiner Mutter, nur bin ich ja meiner guten Fee längst begegnet, so dass meine Situation keineswegs die des Aschenputtels ist. Was habe ich also mit dieser Märchenfigur gemeinsam? „Bäumchen rüttel' dich und schüttel' dich, wirf Gold und Silber über mich" – das Gefühl für den Segen, der die Begegnung mit der Schwester für mein Leben war und der auch jetzt, vom Himmel her, auf mich herabregnet.

Ähnlichen Segen aber könnten ebenso Eltern auf ihre Kinder herabregnen lassen durch eine nicht nur liebevolle, sondern damit verbunden, auch religiöse Erziehung.

„Die Eltern sind die Erzengel ihrer Kinder"

Dieses weise Wort habe ich einmal von einem Geistlichen gehört. Liebe Eltern, draußen *schneit* es.

Erinnerung

Die *Schwester* – ein Engel – eine Frau *Holle* in meinem Leben! Eine sichere Heimat finden, strahlende Vorfreude auf die Ewigkeit, einen besten Freund gewinnen, ihn immer an der Seite wissen, ein Nest haben, wie sie es nannte. Wie seltsam, dass so viele Menschen die Möglichkeit hätten, dies zu gewinnen, aber sie kümmern sich nicht darum, suchen *Tand*, anstatt sich auf die Suche zu machen, *Alles* zu entdecken hinter den Dingen dieser Welt, im Aufleuchten wirklichen Glücks, das uns immer wieder geschenkt wird, in den Stunden des Friedens, aber auch im persönlichen Leid.

Vergeuden, ich denke, das tun wir alle, auch wenn man die „allergrößte Freude" gefunden hat, aber wenn es so ist, dann weiß man, dass Jesus, wenn man ihn denn bereits hat finden dürfen, „vor der Tür des Herzens auf und ab geht" (wie Meister Eckhart es so schön formuliert hat), so dass man nur zu öffnen braucht um ihn einzulassen.

Vorbereitung einer bewussten Teilnahme an der Heiligen Messe (Klassenmesse an der Hauptschule)

Bibelunterricht und Beten

Jesus kennen lernen – wie sollte das möglich sein ohne Bibeltexte? Ich baute bei der Erarbeitung einer Klassenmesse also auf zwei Pfeiler, die ich immer wieder zu setzen versuchte bei den Schülern des fünften und Anfang des sechsten Schuljahrs: Bibelunterricht und damit verbunden, Beten, mit dem reden, von dem die Bibel erzählt, mündlich und schriftlich. Von da ausgehend versuchte ich den Blick der Kinder zu lenken auf den Mittelpunkt jeder heiligen Messe, die Wandlung von Brot und Wein in Jesus selbst. Worte des Priesters – Jesu Wort und Leben:

„Nehmet hin und esset alle davon, das ist mein Leib, der für euch hingegeben wird. Nehmet hin und trinket alle daraus, das ist mein Blut, das für euch und für alle vergossen wird, zur Vergebung der Sünden – ein Geheimnis des Glaubens."

Ein *Geheimnis* des Glaubens – das ist und bleibt die heilige Messe.

Die heilige Eucharistie, das heilige Brot, Jesus unter den Gestalten von Brot und Wein, so ist Er das Herz der Kirche, unabhängig von ihrer Heiligkeit, unabhängig von unserer „Gemeinschaft der Heiligen" – und Sündern.

Ich versuchte, die Kinder zu motivieren, sich selbst auf den Weg zu machen zu dieser besonderen Begegnung mit Jesus. Eigentlich waren die Schüler, die ich Anfang des sechsten Schuljahres dazu einlud, sehr offen für ein solches Bemühen – ich denke, weil Jesus selbst, dem sie im fünften Schuljahr auch durch die besondere Form der Bibelauswertung immer wieder begegnet waren, selbst bei ihnen anklopfte um ihnen die allergrößte Freude zu erklären. Nachdem wir im fünften Schuljahr versucht hatten, ein Bild von ihm im Herzen zu gewinnen oder an ihr Gottesbild anzuknüpfen, ließ ich die Schüler auch im sechsten Schuljahr immer wieder Bilder malen bei der Vorbereitung der heiligen Messe: einen Altar, davor ein Priester mit Brot und Wein – in seiner Sprechblase die Worte der heiligen Wandlung. Oft habe ich im Unterricht die Erfahrung gemacht, dass ein Aufschreiben wichtiger Worte, die vorher besprochen und erklärt worden waren, gerade im Religionsunterricht, neben dem Wechsel der Unterrichtsform eine wichtige Vertiefung bedeuten – so einfach dieses Mittel ist, so wirkungsvoll.

Die Schüler malten Jesus mit dem Hinweis auf seine besondere Gegenwart in der heiligen Messe *hinter* den Priester. In der Grundschule habe ich die heilige Wandlung später oft spielen lassen, zur Begeisterung der Klasse meistens mit türkischem Brot, das gebrochen und an die Schüler ausgeteilt wurde, allerdings mit einer entsprechenden Erklärung: *Das* ist aber nicht die geweihte heilige Hostie. Dieser ausdrückliche Hinweis war umso notwendiger, als einige Kinder selbst Hostien, die es auch in Geschäften zu kaufen gibt, mitbrachten. Eigentlich war es Aufgabe unserer gesamten Vorbereitung der Klassenmesse, den Schülern diesen Unterschied deutlich zu machen (in der Grundschule, in anderer Weise, auch).

Im sechsten Schuljahr wurden die Bilder, die die Schüler zur heiligen Messe malten – verbunden mit Beten / Meditation / Stille – zu einer ganz besonderen Vorbereitung auf die heilige Kommunion.

Erarbeitung von Kirchenliedern auch als wichtiger Baustein für den Besuch einer Heiligen Messe

Wichtig war in dieser Unterrichtsphase auch die Erarbeitung religiöser Lieder mit Hilfe einer Auswertung im Unterrichtsgespräch, der sich eine Bildillustration durch die Schüler, manchmal Schülerspiel, anschloss. Neben den leichter verständlichen Kinderliedern wollte ich nicht auf die schwierigeren Gesangbuchtexte unseres Gotteslobes verzichten, zumindest sollte eine Interpretation im Hinblick auf das Erwachsenenalter angebahnt werden. Wenn manche Zeilen auch sicher weitgehend unverstanden blieben, konnte ich den Kerngedanken einiger Lieder des Gotteslobes, die so wichtig waren für Feste wie Weihnachten, Fastenzeit und Ostern, durchaus schon verständlich machen. War das nicht vielleicht auch eine kleine Hilfe, dass Schüler sich in Gottesdiensten ein wenig heimischer fühlen, wenn ihnen die Lieder, die dort gesungen werden, nicht ganz fremd sind?

Ein Beispiel

Man könnte im Unterricht Szenen aus der Emmauserzählung spielen. Die Begebenheit endet damit, dass die Emmausjünger Jesus beim Brotbrechen erkennen und seine Auferstehung verkünden. Die Emmausjünger kehren nach Jerusalem zurück, „predigen" (Schülerspiel). Die ganze Klasse spielt das Volk von Jerusalem und singt: „Seele, dein Heiland ist frei von den Banden".

Erinnerung

Ein Lied, das heute leider nicht mehr so gebräuchlich ist: „Preiset alle Nationen den verborgnen Herrn und Gott" – wie *sehr* die Schüler des dritten Schuljahres dieses Lied verstanden!

Schülerspiel

Die Klassenlehrerin hatte die Kinder in Tischgruppen gesetzt, jede spielte in meinem Unterricht eine Nation, durfte diese frei wählen. Mit Begeisterung sangen dann die Kinder: „Preiset alle Nationen ..." Zum Üben sang die eine oder andere „Nation" allein – welche macht es am besten? So lernten wir spielend Lieder des „Gotteslobes".

Es gibt natürlich auch spezielle Kinderlieder, die nicht im Gesangbuch stehen, aber auch diese sind vom Text her oft in ihrer Aussage den Kindern nicht bis ins Detail zu erklären – das wäre zu langwierig – inhaltlich letztlich meistens nicht leichter als viele Lieder des Kirchengesangbuches, denen ich aus den genannten Gründen den Vorzug gab. Doch wichtige Kernpunkte eines Liedes kann man den Kindern erklären und singend bietet sich so eine unverzichtbare Hilfe für die Glaubensunterweisung. Wenn ein Katechet nicht singen kann – es gibt die schönsten CDs!

Fürbitten – Übung des stillen Betens als Vorbereitung auf die Heilige Kommunion

Fürbitten: Jeder hatte nun die Gelegenheit auf einem Zettel Gott etwas aufzuschreiben, in Form eines persönlichen Bittgebetes, natürlich freiwillig. Gemeinsames Beten – Beten mit eigenen Worten, war vorher immer wieder mündlich *geübt* worden, das Reden mit Gott, dem Freund, dem man alles anvertrauen kann. Wir falteten die beschriebenen Blätter, die dann sorgfältig von mir aufbewahrt wurden, zusammen und legten sie bei der Klassenmesse in eine Schale auf das Pult, das sich zu diesem Anlass – mit einer schönen Tischdecke geschmückt – in unseren Klassenaltar verwandelte. Ich baute besonders in dieser Phase des Unterrichtes jetzt immer wieder die erwähnten Stillephasen ein als Möglichkeit zum persönlichen inneren Beten – und dies bewusst im Hinblick auf die heilige Kommunion, dem wichtigsten Teil der heiligen Messe, der besonderen Begegnung mit Jesus, der die Schüler jetzt langsam augenscheinlich mit besonderer Erwartung entgegensahen. Ich darf wirklich sagen, dass die meisten, oft sogar alle, diesen Minuten andächtig folgten, sich auch keiner widerwillig oder gelangweilt zeigte und die anderen gestört hätte.

Wenn dieser Punkt erreicht war, waren Ermahnungen, die die Andacht gefährdet hätten, überflüssig. Ich versuche hier ein wenig den Weg aufzuzeigen zu einer bewussten Teilnahme an der heiligen Messe – dabei spielt es eigentlich nicht die entscheidende Rolle, wie alt man ist und ob man diesen Weg – wie in meinem Unterricht – in Monaten zurücklegt oder in Jahren, wie es in meinem Leben war, durch häufigen Besuch der heiligen Messe, von Kindheit an.

Erinnerungen an Kirchenbesuche in meiner Kindheit

Ich kann mich allerdings nicht erinnern, dass ich mich jemals gezwungen gefühlt hatte. Ich ging, weil in unserer Familie diese Ordnung selbstverständlich war: Meine Mutter ging sonntags immer, der evangelische Vater, der *seine* Kirche auch – aber äußerst selten – besuchte und sich am Sonntagmorgen im Dienste der Familie gerne als Hobbykoch betätigte, hatte mir einmal erklärt: „Wenn man katholisch ist, geht man sonntags in die Kirche", und das nahm ich als kleines Grundschulkind fraglos an. Vieles verstand ich im Gottesdienst nicht, immer wieder gab es auch Phasen der Langeweile, aber manchmal beeindruckte mich ein Bild von Jesus, ein anderes Mal ein Bibeltext oder eine Kreuzwegstation, unter der ich *zufällig* saß ..., und so entstand ganz langsam *mein* Bild von Jesus im Herzen.

Erinnerung
Meine Mutter besuchte damals die Gemeindekirche, ich aber – immer wieder allein – die Herz-Jesu-Kirche in der Stadt, wo nach dem Gottesdienst für mich eine besonde-

re Möglichkeit gegeben war: 10 Uhr Kirche, 11 Uhr Kino. Ich durfte nach der heiligen Messe oft den Sonntagmorgenmärchenfilm besuchen. Wie sehr sehnte ich damals oft das Ende des Gottesdienstes herbei um endlich meinen geliebten Märchenfilm zu sehen! Ich war es gewohnt, immer wieder auf die Uhr zu blicken: Wann ist die Messe endlich zu Ende, wann ist die Messe endlich zu Ende? Mir wäre es allerdings nie in den Sinn gekommen, die heilige Messe einfach ausfallen zu lassen! Einmal aber war alles anders! Am Ende des Gottesdienstes stellte ich mit Verwunderung fest, dass ich überhaupt nicht an das Ende der Messfeier gedacht und nicht *einmal* auf die Uhr gesehen hatte!

Als zehnjähriges Kind beeindruckte mich bei meinen Kirchenbesuchen schon damals ein übergroßes Christusbild im Glasfenster über dem Altar – Jesus, der Auferstandene, ein Kunstwerk, das ich wohl immer wieder aufmerksam betrachtete, besonders, wenn mir langweilig war.

Fünfundvierzig Jahre sind inzwischen ins Land gegangen, lieber Leser, diese Zeit ist vorbeigerast und doch voll von wichtigen Ereignissen, mein Weg mit Gott und den Menschen. Das Glasfenster hat sich noch kein bisschen verändert und auch nicht der Grabstein, dessen Inschrift ich damals immer wieder betrachtete: „Mein Gott und mein *Alles*." Unser Leben ist nur ein Schatten – gewiss – und doch ist es gerade deshalb so: jede Minute ist kostbar.

**Brich auf, komm mit mir, Schritt für Schritt,
Bleib nicht beim Lesen, wandere mit!**

Der Bettler, dem der heilige Martin begegnete, das ist nicht nur irgendein bedürftiger Mensch, das ist auch Jesus, den wir oft vor der Tür unseres Herzens warten lassen, wenn er uns zum Glauben ruft, zum Vertrauen auf den persönlichen Gott. Wer diesen Glauben gefunden hat, weiß, dass er eins ist mit dem Ruf, uns unseren Mitmenschen in Liebe zuzuwenden, täglich neu.

Soziale Forderungen werden – Gott sei Dank! – im öffentlichen Leben unabhängig von Glaubensüberzeugung und Weltanschauung gestellt. Mir schien es deshalb als Religionslehrerin immer primär zu sein, diesen Aufruf von der Gestalt Jesu herzuleiten Wie das Neue Testament es bezeugt, ist das Bild Jesu im Herzen unmöglich zu trennen von dem Ruf, dass es sich in der Nächstenliebe bewähren soll. Jesus, *der* Mensch für andere, wie es stärker nicht sein kann!

Beispiel – Jesus der Heiland

Eine wunderbare Begebenheit aus dem NT (z.B. Mk 1,32 ff) möchte ich an dieser Stelle aus der Erinnerung wiedergeben, wie ich sie im Grundschulunterricht bei den Kleinen erzählt habe:

Am Abend, als die Sonne untergegangen war, stand Jesus vor der Haustür. Da brachte man alle Kranken und Menschen, die an allen möglichen Leiden litten, zu ihm – und er heilte sie alle, den Aussätzigen, der auf dem Höhepunkt seiner Verzweiflung angekommen war, als er Jesus begegnete, den Blinden, die in der Stadt verrufene Frau – wir hatten diese Begebenheiten des NT vorher einzeln besprochen, gemalt und gespielt – Jesus, der Heiland, der schon in seinem Leben auf dieser Erde den Menschen in Not so oft etwas von der Erlösung im Himmel deutlich gemacht hat.

„Ich könnte an die Bibeltexte nicht glauben, wenn ich nicht selbst in meinem Leben Ähnliches mit Gott erlebt hätte", sagte ich den Schülern der Hauptschule manches Mal. Damals, Maria Laach, die unirdische Freude, bei der ich „Gottes Lächeln" – hinein in meine bitteren Tränen – erfuhr, wie ich es in meinem Gedicht versucht habe auszudrücken. Jesus, wie sehr durfte ich dich als den Heiland erfahren! Trotz aller Warum-Fragen, die auf dieser Erde bleiben, berichten Menschen immer wieder von ähnlichen Begegnungen mit dem liebenden Gott. Wie schade, wenn im Religionsunterricht manchmal viele Stunden *Sozialkunde* erteilt werden ohne ein einziges Wort von Jesus, ohne die Begegnung mit Texten des NT!

Wie ich es in diesem Buch immer wieder deutlich zu machen versucht habe, ist der Religionsunterricht für viele Kinder heute die einzige Möglichkeit, der Gestalt Jesu zu begegnen, und wie oft wird diese Möglichkeit immer wieder verspielt, mir scheint, auch im Firmunterricht.

St. Martin

Das Martinslied also meint den Bettler, aber ebenso Jesus selbst, denke ich, Jesus, der darauf wartet, dass wir ihm die Tür unseres Herzens öffnen, auch dadurch, dass wir uns Zeit nehmen für ihn, Zeit von dem Leben, das er uns geschenkt hat, Zeit, ihn kennen zu lernen.

Einsam in schlechtem Gewande

Einsam und in schlechtem Gewande
sitzt ein Bettler am Straßenrande
von den Menschen vergessen
ohne Wohnung und Essen.
In dunkler Nacht, da träumte der Reiter,
dass der Fremde ihm ist Begleiter,
dass unser Herr Jesus Christ
selber der Bettler ist.

(Martinslied)

Selbstverständlich können Menschen unterschiedliche Wege gehen, um den persönlichen Gott kennen zu lernen, selbstverständlich spricht Gott im Herzen aller Menschen guten Willens, die Gott suchen, in allen Religionen, aber in diesem Punkt bin ich der gleichen Auffassung wie ein Philosophieprofessor, der es dem Sinne nach so formulierte: „Ich habe alle Weltreligionen durchforscht und nirgends einen Gott von so unendlich großer Liebe gefunden wie den Gott der Christen, auch keinen, der dem Menschen solche Möglichkeiten bietet, eine ewige Glückseligkeit, einen Gott, der den Weg des Menschen geht bis ins tiefste Leid, ohnmächtig geworden aus Liebe zu uns Menschen, bis zum Tod am Kreuz."

Rosen empfangen

Heute, am Abend des Tages, an dem ich diesen Text, mitten im Mai, im Gedanken an den heiligen Martin, vollendet hatte, besuchte ich nach dem Gottesdienst, der Vorabendmesse zum Sonntag des „Ewigen Gebetes", ein Gasthaus um dort die Zeit bis zum Besuch eines Theaterstückes einer Laienspielgruppe zu überbrücken. Eltern hatten dieses Schauspiel mit Phantasie und Engagement erarbeitet. Der Erlös sollte bedürftigen Kindern zugute kommen. Von meinem Platz am Fenster aus konnte ich eine wundervolle Aussicht auf Maibäume in allen Grünschattierungen genießen. Plötzlich fiel mein Blick auf einen der Blumenkästen auf der Fensterbank neben meinem Tisch: in dem Blumenbouquet entdeckte ich zwei weiße Rosen und – mitten im Hochfrühling – darin zwei hölzerne Martinsgänschen mit blauen Halsschleifen! Welch ein Symbol heute für mich! Und ausgerechnet neben diesem Blumenkasten, dem einzigen dieser Art, hatte ich Platz genommen! Martin und Elisabeth – von tiefer Bedeutung für mich auch die zwei weißen Röschen! Gerade solche brachte ich seit vielen Jahren immer wieder in die erwähnte *Rosenkirche*, zwei weiße Rosen zwischen all den roten, für mich Symbol der Auferstehung und meines Lebenszieles.

Lieber Leser, wenn uns erst klar ist, wie sehr Gott auch im ganz Alltäglichen spricht, kann man sich gar nicht mehr einsam fühlen. Die Emmausjünger! Manchmal ist es kein anderer Mensch, sondern einzig Gott, der unseren Weg begleitet.

Erinnerung

An dieser Stelle möchte ich einen Text aus einer Erstkommunionfeier am 22. 4. 2001 – der 22. April ist auch mein Tauftag – wiedergeben. Ich denke, er passt für Kinder und Erwachsene gleichermaßen:

Jesus, du hast zu deinen Jüngern gesagt: „Seid gewiss: Ich bin bei euch alle Tage" (Mt 28, 20). Du bist auf vielfältige Weise bei uns, ganz besonders aber im Sakra-

ment deiner Liebe. Unsere Augen sehen das Zeichen des Brotes, aber unser Herz weiß und glaubt: Du bist wahrhaftig hier. Auf unserem Weg durchs Leben willst du uns Nahrung und Speise sein. Du bist bei uns, wenn wir zur Schule (in den Dienst) gehen, du bist uns nahe, wenn wir die anstrengenden Hausaufgaben machen und wenn wir auf dem Sportplatz oder im Ballettunterricht (beim Hobby) sind. Nie lässt du uns allein. Auch wenn wir als Familie zusammen sind und miteinander reden, zusammen essen oder etwas unternehmen, bist du mitten unter uns. Du bist dabei, wenn wir uns freuen. Du bist dabei, wenn wir traurig sind. Ob wir uns streiten oder Spaß miteinander haben, du bist da.

Jesus, schenke uns Glauben an dieses große Geheimnis, dass du wirklich immer bei uns bist, „alle Tage bis zum Ende der Welt."

Bibeltexte, heilige Wandlung, heilige Kommunion, Fürbitten, religiöse Lieder – das also waren die Kernpunkte, auf die sich mein Unterricht damals in der Vorbereitungsphase auf die Klassenmesse in ganz besonderer Weise konzentrierte. Mit dem Geistlichen, der später diese heilige Messe mit uns feierte, hatte ich vorher vereinbart, dass er bei der heiligen Kommunion die von uns seit langem geübte Stille einhielt.

Wie schade, dass solche Phasen des Gottesdienstes, Momente der Stille, in denen auch die Orgel schweigt, in unseren Kirchen so wenig praktiziert werden! Bei Jugendlichen und Kindern müsste das allerdings natürlich von langer Hand vorbereitet worden sein. Aber dann sind solche Elemente in der heiligen Messe, die Raum geben für urpersönliches Beten und doch die Gottesdienstteilnehmer in besonderer Weise miteinander verbinden, unendlich kostbar – da bin ich sicher. Ich denke, viele Priester wagen diese längere Stille, ganz ohne Musik, kaum, weil sie sehr bezweifeln, dass sie fruchtbar werden könnte für die Gläubigen. Sollte aber ein Erwachsener, der heutzutage an einer heiligen Messe teilnimmt, wirklich nicht bereit sein, solche Minuten, ganz besonders nach der heiligen Kommunion, auszukosten? In der katholischen Kirche war es lange Zeit allgemein üblich, nach dem Empfang der heiligen Kommunion die Hände vor das Gesicht zu legen, als Hilfe, denke ich. Schade, dass viele Menschen das heute nicht mehr praktizieren! In Taizé, in der Communité von Roger Schutz, habe ich die ungeheuer positive Wirkung der stillen Gebetszeit, zusammen mit anderen, in der Zeltkirche beobachten können, gerade auch bei älteren Jugendlichen, die zu dieser Art des gemeinsamen Betens stundenlang bereit waren. Sie hatten zwar durch ihre Teilnahme an einem Taizé-Aufenthalt eine gewisse Vorentscheidung getroffen, gehörten in ihrem Heimatort aber nicht unbedingt zu den regelmäßigen Kirchgängern

Vor einiger Zeit besuchte ich einen in seiner Gestaltung sehr positiven Gottesdienst zusammen mit einem etwa Achtzehnjährigen. Trotzdem erklärte dieser junge Mensch – in Kurzform gesagt – ein Bruchteil der vielen Worte wäre für ihn „mehr" gewesen. Sehr wichtig, für viele Menschen vielleicht sogar entscheidend, sind in den Gottesdiensten natürlich die Predigten, doch auch die besten Ausführungen eines Geistlichen sind nicht das Eigentliche einer heiligen Messe. Sicher wird aber für manche Menschen ein regelmäßiger Gottesdienstbesuch dadurch angebahnt.

Ich selbst hatte in meinem Leben auch die Freude, viele Jahre wunderbare Predigten hören zu dürfen bei einem Pfarrer, der auch sonst in seiner Gemeindeführung vorbildlich war. Diesen Priester könnte man als Herz seiner Gemeinde beschreiben, denn er hatte die Fähigkeit, viele Menschen in seiner Pfarrei zu beheimaten. Das schließt Meinungsverschiedenheiten, die er mit diesem und jenen wohl auch mal hatte, nicht aus, aber sein ungeheurer Eifer, seine Besorgtheit um alles, was seine große *Familie* – so empfand ich seine Gemeinde – anging, war spürbar. Er verstand es außerdem auf wunderbare Weise, Menschen in die Gemeindearbeit einzubeziehen, ihnen Verantwortung zu übertragen, vermittelte ihnen dies aber nicht als unangenehme Verpflichtung, die sie ihrem Glauben schuldig waren, sondern, wie ich immer wieder beobachten konnte, als Freude, einen Dienst für Gott und die Menschen übernehmen zu dürfen. Nach jedem Gottesdienst zog er sich nicht in sein Pfarrhaus zurück, sondern war meistens bald mit diesem und jenem in ein Gespräch vertieft. So lebte er sein besonderes Talent, seine Kontaktfähigkeit, bestens aus. Über seine Gemeindeführung sollte man ein Buch schreiben, für andere Geistliche, dachte ich manches Mal. Sicher ist dieses besondere Talent nicht jedem in diesem Maße gegeben. Vielleicht sollte man aber als Mensch, der sich zum Christsein berufen fühlt, sensibler werden für die Fähigkeiten, die in uns schlummern und die wir für Gottes- und Nächstenliebe einsetzen könnten. Obwohl dieser Geistliche in verschiedenen Pfarreien großen Zulauf und damit messbaren Erfolg hatte, sagte er einmal in einer Predigt: „Mich mag auch nicht jeder". So geht es wohl auch dem beliebtesten Menschen, denke ich. Davon sollte sich also gerade weder ein Pfarrer noch ein Religionslehrer im Geringsten beeindrucken lassen, wenn er sich ehrlich bemüht. „Hier fühlt man sich gut aufgehoben", beschrieb es einmal eine Kollegin, obwohl sie mit ihrer Familie die Gottesdienste dieses Pfarrers nur gastweise besuchte. Ich denke, dass gute Pfarrer und Religionslehrer das gemeinsam haben, dass sie sich nach Kräften an Jesus festhalten in Freude und Leid, sogar in Durststrecken ihres Glaubens. Äußerer Erfolg oder Misserfolg sind nicht entscheidend für die Frucht ihrer Arbeit.

Rosen ernten – wie sagt es Jesus? „Ich bin der Weinstock, ihr seid die Reben. Wer in mir bleibt und in wem ich bleibe, der bringt reiche Frucht; denn getrennt von mir könnt ihr nichts vollbringen" (Joh 15,5).

„Liebe, und dann tu, was du willst" (Augustinus). – „Lieber Gott, hilf mir", konnte ich nicht nur als Religionslehrerin in den Anfangsjahren meines RU damals immer wieder bitten, sondern auch heute in meiner Sehnsucht, ein wirklicher Christ zu sein.

Schulkinder oder eigene Kinder für den Gottesdienst gewinnen:

Wie würde ich versuchen, eigene Kinder für den Gottesdienst zu gewinnen? Genauso, wie ich es mit ganzen Schulklassen versuchte, nur haben Eltern, die sich in aller Ruhe ihrem einzelnen Kind, das ihnen in seiner Eigenart vertraut ist, ganz besondere Möglichkeiten.

Ein Beispiel: In der Grundschule, an die ich nach meiner Hauptschulzeit versetzt wurde, waren im Religionsunterricht vorher sorgfältig vorbereitete Kirchenbesuche immer wieder möglich, weil die Kirche in der Nähe der Schule lag und uns der Schulleiter diese ohne weiteres gestattete. Die Bedeutung des Tabernakels, die besondere Gegenwart Jesu, hatten wir auf vielfältige Weise im Unterricht vorbesprochen, vor allem dadurch, dass ich auch in den Grundschulklassen versuchte, die Gestalt Jesu in den Herzen der Kinde deutlich werden zu lassen mit Bildern und Szenenspiel.

Auch der Weg von der Schule zur Kirche sollte schon eine innere Einstimmung auf den Kirchenbesuch sein, eigentlich eine Art Wallfahrt für Kinder. Einmal hatten wir geplant, in dem Muttergotteswinkel der Kirche Kerzen anzuzünden, ein anderes Mal brachte jeder eine Blume mit für die in der Kirche eigens zu diesem Zweck aufgestellte Vase, ich hatte das vorher vereinbart. Ich machte die Kinder darauf aufmerksam, dass man sich schon auf dem Weg zur Kirche im Herzen ein wenig mit dem lieben Gott unterhalten könnte. Dieser Gedanke, eigentlich ebenso geeignet für uns Erwachsene, schien den Kindern durchaus einsichtig zu sein.

Bei unserem Eintritt in das Gotteshaus richtete ich die Aufmerksamkeit der Kinder in ganz besonderer Weise auf den Tabernakel, den wir vorher im Unterricht gemalt (den Tabernakel, darüber die Gestalt Jesu), und dessen Bedeutung wir besprochen hatten, auf das rote Lämpchen als Zeichen seiner leibhaftigen Gegenwart im Sakrament der heiligen Eucharistie, das im Tabernakel der katholischen

Kirchen aufbewahrt wird. Ich fand die Herzen der Kinder weit offen für diese Themen, die ja immer sehr anschaulich, im wahrsten Sinne des Wortes, gerade in Grundschulklassen sind und ebenso in der Vorbereitungsphase der Klassenmesse im sechsten Schuljahr.

In der Kirche machten wir ganz bewusst unsere Kniebeuge vor dem Allerheiligsten. Beim Abschied von Jesus, der uns in der Kirche ganz besonders nahe ist, zogen sich immer nur zwei Kinder auf diese Art in den hinteren Raum der Kirche zurück, damit ihnen diese Geste der Ehrfurcht noch bewusster würde. Auch der Bedeutung des Weihwasserbeckens widmeten wir unsere Aufmerksamkeit. Wir bekreuzigten uns, auch im Hinblick auf die heilige Taufe, die in einigen Unterrichtsstunden eigens besprochen worden war.

Natürlich kann es in der religiösen Erziehung immer wieder Durststrecken geben. Selbstverständlich sollte man unbedingt bei der Planung, wie man dem Kind Glaubensinhalte vermittelt, sehr auf dessen momentane Befindlichkeit achten. Ist dieser Tag geeignet – sind die Kinder gerade jetzt aufnahmefähig? Wie lange ich den Kirchenbesuch ausweite, hängt auch von dieser Frage ab. Hier haben die Eltern einen entscheidenden Vorteil: auf ein einzelnes Kind lässt sich naturgemäß in besonderer Weise eingehen, umso mehr, da man es besser kennt als jeder andere! Ich denke, dass bei dem, was wir den Kindern vermitteln wollen, auch für uns selbst eine besondere Chance besteht, uns von den Glaubenswahrheiten, die wir vermitteln wollen, anrühren zu lassen, ihnen noch einmal ganz bewusst zu begegnen. Wie viel Freude lassen wir uns vielleicht durch eigene Gedankenlosigkeit entgehen! Lieber Leser, ich lade uns jetzt zu einer Stillephase ein um das folgende – und sei es nur zwei Minuten lang – wirklich zu bedenken:

Jesus ist in der heiligen Eucharistie anwesend, wirklich, wahrhaftig, leibhaftig, unter den Zeichen von Brot und Wein. Im Tabernakel werden diese heiligen Zeichen aufbewahrt. Das Ewige Licht neben dem Tabernakel

weist auf diese besondere Gegenwart Jesu hin. Brennt es nicht, ist der Tabernakel leer.

Der Schöpfer unendlicher Weiten, aller Sonnensysteme, ist also greifbar so anwesend auf unserer Erde – Glaube der katholischen Kirche! Wie steht es mit *meinem* Glauben? Ich lade uns ein, dass wir beim nächsten Kirchenbesuch einmal ganz bewusst darüber nachdenken.

Erinnerung

Vor vielen Jahren besuchte ich bei einer Reise nach Innsbruck auch eine Kirche mit berühmten Kunstschätzen. Vor dem Allerheiligsten nahm ich Platz, wohl in einer der ersten Bänke. Dort ergaben sich Beobachtungen, die ich auch in anderen Kirchen immer wieder mache: stundenlang ist man bereit, Kunstschätze zu bewundern, ohne vielleicht eine einzige Minute sich dem Schatz aller Schätze zuzuwenden, Jesus, der uns so sehr seine besondere Gegenwart in den Kirchen geschenkt hat. Es ist eine ganz große Seltenheit, wenn bei dieser Gelegenheit jemand eine Kniebeuge macht. Wie viel Glück lassen wir Menschen uns durch Gedankenlosigkeit manchmal entgehen! Da steht die Heimat bereit, wir suchen sie überall. Wer aber nimmt sich Zeit für den Weg, diese Heimat bewusst wahrzunehmen, wenn es ihm geschenkt wird, den *Stern*, der dorthin führt, aufleuchten zu sehen?

Erinnerung an eine Religions-AG-Stunde

In einer meiner Gruppen ergab sich eine Möglichkeit, Kirchenbesuche zu thematisieren. Am Ende der AG-Stunden hatten wir die eigentliche Bedeutung der Kniebeuge besprochen. Es blieb nur noch sehr kurze Zeit für einen gemeinsamen Kirchenbesuch. Wir fuhren in die nächstgelegene Dorfkirche, die mit Sicherheit nachmittags geöffnet und etwa acht Kilometer entfernt war, machten unsere Kniebeuge ganz bewusst und fuhren zurück zur Schule.

Preiset alle Nationen

Preiset alle Nationen
den verborgenen Herrn und Gott.
Unter Menschen will er wohnen,
sich erbarmen in der Not.
Preist ihn, ihr erlösten Sünder,
preist ihn, all ihr Gotteskinder,
ihn, der hoch im Himmel thront
und in unserer Mitte wohnt.

Freudig wollen wir ihm singen.
Möge bis zum fernsten End
aller Welten Lob erklingen
ihm, der wohnt im Sakrament!
Ja, in dieser heilgen Hülle
wohnt der Gottheit ganze Fülle.
Betet ihn in Demut an,
der so Großes uns getan!

Sei denn unsrer Seelenspeise,
teurer Heiland Jesus Christ!
Stärk uns auf der Lebensreise,
bis das Ziel errungen ist!
Wirst du einst uns zu den Stufen
deines Throns hinüberrufen,
o so stärk uns noch im Tod
durch das heilige Himmelsbrot.

(Gotteslob, Bistum Trier, Nr. 849)

Die AG-Schüler sagten mir immer wieder, dass sie sich in der ersten Zeit nach unseren Glaubensgesprächsstunden sehr für *die Dinge mit Gott* interessierten, dass das aber im Laufe der Woche dann meistens wieder in Vergessenheit geriete. Kein Wunder, denn ich war wohl so oft der einzige Mensch, durch den sie daran erinnert wurden. Liebe Eltern …

Ich erinnere mich an das große Engagement einiger Mütter, denen ich nach meiner Hauptschulzeit durch meinen Grundschulunterricht begegnet bin, auch in der religiösen Erziehung. In meinem neuen Dienstort gab es einige junge Frauen, die den Grundschulkindern nachmittags immer wieder nicht nur kreative, kindgemäße und interessante Freizeitgestaltung anboten, sondern auch religiöse Unterweisung. Eine Dame der „betreuenden Grundschule", war beispielsweise bereit, einen großen Teil ihrer Freizeit dafür einzusetzen. Aber – auch ein solches Bemühen wäre für dein Kind eben immer noch zu wenig, wenn du dies nicht zuhause persönlich unterstützt und fortsetzt, ganz besonders auch die Arbeit von Religionslehrern. In meinem neuen Dienstort gab es allerdings meines Wissens keine Jugendgruppe für die Heranwachsenden, bis auf die Pfadfinder- und Messdienergruppen, die wohl nur einige Jugendliche erreichen. Wie wichtig ist gerade die Grundschulzeit für den Erzieher! Hier hat er noch die Chance, in besonderer Weise Einfluss zu nehmen auf das Lebensglück des Kindes – in der Jugendzeit werden ihm gefährliche Miterzieher begegnen und es ist gut, wenn bis dahin ein Fundament gelegt ist, das tragen könnte.

Religiöse Erziehung – mein Rat

Geh zusammen mit deinem Kind von klein auf in die Kirche, schon im Kindergarten- und Grundschulalter – gerade dann! Wenn du selbst nie gehst, wird der Auftrag, Gottesdienste zu besuchen, deinem Kind vielleicht fremdartig oder gar unglaubwürdig erscheinen. Ganz wichtig: Bete zuhause abends schon mit dem Kleinkind, am besten am Bett. So entdeckt es wie von selbst die Geborgenheit, die der Glaube gibt. Ich kann mir nicht vorstellen, dass das Kleine diese Gutenachtgedanken mit dem lieben Gott anders als mit Begeisterung aufnimmt – mit Sehnsucht. Von dem berühmten Dichter Clemens Brentano wurde mir einmal berichtet, dass er zum katholischen Glauben nach vielen ... Jahren zurückfand, auch, weil er sich erinnerte, wie seine Mutter ihm in den Jugendjahren immer wieder ein Kreuz auf die Stirn gezeichnet hatte.

Erinnerung

Zu Beginn einer meiner einsamen Fußwallfahrten nach Bornhofen – mein Weg führte mich durch einen kleinen Ort – ging einige Schritte vor mir eine Mutter mit ihrem Kindergartenkind. „Der Jesus, der Jesus, der ist auf-er-stan-den!", jubelte das kleine Stimmchen des Kindes begeistert die Frohe Botschaft der Osterzeit aus seinem Herzen heraus, die ihm wohl an diesem Morgen im Kindergarten vermittelt worden war. Die Mutter aber antwortete ernst in Erwachsenensprache: „Ich weiß, dass das manche Menschen glauben, aber ich kann es nicht glauben!" Es tat weh, das kleine Stimmchen tiefenttäuscht antworten zu hören, kaum der Sprache mächtig: „Aber ich, *ich* glaube das!" – Welche Macht haben Eltern über das Herz der Kinder, besonders, wenn sie klein und hilflos sind! Die Mutter hätte ihr Kleines so in seiner Freude bestärken, ihm die Freude wenigstens erhalten können, zerstörte sie zum Schmerz ihres Kindes, eine Mutter, die sich vielleicht sonst viele Gedanken machte, wie sie *Alles* für ihr Söhnchen tun könnte.

Erstkommunionunterricht

Bete, singe mit deinem Kind auch zuhause. Nutze den CD-Player, es gibt wundervolle, moderne religiöse Kinderlieder. Setz dich mit deinem Sohn, deiner Tochter zuweilen in einer leeren Kirche vor den Tabernakel und erzähle ihm in einer ihm angemessenen Weise von Jesus und seiner besonderen Gegenwart in den Kirchen! Wähle Bibeltexte, die einfach sind und die Gestalt Jesu in anschaulicher Weise beschreiben! Dieses Fundament, das in der Grundschule gelegt werden könnte, geht auch dann nicht verloren, wenn Menschen später manchmal viele Jahre Kirche und Glauben fern stehen. Ein alter Priester, der oft an Sterbebetten gesessen hatte, sagte mir einmal, dass sich Menschen gerade in den letzten Stunden des Lebens an dem festhalten, was sie in der Zeit des religiösen Wachsens und Reifens wirklich verinnerlicht haben – auch wenn dies scheinbar in der Jugendzeit kaum wahrgenommen wurde und im Laufe des Lebens anscheinend absolut verloren ging. Bei allem Bemühen sollte man jenen bedeutenden Satz des Augustinus bedenken, den ich im schon erwähnten Weihnachtspfarrbrief fand:

„In dir muss brennen, was du in anderen entzünden willst."

Eine Garantie für den guten Lebensweg deines Kindes gibt es natürlich leider nie, aber regelmäßige, gut vorbereitete Kirchenbesuche, nach der Erstkommunion Eintritt in eine Messdienergruppe, die auch Jugendfreizeitangebote macht, könnten viel bewirken. Wenn das Kind im Grundschulalter zum persönlichen, regelmäßigen Gebet gefunden hat, neue Fragen, die sich im Jugendalter ergeben, auch zusammen mit den Eltern bespricht, könnte das dem Heranwachsenden die Beheimatung geben, die er jetzt in besonderer Weise braucht.

Neulich erzählte mir eine Mutter von zwei erwachsenen Söhnen, dass sie und ihr Mann sich auf gemeinsamen Reisen immer bemüht hätten, ihre Kinder, als sie noch im Jugendalter waren, für auch für Jugendliche attraktive Freizeitgestaltung, z.B. Bergsteigen, zu begeistern, für Hobbies, musische Erziehung, die dem Interesse der Jugendlichen entsprachen, und so immer wieder versuchten, Wege aufzuzeigen zur Lebensfreude, und damit Gegenkräfte weckte gegen die Gefahren der Sucht (was auch bestens gelang).

Kirchenbesuche für Kinder

Nach meiner Hauptschulzeit unterrichtete ich ein Jahr lang ein viertes Schuljahr im Fach Religion und versuchte auch hier, das Verständnis für die heilige Messe anzubahnen. Schließlich wagte ich mit der Klasse einen Besuch in einer fremden Kirche, in der morgens die Möglichkeit zu gemeinsamem Gottesdienstbesuch gegeben war. Es war allerdings *keine* ausgesprochene Kindermesse, es waren also keinerlei handlungsorientierte Elemente und besondere anschauliche Hilfen, wie sie in Kindergottesdiensten üblich sind, in besonderer Weise eingeplant worden. Bei diesem „normalen Alltagsgottesdienst" hätte sich erweisen können, ob sich nicht ein wenig wirkliches Kirchenverständnis in den Herzen der Kinder entfaltet hatte. Ich durfte zwar kindgemäße Fürbitten, nach der heiligen Kommunion auch die längere Stille in diesen Gottesdienst einbringen, auch einige im Unterricht vorbesprochene und geübte Lieder, bemühte mich aber sonst nicht weiter um Sonderelemente für Kinder. Vielleicht wäre alles gut gegangen, wenn ich nicht versäumt hätte, die Sitzordnung vorher genau festzulegen, ruhige neben lebhafte Schüler zu setzen wie später bei anderen Kurzkirchenbesuchen mit anderen Grundschulklassen. Ich brauche sicher niemandem zu *erklären*, was ich meine. So entstand im Gottesdienst erhebliche Unruhe.

Meiner Beobachtung nach ist es nur in Kindermessen, bei denen die Kinder durch die besondere Gestaltung des Gottesdienstes ständig in besonderer Weise angesprochen werden, oder bei der kleinen Gruppe von Schülern in einer Klassenmesse gut, wenn Kinder während der heiligen Messe nebeneinander sitzen. In der gleichen Kirche konnte ich später immer wieder an ausgezeichneten Kindergottesdiensten teilnehmen. In allgemeinen Erwachsenenmessen, die das Kind bei regelmäßigem Kirchgang notwendigerweise ja auch immer wieder besucht – wie selten sind wirkliche Kindermessen möglich! –, wird es meistens wie auch ich zu meiner Kinderzeit einige Durststrecken der Langeweile zu überwinden haben, nicht nur, wenn der Priester in *Erwachsenensprache* redet. Ich denke, ein Kind kann in einem allgemeinen Gottesdienst angemessenes ruhiges Betragen, Stille, nur bewahren, wenn es neben Erwachsenen sitzt.

Im Religionsunterricht, auch in fünften und sechsten Schuljahren, gab ich den Schülern Tipps aus meiner eigenen Kindheit, wo ich mich an keinen einzigen ausgesprochenen Kindergottesdienst erinnere, wie sie sich solche Phasen interessant gestalten könnten: Betrachte ein Kreuz, ein Bild von Jesus, den Tabernakel! Betrachte, wenn möglich, Bilder des Kreuzweges, wenn du dich langweilst! Versuche beim Singen der Lieder doch einmal über die Worte nachzudenken, die du hörst, auch wenn du vielleicht manches nicht verstehst! Die heilige Wandlung, die heilige Kommunion, die ja auch in einem Erwachsenengottesdienst naturgemäß anschaulich sind, werden bei entsprechender Vorbereitung das Kind immer in besonderer Weise ansprechen. Wenn du dein Kind mitnimmst in einen allgemeinen Gottesdienst, der nicht in besonderer Weise für Kinder vorbereitet wurde, geh nach Möglichkeit nach vorn! Suche dir den Platz aus, von dem aus das Kind die beste Aussicht auf den Altar hat. Eine weitgehend bewusste Teilnahme an allgemeinen Gottesdiensten ist meiner Ansicht nach also auch bei der beschriebenen Vorbereitung für die Kinder meistens nur dann möglich, wenn sie einander nicht zum Schwätzen verleiten. Ist es nicht auch im Erwachsenenalter noch so, dass wir oft den leichteren Weg wählen, auch dann, wenn wir wissen, dass der anstrengendere eigentlich besser für uns wäre? Das Nachdenken, zu dem man die Kinder vor dem Besuch eines allgemeinen Gottesdienstes anleiten kann, bietet ihnen bei Konzentration die Möglichkeit einer bewussten Teilnahme, aber das Schwätzen mit dem Banknachbarn lässt die Zeit ebenso schnell vergehen und ist viel leichter.

Genau das erlebte ich damals mit dem vierten Schuljahr in der fremden Kirche. Die Konzentration war zwar immer wieder da, der Priester verstand es auch in dieser heiligen Messe, die für alle und nicht nur für Jugendliche gefeiert wurde, die Kinder in besonderer Weise anzusprechen, aber die Aufmerksamkeit wurde trotzdem durch das Schwätzen einzelner behindert.

Zuweilen entsteht erst durch dieses Stören – manchmal ist es nur ein einziges Kind – die Gefahr der Langeweile. Diese Erfahrung machte ich auch immer wieder im Religionsunterricht an der Hauptschule: Wenn mir einzelne Kinder die bewusste Teilnahme am Unterricht, der sie bei Konzentration sicher durchaus interessiert hätte, verweigerten, weil sie es vorzogen, nicht aufzupassen, einfach um einer gewissen Anstrengung aus dem Wege zu gehen, hatte all mein Bemühen keine Chance, wenn ich sie nicht irgendwie daran hinderte.

Stört auch nur ein einziger fortlaufend, ist ein gutes Unterrichtsgespräch, das auch bei allen neuen Unterrichtsformen immer wieder notwendig ist, nicht möglich und bald wird es für alle ermüdend. Was tun? Ich würde raten: Ruhe bewahren, sich nicht vom Zorn hinreißen lassen, aber rechtzeitig ein Exempel statuieren, mit den Mitteln, die zu Gebote stehen, die dem Kind klare Grenzen setzen, auch als Warnung für die Klasse. Allerdings muss man sich auch immer wieder selbst überprüfen, ob nicht hier und da eine Situation, eine Stimmungslage gegeben ist, die einen Wechsel der Unterrichtsformen, der die Aufmerksamkeit erleichtern könnte, erfordert. In unserer 1-½-Stunden-Religions-AG verging die Zeit meistens wie im Fluge, weil das gegenseitige Zuhören selbstverständlich war.

Ein ganz wichtiger Tipp für Erstkommunion- und Firmvorbereitung: Wenn irgend möglich unterteile die Gruppe, wenn sie zu unruhig ist, suche rechtzeitig genügend Katecheten. Heutzutage ist es möglich, dass eine solche Gruppe evtl. nur aus zwei Teilnehmern zu bestehen braucht.

Erinnerung – Religions-AG

Es gab eine kleine Gruppe, in der es fruchtbare Gespräche gab, ohne die geringsten Störelemente, obwohl zwei Haupt-Störenfriede aus der Oberklasse der Hauptschule dazu gehörten. Irgendwie hatten die beiden sich entschieden, an der Religions-AG teilzunehmen und so klappte es wunderbar, weil jeder im Gespräch ständig gefordert war und es ihnen deshalb nie langweilig wurde.

Wenn ich bei den Kindern die Grundlagen religiöser Erziehung, Anleitung zu Beten und Kirchenbesuch nicht so oft vermisst hätte, hätte ich diesen entscheidend wichtigen Themen in meinen Unterricht doch nicht diese Bedeutung gegeben, da sie weitgehend eigentlich Sache von Gemeindekatechese und Elternhaus sind. Wie aber soll Gemeindekatechese stattfinden, wenn es so ist, wie es der Geistliche, der den Gottesdienst in meinem vierten Schuljahr feierte, einmal beschrieb: „Die Kinder würden auch allein in den Gottesdienst kommen, aber keiner ist da, der ihnen morgens das Frühstück macht." Diese Erfahrung ist auch die meine.

Rosen empfangen – Auswahl

Am Abend dieses Tages hatte ich wieder Gelegenheit, Glaubenszeugnisse von Menschen zu hören. Wie unterschiedlich sind Wege und wie vielfältig wirkt der Heilige Geist! Später fand ich in meinem Tagesgebetbuch einen Text, der meiner Lebenserfahrung entspricht, der Begegnung mit allen Menschen, die ich näher kennen lernte:

Christus, göttlicher Herr

Christus, göttlicher Herr,
dich liebt, wer nur Kraft hat zu lieben,
unbewusst, wer dich nicht kennt,
sehnsuchtsvoll, wer um dich weiß.

(Tagesgebetbuch Magnificat)

Ob es bei einer unbewussten Begegnung mit Gott bleibt in unserem Leben, liegt sicher auch entscheidend daran, welchen Menschen wir auf unserem Lebensweg begegnen.

„Die Eltern sind die Erzengel der Kinder."

Klassenmesse: Vorbereitung auf die Heilige Kommunion

Zurück zur Vorbereitung der Klassenmesse an der Hauptschule. Kurz vorher wollte ich die Aufmerksamkeit der Schüler noch einmal ganz besonders auf das zentrale Ereignis der heiligen Messe lenken, den Empfang der heiligen Kommunion. Ich machte eine Umfrage schriftlich, ohne Namen, Beantwortung natürlich freiwillig und mit dem Hinweis, dass das Nachdenken über diese Frage auch dann wertvoll wäre, wenn man sich doch nicht mehr erinnern könnte oder den Zettel lieber unbeschriftet ließe: „Wann warst du zum letzten Mal zur heiligen Kommunion? Weißt du noch, was du dabei gedacht hast?" Man sollte den Kindern auch unbedingt freistellen, einen solchen Zettel abzugeben und ihm das Ziel dieser Meditation deutlich machen, dass man nämlich gemeinsam darüber nachdenken wolle, ob man das heilige Brot bewusst und nicht gleichgültig empfängt.

Sogar vor einer Klassenmesse würde ich heute abschließend fragen, wer das heilige Brot empfangen wolle oder lieber zu diesem Zeitpunkt noch nicht – und diese Frage auch begründen, allerdings auch zu ertasten suchen, ob nicht eine gewisse Ängstlichkeit, „nicht würdig zu sein", der Grund sein könnte.

In der AG, später auch im Firmunterricht, praktizierten wir besonders im Anschluss an die Meditation eines Bibeltextes das schriftliche Beten, das dann nur auf ausdrückliches Bitten der Jugendlichen hin von ihnen selbst vorgelesen wurde. Lässt sich nicht, ähnlich wie bei Tagebuchaufzeichnungen, gerade schriftlich über Glaubensinhalte besonders gut nachdenken? Aufschreiben und dann nochmals lesen, eine wertvolle Meditation.

Die Fragen an die Schüler waren Fragen, die man sich auch als Erwachsener ab und zu stellen könnte, unabhängig von der Häufigkeit des Kirchenbesuches.

Nach Absprache, nur wenn alle damit einverstanden waren, wurden die Antworten der Schüler manches Mal auch von mir der Klasse vorgelesen, anonym natürlich. Ich machte die Schüler vorher darauf aufmerksam, dass Spott- und Witzantworten von mir sofort vernichtet und nicht vorgetragen würden. So kam es eigentlich auch nie vor, dass jemand diese Umfragen zum Anlass für Albernheiten nahm. Außerdem: kurz vor der Klassenmesse waren die Kinder so weit, dass sie Glaubensfragen, die selbstverständlich nicht in jeder Klasse ohne Vorbereitung gestellt werden dürfen, richtig einordnen konnten. Die Schüler zeigten schließlich durchweg großes Interesse. Es war für sie spannend, bei Umfragen den eigenen Standpunkt mit dem der anderen vergleichen zu können. Bei den Schülerantworten stellte sich in mehreren Klassen heraus, dass manche sich durchaus an den letzten Kommunionempfang erinnern konnten, auch wenn dieser lange zurücklag, ganz besonders aber an das Fest der Erstkommunion, nicht nur an äußere Ereignisse, sondern doch an eine besondere Begegnung mit Gott. Zu späteren sehr seltenen Kirchenbesuchen: Viele schrieben, dass sie in diesem Augenblick keine Sekunde an Gott gedacht hätten – was ich auch nicht anders erwartet hatte bei dieser langen Kirchenabstinenz. Immerhin war es sehr wertvoll, dass die Kinder durch das Nachdenken über den Empfang des heiligen Brotes in besonderer Weise für diesen wichtigsten Augenblick des geplanten Gottesdienstes sensibilisiert wurden. Unvergesslich die Äußerung eines AG-Schülers bei einem Kirchenbesuch mit der AG: „Ich freue mich auf den Kommunionempfang, denn dann ist die Kirche bald aus." – Bei meiner Umfrage gab es allerdings viele gegensätzliche Schüleräußerungen, zu meinem Erstaunen erinnerten sich viele sogar noch an den Empfang des heiligen Brotes bei der ersten heiligen Kommunion als bewusste besondere Begegnung mit Jesus! Wie unendlich traurig, dass viele Eltern nach diesem großen Fest den Kirchenbesuch abrupt beenden, ja sich am Erstkommuniontag manches Mal nicht einmal Zeit lassen für die nachmittägliche Dankandacht!

Wir machten ein Szenenspiel:

1. Szene
Zwei Menschen begegnen sich. Der eine grüßt herzlich, der andere grüßt überhaupt nicht, weil er den Grüßenden gar nicht wahrnimmt. Er geht stur weiter – das Bild also dafür, wenn wir Jesus zwar äußerlich empfangen, ihn aber bewusst gar nicht wahrnehmen, weil wir dabei überhaupt nicht an ihn denken.

2. Szene
Zwei Menschen begegnen sich, tauschen herzliche Grüße aus. Beide freuen sich – ein Bild für die bewusste Begegnung mit Gott beim Empfang der heiligen Kommunion.

Die Feier der Klassenmesse – Auswertung

Der Klassenmesse sah man umso erwartungsvoller entgegen, als für die Stunde danach eine Klassenfeier mit wunderbaren Kuchen geplant war, die die guten Mütter für diese Gelegenheit gestiftet hatten. Am Tag des großen

Ereignisses bot sich jetzt ein ganz anderes Bild als bei der Schulmesse für Hunderte von Schülern in der Turnhalle. Die Kinder, mit denen ich darüber hinaus einige Lieder eingeübt hatte, zeigten nun bei der Klassenmesse eine der Feier absolut angemessene Haltung. Auch beim Empfang der heiligen Kommunion gelang eine andächtige, längere Stille wunderbar. Ich erinnere mich daran, dass mir der Rektor nach einer dieser Klassenmessen einmal das Lob des Geistlichen, der diese Messe mit uns gefeiert hatte, weitergab, weil sich der Priester so sehr über die angemessene Haltung der Kinder gefreut hatte. Zu dieser Zeit hatte ich bei der Vorbereitung dieser Gottesdienste in der Klasse bereits auf wertvolle Erfahrungen zurückgreifen können, die ich nun in diesem Buch weitergebe.

Was hätte nicht alles werden können, wenn die Schüler – im Anschluss an diese Klassenmesse – nun regelmäßig die Sonntagsgottesdienste besucht hätten, zusammen mit den Eltern, zusammen mit anderen Kindern oder wenn sie doch immerhin jetzt nach dieser intensiven Vorbereitung zuhause zu regelmäßigem Kirchenbesuch aufgefordert worden wären! Heute hätte ich unbedingt versucht, den Eltern mein Anliegen bei einer Elternversammlung begreiflich zu machen, den Klassenlehrer gebeten, den Beitrag der Religionslehrerin als Programmpunkt einer allgemeinen Elternversammlung aufzunehmen. Wenn auch schon bei solchen Versammlungen reichlich wenige Eltern teilnehmen, um wie viel weniger würden die Eltern am Elternsprechtag der Einladung einer Lehrerin folgen, die die Kinder nur für zwei Wochenstunden unterrichtet und dies auch noch in einem „unwichtigen Fach wie Religion", wie manche Leute meinen. Trotzdem: Schade, dass mir damals nicht der Gedanke kam, die Absprache mit den Eltern immerhin zu *versuchen*. Besonders günstig ist es für ein solches Vorhaben natürlich, wenn der Klassenlehrer gleichzeitig der Religionslehrer ist.

Was in der Klassenmesse und während der vielen Unterrichtsstunden, die ich für deren Vorbereitung verwendet hatte, aufgekeimt war, was sich so wunderbar zur Blüte hätte noch entfalten können im Leben der Kinder, das war die unsagbare Freude, die unseren Lebensweg begleiten könnte, das Bewusstsein der Nähe Gottes in Freude und Leid. Es war greifbar nahe: Gott finden, auch in den Kirchen, eine Heimat, die bleibt, wenn alles zusammenbricht, kein Mensch da ist, der einen als Freund trösten könnte, Situationen, die sich im Leben der meisten, ich denke, letztlich jedes Menschen unweigerlich irgendwann ereignen und manchen Menschen verzweifeln lassen.

In den Herzen der Jugendlichen keimte eine Freude auf, aber es war eine stille, leise Freude, kaum wahrnehmbar und doch spürbar. Soweit gehe ich in meiner Aussage – und ich glaube nicht, dass ich mich in der Beobachtung so vieler Schüler darin getäuscht haben kann –, dass die Vorbereitung der Klassenmesse, die schon im fünften Schuljahr angebahnt worden war, einen Weg zu einer besonderen Beheimatung im Glauben eröffnete, ihnen helfen konnte, dieses Ziel zu erreichen. Wenn einige Schüler zu bleibendem vertrauensvollen persönlichen Beten gefunden hätten, wäre das Entscheidende erreicht und immer wieder sagten mir Schüler, dass es so war.

Ob ich sitze oder steh

Ob ich sitze oder steh,
ob ich liege oder geh –

Du bist bei mir, das ist gut,
schenkst mir Liebe, machst mir Mut!

Ob ich rede oder nicht,
ob im Finstern, ob mit Licht –

Du bist bei mir, das ist gut,
schenkst mir Liebe, machst mir Mut!

Ob ganz nahe oder fern,
überall hast Du mich gern –

Du bist bei mir, das ist gut,
schenkst mir Liebe, machst mir Mut!

Schon im Anfang warst Du da,
bist mir bis zum Ende nah –

Du bist bei mir, das ist gut,
schenkst mir Liebe, machst mir Mut!

Unüberbietbare Freude!
Liebe Eltern, wenn dein Kind diesen Schatz in sich trägt
– sag, was wäre noch wertvoller?

Sicher gibt es unter meinen Lesern auch evangelische Christen, selbstverständlich schreibe ich ebenso auch für sie – für alle, die mein Buch lesenswert finden, über jeden einzelnen freue ich mich. In meine Religions-AGs waren damals evangelische Schüler ebenso eingeladen wie die katholischen. Sie nahmen selbstverständlich auch an den Klassenmessen teil, freiwillig natürlich, aber ich kann mich an keinen erinnern, der sich ausgeschlossen hätte. An dieser Stelle möchte ich nochmals die Kollegin erwähnen, die an dieser Schule den evangelischen Religionsunterricht gab und die in Treue, wie eine Glaubensschwester, all die 17 Jahre meiner besonderen Aufgabe meinen Weg begleitete. In religiöser Hinsicht verstanden wir uns ganz besonders gut. Sie hatte immer ein offenes Ohr für mich, mein guter Engel an dieser Schule, eine Vertraute, die mich in meiner Arbeit stets ermutigte und unterstützte. „Wie schade, dass es bei allen Gemeinsamkeiten noch diesen Unterschied gibt im Eucharistieverständnis", sagte ich einmal zu ihr. „Wenn ich zum Abendmahl gehe, habe ich aber auch das Gefühl, dass Jesus bei mir ist", war ihre unvergessliche Antwort.

„Deinem Heiland, deinem Lehrer"

Jesus belehrte mich so durch diese Kollegin und auch durch meinen evangelischen Vater: Das Abendmahl war für ihn das Höchste, wenn er auch nur selten den Gottesdienst in einer evangelischen Kirche besuchte.

Die Feier der heiligen Messe als Klassenmesse – eine ganze Stunde Stille, die also bestens bewältigt wurde! Jetzt aber kam schon die erste Krise: Die Klassenmesse – wunderschön, die Kinder andächtig, alles wunderbar – aber nun hätte in der zweiten Stunde eine Nachfeier folgen müssen, die ihrer quicklebendigen Art entsprach! Bei aller Freude an dem bereitgestellten Kuchen hätte ich ein für die Kinder faszinierendes nachfolgendes Programm für die zweite Feierstunde entwerfen müssen mit Spaß und Bewegung, wie es mir später im Grundschulunterricht zur Freude der Kinder immer wieder gelang – Karnevalsfeier, Frühlingsfest, ein Buchstabenfest für das zweite Schuljahr. Wenn man die Kinder selbst ein Unterhaltungsprogramm aufstellen lässt, bei dem man kaum merklich Hilfen gibt, ist ihre Freude umso größer. Bei einem solchen Programm wäre der Kuchen der Mütter nach der Klassenmesse viel mehr gewürdigt, außerdem auch der Festcharakter des Ereignisses viel besser deutlich geworden.

Ich denke, was wir bei einem Erstkommunionfest in großem Rahmen feiern, sollten wir eigentlich nach einem Zweit-, Dritt-, Dreißigster-, Hundertsterkommunionfest nicht außer Acht lassen – zuhause auch ein wenig weiterfeiern, in Stille ein Musikstück hören, mittags neben den Teller eine Kerze stellen, ein besonderes Tischgebet sprechen. Feste sind so schön – warum nehmen wir nicht öfters die Gelegenheit zu einer Feierstunde wahr, vielleicht auch mitten im Alltag? Im Johannesevangelium können wir es lesen: Jesu erstes öffentliches Auftreten war bei einem Fest, einer Hochzeit (Joh 2,1-12), auch sonst nahm er immer wieder an Festen teil.

Wenn ich es auch versäumt hatte, ein gemeinsames Programm für diese zweite Unterrichtsstunde nach der heiligen Messe aufzustellen, so hatte ich den Jugendlichen doch gestattet, *ihre* Musik mitzubringen, Lieblingssänger, Lieblingshits. Welch ein Gegensatz in der Ausdrucksform der Musik! Eben noch unsere durchaus jugendgemäßen Lieder der Klassenmesse – jetzt Mega-Hits mit aufs erste unvergleichlich stärkerer Ausdruckskraft. Mit großer Hingabe folgten die Jugendlichen solchen Musikevents, diesen Texten von Partnerliebe. Die Ansprechbarkeit in diesem Bereich zeigt sich heute ja bei den meisten Jugendlichen schon mit 11 oder 12 Jahren und in diesem Alter waren die kleinen Teilnehmer der Klassenmesse. Alles neu, unbekannt, die Gefühle, die die Texte der Mega-Hits bei vielen schon auslösten: Ich denke, dass mancher bereits auf dieser Altersstufe eine Schwärmerei im Herzen trug, für Jugendliche – so war es damals wie heute – heilige Gefühle, bevor die erste herbe Enttäuschung manches Mal ein schmerzhaftes realistisches Ende bereitet. Tolle Hits – was bedeuteten daneben die Kirchenlieder von vorhin – fürs erste vergessen! Genau zu diesem Zeitpunkt hätten die Kinder eine Jugendgruppe mit einem guten Jugendleiter gebraucht, der alles verbunden hätte – Spaß, jugendgemäße Freizeitgestaltung, Thematisierung der gängigen Stars, für die sich zu begeistern es *in* war, in geeigneter Form, *und* Bindung an Glauben, Beten und Kirche, jemand, der ihnen auch im alltäglichen Leben in ihrer Freizeit deutlich gemacht hätte, dass dies absolut kein Gegensatz ist, leben und beten! Genau an diesem Punkt ihres Lebens aber war oft niemand da, der ihnen im täglichen Leben half, beides zu verbinden, gängige fragwürdige Trends richtig einzuordnen, zum Beispiel den Zwang, eine gewisse Kleidung zu tragen, wenn man nicht *out* sein wollte.

Unendlich wichtig war für die Hauptschüler das Outfit, das sich an die gängigen Regeln anzupassen hatte. Immer wieder gaben die älteren Schüler besonders in meinen ersten 30er Jahren sogar auch mir gut gemeinte Ratschläge, wie man sich ihrer Idealvorstellung, was Kleidung und Aufmachung betraf, nähern könnte, was ich mit heimlichem Amüsement bemerkte. Einmal trug ich im Gegensatz zu meiner sonstigen Aufmachung ein Dirndl, was an der Schule fast einen Aufruhr auslöste. Nein, das gefiel ganz und gar nicht, war unerträglich, löste die größte Besorgnis aus. Auf Diskussionen ließ ich mich da natürlich nicht ein.

Was in meinem Fall nicht tragisch, sondern von mir eigentlich humorvoll aufgenommen wurde, erlebten Schüler dieser Schule als schmerzhaften Angriff, vor dem man sie kaum schützen konnte: ein gut gekleidetes Mädchen stand einmal tieftraurig auf der Treppe und vertraute mir an: „Alle hänseln mich und fragen: ‚Kam mal wieder die Caritas bei dir vorbei?'" Wehe, wenn jemand sich in ein *Out* setzt, besonders auf dieser Altersstufe! Letztlich wird ein guter Religionsunterricht auch immer das Ziel im Auge haben, einer solchen Haltung entgegenzuwirken, dahingehend zu erziehen, dass man Menschen nicht nach vorgegebenen Mustern beurteilt, sondern darin belehrt, sie mit Jesu Augen zu sehen, mit den Augen der Liebe, die Menschen annimmt, gleich welcher Art, gleich welchem Äußeren, gleich welcher Überzeugung.

Die Hilfestellung religiöser Erziehung, die unbedingt notwendig ist, um das Bemühen eines Religionslehrers zu unterstützen, schien mir oft einfach nicht gegeben. Viele Klassen gab ich auch nach dem sechsten Schuljahr ab. Unmöglich, die Jugendlichen selbst als Leiterin einer Jugendgruppe weiter zu begleiten – waren meine Nachmittage doch bereits ausgefüllt mit AG-Stunden. Als Lehrerin wäre ich außerdem für eine solche Gruppe nicht unbedingt die geeignete Person gewesen und hätte auch nur einen Bruchteil der vielen Schüler in einer einzigen Jugendgruppe in einer der Pfarreien, die zum Einzugsbereich unserer Schule gehörten, erreicht.

Was hätte alles werden können, wenn junge Leute die Gruppenleitungen in verschiedenen Pfarreien übernommen hätten, aber es ist nicht zu spät! In diesem Buch mache ich meine Anliegen deutlich und wenn es sein soll, wird es vielleicht auch junge Leser einladen, etwas zu bewegen in ihrer Pfarrei. Bei Gott ist alles möglich. Komm, Schöpfer Geist!

Ich nehme hier kurz vorweg, was ich im Folgenden noch eingehender beschreiben werde. Mit der Gemeinde in M. nahm ich nach der Klassenmesse Kontakt auf und es gelang tatsächlich, ein junges Mädchen als Leiterin für eine solche Jugendgruppe zu gewinnen. Dieses junge Gemeindemitglied lud also die Kinder, die mit mir die Klassenmesse gefeiert hatten, mit Einverständnis der Eltern ein. Alles lief so wunderbar, wie ich bei einem nachmittäglichen Besuch in der Freizeitgruppe feststellen konnte, aber dann musste das junge Mädchen aus zwingenden privaten Gründen die Gruppe abgeben. Niemand war da, der ihre Nachfolge angetreten hätte, und alles zerrann in *Nichts*. Es blieb bei dem *Punkt*, den ich im Leben der Kinder zu setzen versucht hatte, und bei meiner Zuversicht: Gott weiß immer einen Weg!

„**Gottes**-Zauberhaft-Vereine" – vielleicht hast *du* eine neue Idee?

Übrigens – es müssen keine Jugendgruppen sein, die man bilden könnte, das ist selbstverständlich. So viele Glaubensgruppen gibt es bereits für alle Altersstufen, aber ich denke, gerade in unserer Zeit sollte man sich immer wieder neu darauf besinnen, dass wir den Glaubensweg gemeinsam gehen, vielleicht mit der Nachbarschaft, mit einem Kreis von Bekannten oder eine Zufallsgemeinschaft bilden bei Anbetungsstunden in einem Kloster, in einer Kirche. Wenn uns eine konkrete Bindung für unser Lebenskonzept nicht geeignet erscheint, kann man den Glauben natürlich auch intensiv leben, im Herzen verbunden mit allen Menschen. Gerade das letztere könnte ein klösterlicher Weg sein für Weltmenschen:

Sende uns das Licht deiner Wahrheit, dass es uns leite! Lass uns doch Lichtträger sein!

Komm, Schöpfer Geist!

Kapitel VI:

Veronika und Simon

Wer weckt den *Keim*? „Wir sehen schon die Lichter und wir hören schon die Musik"

(Dom Helder Camara)

Veronika (Simon)

Auferstehung vom Leiden,
strahlender Jubel für mich!
Fragen aber, die bleiben
auch jetzt noch, sicherlich.

> *Osterfreude unendlich,*
> *was immer mir nun geschieht,*
> *wenn ich **doch** scheiterte, menschlich,*
> *Jesus, der für mich sieht.*

An einem Kreuzweg lädst du uns ein,
Jesus, dich trösten, Brücke zu sein.
Jesus vergessen – und keiner sieht ...
wer kann ermessen, was da geschieht?

> *Wenn manchmal Tränen auch bleiben,*
> *– treu uns in Ewigkeit*
> *Gott wird das Dunkel vertreiben,*
> ***Sein** sind wir für alle Zeit!*

Noras Freizeittreff, der sich so verheißungsvoll nach der Klassenmesse gebildet hatte – vorbei, vorbei aber nicht meine Zuversicht: Gott wird immer wieder Menschen rufen, die Jesus sehen in den „Kleinen", in fremden, in eigenen Kindern, in denen, die Hilfe brauchen in (Glaubens-) Not – vielleicht auch dich?

„Das Höchste meines Lebens ist, dich trösten, Herr! Das Schönste meines Lebens ist, dich trösten Herr..."
– Simon und Veronika – (betrachte die verschiedenen Stationen des Kreuzwegs).

Ich entließ also meine jungen Leute, zumindest einige, Mitte sechstes Schuljahr, immer wieder, so fürchte ich, in den neuen Sog einer fragwürdigen Freizeitgestaltung. Eine Weiterbegleitung bei regelmäßigem Kirchenbesuch war für die Jugendlichen in den meisten Fällen von keiner Seite her zu erwarten. Wer nun ab Mitte sechstes Schuljahr die Klassenmesse in fortlaufenden Besuchen der Sonntagsmesse hätte fortsetzen wollen, war unter den Jugendlichen nahezu allein. Wenn ihnen auch die Klassenmesse offensichtlich gefallen hatte, war diese für sie nicht unbedingt auf den ersten Blick in Verbindung zu bringen mit dem Sonntagsgottesdienst in der Kirche und vor allem fehlten hier die anderen Jugendlichen, mit denen man die Klassenmesse gefeiert hatte. Außerdem: als einziger in der Familie jeden Sonntag in die Kirche gehen? Ich denke, dass es in vielen Fällen bei regelmäßigem Kirchenbesuch für die Schüler so gewesen wäre.

Natürlich versuchte ich, durch mein eigenes Glaubenszeugnis zu begleiten, und nahm manches Mal an heiligen Messen in der Kirche in M. am Gottesdienst teil bei Gelegenheiten, wenn insbesondere Jugendliche eingeladen waren und so doch nicht ganz ausblieben und vielleicht auf Drängen von Eltern oder Großeltern hin den Gottesdienst in großen Zeitabständen besuchten.

Um ehrlich zu sein lieber Leser, bei solchen Gelegenheiten war es nicht unbedingt einfach für mich: Die Jugendlichen vorne in den Bänken als Block. Manche kannten mich von persönlicher Unterrichtsführung her überhaupt nicht. Frau Myway als Kirchenbesucherin, die hier den Glauben der Jugendlichen auf diese Weise stärken konnte? Leider war dieses Bemühen wohl vergeblich, denn hier erlebten mich die Schüler, die in den Klassen doch teilweise durchaus eine Autorität in mir gesehen hatten, die ihren Glauben unterstützen konnte, vor allem in der Religions-AG, in meiner ganzen Ohnmacht und Schwäche, die *Blöde*, die nicht in M. wohnte und den Kirchenbesuch, der total nicht *in* war, bezeugte. Irgendeiner war meistens da, der kicherte und lachte, wenn ich nach vorn zur heiligen Kommunion schritt und meistens waren es mehrere. Wer weiß, vielleicht hätte ich es an ihrer Stelle in ihrem Alter ebenso gemacht. Spott und „*Verarschen*" als Möglichkeit, Langeweile beim Kirchenbesuch, den man nicht verstand, zu überwinden und sich so auch bei den anderen ein wenig hervorzutun, das eigene Selbstbewusstsein aufzuwerten wie man meinte.

Der stärkste Grund für unser menschliches Selbstbewusstsein, Gottes grenzenlose Liebe, ihnen deutlich zu machen – der Weg dorthin war mir bei vielen von ihnen verbaut. Wenn ich es recht bedenke, nahm ich den Spott, der mir auf meinem Weg als Religionslehrerin an dieser Hauptschule manches Mal zuteil wurde, weniger als persönliches Leid wahr, wohl aber als Ohnmacht meines Bemühens. Mein Trost, auch hier: Den Blick auf Jesus richten, im Kreuz die Verheißung sehen, in Freude und Leid.

Der *Keim* war gelegt bei so vielen. Meine feste Überzeugung, dass Gott ihr Leben in jeder Sekunde weiter begleitet als der allerbeste Freund, was immer geschieht, meine Hoffnung, dass manche durch den Religionsunterricht zum persönlichen Beten gefunden haben in Freude und Leid. So viele Begegnungen hatten diese jungen Menschen, die ich ein Stück ihres Weges begleiten durfte, noch vor sich und immer wieder Erinnerungen Gottes an ihren *Stern*, wie ich aus eigener Erfahrung weiß.

Nach meiner Hauptschulzeit stellte ich in der Grundschule in der Erstkommunionvorbereitung in dritten Schuljahren durchweg eine verstärkte Offenheit fest für Beten – allein schon beim täglichen Morgengebet. Nach dem großen Fest, da wäre der beste Zeitpunkt gewesen die Kinder in einem Singkreis, Bastelkurs oder ähnlichen Freizeitgruppen. am Leben einer Pfarrei teilnehmen zu lassen – Angebote werden immer wieder gemacht. Entscheidend wichtig aber ist und bleibt dies: Gemeinsamer fortlaufender Kirchenbesuch, nach Möglichkeit zusammen mit den Eltern, religiöse Erziehung auch zuhause.

Veronika, Simon

Wer wäre darüber hinaus bereit, Noras Arbeit weiterzuführen? Jahre später – heute – lade ich neu ein in diesem Buch! Wer ist bereit, wer erbarmt sich? Wer erbarmt sich wie damals Veronika und Simon? Ein solches Bemühen um junge Menschen in einer Pfarrei wäre aber auch ganz sicher mit viel Auferstehungsfreude verbunden, wenn du siehst, wie sich immer wieder der *Keim*, den man zu setzten versucht, irgendwann doch manchmal ganz sichtbar entfaltet, wenn sich junge gläubige Menschen um positive Freizeitgestaltung der Jugendlichen bemühen, Gruppentreffs, die zuweilen mit regelmäßigem Kirchenbesuch und mit Glaubensgesprächen verbunden werden können!

Rosen empfangen – Auswahl

Ausgerechnet heute aber, *nach* meinen Aufzeichnungen bezüglich meiner Arbeit mit Jugendlichen in M., treffe ich bei meinem Einkauf in einer Bäckerei die einzige Mutter, mit der ich damals in M. eine Zeit lang wirklich zusammengearbeitet habe. Eine Firmgruppe hatte sich gebildet aus einer Klasse, in der ich auch ihre Tochter Christine in Religion unterrichtete und deren Leitung ich übernommen hatte. Diese Frau war damals bereit, Texte für unseren Firmunterricht auf der Maschine zu schreiben, Absprachen mit mir zu treffen und mir auch in meinem Bemühen, ihrem Kind im Rahmen des Religionsunterrichtes Glaubenshilfe zu geben, nach Kräften beizustehen. Diese Mutter als einzige ...? Vielleicht wären auch andere Eltern bereit gewesen, mich in meiner religiösen Erziehungsarbeit zu unterstützen, aber ich fand an dieser Mittelpunktschule keinen geeigneten Weg, sie als eine ihrem Ort fremde Zwei-Stunden-pro-Woche-Lehrerin anzusprechen.

Christine war damals in einer Klasse, in der ich große Disziplinschwierigkeiten hatte und in der man immer wieder versuchte, durch Frechheiten, durch die man sich bei den Klassenkameraden herausstellen wollte, meinen Unterricht zu stören. Trotzdem hatten sich gerade aus dieser Klasse viele Schüler für die Religions-AG angemeldet, wo ihr Betragen dann einwandfrei war. Diese zwei AG-Gruppen aus M. sind mir in besonderer Weise in Erinnerung geblieben, wie ich gleich noch schildern werde. Und ausgerechnet an diesem Tag, an dem ich mich mit der damaligen Jugendarbeit in M. in besonderer Weise beschäftigte, treffe ich die Mutter aus M., die sich mir gegenüber so vorbildlich christlich verhalten hatte!

Religions-AG-Gruppen, Firmgruppe in M.

In M., wo die Laufschüler unserer Mittelpunktschule wohnten, hatte ich natürlich mehrere Religions-AG-Gruppen, die den Vorteil hatten, dass ich mich mit den Schülern in der Kirche treffen konnte. Dass dort ein besonderer Ort des Glaubens ist, machte ich den Jugendlichen manches Mal persönlich wohl nur durch meine eigene Kniebeuge vor dem Tabernakel deutlich, wenn ich mich mit Schülern in Kirchen traf.

Bei einigen AG-Gruppen in M. war es möglich, ein wirkliches Verständnis für diesen besonderen Ort anzubahnen und ich machte es von der Eigenart einer Gruppe abhängig, ob ich mich mit den Kindern in der Kirche traf oder lieber in der Schule.

Mit einigen Gruppen war es durchaus möglich, über eine worthülsenhafte Darstellung des heiligen Raumes hinauszugehen. Am Ende der AG-Stunden, die in der Kirche möglich waren, stellten wir uns manchmal schweigend um den Tabernakel herum im Kreis. Das war allerdings vorher sorgfältig vorbereitet worden, den Schülern war die Bedeutung der Kniebeuge klar und sie waren auch bereit, sich in dieser angemessenen Form dem Allerheiligsten zu nähern. Schweigen, Beten im Herzen – das erlebten wir hier gemeinsam in wunderbarer Weise. Wir hatten vereinbart, dass jeder sich auf seine Art an die besondere Nähe Gottes erinnern und schweigend in die Kirchenbank zurückgehen sollte, wenn für ihn persönlich der Zeitpunkt des beendeten Gebetes gekommen wäre.

Die Jugendlichen, bei denen eine solche andächtige Stille möglich war und die offen dafür waren, so in unserer kleinen Gemeinschaft miteinander zu beten, zeigten auch äußerlich eine ausnahmslos angemessene Haltung. Diese große Freude durfte ich in der gleichen Kirche immer wieder mit AG-Gruppen erleben, in der ich andererseits bei Gottesdiensten öffentlichen Spott von Schülern erfuhr.

Soweit ich mich erinnere war es immer ein ähnlicher Weg um diese kurze Andacht in der Nähe des Tabernakels gestalten zu können mit Schülern, die dafür offen waren: Meditation des Gottesbildes in Jesus mit Bibeltexten, Kreuzwegmeditationen, Glaubensgespräche über Gottes Nähe im Alltäglichen, Beten – und dann die Brücke suchen, von dort her, zum Verständnis der heiligen Eucharistie, Gottes geheimnisvolle Nähe im Tabernakel unter dem Zeichen des heiligen Brotes. Ich möchte nach meinen jahrelangen Erfahrungen behaupten, dass zahllosen Jugendlichen und auch Erwachsenen dieser Glaubensweg offen stände, sie begeistern würde, wenn genügend Zeit und auch gläubige Menschen da wären, die erste *Hilfestellungen* geben würden – wie beschrieben.

Vor meinen Kirchen-AG-Stunden hatte ich im Allgemeinen in der Schul-AG-Gruppe zuerst einmal geklärt, welche Beziehung diese Jugendlichen bereits zum Beten gewonnen hatten und auch, ob ihnen das Gottesbild in Jesus etwas bedeutete. Aus Christines Klasse bildete sich darüber hinaus eine Firmgruppe – eine solche übernahm ich während meiner Hauptschulzeit als Religionslehrerin nur ein einziges Mal, während ich später in meiner Heimatstadt und auch in meinem letzten Dienstort, wo ich Jahre hindurch Religionsunterricht an der Grundschule erteilte, im großen Kollegium voll integriert und anerkannt war, immer wieder Firmgruppen leitete.

Da ich inzwischen meine Schulzeit beendet habe, möchte ich an dieser Stelle etwas anmerken, das mir wichtig erscheint: Nirgends war ich so anerkannt wie an der letzten großen Grundschule, keinerlei Kritik, mit der ich kämpfen musste, ausnahmslos freundlich, wie man mir begegnete, geschätzt in meiner Unterrichtsarbeit, angenehmes Arbeiten, angenehme Atmosphäre – für all das bin ich rückschauend sehr dankbar und doch bin ich zutiefst überzeugt, dass ich in der Zeit an der Hauptschule mit all ihren Kämpfen, in der ich sicher nicht nur Leistung erbrachte, sondern auch viele Fehler machte, ich immer wieder nicht aus noch ein wusste und manchmal wie auf einem Seil ging, die wichtigste und fruchtbarste Arbeit meines Lebens machte!

Wer weiß, ob nicht du, lieber Leser, in einer ähnlichen Situation bist wie damals ich – lass dich nicht entmutigen – Gott weiß, Er allein.

Von Herzen hoffe ich, dass ich dir vielleicht mit diesem Buch Tipps geben darf, die Freude zu bewahren, und, wenn du sie verloren hast in deinen Mühen und Kämpfen, wenn alles zuweilen aussichtslos erscheint, dies zu erfahren:

Siehe, Ich Bin Da

Vielleicht wäre es in M. besser gewesen, wenn die Jugendlichen auch einmal das Glaubenszeugnis eines anderen Erwachsenen erfahren hätten als das von Frau Myway, der man in der Klasse zuweilen disziplinlos begegnete, wenn ich auch nicht sagen möchte, dass mich die Kinder nicht als Religionslehrerin doch irgendwie akzeptierten. Ich mochte die Klassen mit diesen urwüchsigen *Kämpfern*, die sich das Leben oft gegenseitig so schwer machten, letztlich ganz besonders gern, hatte vor dem wildesten Getümmel und

Geschrei, das mich zum Unterrichtsbeginn manches Mal erwartete, keine Angst und vertraute den Schülern trotz allem. Ich denke, das muss gegenseitig gewesen sein. Gerade aus dieser Klasse waren viele Jugendliche bereit, ihre Religionslehrerin auch noch zusätzlich in der Religions-AG zu ertragen. Zu meinem Erstaunen zeigten sich sogar die mir gegenüber manchmal so kritischen Firmlinge erfreut, dass ich die Leitung ihrer Gruppe in der Pfarrei übernahm.

Diese Mädchen kamen mir in unseren Firmstunden mit persönlicher Freundlichkeit entgegen. Die Arbeit wurde mir bloß durch die auf dieser Altersstufe unter Freundinnen üblichen Albernheiten und Kichereien erschwert, Lachsalven, an die ich mich aus meiner eigenen Jugendzeit trotz der sehr nachdenklichen Phasen bestens erinnern kann – Gott sei Dank! Dieses *Problem*, das nicht bei den Jugendlichen, sondern in der Herausforderung an unsere Geduld liegt, teile ich – wie ich von Gesprächen her weiß – auch mit anderen Firmkatecheten. Mit Spott ist bei der Gemeindearbeit eigentlich nicht zu rechnen, denn die offensichtlich ehrenamtliche Arbeit wird doch irgendwie akzeptiert, auch von Jugendlichen.

Ich selbst habe dergleichen in der Gemeindearbeit in meiner Heimatpfarrei niemals erfahren und auch nicht gehört, dass sich andere Katecheten darüber beschwert hätten. Allerdings: Immer wieder beklagten sich einzelne über Albernheiten und *dumme Reden*, die zwar nicht persönlich zu nehmen waren, sie aber an der geplanten Gestaltung der Firmstunden hinderten, wie mir ein Jugendgruppenleiter neulich erzählte. Dieser junge Mann erlebte das gleiche wie damals ich in der Firmgruppe, der ich durch jahrelangen RU bereits vertraut war. Gerade diesen freundlichen, idealistischen und auch fähigen Jugendgruppenleiter aber lobten die Firmlinge sogar bei der allgemeinen Aussprache mit dem Bischof.

Die Jugendlichen aus meiner Klasse in M., die ich also jetzt noch in einer Firmgruppe betreute, gehörten keiner kirchlichen Jugendgruppe an. Kirchenbesuche erlebten sie vermutlichen äußerst selten. Nach meiner Beobachtung hatten sie aber die Geborgenheit in der Familie, ein Fundament, das oft doch sicher ins Erwachsenenalter trägt. Trotz Kaspereien – und das ist ja kein Gegensatz – waren die Kinder feinfühlig in ihrem Verhalten mir gegenüber und eine solche Eigenschaft habe ich immer wieder bei Schülern festgestellt, die zuhause Liebe erfahren haben. In dieser Firmgruppe wie auch in späteren erschien mir das wichtigste Anliegen dies zu sein, Hilfe zu geben, dass sich das Gottesbild im Herzen der Kinder entfalten konnte, das Gottesbild in Jesus, als Voraussetzung für Eucharistieverständnis, Beten – und auch für die Hinwendung zum Nächsten.

Immer wieder hatte ich da meine Chance, zum Beispiel bei unserer gemeinsamen Stille vor dem Tabernakel, Kreuzwegmeditation und Betrachtung bestimmter Bilder in der Kirche, bei Minuten des gemeinsamen Gebetes, in denen sich alle andächtig zeigten. Die Jungen-AG-Gruppe, die sich aus der gleichen Klasse bildete wie meine Firmgruppe, möchte ich hier in besonderer Weise beschreiben. Sie ist vielleicht bezeichnend für viele. Einzelne Jugendliche aus dieser Jungengruppe – die Konstellation hatte sich, wie auch in anderen AG-Gruppen, oft aus Freundschaften ergeben – kamen zum Teil aus behüteten Elternhäusern, die religiös durchaus nicht gleichgültig waren. Die Eltern von Tim zum Beispiel besuchte ich sogar einmal. Kein Problem mit Tim, so in etwa, sagte die Mutter, der wächst in alles hinein! Der Vater vertrat mit seiner Meinung wohl die Ansicht von vielen Menschen: das Leben meistern, die Forderungen des Tages erfüllen können – darauf kommt es an, Frau Myway! Reden von Gott – bringt das meinem Sohn etwas?

Darauf möchte ich jetzt und hier antworten: „Das Leben meistern, die Forderungen des Tages möglichst gut erfüllen können *und* Gott als Fundament von allem entdecken: das ist der sicherste Weg um das Leben, das auf Erden beginnt und in alle Ewigkeit weiterführt, zu meistern, grundsätzlich durch die Geborgenheit, die ich im Vertrauen auf den persönlichen Gott, der in Jesus Mensch geworden ist, gewinne." Tims Eltern verlangten von ihrem Sohn aber angemessenes Verhalten im RU und die Einstellung eines Elternhauses war bei meinen Schülern umso spürbarer, wenn sie beobachteten, dass mir ihre Eltern mit Respekt und Höflichkeit entgegenkamen, Verhaltensweisen, die bei einzelnen Schülern dieser Religionsklasse keineswegs selbstverständlich waren. Wie ich noch in anderen Beispielen aufzeigen werde, gab es aber auch – ich erinnere mich an ein sehr schwieriges neuntes Schuljahr, in dem einzelne Schüler nicht nur unangemessenes, sondern sogar aufsässiges, geradezu beleidigendes Verhalten zeigten – immer andere, die mir auch dann mit ausgesuchter Höflichkeit begegneten und mir durch ihre ganze Art deutlich machten, dass sie mich deshalb nicht weniger akzeptierten.

Das Betragen der kleinen Jungen-AG-Gruppe, die sich aus dem siebten Schuljahr in M. gebildet hatte, war allerdings insgesamt mustergültig. Das lag wahrscheinlich daran, dass einerseits durch das Fehlen von Mädchen ein besonderes Motiv für Störaktionen entfiel, d.h. niemand war da, vor dem man sich auf diese Art hätte herausstellen können, und andererseits war die Gruppe so klein, dass sich die Teilnehmer plötzlich der Lehrerin Aug in Aug gegenübersahen, und da hätte man sich mit unangemessenem Verhalten vielleicht doch ein wenig blamiert. In der kleinen Gruppe war vor allem jeder ständig im Gespräch gefordert und ich denke schon, dass es mir manches Mal doch gelang, sie ins Nachdenken zu bringen über unsere AG-Themen, wenn ich zuweilen bei dem größten Teil der Gruppe zunächst auch kein winziges Körnchen Glauben vorzufinden schien, ganz gewiss nicht bei Tim, dessen Mutter anderer Meinung war: Der Glaube komme mit den Jahren von ganz allein. Ich denke eher, dass dieser Junge sich längst die weltanschauliche Haltung des Vaters, die in einer Familie auch ohne bewusste Beeinflussung für Kinder deutlich wird, zum Vorbild genommen hatte und dass sich gerade bei Tim, der seinen sympathischen Vater wohl bewunderte und liebte, der Unglaube schon verfestigt hatte, so weit ich das nach unseren Gesprächen beurteilen konnte.

Wichtigster Lebensinhalt dieser AG-Gruppe schien dies zu sein: Nachmittagsaktivitäten, Fußball, Spaß haben, andere *verarschen* – Schüler erzählten mir immer wieder von ihrem Plan, Lehrer zu *verarschen*. Sie hofften, sich so über einige Mitglieder meiner Zunft erheben zu können. Wichtig war es, sich verteidigen zu können. Einige Teilnehmer dieser Gruppe besaßen Messer, die sie in der AG einmal aus der Tasche nahmen, und ich hörte von Jugendlichen auch bei anderen Gelegenheiten, dass es heutzutage nötig sei, ein solches bei sich zu tragen. Selbstverständlich verbot ich ihnen, dergleichen zu benutzen oder in die Schule mitzubringen, aber wer wollte das fortlaufend kontrollieren? Immer wieder zeigte sich bei einigen Jugendlichen das Bedürfnis, für einen möglichen Angriff gewappnet zu sein, sogar bei einigen jungen Erwachsenen aus dem Freizeitglaubensgesprächskreis in S. Wenn ich in einzelnen Klassen das Verhalten einiger Schüler mir gegenüber auch manches Mal als schwierig und schwer erträglich empfand, machte ich doch die Beobachtung, dass sie uns Lehrern gegenüber wohl niemals so unbarmherzig waren wie manches Mal untereinander. Das gilt natürlich nur für einige Schüler, die sich wohl keine Gedanken darüber machten, wie sehr sie andere verletzten, oder dies vielleicht sogar wollten um aufzufallen und sich irgendwie herauszustellen, möglicherweise eine Reaktion auf selbst erlittenes Unrecht.

Das Böse, das ich beobachtete bei Schülern – war das wirklich böse? – Nach meiner Ansicht gibt es zwei Gründe: Auf der einen Seite mit der Bibel gesprochen: „Sie wissen nicht, was sie tun" (Lk 23,34), auf der anderen Seite ist es wohl ein Sich-hervortun-wollen auf Kosten anderer, wahrscheinlich aufgrund eigener Minderwertigkeitsgefühle.

So ist es oft mit uns Menschen: Wir jagen und jagen verzweifelt nach Anerkennung, manches Mal um den Preis von Unrecht und Sünde, dabei sind wir bereits längst unüberbietbar anerkannt von dem Gott, der uns geliebt hat bis in den Tod am Kreuz, der für uns bereit war, Enttäuschung, Nichtverstandensein, Hohn und Spott zu ertragen, der Gott, den ich auch in der „Messergruppe", die nicht das geringste Sündenbewusstsein zu haben schien, verkünden wollte.

„Was würdet ihr tun, wenn ihr noch einen einzigen Tag zu leben hättet, eine einzige Stunde?", fragte ich sie einmal. Übereinstimmend die Antworten dieser jungen Kämpfer: „Nochmals alles Geld zusammenkratzen, zum Hähnchen-Clem gehen (ein beliebter Jugendtreff in M.), gut essen und – vor allem – mich rächen!"

Vertrauen hatten diese jungen Leute zu mir, dass sie mir das so frei heraus erzählten. Ich glaube, eines spürten sie: wenn sie die frommsten Überzeugungen gehabt hätten – ich hätte sie nicht mehr gemocht als eben so wie sie waren. In meinem Herzen brannte umso mehr die Flamme, die mich, so hoffe ich, immer begleitet, wenn ich Religion lehren will, gerade ich, die ich es selbst täglich so nötig habe, von Jesus belehrt zu werden: ihnen deutlich zu machen, dass sie geliebt, anerkannt und hoch geachtet sind, unüberbietbar, von dem Gott, der uns alle ebenso liebt.

Wo aber sollte ich ansetzen mit Glaubensgesprächen bei dieser Gruppe, die Beten nur von Notsituationen her, sozusagen als Glücksbringer kannte? Diese Art zu beten kennen nach meiner Beobachtung übrigens nur die wenigsten Menschen nicht. Beten in Notsituationen, Beten als Glücksbringer – so beten auch Menschen, die sich sonst um Religion, Gott und Glauben fast gar nicht kümmern – (vgl. Kapitel „Nicole"). Sie erwarten von Gott allerdings, dass er ihnen hilft, wie sie sich das vorstellen, dass er „funktioniert" – siehe auch Erinnerungen aus meinem eigenen Leben.

Trotzdem ist es gut, wenn Menschen sich wenigstens in der Not an Jesus wenden. Wie unendlich traurig, wenn sie dies, plötzlich in eine lebensbedrohliche Situation geworfen, deshalb nicht wagen, weil sie sich in anderen Lebensphasen „auch nicht um Gott gekümmert haben". Gerade dann wartet Er auf sie wie der Vater im Gleichnis vom Verlorenen Sohn und es käme um alles darauf an, den Glauben an Gottes Barmherzigkeit zu riskieren, gerade dann.

Der Schächer am Kreuz war ein Räuber und Mörder und für ihn genügte nur dieser einzige Satz: „Jesus, denk an mich, wenn du in dein Königreich kommst" (Lk 23,42). – Von ihm wissen wir mit Sicherheit, dass er bei Jesus ausruhen darf, in alle Ewigkeit, er, der Jesus mit diesem Satz ganz sicherlich tröstete, in seiner schwersten Stunde, erfuhr die Antwort: „Wahrlich, ich sage dir, *heute* noch wirst du mit mir im Paradiese sein" (Lk 23,43).

In der AG unterhielt ich mich mit den Schülern über ihr Leben. Manchmal forderte ich sie auf, den Tag, wie er sich für sie ereignet hatte, von morgens bis abends zu schildern: so zeichnete sich ein wenig ein Bild vom Leben der jungen Teilnehmer ab und auch Punkte, an denen man in einem Glaubensgespräch ansetzen konnte. Mich selbst bezog ich in diese Beschreibungen der Tagesabläufe immer partnerschaftlich mit ein. Jeder erzählte selbstverständlich nur das, was er ohne jede Überwindung unserer Gruppe anvertrauen wollte und so gaben die Schüleräußerungen auch im Allgemeinen nur ein oberflächliches Bild von den Begebenheiten des Tages. Natürlich war ein Spielraum gegeben für stilles Nachdenken über persönliche Ereignisse, die den Jugendlichen bei diesen Beschreibungen einfallen konnten und die der Gruppe nicht erzählt wurden.

Wie versuchte ich beispielsweise in den AG-Gruppen in M. eine wirkliche *glaubens*-mäßige Begegnung mit Texten des NT vorzubereiten? Ich stellte Begebenheiten aus dem Leben Jesu, die ihn als den Heiland zeichneten, durch sehr langsames, deutliches Lesen vor, kurze, anschauliche Texte, und gab den Auftrag, sich diese wie in einem Jesusfilm, den sie selber drehten, auszumalen, die Gestaltung der Szenen in den Kostümen der damaligen Zeit. Jeder sollte versuchen, *seinen* Film anschließend zu beschreiben. Jesus-Filme, die waren allen bekannt! Manchmal las ich auch zweimal vor und klärte im Gespräch vorher ab, was etwa nicht verstanden würde bei den Formulierungen und Hintergründen eines Bibeltextes, aber nicht zu ausführlich, damit der Blick auf die eigentliche Glaubensaussage gerichtet blieb und das Interesse an der Gestalt Jesu nicht erlahmte.

In unseren AG-Stunden achtete ich – wie auch bei Kirchenbesuchen – nach meinen Erfahrungen auf die Sitzordnung der Teilnehmer. Ich hätte hier keinen Bibeltext vorgelesen, wenn nicht jeder Schüler sich vorher in seinen selbst gewählten Lieblingswinkel des Klassenraumes zurückgezogen hätte um im Anschluss an das Vorgelesene oder die nachfolgende gemeinsame Ausmalung des Textes, ohne jeden unmittelbaren Austausch mit dem Banknachbarn, aus dem Herzen heraus, Jesus etwas aufzuschreiben. Zumindest saß jeder Teilnehmer *vor* meinem Vortrag an einem Platz, wo er die Stille beim Zuhören unbedingt bewahren konnte. Ich hatte den Schülern im Verlauf der AG deutlich zu machen versucht, dass die Bibeltexte keineswegs langweilig sind, wenn man ihnen konzentriert folgt, und die Schüler gaben mir nach der Erfahrung, die sie in verschiedenen AG-Stunden machten, darin recht. Ich hätte in der Religions-AG, bei den kleinen Gruppen auf keinen Fall vorgelesen, wenn nur ein einziger gestört hätte. Die Schüler sahen auch irgendwie ein, dass absolute Ruhe unbedingt bewahrt werden musste, damit die Meditation dieser Bibeltexte interessant wurde und die nachfolgenden Aufgaben gelingen konnten. Im Anschluss an den Textvortrag Jesus etwas aufschreiben – das fiel auch solchen Schülern leicht, die keineswegs gewohnt waren, zu Hause zu beten. In meinen AG-Stunden gab es kein: „du musst!" Alles wurde mit den Jugendlichen vorher vereinbart, einsichtig gemacht. Niemals hätte ich einer solchen Gruppe eine Bibelmeditation aufgezwungen. Wenn sich dabei wirklich etwas verinnerlichen soll, ist dies auch unmöglich. Im Anschluss an das Austauschgespräch über die verschiedenen „Jesus-Filme", die beim Zuhören in den Herzen der Schüler entstanden waren, las ich noch einmal vor. Dann zog sich jeder in die absolute Stille zurück. „Versuche, Jesus, wie du ihn dir vorstellst, etwas aufzuschreiben oder male für dich ein Bild, erzähle schriftlich nach!" Es wurde vereinbart, dass im Plenum nur derjenige seinen Text oder sein Bild einbringen sollte, der das gerne wollte. Ich achtete sorgfältig darauf, dass die anderen, die zuweilen auch bei anderen Themen keinen Gesprächsbeitrag gaben, nicht das Gefühl hatten, der Gruppe weniger zu bieten. In der AG sollten die Schüler einmal Pause haben von jedem Leistungsdruck! Vielleicht *leistete* dort gerade deshalb jeder so viel, dass ich mich heute mit Freude an diese Stunden erinnere. Lieber Leser, vielleicht hast du in deinem Leben ein Umfeld, in dem ähnliche Religions-Gesprächskreise möglich wären?

Die AG-Arbeit war für mich größtenteils Freizeitbeschäftigung – nur so konnte ich in diesen kleinen Gruppen unterrichten, aber die Freude, die ich dort erleben durfte – welch ein Lohn! Immer wieder versuchte ich den Schülern deutlich zu machen, dass im stillen Nachdenken der eigentliche Wert unserer AG-Gespräche lag.

Wenn ich hier sage, dass die Teilnehmer manches Mal außerordentlich lebhaft waren, bezieht sich das auf ihre Ausdrucksform im allgemeinen Religionsunterricht, in dem einige störten, schwätzten und sich vorlaut zeigten. In der AG (durchschnittlich etwa fünf Schüler) waren alle höflich, freundlich und immer wieder bereit, sich einerseits mit aller Kraft zu konzentrieren und den Gesprächen auch nach der 6. Stunde aufmerksam zu folgen, andererseits auch Durststrecken auszuhalten, wenn es einmal weniger interessant für sie war. Wenn ich mir hier alle Mühe gab, mich auf jeden einzustellen, wie es eben nur in einer kleinen Gruppe möglich ist, so kann ich mich hier an kein anderes als höfliches und entgegenkommendes Benehmen erinnern, ja ich muss sagen, dass die Jungen-Messer-Gruppe des siebten Schuljahres damals wesentlich leichter zu unterrichten war, als die Mädchen-Firmgruppe aus der gleichen Klasse, die bei aller zeitweiligen Aufmerksamkeit ihr unbezwingbares Bedürfnis nach Albernheiten nicht unterdrücken konnte.

Wie kam es eigentlich zu diesen kleinen AG-Gruppen an unserer Schule?

Wir hatten für den Samstagmorgen einen AG-Unterricht geplant, bei dem die Kollegen alle möglichen Themen für die Schüler anboten, zum Beispiel aus den Bereichen Sport und Kunst, sogar eine Mofa-AG gab es, um nur einige at-

traktive Angebote zu nennen. Ich bot meinen „Gesprächskreis Religion" an. Wider Erwarten meldeten sich so viele
Schüler, dass ich praktisch wieder eine Religionsklasse hätte unterrichten können, aber die AG sollte doch über diesen Rahmen hinausgehen. So kam ich auf die Idee, die vielen Schüler in kleine Gruppen, die sich nach gegenseitiger
Sympathie bilden durften, aufzuteilen, so dass das Vertrauensverhältnis der Jugendlichen untereinander oft schon allein durch diese selbst gewählte Konstellation gegeben war.
Eine einzige Gruppe von etwa 4 bis 5 Schülern kam Sams-
tagmorgens, die anderen Gruppen – jede einmal 14-tägig
– an einem Nachmittag, den wir in der ersten AG-Stunde
am Samstag vereinbart hatten. Diese fand jede zweite Woche statt, also war für einige AG-Gruppen einmal in 14 Tagen nachmittags Unterricht (jeweils eineinhalb Stunden),
wie auch am Samstagmorgen für die Samstag-AG. Dafür
hatten die Nachmittagsgruppen jeden Samstagmorgen
frei. Die Gespräche am Nachmittag fanden also in meiner
Freizeit statt, waren für die Schüler aber natürlich offiziel-
le Schulveranstaltung. Später im Verlauf dieses Jahres habe
ich versucht, meine Erfahrung aus der Religions-AG in den
Firmunterricht meiner achtköpfigen Firmgruppe, deren
Teilnehmer ich vorher überhaupt nicht kannte und in der
auch nur sehr wenige Firmstunden möglich waren, einzubringen. Den folgenden Text, den ich hier auszuwerten versuchte, möchte ich einfügen.

Firmgruppe 2001

Bibeltexte in meiner Firmgruppe zum Thema: „Leben aus dem Geiste Jesu"

Vor dem Lesen gab ich den Firmlingen eine Beobach-
tungsaufgabe mit dem Hinweis: Wir geben die Begebenheit gleich mit eigenen Worten wieder. Die in Bibeltexten
schwierigen Wörter, das, was man nicht ohne weiteres versteht, wird vor dem ersten Vorlesen des Textes kurz geklärt.
Beim Lesen versuchte ich, die Sprache der Bibeltexte, die
Jesus vor allem als den Heiland zeichneten, ein wenig zu
vereinfachen, ohne ihre Aussage zu verändern.

Die Heilung einer schwerkranken Frau

Und siehe, eine Frau, die seit 12 Jahren schwer krank
war und sehr viel zu leiden hatte, trat von hinten an Jesus heran und berührte die Quaste seines Mantels, denn
sie dachte bei sich: „Wenn ich nur seinen Mantel anrühre,
werde ich geheilt werden." Jesus aber wandte sich um, sah
sie und sprach: „Mut, Tochter, dein Glaube hat dir Heilung
gebracht!" Und die Frau war geheilt von jener Stunde an
(nach Mt 9,20-22 oder Mk 5,25-34 oder Lk 8,43-48).

Aufgaben für die Firmlinge

(*Aufgaben*, die man sich vielleicht aber auch selbst ab und zu stellen könnte, in individuell abgeänderter Form)

1. Gib die Geschichte mit eigenen Worten wieder!
2. Unterstreiche die Textstellen, die du besonders wichtig findest!
3. Was sagt dir der Text über Jesus?
4. Was sagt dir der Text über die Frau?
5. Reden mit Gott, ähnlich wie die Frau? – Gespräch
6. Die Schülerin *Nicole* hat dabei diese Erfahrung gemacht: Meditation / Lesen Text: „So könnte man Gott kennen lernen" (vgl. Seite 195)
7. Vorschlag: ich lese den Bibeltext noch einmal ganz langsam vor. Hinweis: Stelle dir jeden Satz vor wie in einem Jesus-Film! So kannst du deinen Film gestalten wie du willst: Aussehen der Personen, usw ...
8. Jeder zieht sich schon vor diesem zweiten (eigentlich dritten) Vorlesen in einen Winkel des Raumes zurück, mit einem Zettel, auf dem wir Jesus etwas aufschreiben wollen. Hinweis: Das lesen wir niemandem vor! Wir stecken diesen Zettel gut weg. Zuhause könnten wir ihn noch einmal durchlesen und unseren Text in ein Buch eintragen, wenn er uns gefällt.
9. Man kann so schriftlich beten, aber ebenso im Herzen! Mach es doch zuhause öfters wie Nicole! So wie diesen Bibeltext kannst du jeden anderen lesen: Lies ganz genau, stell dir Jesus vor, rede mit dem, von dem du da liest, im Herzen wie es dir gefällt.

Dazu noch ein Beispiel:

Jesus rettet den sinkenden Petrus

Jesus forderte seine Freunde auf in das Boot zu steigen und schon einmal an das andere Ufer vorauszufahren, während er selbst die Scharen entließ. Nachdem er die Menge entlassen hatte, stieg er allein auf den Berg um zu beten. Und als es Abend geworden war, befand er sich dort allein.

Das Boot mit seinen Freunden aber war schon mitten auf dem See und wurde von den Wellen bedrängt, denn es war Gegenwind. Um die vierte Nachtwache aber kam Jesus auf sie zu. Er ging über die Wellen. Als ihn aber die Jünger über den See schreiten sahen, entsetzten sie sich und meinten, er sei ein Gespenst und vor Furcht schrieen sie auf. Er aber redete sie sogleich an und sprach: „Mut! *Ich* bin es doch! Fürchtet euch nicht!" Da sagte Petrus: „Herr, wenn *du* es bist, so lass mich über das Wasser zu dir kommen!" Jesus sagte: „Komm!" Da kletterte Petrus über den Bootsrand und ging über das Wasser auf Jesus zu. Als er aber sah, wie heftig der Wind war, fürchtete er sich und begann unterzugehen. Er schrie: „Herr, rette mich!" Jesus aber streckte sofort seine Hand aus, ergriff ihn und sprach: „Du Kleingläubiger, warum hast du gezweifelt?" (nach Mt 14,22-33)

O Jesus, wie oft habe ich selbst diese Szene erlebt in meinem Leben! Du, lieber Leser, hast das in diesem Buch ein wenig mitverfolgen können.

Zurück zu der Jungen-Messer-Gruppe in M. (natürlich gab es auch gemischte Gruppen, ganz wie die Schüler es wählten. Im Gesprächskreis Religion zeigten sie sich stets kameradschaftlich ohne irgendwelches Imponiergehabe voreinander wie es in den großen Klassen manchmal zu beobachten war).

Meistens trugen die Schüler im Austauschgespräch ihre Aufzeichnungen zu den Bibeltexten doch gerne vor, da sie untereinander befreundet waren und mir gegenüber auch keine Vorbehalte hatten, dies zu tun. Warum auch – bekundete ich doch stets meinen Glauben sogar vor der ganzen Klasse! Bei einem Gruppenteilnehmer, Rainer, fand ich bereits Glauben vor, großes Interesse an der Gestalt Jesu. Er schien mit Freuden bereit zu sein, sich diesen im Gebet zu seinem persönlichen Freund zu machen. Ich glaube, ich sage nicht zuviel, wenn ich behaupte, dass er von der Gestalt Jesu, die ihm auch vorher schon etwas bedeutet hatte, begeistert war. Manches Mal gab er Beiträge, über die ich staunte, wenn ich sie auch im Einzelnen leider nicht mehr in Erinnerung habe. Diese Glaubenszeugnisse waren für die anderen natürlich von großem Wert, bekundete sie doch ein Altersgefährte, der ihrer Lebensweise entsprach, ein Zeuge dafür, dass Glauben selbstverständlich im alltäglichen Leben der Jugendlichen seinen Platz haben konnte. Auch in anderen AG-Gruppen schätzte ich es sehr, wenn Gruppenmitglieder den anderen ihren Glauben bekundeten. Dies erlebten sie im privaten Bereich oder im großen Klassenverband des allgemeinen Religionsunterrichtes wohl nie oder selten aus Gründen, die ich noch beschreiben werde und die du dir jetzt schon denken kannst.

Für Rainer war Jesus zum inneren Freund geworden, der sein Leben täglich begleitete, der Ansprechpartner in Freude und Leid. In der AG waren sein Betragen und seine Mitarbeit mustergültig, wie es besser nicht hätte sein können – eine Freude für seine Lehrerin! Wie seine Klassenkameraden hatte er aber den Kampf um Anerkennung bei den anderen in seiner großen Klasse täglich zu bestehen und da musste man alles entgegensetzen, dass niemand es wagte einen *auszutricksen*, nur das nicht, *in* sein um jeden Preis! Das war wohl unbewusst der tägliche Leitgedanke vieler Schüler, die sich morgens zur Hauptschule drängten.

Eine Szene ist mir in Erinnerung geblieben mit meinem Religions-AG-Schüler Rainer. Nach einer Unterrichtsstunde ging ich wieder einmal den langen Flur entlang zur nächsten Klasse. Rainer stand am Ende des Ganges, vor der Tür seines Klassenraumes. Viel Schülerpublikum war um ihn versammelt. Eben dieser Rainer war nun gerade dabei, seine Religionslehrerin mit hämischem Grinsen zu *verarschen*, mit Worten, die ich nicht genau verstand, aber vermuten konnte nach den Lachsalven, die Rainers Reden folgten. Dieser Musterschüler aus unserem Glaubensgesprächskreis, der mir dort stets mit besonderer Freundlichkeit und sogar Verständnis begegnete, war soeben dabei, mich diesem fragwürdigen Erfolgserlebnis zu opfern, eine Antihaltung öffentlich zu bekunden, die ich bei anderen AG-Schülern eigentlich nicht gewohnt war, der gleiche, der mir besonders viel Freude gemacht und mich in meiner Arbeit immer wieder ermutigt hatte. Ich allerdings war nicht bereit, mich opfern zu lassen – mich nicht und auch nicht das Gute, das so offensichtlich in Rainers Seele gewachsen war – durch eine *Anfechtung,* die ihren Grund wieder einmal letztlich im mangelnden Selbstbewusstsein eines Schülers hatte, ein junger Mensch, der sich immer wieder glaubte bestätigen zu müssen, wer weiß, vielleicht auch tatsächlich ein wenig in dem Bösen, das wir alle zuweilen in unserem Herzen entdecken. Knüpft dieses Böse nicht immer wieder so geschickt gerade an die Gebrochenheit unserer menschlichen Natur an, an unsere Grenzen, Verunsicherungen? Spuren der Erbsünde – so würde ich dieses Verhalten beschreiben.

Komm, Schöpfer Geist!

Ich sprach Rainer einige Zeit später auf diese Szene an und er gab mir in meiner Beurteilung dieser Situation Recht. Ob er nun Besserung schwor oder nicht – an eine zweite Begebenheit dieser Art kann ich mich nicht erinnern. Außerdem wusste Rainer nun, dass ich keineswegs zu dumm war, um sein schlechtes Betragen richtig zu deuten, auch seine Motive, und dass er trotz meiner Kritik aber sicher sein konnte, dass ich ihm dieses negative Erlebnis nicht nachtrug. Glücklicherweise wusste auch keiner der Beteiligten, ob ich Rainers Frechheiten wirklich gehört hatte. Ich würde empfehlen, wenn irgend möglich, solche mit Nichtachtung zu beantworten. Dass ich Rainer trotzdem darauf angesprochen hatte, war in diesem Falle gut für ihn und für unser Vertrauensverhältnis in der AG. Wer weiß, vielleicht hatte diese Szene rückschauend gesehen auch ihr Gutes. Ich wollte ihm auch wohl unbewusst irgendwie deutlich machen, dass dergleichen Ausrutscher passieren können, sogar noch schlimmere, und dass man deshalb nicht aufhört, Gottes geliebtes Kind zu sein, im Gegenteil! Wie oft habe ich in meinen eigenen Schwächen und Grenzen gerade dann die Güte und Liebe Gottes bewusst erfahren!

Rosen empfangen – Erinnerung

Einige Zeit, nachdem ich der *Schwester* begegnet war, die mir die Liebe Gottes ebenso durch ihr ganzes Sein deutlich zu machen versuchte, fuhr ich in sehr schlechter Stimmung hinauf zu der Burgkirche Schönstatt. Ich hatte mich wieder einmal in meinen Grenzen erfahren und war mehr als unzufrieden mit mir. Wie ein schuldbewusstes Kind fuhr ich dementsprechend langsam zur Kirche und dachte: „Mich will der liebe Gott dort bestimmt nicht sehen, nach dem, was ich getan habe!" In ebendiesem Augenblick winkte mir eine Schönstattschwester am Wegesrand – hinein in diese Gedanken – ob ich sie nicht ein Stück mitnähme zur Kirche. Als sie in meinem Auto Platz nahm, sah sie mich strahlend an: „Sie hat mir der liebe Gott geschickt, dass Sie mich mitnehmen!" – Da war es wieder, das wunderbare, unvergleichliche Aufstrahlen in meiner Seele: „Gott liebt mich eben so wie ich bin." Er kann alle Scherben in Kostbarkeiten verwandeln, wartet auf mich mit unendlicher Liebe, dass ich sie ihm übergebe, damit er mich beschenken kann. Jesus, der vor der Tür unseres Herzens steht wie ein Bettler, der darauf wartet, uns beschenken zu dürfen – mit sich selbst.

Rosen empfangen – Auswahl

Von Pfingstsamstag bis Pfingstdienstag 2001, Fest des heiligen Bonifatius

Wenn ich die Geschenke Gottes für mich aufschreiben wollte für mich, allein in diesen Tagen – es entstände ein eigenes Buch. Ich bin überzeugt davon, dass es in deinem Leben ebenso ist. Die Frage für uns beide, täglich neu: nehme ich Gottes Liebe wahr? Wie viel Talente schickt er mir heute, sie greifbar wahrzunehmen? Lieber Leser, wenn du aus dieser Aussage nun eine Verpflichtung für dich machst, hast du mich falsch verstanden. Es geht darum, dass du voll Freude und Glück Gottes Zeichen wahrnimmst in deinem Leben – und aus diesem Beschenktsein heraus die Sehnsucht in deinem Herzen spürst: So viel Licht darf ich empfangen – ach, wenn ich es doch nur weitergeben könnte! Lichtträger sein!

Erinnerung: Pfingstsamstag 1989 fand ich in einer Kirche ausgelegt ein Büchlein: „Miteinander Beten". Am 18. Mai des gleichen Jahres, Pfingstdienstag, lag daneben ein Buch, darauf ein Bild von Jesus, dem Dornenkönig, mit der Aufschrift: „Liebe siegt im Opfer." Für mich heißt das mit anderen Worten: Sieg! Gerade in zeitweiligen Bitternissen auf dieser Erde!

Liebe *leben*, dann wird alles gut, in diesem Leben und in alle Ewigkeit. Wie sagt es das Lied, das Michelle beim Grand Prix Eurovision 2001 gesungen hat:

Wer Liebe lebt

Wer Liebe lebt
Wird unsterblich sein
Wer Liebe lebt,
Ist niemals allein
Such sie an jedem neuen Tag!

Jeder suche sie auf seinem ureigenen Weg, in seiner ureigenen Art!

„Miteinander Beten" – „Liebe siegt im Opfer"

Gedanken, die mich in meiner Auslegung all die Jahre hindurch irgendwie begleitet haben. Und heute, am Pfingstsamstag 2001, entdecke ich in der Kirche ein Büchlein, darauf das gleiche Zeichen wie auf jenem Gebetbüchlein aus dem Jahr 1989, das Glaubenszeichen aus den römischen Katakomben: Christus siegt!

Christus siegt, 2001: Das Büchlein trägt die Überschrift: „2000 Jahre Christentum ... und enthält das Programm einer Ausstellung zu ebendiesem Thema. Von Menschen ist in diesem Büchlein die Rede, Gruppen, die sich im karitativen Dienst auf vielfältige Art engagieren: – „**Gottes**-Zauberhaft-Vereine"

Am Pfingstdienstag 2001 nehme ich an einem Trauergottesdienst teil – ein Gottesdienst, wie ich ihn auch vor Jahren *zufällig* an einem Dienstag nach Pfingsten in der Kirche Maria-Hilf, die ich am frühen Nachmittag in einem persönlichen Anliegen aufgesucht hatte, erlebt hatte, und im darauf folgenden Jahr noch einmal. Nun also zum dritten Mal ein Totengedenkgottesdienst an einem Pfingstdienstag! Auf dem Totenzettel für den Verstorbenen das berühmte Bild mit den betenden Händen von Albrecht Dürer.

Miteinander beten – Jesus, der Dornenkönig: Liebe siegt im Opfer, bis Christus auch in unserem Leben siegt wie im Leben dieses Menschen, der sein Leben nun vollendet hat.

Wie heißt es im Totengedenkgottesdienst, Worte, die für jeden Verstorbenen gebetet werden: „Ihm ist er gleich geworden im Tod, nun lass ihn auch mit Christus auferstehen." Welch eine Hoffnung für unser irdisches Leben, welch eine Zuversicht!

Pfingstdienstag, Fest des heiligen Bonifatius! An diesem Tag stellte ich mich an meiner neuen Schule vor nach dem Sabbatjahr, dem unterrichtsfreien Jahr, in dem ich dieses Buch schrieb. Es würde die letzte Schule für mich sein ... Ich wurde für diesen Tag dorthin eingeladen. Nachmittags war ich noch in meiner Wunderkirche in Rüdesheim: „Siehe, Ich Bin Da"

„Einer geht zur Seite" – Dieses Lied aus dem Trauergottesdienst gilt auch für unsere schönsten Stunden und es gilt auch mitten im Leben. Wir sind unterwegs zum Ziel, unterwegs mit dem *Stern* und dem *Regenbogen*!

In jedem Trauergottesdienst sollten Christen – wie ich es oft erlebt habe – auch ein Osterlied bzw, ein Auferstehungslied singen!

Pfingsten – *Rosen* empfangen – buchstäblich

Im Wort zum Pfingstsonntag erfuhr ich, dass im Pantheon in Rom anlässlich des Pfingstereignisses durch die Öffnung der Kuppel Rosenblätter herabregnen werden, Symbol für die Zungen des heiligen Geistes. Dieser besondere Raum zeigt eine Öffnung zum Himmel. So sollten auch wir die Spuren des Himmels nicht übersehen, wenn uns *Mauern* einschließen wollen, weil wir sprachlos vor einem Problem stehen: „Gott in *unserer* Sprache hören, dann ist für uns der Himmel offen, dann regnen Feuerzungen des heiligen Geistes auf uns herab" (Auf diese Art habe ich für mich die Worte des Geistlichen, der das Wort zum Pfingstsonntag gesprochen hatte, noch ein wenig ausgedeutet).

Dem *Stern* im Herzen folgen – Himmelsspuren – Pfingsten! Und dieses Ereignis kann täglich sein.

Rosen empfangen

Ein sehr engagierter Firmkatechet bot zu meiner Freude im Rahmen des Pfingstsamstags-Gottesdienstes die CD eines Singkreises an. Der Erlös sollte den Straßenkindern von Haiti zugute kommen, für die er zusammen mit den Firmlingen ein Projekt erarbeitet hatte.

Klagen über Firmgruppen? Auch, wenn – wie du meiner Darstellung entnehmen kannst – vielleicht nicht immer alles glatt läuft, wer weiß, vielleicht auch manchmal alles am Ende zu sein scheint: „**Gottes**-Zauberhaft-Vereine" – Gott wird vollenden!

Einen wunderschönen Text von Mutter Theresa, den ich für den Pfingstsamstagabend 2001 in meinem Tagesgebetbuch fand, möchte ich hier einfügen:

Aus Liebe (Mutter Theresa)

Wir dürfen niemals glauben, dass wir perfekt und unersetzlich sind. Gott geht seine eigenen Wege. Er kann zulassen, dass unter den Händen einer sehr begabten Schwester alles drunter und drüber geht. Gott sieht nur ihre Liebe. Ihr könnt euch an einer Aufgabe totarbeiten, wenn sie nicht mit Liebe getan ist, nützt sie nichts. Gott braucht nicht unsere Arbeit. Er wird die Schwester nicht fragen, wie viele Bücher sie gelesen hat, wie viele Wunder sie vollbracht hat, sondern ob sie ihr Bestes getan hat aus Liebe zu ihm."

„Täglich neu anfangen, das ist höchste Heiligkeit", sagte einmal ein Ordenschrist zu mir. Ich denke, manches Mal muss man sogar *stündlich* neu anfangen! Lieber Gott, hilf mir, wenn ich keine Kraft mehr habe, hilf mir zu *lieben*.

Wenn ich in den AG-Stunden zu Anfang oft die Tages-abläufe meiner Schüler schildern ließ – vom Zeitpunkt des Aufstehens an bis abends – so galt das einmal der Entspan-nung, aber eigentlich – der Gedanke kommt mir heute – war es nicht der Anfang von dem, was die Mystiker so be-schreiben: Gott in *allem* sehen und finden? Dies war auch möglich bei Menschen, für die Beten und Kirchenbesuch keineswegs selbstverständlich war. Vielleicht ist es sogar so, dass man durch diese Versuche, Gott in allem zu sehen, ir-gendwie zum Glauben finden kann.

Rosen

Die Abschnitte „*Rosen* empfangen" und „*Rosen* verschen-ken", die ich an verschiedenen Stellen des Buches einfüge, sollen von dieser Mystik des Alltags erzählen, lieber Leser. Diese Mystik des Alltags, die ich in meinem Leben entdeckt habe, entspricht auch dem Vortrag über die Mystik Meister Eckharts, den ich heute gehört habe, Meister Eckhart, der mich auch im anderen Zusammenhang bereits sehr beein-druckt hat. Ich werde das gleich noch darstellen.

Religions-AG

Einer erzählte von seinem Tagesablauf – alle überlegten: Was an diesem Tag heute hatte mit Gott zu tun, könnte mit ihm zu tun haben? Ich gab den Schülern Beobachtungs-aufgaben für das Zuhören, nachfolgender Austausch im Plenum, ein sicheres Mittel, die Aufmerksamkeit des Ge-sprächskreises zu gewinnen und Interesse zu wecken: Was also hatte mit Gott zu tun? Zunächst scheinbar gar nichts. Trotzdem ist es gut, die Dinge des Tages einzeln zu benennen, daran anschließend die Frage für den, der beschreibt, aber auch für die ganze Gruppe: wo sehe ich Spuren des Wirkens Gottes – *Rosen*? Bei näherer Beobachtung der Tagesereignisse, auch der unscheinbaren, leuchtete manchmal die Erkenntnis auf, dass sie durchaus etwas mit Gott zu tun haben könnten. Heute ist es für mich so, dass ich eigentlich bei näherer Betrachtung alles von Gott her deute, winzigste Begebenheiten, wunderbare Ereignisse. Gesangbuchtexte, Daten, Vorträge, das Verhalten meiner Schüler nach einem Stoßgebet, das ich noch beschreiben werde (vgl. Seite 348) tausend ähnliche Dinge, Begegnungen, Fügungen, ganz besonders natürlich bewusstes Beten und – größtes Ereignis des Tages – das unfassbare Geschenk der heiligen Messe.

Wenn du schon Christ bist, bedenke dies: ich erzähle hier nur das, was unser Glaube unbedingt beinhaltet. Gott ist nicht irgendwann da, beim Beten, beim Kirchenbesuch, bei den Sakramenten. Unser Glaube beinhaltet selbstverständlich: Er ist in jeder Sekunde da! „Bei euch aber sind sogar die Haare auf dem Kopf alle gezählt" (Mt 10,30 bzw. Lk 12,7). Jeder Mensch hat seinen eigenen Weg, Gottes Spuren in seinem Leben zu entdecken. Miteinander unterwegs zum Ziel ... Hier nun der Text von Meister Eckart – ich zitiere aus meinem Tagesgebetbuch:

Nimmer in die Ferne

Gott geht nimmer in die Ferne. Er bleibt beständig in der Nähe, und kann er nicht drinnen bleiben, so entfernt er sich doch nicht weiter als bis vor die Tür ...

Du erinnerst dich, lieber Leser? Jesus allzeit nah bei uns ... „Und wo ist der Himmel?" – wie oft wird diese Frage wohl gestellt? Haben wir hier nicht das Aufleuchten einer Antwort? Talente, die uns auf Zeit geschenkt sind, Himmelsspuren in Freude und Leid. Gerade auch in unseren Fehlern und Grenzen können wir sie an ebendiesem Tag entdecken. So vieles übersieht man, nimmt es nicht mehr als Besonderheit wahr: dass ich morgens mit allen Sinnen ohne Schmerzen aufwachen darf, dass ich genug zu essen, Freunde habe, Menschen, die mich mögen, einen Beruf, gebraucht werde, aber auch das Ahnen, Zeichen der Gegenwart Gottes in dem, was schwer ist und zuweilen unerträglich und sinnlos erscheint.

Rosen empfangen, Maria, *Rosen*-Königin!

(beim späteren Kirchenbesuch ein Gesangbuchbändchen an der Seite des Liedes: „Ave Maria zart, du edler Rosengart")

Erinnerung

Zahllose Wallfahrten machte ich schon nach Bornhofen, einem meiner besonderen Zufluchtsorte: Einmal kam ich auf dem Höhepunkt meiner Not dort an, zusammen mit einer Wallfahrtsgruppe. Ich hatte die Wanderung zum Gnadenort schon mit schlimmen Aggressionen begonnen. In der Wallfahrtskirche wurde dann in etwa gebetet, der Mutter Gottes gesagt, mehrfach: „Du hilfst uns allen" – und ich respondierte im Herzen: Mir nicht! So lange hatte ich gebetet in meiner Not, Jahre, so flehentlich – und? Und? Und?

In dieser Leidphase lernte ich das *„Motzende Gebet"*,

wie schon erwähnt. Meine Reden, Bitten an Maria, waren ähnlich – reden ohne das geringste Schuldbewusstsein, letztlich doch im Vertrauen auf die Mutter Gottes, dass sie versteht, dass sie sich doch von meinem Verzweiflungsausbruch bewegen lassen möge, ja sogar Frechheiten mir nicht anrechnete im Leid:

Liebe Mutter aller Mütter, liebe Schmerzensmutter, Königin des Friedens, du treue Begleiterin der Menschen, zweite Mutter im Himmel! Du ließest dich nicht bewegen, etwas für mich zu erflehen, was nicht gut für mich gewesen wäre, wie ich heute glasklar erkenne,

aber du erflehtest mir Glück und Segen und die vollkommene Erlösung aus dem *Dunklen Tunnel*! Mutter aller Mütter, bitte für uns, wenn es in Gottes Plänen liegt, uns die ganze Antwort erst im Himmel zu geben! So viele Menschen gehen diesen Weg, bitte für sie um unerschütterliche Zuversicht und dass wir immer wieder zu Gottvertrauen und Frieden zurückkehren, wenn wir sie verloren haben! Liebe Mutter Gottes, bitte für uns Sünder dann, jetzt und in der Stunde unseres Todes, ich verlass mich auf dich!

Diese Worte in meinem Buch sollen mein Täfelchen sein in der Bornhofen-Kirche:

Maria hat geholfen

Anfügen möchte ich ein wunderschönes Lied, durch das ich die Mutter Gottes im Kindesalter kennen gelernt habe. Ich war damals, etwa acht Jahre alt, zusammen mit anderen Kindern in einer Ferienerholung und hatte abends furchtbares Heimweh, obwohl ich mitten in der Runde der Kinder saß. Da stimmte jemand das Lied an, das ich später selbst mit vielen Grundschulkindern gesungen habe:

Segne, du, Maria,

Segne, du, Maria, segne mich, dein Kind,
dass ich hier den Frieden, dort den Himmel find!
Segne all mein Denken, segne all mein Tun,
lass in deinem Segen Tag und Nacht mich ruh'n!
Lass in deinem Segen Tag und Nacht mich ruhn!

Segne du, Maria, alle, die mir lieb,
deinen Muttersegen ihnen täglich gib;
deine Mutterhände breit auf alle aus,
segne alle Herzen, segne jedes Haus,
segne alle Herzen, segne jedes Haus,

Und die folgende Strophe lernte ich – wie auch die anderen – später:

Segne du Maria unsre letzte Stund,
süße Trostesworte flüstre dann dein Mund;
deine Hand, die linde, drück das Aug uns zu,
sei in Tod und Leben unser Segen du.
sei in Tod und Leben unser Segen du.

Ich weiß noch, wie mir damals die Mutter aller Mütter durch dieses Lied alles Heimweh wegzauberte und ein wunderbarer Frieden mein Herz erfüllte. Heute, am Tag, als ich diesen Text in seine endgültige Form brachte, war in der heiligen Messe später das Datum in meinem Gesangbuch: 20. November 2000 und der Spruch im liturgischen Kalender zu diesem Tag: „Freu dich des Lebens, es ist später als du denkst!" (östliche Weisheit) und: „Wer siegt, dem gebe ich zu essen vom Baum des Lebens"

Erinnerung

„Miteinander beten" – „Liebe siegt im Opfer" – „Es gibt keine größere Liebe, als wenn einer sein Leben für seine Freunde hingibt" (Joh 15,13). Unabhängig davon, wie viel Zeit uns noch geschenkt ist auf dieser Erde, das gilt für *jeden* Tag unseres Lebens. Was sagte der Priester in jenem Trauergottesdienst am Pfingstdienstag 2001? „Nur wer den Tod einbezieht in sein Leben, kann es richtig sehen, schätzt es realistisch ein", so in etwa, und: „Irgendwann ist die Zeit abgelaufen."

Im Vorübergehen kaufte ich mir neulich eine Kinderuhr in Regenbogenfarben, die für mich hohe Symbolbedeutung hat. Zahllose Male wurde eben diese Uhr von Grundschülern mehr bewundert als eine Uhr aus Gold und Edelsteinen. Eine solche hätten sie wohl auch weniger wahrgenommen. Am 24. März 2005 blieb diese Uhr stehen, kurz vor 24 Uhr. Es war die Gründonnerstagnacht.

Ich stelle mir vor, dass jetzt eine kleine Gruppe von Lesern mit mir einen Glaubensgesprächskreis bildet. Ähnlich wie in der AG würde ich eine Frage stellen: „Freu dich des Lebens, es ist später als du denkst" – welche Bedeutung hat dieser Satz für *dein* Leben, heute, an *diesem* Tag?

Auch ich will antworten, lieber Gott: Das Leben, das du mir geschenkt hast, der Weg, den du mich geführt hast, ist eine Herrlichkeit. Ich erkenne mein Leben mit tausend Möglichkeiten, die Gnade, heute im Vollbesitz meiner Kräfte zu sein. Eigentlich brauche ich nur zu bitten, dass dein Wille an mir geschieht, das ist das Höchste, das ich für (den) Menschen erbitten kann, (den) die ich liebe – mehr gibt es nicht, denn darin ist alles Glück enthalten, das es für uns Menschen gibt, alle Liebe, die wir dir und einander schenken können. Der Spruch oben weist auf die Endlichkeit des Lebens auf dieser Erde hin und auf das, was du mir schenkst, jeden Tag, vor allem dies – uns in Freiheit entscheiden zu können für dich – bewusst oder unbewusst.

Noch viele Jahre auf dieser Erde, ein hohes Alter in Freude erreichen, das schließt der obige Spruch nicht aus. Dein Wille geschehe ... Lass mich nicht sterben, *bevor* ich mein Ziel erreicht habe, lieber Gott, und wenn ich es auf dieser Erde tatsächlich erreiche, dann lass mich noch lange leben, hier – wenn es in deinen Plänen liegt – und ein Segen für andere sein. Ob kurze oder lange Zeit, immer soll dies gelten an jedem Tag:

Die Welt mit ihrem Gram und Glücke

Die Welt mit ihrem Gram und Glücke
will ich, ein Pilger, frohbereit
betreten nur wie eine Brücke!
Zu dir, Herr, überm Strom der Zeit."

(Josef von Eichendorff)

Heute wieder einmal der vierte Tag der fortlaufenden Novene „um *Alles*" und ich denke, dass wir das selbst aus den Bruchstücken unseres Lebens gewinnen können. Gott wird vollenden.

Himmelsspuren – Rosen empfangen in Freude und Leid

Für die Kirchgänger unter meinen Lesern – natürlich auch für die anderen: das Glaubensbekenntnis – allein darin liegt schon die ganze Welt –, meine geliebten Gesangbuchtexte, Biographien – es müssen nicht unbedingt Heilige sein. In der Bibel eine Stelle von Jesus lesen, die mich anspricht ... – lies einmal langsam Satz für Satz! So viele *Rosen* am Tag, die darauf warten, gepflückt zu werden! Viel, viel Freude liegt schon in dieser Welt für uns bereit, jeden Tag, ein Meer von Freude. Mich auf den Wellen dieses Freudenmeeres ab und zu forttragen lassen mitten am Tag, das drückte Bernhard, der junge Erwachsene auf dem Weg zum Priesterstand, so aus:

„Wenn ich bei meiner Dienststelle über den Flur gehe und mein Blick auf das Kreuz fällt, bin ich schon außer mir vor Freude."

Im Kreuz, sogar im Kreuz kann der Christ die Freude sehen! Gott *Rosen* des Vertrauens schenken in Freude und Leid wie Maria, die *Rosen*königin, – Gottes Verheißung sehen, immer, in unserem eigenen Kreuz und im Kreuz der Welt.

Jenseits der letzten Tür, da wird der Nebel *Rosen* tragen.

Manchmal können Glaubende aber auch *Rosen* schenken, Gott *Rosen* schenken wie Maria, *Rosen* gewaltiger Liebe. Fragen an Gott bleiben immer, in Freude und Leid.

Kalenderspruch zum Neujahrstag

Ich sagte zu dem Engel, der an der Pforte des neuen Jahres stand: „Gib mir ein Licht, das mir die Dunkelheit erleuchtet!"

Der Engel aber antwortete mir: „Lege deine Hand in die Hand Gottes, das ist besser als ein Licht und wird dich sicher ins neue Jahr begleiten."

Zum Buß- und Bettag bekam ich einmal eine Einladung zu einem Besinnungstag mit einem Bild von einem Mann und einer Frau, die sich an einer Kerze festhalten. Ich zeigte dieses Bild damals der Schwester. In diesem Zusammenhang sagte sie mir jenen Spruch vom Engel.

Ein Mann und eine Frau
halten sich an einer Kerze fest

Rosen empfangen

Unsagbare Liebe Gottes! Am Buß- und Bettag 2000, an dem ich den ersten Entwurf dieses Textes niedergeschrieben hatte, hörte ich in der Kirche später im Gottesdienst das Gleichnis von den Jungfrauen mit den Öllampen (Mt 25,1-13), eine doppelte Erinnerung an die *Schwester* und auch an mein Lebensziel. Ihre Beerdigung erinnerte mich damals an eine Hochzeit – sie *war* die Jungfrau mit der Öllampe! War sie es nicht, die mich im Vertrauen auf Gott so oft gestärkt, den Weg gewiesen hatte zum maßlosen Vertrauen auf seine Güte in Freude und Leid? Öl des Gottvertrauens sammeln für die Stunde des Todes, auch in dem, was wir auszusäen versuchen an Gutem und das scheinbar so manches Mal in nichts zerrinnt. Gott Vertrauen schenken wie die arme Witwe mit den zwei Pfennigen (Mk 12,42 bzw. Lk 21,2), wie das kleine Sterntalerkind, wie die Heiligen, das sind dunkelrote *Rosen* für ihn.

Rosen ernten im Himmel ...

„Ich sagte zu dem Engel, der an der Pforte des neuen Jahres stand ..." Die Bändchen in meinem Gesangbuch (GL Bistum Trier) an diesem Tag auf den Seiten der Lieder zum Thema „Tod und Vollendung" und Nr. 908:

Hochheilig, Gott in Herrlichkeit

Hochheilig, Gott in Herrlichkeit
du Herr der Himmelschöre!
Preis dir, der war vor aller Zeit,
Anbetung Dank und Ehre.
Hochheilig bist du, großer Herr,
erfüllt sind Himmel, Erde, Meer
von deinem Ruhm ohn' Ende

Lies nach, lieber Leser, lesen wir doch einmal einen Gesangbuchtext wirklich!

In jedem Lied äußert sich ein Glaubenszeuge, das wird mir ganz neu bewusst. Keine Glaubensgefährten? Allein im Gesangbuch sind so viele Zeugen an unserer Seite! Das Lied zur heiligen Kommunion möchte ich dir aufschreiben. Es war: „Wie schön leuchtet der Morgenstern". Ich wähle die ersten drei Strophen (in diesem Jahr fiel der Buß- und Bettag mit dem Fest der heiligen Cäcilie, der Patronin der Kirchenmusik, zusammen, also für katholische und evangelische Christen gleichermaßen ein Fest.):

Wie schön leuchtet der Morgenstern

Wie schön leuchtet der Morgenstern,
voll Gnad und Wahrheit von dem Herrn
uns herrlich aufgegangen.
Du Sohn Davids, aus Jakobs Stamm,
mein König und mein Bräutigam,
du hältst mein Herz gefangen.
Lieblich, freundlich, schön und prächtig,
groß und mächtig, reich an Gaben,
hoch und wunderbar erhaben.

Du meine Perl, du werte Kron,
wahr Gottes und Marien Sohn,
ein König hochgeboren!
Mein Kleinod du, mein Preis und Ruhm,
dein ewig Evangelium,
das hab ich mir erkoren.
Herr, dich such ich, Hosianna.
Himmlisch Manna, das wir essen,
deiner kann ich nicht vergessen.

Gieß sehr tief in mein Herz hinein,
du leuchtend Kleinod, edler Stein,
die Flamme deiner Liebe
und gib, dass ich an deinem Leib,
dem auserwählten Weinstock, bleib
ein Zweig an frischem Triebe!
Nach dir steht mir mein Gemüte,
ewge Güte, bis es findet
dich, des Liebe mich entzündet

Ein Schulmorgen in M. – Freizeitglaubensgesprächskreis in B. – Firmgruppe 2001

Ich ging den langen Flur entlang zu einer Religionsklasse, die Treppe hoch und wieder hinunter zur nächsten ... das war damals mein allmorgendlicher Weg an der Hauptschule. Hier ein Erlebnis der Freude, bei anderen Schülern nur Stress, in der dritten Unterrichtsstunde vielleicht eine leise Hoffnung auf Entfaltung, dann wieder Schüler, bei denen ein Chaos zu überwinden war, in der sechsten Stunde wieder Harmonie. So in etwa der Religionsunterricht in vielen Klassen, in all den Jahren, zusammengerechnet, für Tausende von Schülern. Wie auf Meereswellen fühlte ich mich getragen, Meereswellen, die manchmal ruhig dahinplätscherten, dann zu Wogen sich auftürmten, mich plötzlich zu verschlingen drohten, Wogen, die mich zuweilen auf die hohe See hinausschleuderten, wo ich nur noch um Hilfe rufen konnte – dann wieder ruhige See.

In diesem Zusammenhang erinnere ich mich an eine Szene aus meinem Schulalltag in meinen ersten Jahren an der Hauptschule: Ich hatte eine so schlimme Erkältung, dass ich kaum sprechen konnte, wollte aber nicht fehlen. Vor der sechsten Stunde war meine Kraft endgültig erschöpft, auch die Stimme. Und jetzt war ich unterwegs in den ersten Stock, wo mich ein besonders disziplinschwieriges achtes Schuljahr erwartete. Wie so manches Mal betete ich im Herzen zu dem allerbesten Freund, der meinen Weg ebenda begleitete:

Mein Stoßgebet

„Lieber Gott, hilf mir, ich habe überhaupt keine Kraft mehr!"

Ich betrat die Klasse – unglaublich! Ruhige, freundlich entgegenkommende Atmosphäre, meine Stimme brauchte ich nicht zu belasten, alles lief prima! Am Stundenende fragte ich die Kinder, warum sie sich plötzlich so mustergültig benommen hätten. „Wir haben uns ausgemacht, Sie heute einmal nicht zu nerven", so in etwa die Antwort. „Gott, der die Herzen bewegt" – die Kinder waren seiner Einladung gefolgt. Ich erzählte ihnen von meinem Stoßgebet vor der Stunde. So war es oft, trotz der Kämpfe, die ich ausfechten musste – und eigentlich ist das kein Gegensatz: ich wollte den Kindern *Freund* sein und immer wieder erlebte ich die Kinder wie Freunde, trotz allem.

An dieser Stelle möchte ich aber auch erwähnen, dass man sich nicht zu wundern braucht, wenn man auf Ablehnung stößt. Obwohl man sich nach Kräften bemüht, können Kämpfe einfach verloren werden. Am Ende einer solchen Stunde, in der einzelne Schüler, manchmal nur einer, alle schönen Pläne, die man für die Stunde mitgebracht hatte, zunichte gemacht hatte, sagte ich zu der Klasse: „Ihr habt mir keine Chance gelassen." – „So ist es", lautete in etwa die Antwort und in diesem Bekenntnis lag auch schon ein Wert, denke ich. Mit meiner Bemerkung hatte ich übrigens einen Fehler gemacht: „*Ihr*", hatte ich gesagt und – wie ich noch an anderer Stelle bemerken werde – so war es nie! Es waren immer einzelne Schüler da, die sich entgegenkommend und arbeitswillig zeigten, und auch im größten Chaos sollte man diese Freude nie übersehen. Ich hätte also besser gesagt: „Ich bedanke mich bei allen, die in bewundernswerter Weise mitgearbeitet haben, obwohl es für sie durch das Geschrei nicht einfach war, vielleicht sogar langweilig! Vielleicht geben einige, die sich heute in anderer Weise hervorgetan haben, diesen Schülern auch einmal eine Chance?"

Um ehrlich zu sein: Manchmal hilft gar nichts mehr – weder Worte noch Disziplinarmaßnahmen, die ich übrigens in meinen Hauptschuljahren nicht genügend ausschöpfte – ich hätte manches Mal den Anfängen wehren müssen – Unterrichtsausschluss für den ersten, der versuchte den Unterricht zu boykottieren ..., damit nicht andere Ähnliches versuchten, hier und da ein Exempel statuieren, was man am besten in Übereinstimmung mit dem Klassenlehrer macht, den Schülern die Grenzen eines Fehlverhaltens aufzeigen, Konsequenz.

Mit zwei Wochenstunden im Fach Religion an einer Hauptschule in einer Klasse zu unterrichten, ist zuweilen so schwer, dass man das selbst längere Zeit praktiziert haben muss um zu wissen, was ich meine. Was gab mir Kraft, in all den Jahren? Im Stundenplan mein erstes Namenszeichen der *grüne Punkt*! „Ein Sämann ging aus um zu säen ..." (Mt 13,3; Mk 4,3; Lk 8,5). Ich erlebte immer wieder begeisterte Stunden, in denen ich den *Samen* wachsen zu hören glaubte, Klassen, in denen es keine nennenswerten Disziplinprobleme gab und solche, in denen sich trotz diesbezüglicher Schwierigkeiten die geschilderten Erfolge abzeichneten. Manches Mal sagte ich dann zu den Schülern: „Wenn ich genug Geld hätte, würde ich meinen Dienst auch gerne umsonst tun!" Die Freude, die ich in den zahllosen Stunden Religion und in den AG-Stunden erlebte, war so groß, dass sie Misserfolge nicht nur ausglich, sondern bei Weitem übertraf und schwierige Stunden an meiner Kraft nicht wirklich zehren ließ. Manchmal war ich immerhin eine Zeit lang in einer Klasse „hoch im Kurs", aber das ist auch schon viel, und so hatte ich Gelegenheit, in aller Ruhe meinen *Punkt* zu setzen. Ich möchte, rückschauend betrachtet, nicht behaupten, dass das in einer chaotischen Stunde überhaupt nicht gelang. Gott weiß, welche *Rosen* wir ernten, er allein. Wie Mutter Theresa sagt, nur die Liebe zählt, unser Bemühen, unser guter Wille. Dazu gehören auch immer wieder unsere Fehler und Grenzen, denke ich.

In diesem Zusammenhang möchte ich von einem achten Schuljahr erzählen, an das ich mich in besonderer Weise erinnere. Das Interesse an Glaubensfragen war hier eine Zeit lang groß. Warum sich nicht auch am Nachmittag treffen? Mindestens zehn Schüler waren dazu bereit, in ihrer Freizeit! Alles fing so wunderbar an! Der Pfarrer von B. stellte uns ein wunderschönes Zimmer des Pfarrhauses bereit für diese Treffs. O weh, hatte er schon einmal diese Pfarrkinder seines Ortes, die er wohl kaum in der Kirche sah, in der Schule unterrichtet? Ich nenne sie „Junge Wilde" und dem Leser wird aus meinen Schilderungen schon deutlich geworden sein, was ich damit meine: junge Wilde mit ihrer ganz eigenen Ausdrucksform, freundlich, sympathisch, entgegenkommend, wenn sie sich verstanden fühlen, aber gefährlich und unerträglich, wenn man irgendetwas an ihnen nicht begreift, die Geduld verliert. Die Schüler erschienen vollzählig zu unseren Treffs, mindestens zehn, zappelnd vor Temperament. Wenn auch große Schwierigkeiten zu überwinden waren, dass die Gesprächsregeln eingehalten wurden, so konnte ich mich über mangelnde Aufmerksamkeit nicht beklagen. Irgendwo schlummert bei den Jugendlichen das Interesse für Glaubensfragen, sehr, da bin ich sicher. Irgendwie gäbe es eine Möglichkeit, mit älteren Jugendlichen auch in der Freizeit Interesse für Glaube und Kirchenbesuch zu wecken, deshalb bringe ich meine Erfahrungen hier ein, in der Hoffnung, dass sie ein Leser in einem neuen Bemühen nutzen kann. Vielleicht hast du, lieber Leser, eine Idee für deinen Sohn, deine Tochter, deine Pfarrei? Vielleicht ist irgendwo ein junger Erwachsener, der weiterführt, was auch hier, in B. – wenn auch nur kurze Zeit – so verheißungsvoll gelang? Ich berichte von der Glaubensgesprächsgruppe in B.: Man diskutierte – wiederholte Freizeittreffs! Alles klappte eigentlich wunderbar, auch wenn es Frau Myway weiterhin in keiner Weise gelang, dass alles in ruhiger Form unter Einhaltung der Gesprächsregeln, vorgetragen wurde. Dies hier war kein Schultreff, keine Religions-AG. Die Zusammenkünfte wären genauso verlaufen, wenn die Jugendlichen allein unter sich gewesen wären. Meine Aufgabe war es, ähnlich wie in der Freizeitgruppe in S., im Themenbereich des Glaubens Gespräch*punkte* zu setzen. Aus diesem Grund hatten sie mich eingeladen, nicht ich sie, wie in den AGs.

Bald machte ich einen Fehler, der alles zerstörte. In meinem Kopf hatte ich bei den Gruppentreffs einen Gedanken an das große Fest, das zu diesem Zeitpunkt nebenan in der Kirche manches Mal gefeiert wurde, die heilige Messe. Dort der Pfarrer, der mit zumeist älteren Alltagskirchenbesuchern die heilige Messe feierte – hier die Jugendgruppe! Bei unseren Zusammenkünften *war* doch Interesse für Gott! Konnte ich die Jugendlichen nicht einfach einladen, nach nebenan in die heilige Messe zu gehen, den Pfarrer für sich sprechen zu lassen – ihn sprechen zu lassen für Religion, Gott und Glauben?

O weh! Fast alle Mitglieder unseres Glaubensgesprächskreises hatten die Ortskirche wohl schon lange nicht mehr von innen gesehen. Und außerdem – einen Kirchenbesuch hätte ich unbedingt vorher sorgfältig planen müssen, ähnlich wie die Gebetsminuten mit einigen AG-Schülern in M., im Altarraum! In anderen kleinen AG-Gruppen hatte ich minutenlange Andachten in Kirchen auf diese Weise vorbereitet und auch erlebt, aber jetzt: Eine ganze heilige Messe für diese Gruppe, diese quicklebendigen Jugendlichen, und obendrein in einer Bankreihe zusammengezwängt – das bereitete die Unmöglichkeit vor, dass sie bei dem geplanten Kirchenbesuch auch nur ein einziges Wort bewusst wahrnehmen konnten. Wir hätten vereinbaren müssen, dass höchstens zwei oder drei von den jungen Leuten in Abständen eine Bankreihe besetzten und dass jeder versuchen sollte, sich irgendetwas zu merken von dem, was dort gesprochen wurde – Austausch nachher im Plenum. Mit diesem ganz einfachen Trick fängt man die Aufmerksamkeit der Jugendlichen und manches Mal entsteht daraus wirkliches Interesse. Nach meiner Erfahrung sollte man unter Umständen sogar dazu bereit sein, sich aufs Bitten zu verlegen, in etwa so: „Ach, wäre das schön, wenn ich einmal einen Eindruck gewinnen könnte, wie ihr alles seht!" All das fehlte bei meiner Einladung in die heilige Messe. Die Jugendlichen waren sofort mit Freuden bereit, den Gottesdienst zu besuchen, warum nicht? „Mal was anderes" – zusammen mit allen in die Kirche zu gehen! Sie versammelten sich also dort, wie beschrieben, dicht gedrängt in einer einzigen Bank, von den alten Leuten mehr oder weniger misstrauisch beäugt, denke ich. Das Weitere brauche ich eigentlich nicht zu schildern ... Der Pfarrer betrat den Kirchenraum, Kichern, Schwätzen, Stören, Lachen begleitete seinen Versuch, den Gottesdienst in der üblichen Weise zu gestalten. In der Bankreihe keiner, der überhaupt ein Wort des Geistlichen bewusst wahrnehmen konnte bei dieser Unruhe, Frau Myway, die Blut und Wasser schwitzte bei diesem Eindruck. Vor der heiligen Wandlung war die Geduld des Pfarrers erschöpft. Er verbat sich ein solches Betragen – vom Altar aus, der gleiche Pfarrer, der uns so freundlich den Raum zur Verfügung gestellt hatte. Das Schlimmste: der Bruch war da. Der Pfarrer sah keine Erfolge, Frau Myway hatte versagt. Die Schüler ihrerseits waren *stocksauer* und hatten kein Verständnis für ihren Pfarrer. Man musste, wie ich, in den Religionsklassen stehen um das erklären zu können, die Szene in der Kirche und was dahinter stand. Ich versuchte dies erst gar nicht und entschuldigte mich nur bei dem Geistlichen für meine Schüler, tieftraurig im Herzen, dass alles zu Ende und eine wertvolle Möglichkeit verspielt war. Ach, hätte ich doch mehr Geduld gehabt! Ach, wäre ich doch behutsam, Schritt für Schritt, vorgegangen! Lieber Leser, vielleicht bist du der Mensch, der in deiner eigenen Pfarrei das angefangene Werk zu Ende führen kann? So müsste es gehen, vielleicht in einer Firmgruppe:

Jugendliche schrittweise für den Besuch der Heiligen Messe gewinnen

1. Interesse wecken für Glaubensfragen: die Jugendlichen schreiben in einer Stillephase ihre Fragen auf einen Zettel.
2. Diskussion der Fragen. Bibelmeditationen aus dem NT wie beschrieben, leicht verständliche Texte, die „Jesus, den Heiland" zeichnen.
3. Sehr, sehr wichtig: Wir lesen in der Kirche einen anschaulichen Text von Jesus, dem Heiland, vor, wie

ihn die Bibel zeichnet, zweimal langsam und deutlich. Nachdem wir in vorhergehenden Gruppenstunden nach diesem Vorlesen Jesus öfters etwas aufgeschrieben haben so wie damals in den Religions-AG-Stunden (auch in den Firmgruppen war das immer ein Erfolg!) könnte man diese „Übung" sehr gut in der Kirche machen, besonders auch als Vorbereitung auf den Besuch einer heiligen Messe. Nachdem der Bibeltext also in der Kirche langsam und deutlich vorgelesen wurde, begeben wir uns in den Altarraum und nehmen vor dem Allerheiligsten Platz – längere Stille / Beten als Angebot – Hinweis: Im Tabernakel, in der heiligen Hostie, ist der gleiche Jesus, von dem die Bebeltexte reden, anwesend, wirklich, wahrhaftig, leibhaftig, ein Geheimnis des Glaubens, das man letztlich nicht erklären, aber mehr und mehr erfahren kann, z.B. durch Beten in der Kirche, z.B. durch den Besuch der heiligen Messe, wieder und wieder.

Lieber Leser, es ist selbstverständlich, dass diese Art Beten / Meditation ebenso für und Erwachsene geeignet ist!

4. Wir planen gemeinsam den Besuch einer heiligen Messe, die Sitzordnung vorher festlegen, einsichtig machen, dass man sich viel besser konzentrieren kann, wenn in einer Bank höchstens drei Jugendliche sitzen, mit Abstand, dass wir ja lernen wollen, andächtig zu sein und Gott hier zu erfahren.

5. Besuch einer heiligen Messe, leichte Beobachtungsaufgaben vorher genau festlegen, z.B. den Blick bewusst richten auf die heilige Wandlung und die heilige Kommunion als Höhepunkte der heiligen Messe (der, von dem die Bibeltexte reden, Er ist es der jetzt gegenwärtig wird, so greifbar, wie es auf dieser Erde möglich ist).

6. Nachher Austausch im Plenum.

7. Letzter Schritt: regelmäßige Kirchenbesuche mit Ju-

gendlichen (wie unter Punkt 4. beschrieben), bis ein Verständnis des Kirchenbesuchs angebahnt ist.

8. Wenn der Firmkatechet auch der Jugendgruppenleiter der Pfarrei ist oder beide zusammenarbeiten, könnten nachher fröhliche Zusammenkünfte stattfinden mit einem Nachgespräch zur heiligen Messe mit anschließender jugendgemäßer Freizeitgestaltung.

An dieser Stelle möchte ich eine ganz wichtige Anmerkung machen! Nach meiner Erfahrung fehlt den Firmlingen heutzutage immer wieder fast jede religiöse Vorbildung: Bibeltexte, Kirchenbesuch so gut wie unbekannt. Wie schade, dass man nicht wenigstens in allen Firmstunden in *diesem* Bereich versucht, *Punkte* zu setzen, *Punkte* bzgl. des Glaubens an Jesus, beten! Seltsamerweise ist es aber unter Jugendlichen immer noch *in*, sich firmen zu lassen. Ergreifen wir doch die Chance als Firmkatecheten. Nicht so viel Text, so viel *Action* dabei, lieber mehr Tiefe!

Um solche Ziele zu erreichen, müssten wir *Zeit*, Fähigkeit und Engagement einsetzen, es wäre wie das Erklimmen eines hohen Berggipfels. Traumtänzerei, Frau Myway? Vielleicht liegt es eben an dir, lieber Leser, ob ein solcher Traum in deiner Pfarrei Wirklichkeit wird, und – wer weiß – vielleicht können dir meine Zeilen immerhin einen *Punkt* mitgeben für deine eigenen Träume vom Reiche Gottes auf dieser Erde – „Ein Sämann ging aus um zu säen...“

Brich auf, komm mit mir, Schritt für Schritt,
Bleib nicht beim Lesen, wandere mit!

Ein entscheidend wichtiger Tipp für das Gelingen von Erstkommunion- und Firmgruppen

Ein entscheidend wichtiger Tipp für das Gelingen von Erstkommunion- und Firmgruppen in der heutigen Zeit, wo die Kinder größtenteils keinerlei oder nur sehr geringe religiöse Vorbildung mitbringen und auch immer wieder mit Konzentrationsschwierigkeiten kämpfen, ist dieser: Bilde Gruppen von höchstens drei bis vier Teilnehmern, vielleicht nur zwei! So ist jeder im Gespräch ständig gefordert und man kann auf jeden in besonderer Weise eingehen. Hier bestände am ehesten die Chance, dass über Erstkommunion- und Firmunterricht hinaus wirklich etwas wachsen kann. Die Organisation der Gruppenleiter müsste eben früh genug in die Wege geleitet werden.

Vielleicht erleben dann Firmgruppen- / Erstkommuniongruppenleiter nicht mehr so oft, wie ich hörte, Frustration, sondern in diesen kleinen Gruppen auch dann viel Freude, wenn die Grundlage für Beten und Bibelkenntnis noch fehlt.

Diesen Themen würde ich aber unbedingte Priorität geben und nicht, wie es leider oft geschieht, die kostbare Zeit mit sozialen Aktivitäten, die solch auch in anderen Bereichen angeboten werden, füllen.

Erinnerung

Der – Pfarrer in B. und meine „Jungen Wilden", – weißt du eigentlich, dass dieser Pfarrer Bernhards Weg ein langes Stück begleitet hat und diesem besonderen Schüler, der seiner Religionslehrerin darüber hinaus die Riesenfreude machte, Priester zu werden, ein besonderer Freund war? Selbstverständlich habe ich Bernhard, den ich als Schüler des fünften Schuljahres kennen gelernt hatte, niemals in irgendeiner Form auf die besondere Berufung, die er in sich spürte, von mir aus angesprochen oder ihn bewusst dahingehend zu beeinflussen versucht. Als er mich mit 21 Jahren mit seiner Entscheidung überraschte, habe ich mich aber natürlich unsagbar gefreut. Bernhard ist und bleibt begeistert von dem Pfarrer in B. und auch ich fand ihn entgegenkommend und freundlich. Manches aus meinem Umfeld konnte er einfach nicht verstehen, das war von den Umständen her nicht möglich. Unmöglich wäre es auch für die älteren Kirchenbesucher gewesen, wenn die Jugendlichen sich weiterhin in der heiligen Messe in der beschriebenen Weise gebärdet hätten, und, was noch schlimmer war, auf diese Art hätte ihnen der Gottesdienst kaum etwas gebracht. Gott selbst stört man in der Kirche bestimmt nicht durch lautes Gebaren. Wie sagte ich es den Jugendlichen bei gegebenem Anlass, zum Beispiel auch als Klassenlehrerin beim gemeinsamen Morgengebet? „Man kann ebenso lachend wie weinend beten, laut oder leise, aber man muss Rücksicht nehmen auf die anderen, die vielleicht aus einer ganz anderen Stimmung heraus beten möchten als ich."

Zur heiligen Messe

Eine gewisse Andacht im Herzen ist sicher erforderlich um auch nur eine Ahnung zu gewinnen von dem, was uns da geschenkt wird. Natürlich versuchte ich selbst, meine Erfahrungen von damals für meine Firmgruppen in späteren Jahren in meiner „Heimatpfarrei" – letztlich bin ich hier recht unbekannt, da es mein Weg ist, von Jugend auf, in vielen Kirchen zuhause zu sein – auszuwerten. Ich nahm Rücksprache mit den dortigen Jugendgruppenleitern, als sich eine Möglichkeit ergab, und bereitete einen Gottesdienstbesuch für die Kaum- oder Überhaupt-nicht-Kirchgänger meiner Firmgruppe mit Hilfe des angefügten Textes „Ein Gottesdienstbesuch mit Firmlingen" (vgl. Seite 371) vor. Die eigentliche Vorbereitung aber war **eine Meditation über das Leiden Jesu.**

Firmunterricht 2001

... nach all den Jahren, all den Stunden, nach all dem, was ich erlebt habe. Ich erinnere mich an jene Stunde vor dem

Besuch der heiligen Messe, in der *es zündete*, spürbar. Meine Situation: Jugendliche, die zumeist zuhause nach eigenen Aussagen fast nie beteten, Kirchenbesuch letztlich unbekannt, junge Leute, die kaum eine Vorstellung von Jesus mitbrachten zu unseren Firmtreffs. Meine Überlegung: Was hatte mich selbst bewegt, was bewegt mich selbst immer wieder, mein Leben Gott zu verschreiben? Es ist immer dies, war es immer, von Jugend auf:

Die unbegreifliche Liebe Gottes, der den Weg ging als Mensch, freiwillig ohnmächtig geworden in seiner Liebe, den Menschen treu, bis zum Tod am Kreuz, er, der mit letzter Kraft noch für seine Peiniger betete.

In diese Firmstunde brachte ich meinen Firmlingen Bilder mit aus einem Jesus-Film, in der menschliche Darsteller Bilder aus seinem Kreuzweg lebendig werden ließen, dies, nachdem wir in den ersten Stunden das Bild von Jesus, dem Heiland, wie beschrieben meditiert hatten (später, nach den Weihnachtsferien, schlossen wir eine Kreuzwegmeditation in der Kirche an, ausgehend von der Weihnachtskrippe).

Immer wieder machte ich die Beobachtung, dass auch heute Jugendliche *gepackt* werden könnten von diesem Jesus, wenn man ihn in einer ihnen gemäßen Form lebendig werden lässt, wenn sich eine Gelegenheit ergibt, wie zum Beispiel beim Firm- oder auch beim Religionsunterricht.

Nie habe ich erlebt, dass Jugendliche eine Kreuzwegmeditation in der Kirche unberührt ließ!

Aber, auch immer wieder dies: Da ist die Stunde, in der etwas *zündet*, – immer und immer wieder habe ich das erlebt – und dann folgt für die Jugendlichen der Alltag, kein Kirchenbesuch, keine Menschen da, die im privaten Bereich Interesse zeigen für Religion, Gott und Glauben – und bald ist die Stunde fürs erste verspielt! Das Bild von Jesus im Herzen braucht Zeit um sich entfalten zu können, Pflege, wie sich der *Keim* einer Pflanze nur mit Sonne, Wasser und

Licht entwickeln kann. Natürlich hält Gott tausend Möglichkeiten für uns bereit, immer – aber groß ist die Berufung der Menschen, die erkennen, dass sie es sind, die Hilfestellung geben könnten! Lieber Vater, liebe Mutter ...

Die Eltern sind die Erzengel der Kinder!"

... und vielleicht auch der Firmkatechet, der Religionslehrer, der Erzieher, ganz wichtig, so oft, wie mir Schüler immer wieder erzählten, auch die Oma, der Opa, der gläubige Mensch, der Mensch, der den Glauben sucht, und der, der nicht aufgibt ...

Rosen empfangen – Auswahl

Die letzten Seiten schrieb ich am Fest des heiligen Apostels Barnabas. Abends in meinem Tagesgebetbuch dieser Text (Gotteslob Nr. 610) – ich gebe es hier auszugsweise wieder:

Gelobt sei Gott in aller Welt

1. Strophe
Gelobt sei Gott in aller Welt,
gelobt durch die zwölf Zeugen,
die er zu Boten hat bestellt,
die Tag und Nacht nicht schweigen.
Er selbst hat sie hinaus gesandt,
dass alles Volk und jedes Land
das Wort des Heils erfahre.

3. Strophe
Voll Mut bezeugten sie den Herrn,
wohin sie immer kamen,
ertrugen Schmach und Schläge gern
für Jesu Christi Namen,
erlitten Zwang und Ungemach
und folgten ihrem Meister nach
und sind für ihn gestorben.

4. Strophe
Sie sind der Kirche fester Grund,
darauf wir sicher stehen;
durch sie wird allen Zeiten kund
des Heilgen Geistes Wehen.
Zwölf Fischer holen Menschen ein,
zwölf Säer Gottes Wort ausstreun,
zwölf Hirten halten Wache

Natürlich sind es unendlich viel mehr Menschen, für die dieses Lied gilt, lieber Leser, unzählige waren dazu bereit. Aber im Anfang waren es (nur) zwölf – und was ist daraus geworden! Wenn man heute auch über Kirchenaustritte und Priestermangel klagt, sollte man dem Wirken des Heiligen Geistes doch auch heute froh vertrauen, heute, da wir das Wunder der Ausbreitung des Christentums nur immer wieder bestaunen können. Im Abendtext meines Tagesgebetbuches zum Fest des heiligen Apostels Barnabas (11. Juni 2001) folgen die Worte des Psalms 126:

**„Die mit Tränen säen,
werden mit Jubel ernten"**

Um ehrlich zu sein, lieber Leser – nach meinem Besuch bei den Klarissen – halbstündiges Ausruhen vor dem ausgesetzten Allerheiligsten, der Monstranz, schaltete ich den Fernseher ein und ließ mich von der Buntheit der Menschen, die in einem Interview zu Worte kamen, ein wenig unterhalten. Später war ich zu müde für diesen Abendgebetbuchtext und beschloss den Tag mit einem sehr kurzen Nachtgebet, eines, das mich seit vielen Jahren begleitet, seitdem es mich an einem Nikolausabendgottesdienst, den ich mit AG-Schülern vor vielen Jahren besuchte, so beeindruckt hatte, dass ich diesen Segen sehr bewusst und damals unvergesslich wahrnahm:

Nachtgebet

Wir bitten dich, gütiger Vater, schenke uns in dieser Nacht das Licht deiner Gegenwart, lass uns, deine Diener in Frieden schlafen und wecke uns morgen, in deinem Namen zu einem neuen, von deinem Licht erfüllten Tag!
                                                    (GL Nr. 700)

Der Tagesgebetbuchstext zu diesem 11. Juni passte genau zu meinen Aufzeichnungen. Wenn ich ihn heute morgen, dem nächsten Tag, nicht doch noch gelesen hätte, einem Impuls folgend, hätte ich diese *Rose* der Liebe Gottes übersehen: Immer wieder zeigt er mir, zum Beispiel so, wie sehr er meine Texte begleitet, das, was ich erlebt habe, meine Gedanken. *Rosen* der Liebe Gottes – für dich, für mich – o Jesus, lass uns nicht blind sein für deine Liebe!

In einer neuen, sehr guten Verfilmung des Lebens Jesu wurde die Versuchung Jesu auch in der Gründonnerstagnacht dargestellt wie eine Einflüsterung des Bösen: Alles ist umsonst! Geh weg von den Menschen, es lohnt sich nicht! An dieser Stelle des Films wurden Inquisitionsprozesse, Elend, das durch Kreuzzüge verursacht worden war, Schuld, die Christen auf sich geladen hatten, entsetzliche Irrtümer eingeblendet: „Lass sie im Stich, es lohnt sich nicht, es lohnt sich nicht mit deiner Kirche!" – So in etwa. Und die Antwort Jesu, mitten in seiner furchtbaren Todesangst: „Aber vielen werde ich Kraft geben, dass sie das Gute durchhalten können im Gedanken an mich bis zum Ende." – „Da kam ein Engel und stärkte ihn" (Lk 22,43) – *Veronika, Simon* – wer weckt den *Keim?* Jesus ist auferstanden! Komm mit auf den Weg unüberbietbarer Freude!

Besuch einer heiligen Messe

Alltagsgottesdienst, am 19. Dezember 2001, zusammen mit meinen Firmlingen: Kann Frau Myway inzwischen Wunder wirken? Nein! Zwar war das äußere Verhalten meiner Firmgruppe nach unserer Vorabsprache mustergültig – die Küsterin lobte mich sogar anschließend – aber ich war nicht zufrieden. Gerade bei diesem Gottesdienst stellte ich persönlich fest, wie worthülsenhaft viele Texte für diese jungen Teilnehmer, die weder regelmäßiges Beten gewohnt waren, noch wirkliche Glaubensverkündigung in Form einer fortlaufenden Gemeindekatechese oder gar religiöser Erziehung, wie absolut unverstanden die heilige Messe vermutlich für sie bleiben musste.

Eine längere Vorbereitung etwa wie für unsere Klassenmesse im sechsten Schuljahr wäre nötig gewesen oder kontinuierlicher Kirchenbesuch, möglichst mit nachfolgender gemeinsamer Aussprache, aber dass mir diese Zeit fortlaufend gewährt würde, daran war nicht zu denken. Ich hatte hier auch noch viel weniger Möglichkeiten als in einer Religions-AG. Obwohl ich all meine Firmstunden dafür nahm, den Jugendlichen einen kleinen *Punkt* mitzugeben für ihr Gottesbild in Jesus, für das Fundament des Glaubens, das Beten, reichte diese Zeit bei weitem nicht aus. Außerdem spürte ich, bei allem Interesse, das die jungen Leute für diese Themen durchaus hatten, dass eine hier und da eingeführte allgemeine Spaßstunde, ein allgemeines Gespräch, nicht schlecht gewesen wäre. Wie gerne hätte ich auch selbst Stunden dieser Art gestaltet, aber ich gab dem *Versuch* den Vorzug, den Firmlingen in der kurzen Zeit, die mir blieb, Hilfe zu geben, dass ihnen vielleicht doch eine ferne Ahnung der fundamentalen Glaubenswahrheiten aufleuchtete.

Mir kommt der Gedanke, wie unendlich wichtig es wäre, solche kleinen, fortlaufenden Glaubensgesprächskreise für Jugendliche, vielleicht genau wie an unserer HS, im Rahmen des RU einzurichten, ganz einfach, weil hier wirklich auch Zeit gegeben wäre, dass etwas wachsen kann. Allein schon im Rahmen der heute so geforderten Werteerziehung wäre das wichtig! Ach, wenn doch unter meinen Lesern wenigstens einer wäre, der da an „oberer" Stelle etwas bewirken könnte, irgendwie! Ich erinnere mich an die Schüleräußerung eines AG-Schülers: „Eine einzige AG-Stunde bringt mir mehr als der ganze Firmunterricht."

Was tun? Die Eltern haben auf jeden Fall ihre ganz große Chance! Liebe Eltern, wenn eure Kinder noch klein sind, wäre alles ganz einfach! Religiöse Erziehung, behutsam – über Jahre hinweg – verspiele nicht diese unwiederholbare Möglichkeit für das Lebensglück deines Kindes!

Für Firmkatecheten: Im Moment fällt mir außer dem erwähnten Tipp, die Gruppen möglichst klein zu halten, nicht mehr ein als dies: eine möglichst *lange* Firmvorbereitung, von vielen Stunden.

Ich hoffe, dass sich dann nicht weniger Jugendliche anmelden. Bei allem Unverständnis, das Firmkatecheten wohl immer wieder beklagen, scheint es mir – wie schon erwähnt – seltsamerweise unter Jugendlichen *in* zu sein, sich firmen zu lassen! – Veronika, Simon
Nie habe ich einen Bischof so sehr bewundert wie den, der meine letzte Firmgruppe im Jahr 2001 firmte. Es war

vereinbart worden, dass er sich mit den vielen Firmlingen vor der Firmung eine Stunde unterhalten wollte. Dieser Priester ging wohl auf die Siebzig zu. Ich hatte ihn vorher schon bei anderen Firmungen erlebt, seine begeisterten, aktuellen, kraftvollen Predigten bewundert. Wenn da junge Leute nicht zuhörten, dann weiß ich auch keinen Rat mehr – und ich bin sicher, dass er doch die wirkliche Aufmerksamkeit von einigen Jugendlichen gewann.

Vor dem Gottesdienst, der für ihn etwa zwei Stunden Stehen bedeutete, stand er außerdem noch ungefähr eine Stunde bei der Aussprache mit den Firmgruppen im Pfarrsaal. Die Jugendlichen saßen im Kreis um ihn herum. Ab und zu richtete der Bischof das Wort an einen Gruppenvertreter, der sich dann von seinem Platz erhob. Äußere Ausdrucksform von einigen Firmlingen: Kaugummi im Mund, Hände in den Hosentaschen, manche Antworten mehr als schnippisch! Keine Spur von *Ehrerbietung*, bei manchen der mir selbst so gut bekannte Versuch, sich gerade jetzt vor den anderen Jugendlichen herauszustellen durch unangemessenes Betragen. Der Bischof ließ sich keinen Ärger anmerken, blieb freundlich und entgegenkommend. Er ergriff die Möglichkeit, die Chance, die hier noch gegeben war – diese Ungezogenheiten einfach zu übersehen.

Wenn ich es recht bedenke: wie gering sind diese Angriffe von ein wenig Spott und Hohn gegen die, die Leib und Leben gefährden – nichts gegen das, was Jesus erduldete: O Jesus, hilf, dass deine Dornen *Rosen* tragen in unseren Herzen!

„Alles vermag ich durch ihn, der mir Kraft gibt"

(Phil 4,13a)

Simon, Veronika

Immer wieder gibt es Menschen wie sie und wie diesen Bischof. Ich könnte endlos weiter schreiben ... Wir kämpfen nie allein, wenn wir uns um Glaubensvermittlung, um demütige Nächstenliebe bemühen, wie sie der Bischof so wunderbar deutlich machte in dieser Stunde, eine Demut, die die Würde seiner Person nicht minderte, im Gegenteil, die das Licht Jesu aufleuchten ließ. Jesus wäscht seinen Freunden die Füße (Joh 13,4-15) – welch eine Vorbereitung auf die heilige Firmung, auf diese Feier der heiligen Messe, die ihren Ursprung hat beim letzten Abendmahl! Wenn ich es recht bedenke, strahlte dieses Licht auch aus dem Gesicht jenes verunsicherten Jugendleiters, der mir einmal sein Leid klagte, weil alles so anders lief, als er es geplant hatte und ihm in der Firmgruppe so manches Mal alle schönen Pläne davonzuschwimmen schienen. Gerade ihn aber lobten die eben erwähnten Jugendlichen zu meiner großen Freude ausdrücklich sogar vor dem Bischof. Einige Jahre hatte sich der junge Mann vorher schon als Jugendgruppenleiter um die ihm Anvertrauten bemüht und bei dieser Gelegenheit drückten ihm seine Firmlinge öffentlich und überraschend ihre Anerkennung aus, gerade da, als für ihn alles vergeblich schien.

„Wenn du Menschen gewinnen willst, musst du dein Herz an die Angel hängen."

(Don Bosco)

Und ebendieses Herz der jungen Leute hatte der Jugendgruppenleiter doch erreicht! Hinter all ihrem unmöglichen Gebaren steckten letztlich nur Unsicherheit und ein Verständnis, das ihnen niemand vermittelt hatte in vergangenen Jahren.

Wenn ich allerdings an meine Hauptschularbeit zurückdenke, wäre es manches Mal durchaus im Dienste der Nächstenliebe gewesen, wenn ich in einzelnen Klassen den Kindern streng und konsequent die Grenzen gezeigt hätte. Die Waage halten zwischen Güte und Strenge, es aushalten, dass eine Klasse einen negativ beurteilt, weil sie eine notwendige Disziplinmaßnahme nicht versteht, wie liebende Eltern ihre Erziehungsaßnahmen ihrem Kind manches Mal nicht begreiflich machen können, kann sehr schwer sein, kostet viel Kraft. Strenge *kann* eine Ausdrucksform selbstloser Güte sein, bei allen Zerrformen, die es gibt. Auch da geht der Erzieher zuweilen wie auf einem Seil.

In diesem Jahr hatte ich es bei meiner Firmgruppe ganz leicht: ich habe die jungen Leute nie anders als höflich und nett zu mir erlebt. Das nächste Mal könnte es wieder viel schwieriger werden, es kommt da auf so viele Umstände an! Eltern oder Firmkatecheten: dass unser Bemühen sichtbare Früchte trägt, bald – eine Garantie dafür gibt es nie, wie die Lebensbeschreibung meiner Namenspatronin zeigt: 30 Jahre betete die heilige Monika um die Bekehrung ihres Sohnes, der dann der berühmte heilige Augustinus wurde. Wie viele Tränen hatte sie um ihn geweint, bis sich schließlich das Wort des Bischofs von Karthago bewahrheitete: „Ein Sohn so vieler Tränen geht nicht verloren." Ihr Gebet wurde schließlich erhört in einem Ausmaß, das ihre größten Erwartungen weit übertraf.

Also, geben wir nie auf! Wenn wir uns ehrlich bemühen, immer wieder neu, dann werden wir siegen! Gott wird vollenden! Wie viele Mitkämpfer haben wir überall, Mitkämpfer, die wir persönlich vielleicht gar nicht kennen, lieber Leser – manchmal ein Engel, der mich begleitet – und kommst du auch dazu, sind wir zu dritt, das heißt, natürlich zu viert, denn Gott geht *alle* Wege mit! Wenn du wirklich meinst, dass du persönlich keinen Menschen hast, der dich unterstützt, der dir zur Seite steht, lies einmal in den Heiligenbiographien – unglaublich, wie verschieden die Menschen, die Persönlichkeiten waren, die Jesus im Herzen rief und ruft – wie unterschiedlich ihre Berufungen! So viele Mitkämpfer – sie bitten für uns!

Es singt die Welt auf allen Fluren

Es singt die Welt
auf allen Fluren,
strahlt und leuchtet
– Himmelsspuren!

Sieh, doch, sieh, der Wunder Zahl:
Glaube hebt das tiefe Tal!
Glaube öffnet dir die Türen,
unterwegs zum größten Glücke
auf der Regenbogenbrücke:
Was auch immer kommen mag
Ich BIN DA an jedem Tag!

Sich im Glauben ganz verlieren
an den einen, der begleitet,
der den Blick so endlos weitet
und dich hält.

Wir sehen schon die Lichter und wir hören schon die Musik

Nachfolge Christi

Wie blind und hart ist das menschliche Herz, dass wir ein solch unaussprechlich erhabenes Geschenk nicht höher achten ... Würde dieses heiligste Sakrament (der Eucharistie) nur an einem einzigen Ort gefeiert und nur von einem einzigen Priester in der Welt konsekriert: welch großes Verlangen würden die Menschen wohl nach jenem Ort und nach diesem Priester Gottes haben, um die göttlichen Geheimnisse mitzufeiern!"

(Thomas von Kempen)

Ein Gottesdienstbesuch mit Firmlingen

19. Dezember 2001

Vorbereitende Aufgaben

1. Bitte nur *zwei* Firmlinge in eine Bankreihe! Rechts außen und links außen! Das erleichtert das Zuhören.
2. Bitte versucht, ganz genau hinzuhören, was der Priester sagt!
3. Kannst du die Gesangbuchlieder aufschlagen? Lies die Texte bitte ganz genau mit und denke darüber nach, auch wenn du manches in den Liedern vielleicht nicht verstehst und nicht mitsingen kannst!
4. Wenn der Priester Brot (die heilige Hostie) und den Kelch mit Wein in die Höhe hebt, erinnere dich: die Worte, die er sagt, sind die Worte des letzten Abendmahles: Stelle dir dabei Jesus vor mit aller Kraft! Jesus ist dann ganz besonders da. Es ist der gleiche Jesus, der den sinkenden Petrus gerettet, der die schwerkranke Frau geheilt hat. Er lebt heute wie damals. Er ist aufer-

standen von den Toten! Das Brot, die heilige Hostie, ist ein Zeichen für seine besondere Gegenwart. Wenn du das heilige Brot empfängst, ist er ganz besonders bei dir. Versuche, dich daran zu erinnern.

Ein Tipp: Vielleicht gehst du Weihnachten in die Kirche?

Meditationstext
für die jungen Leute vor dem Kirchenbesuch

Das letzte Abendmahl, die erste heilige Messe, am Abend bevor Jesus gekreuzigt wurde: *Mit Sehnsucht habe ich danach verlangt, dieses Ostermahl mit euch zu essen bevor ich leide ...* – das letzte Mahl. Das letzte Mal auch, dass Jesus mit seinen Freunden zusammen ist, das letzte Mal, dass er mit ihnen isst und trinkt, Brot und Wein: Die erste heilige Messe. Die letzten Stunden vor seinem Leidensweg gelten der Sorge für seine Freunde: Was wird aus ihnen, wenn er sterben muss? Was wird aus ihnen, wenn sie ihn gefangen nehmen, er seiner Macht beraubt und dem höhnischen Spott seiner Feinde ausgeliefert sein wird? Wenn sie ihn verlassen, fliehen werden wie verschreckte Schäfchen vor reißenden Wölfen? Jesus ist auch ganz Mensch mit der heraufdämmernden Todesangst in seinem Herzen, mit seiner Angst vor den furchtbaren Qualen, die er vor sich sieht, der furchtbare Kreuzweg, der Tod am Kreuz.

Er hebt Brot und Wein in die Höhe mit den Worten: „Nehmet hin und esset alle davon. Das ist mein Leib, der für euch hingegeben wird. ...

Nehmet hin und trinket alle daraus. Das ist mein Blut, das für euch und für alle vergossen wird zur Vergebung der Sünden, ein Geheimnis des Glaubens."

Seine Freunde, die bei ihm sitzen, wissen nicht, dass es ihr letztes gemeinsames Mahl mit dem Meister ist... sie schmausen gemütlich bei Brot und Wein. Seltsam feierlich alles. Jesus ist in dieser allerersten heiligen Messe ganz allein mit der Angst, die er seinen Freunden nicht zeigen will, jetzt noch nicht! Er muss stark sein wie eine Mutter, ein Vater, der mit seinen Kindern flieht vor dem Krieg: die Angst vor den Kindern verstecken aus Sorge um sie! So versteckt Jesus die Angst vor seinen Freunden. Ein paar Stunden später, im Ölgarten, liegen sie dann in wohliger Müdigkeit da. Der Meister ist bei ihnen, das lässt sie so ruhig schlafen. Doch Jesus ist wach. Sein Gebet betet er ganz allein. So sehr hat er gehofft, dass einer seiner Freunde ihn trösten würde in seiner Angst, aber er bleibt ganz allein. Die Freunde schlafen, als Jesus fleht: „Mein Vater, wenn es möglich ist, lass doch diesen Kelch an mit vorübergehen. Aber nicht mein Wille geschehe, sondern der deinige!" Und sein Schweiß ward wie Blutstropfen, die zur Erde rannen" (Lk 22,39-46). Und das Wort an die Freunde in seiner Todesangst: „Konntet ihr nicht eine Stunde wachen mit mir?" – Es hätte ihn so getröstet – Gründonnerstagnacht.

„Da kam ein Engel und stärkte ihn" (Lk 22,43): Jeder Mensch, der Gott Liebe zeigt, betet, an ihn glaubt, ist wie ein Engel, der Jesus tröstet.

Rosen empfangen – *Rosen* verschenken

„Dein Wille geschehe, du bist nicht allein" – in unbeantworteten Fragen, in schwerem Leid, in wieder und wieder aufbrechendem Kummer könnte man so neben Jesus stehen, auch heute noch ihm eine dunkelrote *Rose* der Liebe schenken in diesem Augenblick damals, denke ich, auch dann, wenn es sich objektiv nur um kleine Kümmernisse handelt, Geringfügigkeiten, die dir und mir aber vielleicht weh tun, schwer fallen – vor Gott ist die winzigste Liebe, die wir ihm schenken, groß. „Mich dürstet" – *Jesus* dürstet nach der Liebe der Menschen, heute ebenso wie damals. Denken wir nicht viel zu wenig darüber nach, meist überhaupt nicht, sonst hätten wir uns längst mehr verschenkt an Gott – so sehe ich es für mein Leben. Irgendwo habe ich gelesen, dass die Heiligen angefangen haben Heilige zu werden, als sie erkannt haben, dass Gott sie liebt. Die Betrachtung des Lebens Jesu, seine unbegreifliche Hingabe an uns Menschen ist ein Schlüssel, diese Liebe zu erkennen.

So viele kluge, klügste Worte werden heute gesprochen im theologischen Bereich – aber die Erinnerung an Jesu Liebe, mit einfachen Worten, das vergisst man oft. Wunderbar, wenn dies manchmal gelingt, mitten im Leben, bei einer Wanderung, mit einem Lied, in einem Gottesdienst, der die Dinge der Welt, die Schöpfung, das Leben zum Leuchten bringt. Religionslehrer, Firmkatechet sein, das heißt meiner Ansicht nach unbedingt vor allem dies: die Kinder an das Leben Jesu erinnern, von *daher* die Nächstenliebe aufschlüsseln. Wird in der Glaubensverkündigung nicht immer noch, auch bei Erwachsenen, religiöse Erziehung unrealistisch vorausgesetzt? Wenn man von 24 Stunden nur drei Minuten Zeit hat, auf Gott aufmerksam zu machen, sollte man nicht viel öfters wagen, dies auch mit Worten zu tun – direkt, ohne Umschweife? *Veronika, Simon* sein, in Gottes- und Nächstenliebe.

Rosen empfangen – Auswahl

Eine dunkelrote Rose der Liebe Gottes war für mich heute ein wunderbarer Kindergottesdienst. Ein Bild: zwei Kinder auf einer Brücke über einem Fluss, über den sich ein Regenbogenhimmel spannt wie ein großes Himmelstor über den Bäumen des Waldes: Erinnerung ... Erinnerung ... Erinnerung ... – mein ganzes Buch könnte unter dem Zeichen des *Regenbogens* stehen: „Macht euch keine Sorgen" (Mt 6,31) – Kinder werden vor Gott.

Die Welt mit ihrem Gram und Glücke

Die Welt mit ihrem Gram und Glücke
will ich, ein Pilger, frohbereit
betreten nur wie eine Brücke!
Zu dir, Herr, überm Strom der Zeit."

„Herr, dir in die Hände sei Anfang und Ende, sei alles gelegt" (Eduard Mörike). – Wir sind unterwegs zum Ziel, unterwegs mit dem *Stern* und dem *Regenbogen*.

Rosen empfangen – Auswahl

Vorabend zum Sonntag, evangelischer Kirchentag 2001 – morgens las ich in einer christlichen Intellektuellen-Zeitschrift von den unterschiedlichen Mahldeutungen aus evangelischer und katholischer Sicht. Erinnerung an die Bemerkung der Kollegin für evangelische Religion, die damals als Glaubensschwester all die Jahre meinen katholischen Religionsunterricht begleitet hatte und durch die Jesus mich auf so wunderbare Weise belehrte: „Wenn ich das Abendmahl empfange, habe ich aber auch das Gefühl, dass Jesus bei mir ist."

Rosen empfangen – Auswahl

Wort zum Sonntag: die evangelische Pastorin beschenkte evangelische und katholische Christen mit zwingender Ökumene: sie wusch ganz greifbar einem jungen Menschen, der zum Kirchentag gepilgert war, die Füße! Erinnerung: der Bischof mit den vorwitzigen Firmlingen, der Bischof, der für die sitzenden Jugendlichen drei Stunden lang stand.

Veronika, Simon

Den *Regenbogen* der Liebe Gottes verkünden, den *Regenbogen* mit Gesten begreiflich machen, den *Regenbogen* erfahren …

Veronika, Simon

Der Vogel singt, wenn die Nacht noch dunkel ist – der Glaube singt, wenn die Nacht noch dunkel ist.

Wir sehen schon die Lichter und wir hören schon die Musik

Kapitel VII:

Gedanken über die Liebe

Sag, lieber Leser, was bedeutet dir die Liebe? Ich hoffe so sehr, dass meine Zeilen auch solche Leser erreichen, die vielleicht ganz andere als meine Definitionen geben würden.

Stille. Schreibe es einmal auf! Schreibe absolut ehrlich! Außer dir selbst hast du für deine Zeilen keinen anderen Zeugen als Gott, von dem ich immer wieder zu *singen* versuche, auch jetzt, hinein in alles, was deine Definition sein mag. Glaube mir, er wundert sich nicht, was immer du schreibst. Wie immer es um deinen Glauben steht, versuche einmal dich fallen zu lassen in grenzenloses Vertrauen, in grenzenlose Liebe. Wenn man *so* schreiben kann, dann schreibt man für Gott. Lies jetzt nicht weiter, schreibe!

Eines hat meine Schüler immer überzeugt: Ausgehend von meiner eigenen Überzeugung sagte ich ihnen: Beim Beten (und auch sonst) kann man sich vor Gott nie blamieren. Er, der Schöpfer von all den Milliarden Menschen, der jedem in jeder Sekunde seines Daseins ins Herz sieht, um alle Gedanken, Gefühle weiß, sollte sich über irgendetwas wundern? Wie aber *kann* Gott dies, jeden der Milliarden kennen in jedem Augenblick? Für mich ist die Antwort ganz einfach: Betrachte den Himmel! Es gibt unzählige Sonnensysteme. Ihr Ausmaß ist so gewaltig, dass es unsere Denkfähigkeit übersteigt. Es gibt Sterne, die so weit von uns entfernt sind, dass sie längst erloschen sind, obwohl ihr Licht noch immer zu uns unterwegs ist, Lichtjahre entfernt von unserer Erde, dem winzigen Punkt im All. Der jüngste Stern ist zwei Millionen Jahre alt. Gott ist allmächtig. „Der Einzige, der Gott ist und am Herzen des Vaters ruht, er hat Kunde gebracht" (Joh1, 18).

Erinnerung

Religions-AG, 10. Schuljahr. Es ging damals um die Ver-
kündigung der Weihnachtsbotschaft. „Unmöglich", be-
haupteten einige Schüler. Ausgerechnet der, der sich zu ab-
solutem Nicht-Glauben bekannte, wies sie zurecht: „Was
wollt ihr", schlussfolgerte er, „wenn ihr daran glaubt, dass
Gott die Milchstraße mit allen Sonnensystemen erschaffen
hat, ist es für ihn doch gar nichts, in einer Jungfrau menschliche Gestalt anzunehmen."

Gott, der Milliarden Menschen erschaffen hat und sie,
bzw. uns in jeder Sekunde kennt, unsere ganze Lebensgeschichte, wie sie keiner kennt, er weiß um die Hintergründe unseres Seins, um die Hintergründe menschlicher Definitionen von Liebe oder unserer Unfähigkeit, momentan
eine geben zu können, wie sie nur unser Schöpfer wissen
kann.

Sein Tod am Kreuz, greifbares Zeichen *seiner* Liebe, seines allumfassenden Erbarmens. Untrennbar von Liebe ist
für mich dieser Blick auf Gott, der in Jesus Mensch geworden ist: Nur in ihm hat menschliche Liebe Ewigkeit. „Und
wenn ich mit Menschen- und Engelszungen redete, hätte aber die Liebe nicht, so wäre ich dröhnendes Erz oder
eine lärmende Pauke" (1Kor 13,1). Die Liebe suchen, an
jedem neuen Tag, den Spuren Jesu folgen, den Spuren deiner Liebe folgen, o Jesus, gib uns die Kraft! „Es gibt keine
größere Liebe, als wenn einer sein Leben für seine Freunde
hingibt" (Joh 15,13). Der allmächtige Gott, der gewaltige
Schöpfer aller Sonnensysteme, er wird Mensch, wehrlos in
seiner Liebe, liefert sich uns Menschen aus bis zum Tod am
Kreuz, das Kreuz, Hoffnungszeichen für unsere Welt! Liebe
– ich versuche es mit einem Gedicht:

Weihnachten

Weiter wie Himmel, in allen Fernen
wie Melodien singt in den Sternen,
klingt ein Geheimnis, strahlendes Licht,
das alles Dunkel der Erde durchbricht,
und es wird wirklich greifbar und nah
Gott wird ein Kind, bin ich wie blind?
Liebe ist da!

Weihnachten als Ausdruck der Liebe, Karfreitag, Ostern? Wer weiß, vielleicht sagt dir das noch nicht viel, ist dir alles recht fremd – doch mach dich auf den Weg! Grand Prix Eurovision – wie heißt es in dem deutschen Schlager:

Wer Liebe lebt

Wer Liebe lebt
Wird unsterblich sein
Wer Liebe lebt,
Ist niemals allein
Such sie an jedem neuen Tag!

Vielleicht fühlst du dich so allein, wie in einem Labyrinth, so verirrt auf deiner Straße – doch glaube an das Licht! Glaube mir, wir sind immer gemeinsam unterwegs und „Gott steht am Ende der Straße" (Augustinus).

Rosen empfangen – Auswahl
Auch heute durfte ich teilnehmen an dem großen Fest, einer heiligen Messe. Gerade heute in der Kirche das Datum in meinem Gesangbuch: 31. Mai 2001, es ist das Fest „Maria, Mutter der schönen Liebe". Ein Bändchen auf der Seite meines Lieblings-Marienliedes: „Maria, breit den Mantel aus" – die Schutzmantelmadonna, für dich, für mich, für alle, Maria, die zweite und gütigste Mutter aller Menschen! Das andere Bändchen bezeichnet das Lied von der Liebe Jesu zu allen Menschen, lies einmal nach, lieber Leser (Gesangbuch Trier), Nr. 857 („O Herz, daraus uns überfließt die Liebe des Dreieinen") und Nr. 858, darin die Bitte an Gott: „Lass die Wurzeln unseres Handelns Liebe sein."
Der gewaltige Gott, der unsagbare Gott – er ist in jeder Sekunde da: „Der Herr ist mein Hirte, mir wird nichts mangeln" (Ps 23,1) und: „Siehe, Ich Bin Da"

Rosen empfangen – Auswahl
24. Juni – Geburtsfest Johannes des Täufers: am frühen Morgen dieses Tages besuchte ich die Gnadenkapelle in

Schönstatt (Gnade = Geschenk Gottes). Meinen Gedanken folgend waren die Bändchen meines Gesangbuches, das mir in diesem Kirchlein eine Banknachbarin reichte, genau passend zu meiner Meditation. Das erste Bändchen – ich schreibe dir einige Zeilen auf: „Ave Maria, gratia plena – Gegrüßet seist du, Maria, du bist voll der Gnade, siehe, du wirst ein Kindlein empfangen, nach diesem die Erd und der Himmel verlangen, zur Mutter der Herr sich dich erkor." Die Botschaft des Engels: *wenn* sie die Einwilligung gibt, wird sie die Mutter des Allerhöchsten werden, wird ihn als Jungfrau empfangen! Das zweite Bändchen – auf der Seite des „Gloria" (= Lob, Ruhm), dem Teil der heiligen Messe, in dem sich der Lobgesang der Gottesdienstteilnehmer, gesungen oder gesprochen, mit dem der Engel im Himmel vereint. Und über mein *Singen von Gott* in diesem Buch hatte ich vor kurzer Zeit meditiert, wie du mitverfolgen konntest, lieber Leser!

Sogar mir selbst kommt manchmal der Gedanke, dass Gott *viel zu tun hätte*, in dieser Weise auf mich einzugehen, da es doch so viel Not gibt in der Welt, Menschen in unvorstellbaren Dunkelheiten und scheinbarer Gottferne leben müssen.

Erinnerung

Auch ich kenne – wie du, lieber Leser, bereits von mir erfahren hast – Stunden bittersten Kummers, damals. Und jetzt, in Freude und Leid, wenn Fragen auch bleiben, ab und zu auch Tränen, darf ich doch nun auf der Sonnenseite des Lebens stehen, so lange schon. Wie lange, was wird kommen? „Macht euch keine Sorgen" (Mt 6,31) – wenn es in Gottes Plänen liegt, wird alles wunderbar bleiben, und wenn nicht ...?

... wenn ich doch scheiterte, menschlich, Jesus, der für mich sieht

So ist es in meinem Leben und ich bin sicher, auch in deinem! –

**unterwegs zum größten Glücke
auf der Regenbogenbrücke:**

Auf diesem Weg sind wir unterwegs zur immerwährenden Himmelsfreude und Gott erinnert mich wieder und wieder daran wie Wunder! *Man strengt Gott nicht an,* den unsagbaren, allmächtigen Gott, der uns immer wieder Rätsel aufgibt, der Unbegreifliche – man strengt ihn nie an durch die Wunder, die er so greifbar wirkt! Doch seine Sehnsucht geht nach unserem Glauben, dem blinden Vertrauen, nach unserer Liebe.

Heute – wieder einmal Novenentag 3 – Spruch: „Im Herzen Jesu verwurzelt", das Herz Jesu, Symbol der Liebe Gottes und nicht nur Symbol. „Sein Herz am Kreuz für uns durchstochen", dies *menschliche* Herz Gottes, durchstochen auch seelisch durch die Untreue von uns Menschen, damals und heute.

Liebe, ich rede von Liebe – doch wer hört zu, wenn man von dieser Liebe spricht?

Rosen empfangen

... am 24. Juni – ein Buch könnte ich schreiben, allein von diesem vierundzwanzigsten Juni!

Es fing schon an mit jenem wunderbaren Kindergottesdienst, von dem ich dir, lieber Leser, schon im vorigen Kapitel erzählt habe, der Kindergottesdienst mit dem bedeutungsvollen Thema: *Brücken schlagen*: Eine strahlende Stimmung lag über dem Gottesdienst, die Kirche gefüllt bis zum letzten Platz, viele, viele Kinder, junge Eltern, die den strahlenden Sommertag so eröffneten. So etwas ist in einer Gemeinde möglich, auch heute! Einige Lieder des Gottesdienstes hatte ich mit meinen Kleinen immer wieder im Unterricht gesungen – ich stelle dir eines davon vor:

Mutmachlied

1. Strophe
Wenn einer sagt: „Ich mag dich du,
ich find' dich ehrlich gut!"
dann krieg ich eine Gänsehaut
und auch ein bisschen Mut.

4. Strophe
Gott sagt zu dir: „Ich hab' dich lieb.
Ich wär' so gern dein Freund!
Und das, was du allein nicht schaffst,
das schaffen wir vereint."

Die Regenbogenbrücke!

Rosen empfangen – Auswahl

An diesem Tag ergab sich für mich eine achtstündige Autobahnfahrt, zahllose Menschen waren unterwegs um diesen strahlenden Sommertag angemessen zu genießen. Vor der Rückfahrt machte ich kurz Rast in einem zauberhaften Rosengarten, Blütenduft überall. In der Mitte der Parkanlagen hatten sich die Ausflügler einzeln und in Gruppen um den glitzernden Springbrunnen gruppiert und genossen andächtig die Stimmung dieses Frühsommernachmittags. Auf meiner Bank sitzend spürte ich aber die Hektik meiner tausend Pläne, die ich hierhin mitgebracht hatte und kam nicht recht zur Ruhe. Tja, lieber Leser, kennst du das? Den Augenblick verspielen, weil das Herz schon in der Zukunft gefangen ist. Doch ein wunderbares Bild nahm ich mit auf die Heimreise, ich lade dich ein in diesen Rosengarten, jetzt:

Komm mit mir in den Rosengarten

Komm mit mir in den Rosengarten,
atme mit mir den Duft!
Deine Sorgen lass einfach warten,
schwere Süße erfüllt die Luft.
Springquellen mitten im Glitzersee
jetzt ist die Stunde, vergiss dein Weh!
Wie ein Leben, der Augenblick
alles wird gut, Liebe, Glück!

Der stärkste Versuch, Liebe deutlich zu machen, ist es für mich, deinen Blick zu richten auf Gott, der in Jesus Mensch geworden ist, oder auf Menschen, die Liebe, wie Jesus sie mit seinem ganzen Leben bezeugt hat, zu verwirklichen suchen. Dazu rechne ich durchaus auch Menschen, die anderen Weltreligionen angehören, wie etwa Gandhi.

Liebe

In der Tiefe meiner Seele, irgendwo, in den Kämpfen und Zerrissenheiten des *Dunklen Tunnels*, ergriff endlich Jesus von meinem Herzen Besitz, das heißt: Er wurde das Wichtigste für mich und ein Leben ohne ihn unvorstellbar. Ein Kollege sagte mir einmal, nachdenklich, ohne Spott:

„Dein Herz gehört Jesus!" –

„Das tut es!",

antwortete ich klar und mit großem Ernst. Und so ist es auch. Das schließt Kämpfe und Zerrissenheiten in keiner Weise aus, grundsätzlich nie.

Liebe – ich sehe sie ähnlich wie Abraham.

In einem Film beeindruckte mich einmal eine Szene von großer Symbolhaftigkeit: Gott hatte von Abraham verlangt, seinen Sohn zu opfern. Das AT (Gen 22,1-19) beschreibt mit knappen Worten, hinter denen sich wohl der stärkste Kampf, den ein Menschenherz kämpfen kann, verbirgt, ein Kampf darum, Gottes Willen annehmen zu können in Unerklärlichem, die Bereitschaft sogar dazu, das Allerliebste ihm auf dieser Erde nicht vorzuenthalten in maßlosem Vertrauen, dass Gott es gut machen wird, irgendwie.

Filmszene „Abrahams Opfer"

Abraham stand auf, spaltete Holz und legte Isaak auf den Opferaltar. Dialog im Film:
„Gibt es nichts, das du für ihn nicht tätest?"
Isaak auf dem Opferaltar.
„Nichts." Abraham zu Isaak.

Das ist *mein* Traum von vollkommener Liebe, einen anderen gibt es für mich nicht.

Menschliche Liebe, die mit dieser Liebe zu Gott, mit dem Hohenlied der Liebe des NT (1Kor 13,1-13) nicht vereinbar ist, ist immer mangelhaft, das heißt ihr mangelt etwas.

Lieber Leser, ich denke, es ist viel, wenn wir die Sehnsucht nach dieser vollkommenen Liebe in unserem Herzen spüren, die Sehnsucht als *Stern*. Eine erwachsen gewordene ehemalige AG-Schülerin, die ich als Kind kennen gelernt hatte, bat mich einmal, bei ihrer Trauung den Text dieses Hohenliedes vorzulesen. Wenn sie doch diesen *Stern im Herzen* nie ganz verlöre, sich immer wieder darauf zurückbesänne, auch dann, wenn alle Ideale anscheinend in Scherben dazuliegen scheinen! Mit einem Traum von vollkommener Liebe können wir täglich nur immer wieder neu anfangen, denke ich, ob wir den Priester-, Ordens- oder weltlichen Stand gewählt haben. Doch geben wir den Traum niemals auf!
Das Herz Gott schenken wie Abraham, auch als Grundlage für alle echte irdische Liebe? Ich denke, absolute, bedingungslose Liebe, kann der Mensch wirklich nur Gott allein schenken. Natürlich gibt es auch in der Partnerliebe hingebungsvolle Liebe, die wie ein Spiegelbild großer Liebe zu Gott sein, ja, darin bewusst ihren Ursprung nehmen kann. Aber auch in der größten Liebe ist und bleibt ein Etwas in der menschlichen Seele, das man dem anderen nicht mitteilen kann und das einzig Gott gehört, ihm, der aber menschlicher wirklicher Liebe Ewigkeit verleiht. Wie sagt der Dichter?

Seltsam im Nebel zu wandern

4. Strophe
Seltsam im Nebel zu wandern!
Leben ist Einsamsein
Kein Mensch kennt den anderen,
Jeder ist allein

(Hermann Hesse)

Wer aber Gott *kennen lernt* ist es letztlich niemals mehr wirklich. Ist es nicht ein großes Geschenk, einen anderen Menschen wirklich lieben zu können, wo immer ich in meiner weltanschaulichen Überzeugung stehe? Ich denke, dass wirkliche Liebe auch in dunkelsten Seiten der Seele göttliche Funken erstrahlen lassen kann, einen *Bösen* zum Guten wandeln. Ein Mensch, den wir wirklich lieben, mit einer Liebe, die standhält in allem, dieser andere, den wir so lieben, er wird uns nicht genommen werden, in schlimmster Enttäuschung nicht, da bin ich sicher. Wie wunderbar, wenn man eine solche Liebe haben darf, wenn sie manchmal auch phasenweise einen Kreuzweg gehen kann.

Ich möchte hier an das berühmte Buch von A. Dumas erinnern: „Die Kameliendame". Auch wenn das Wort „Gott" dort nicht fällt, die Kurtisane Marguerite erlebt in dieser Geschichte genau das, was ich meine.

„Es gibt keine größere Liebe, als wenn einer sein Leben für seine Freunde hingibt", sagt Jesus (Joh 15,13). Unser Leben können wir hingeben auf vielerlei Weise. Wenn du verzweifelt bist, weil deine Liebe zu einem Menschen nicht erwidert wird, wenn du furchtbar enttäuscht wirst, in deinen Gefühlen verletzt – wenn deine Liebe stark genug ist, dies zu überstehen, echt genug, gibt es einen Weg für dich. Auf diesem Weg, dessen Schmerzen dir allerdings niemand nehmen kann, strahlt doch der *Stern der Hoffnung* auf Frieden und Erlösung. Warten und aushalten, das wird dir nicht erspart bleiben, eine Zeit lang, aber in diesem Warten, in dem du versuchst, dich an Gott festzuklammern, ihn kennen zu lernen wie Nicole (vgl. „So könnte man Gott kennen lernen" auf Seite 195), liegt ja Hoffnung und Zuversicht. Trage beim Beten wie sie – warum sich nicht einen jungen Menschen zum Vorbild nehmen? – deine Ausweglosigkeit täglich vor Gott. So wahr der Glaube Wirklichkeit ist, so wahr es den Himmel gibt, bleibt wirkliche Liebe unsterblich. Das Hohelied der Liebe verspricht es! Kann es sein, dass ein Mensch, den wir wirklich lieben, *nicht* mit uns unterwegs ist in den Himmel? Mir scheint, das ist unmöglich! Und ebenda *wird* er dich wiederlieben, in Gott. Denke nicht, ich sei *kein* Mensch und wisse nicht, wie man mit Schmerzen eifersüchtig liebt. All das habe ich erfahren, aber mich lockt ein neues Ziel, das alles übertrifft. Ich lade dich wieder ein – wandere mit! Dazu ein Wort des heiligen Apostel Paulus

Das Hohelied der Liebe

Ich zeige euch jetzt noch einen anderen Weg, einen, der alles übersteigt:

Wenn ich in den Sprachen der Menschen und Engel redete, hätte aber die Liebe nicht, wäre ich dröhnendes Erz oder eine lärmende Pauke.

Und wenn ich prophetisch reden könnte und alle Geheimnisse wüsste und alle Erkenntnis hätte, wenn ich alle Glaubenskraft besäße und Berge damit versetzen könnte, hätte aber die Liebe nicht, wäre ich nichts.

Und wenn ich meine ganze Habe verschenkte und wenn ich meinen Leib dem Feuer übergäbe, hätte aber die Liebe nicht, nützte es mir nichts.

Die Liebe ist langmütig, die Liebe ist gütig. Sie ereifert sich nicht, sie prahlt nicht, sie bläht sich nicht auf.

Sie handelt nicht ungehörig, sucht nicht ihren Vorteil, lässt sich nicht zum Zorn reizen, trägt das Böse nicht nach.

Sie freut sich nicht über das Unrecht, sondern freut sich an der Wahrheit.

Sie erträgt alles, glaubt alles, hofft alles, hält allem stand.

Die Liebe hört niemals auf.

(1Kor. 12,31 b-13,8)

„Wir sind Bettler, das ist wahr!", sagt Martin Luther kurz vor seinem Tod. Kann er etwas anderes gemeint haben als unsere Sehnsucht nach Liebe? Diese Liebe oder Spuren davon zu erflehen, ist besser als auf einer Verzweiflung zu beharren, wenn man in einer Leidenschaft, einer bittersten Enttäuschung gefangen ist, denke ich. Diese Liebe könntest du erflehen, wenn du, wie meine ehemalige Schülerin bei ihrer Trauung, überströmt ist von Glück und Freude, der andere wie ein Märchenprinz (eine Märchenprinzessin) erscheint, der (die) einen niemals enttäuschen wird.

Wenn dein Herz zerrissen ist von Kummer über (einen) Menschen, vielleicht auch über deine Kinder, die einen ganz anderen Weg gehen, als du es erhofft und erfleht hast, der Partner plötzlich wie ein fremder Mensch erscheint, der deine Sprache nicht mehr versteht, dir unsagbar weh tut – was könntest du tun? Vielleicht kannst du diesem Buch irgendeinen Tipp entnehmen? Suche in einer stillen Stunde eine leere Kirche auf, betrachte vielleicht den Kreuzweg:

Kreuzweg – Meditation

Mich an Gottes Liebe erinnern:
Mit ewiger Liebe habe ich dich geliebt
Wer immer du bist
wie immer du bist,
Gott, dein Schöpfer sieht dich mit unsagbarer Liebe an.

Beten – heißt das nicht vor allem dies: Sich an Gottes liebende, alles verstehende Gegenwart erinnern, die Gegenwart unseres Schöpfers, der uns in Jesus liebt bis zum Tod am Kreuz. Wie sollten wir *Ihm* nicht blind vertrauen in allem, in unsern Stärken und Grenzen? Setze dich einfach hin und warte! Erinnere dich so an Gott, nicht nur einmal, sondern täglich. Öffne ihm beim Beten dein Herz. Gott wird dich nicht enttäuschen.

Zünde eine Kerze an ...:

Halte ganz fest meine Kerzen

Halte ganz fest meine Kerzen,
die ich entzündet für dich,
doch in dem Nebel, in Schmerzen,
bleibt jeder Mensch doch für sich,
ahnt wohl die Brücke, die wahre,
– manchmal bin ich schon bei dir,
denke, die Tür ist schon offen,
Traumphantasien in mir.

Manchmal ist es wie Fallen
in einen tiefen Grund.
Doch es gibt Heimat in allem
Gott – du machst mich gesund,
zeigst mir den Weg zu dem Herzen,
das ich in meines schloss,
strahlend brennt meine Kerze,
– wirkliche Liebe lässt los,

findet doch wieder alles
in dem, der alles uns war
ist und bleibt für immer:
„Siehe, ICH BIN Da"

Wenn Menschen in einer bitteren Enttäuschung, in einer Leidenschaft, die sie zu zerstören versucht, um die wirkliche Liebe kämpfen, um eine Liebe wie sie die bedeutsamen Zeilen des Neuen Testamentes beschreiben und sie vielleicht einen, wenn auch nur winzigen Fortschritt machen auf dem Weg dieser Liebe – manchmal zwingt das Schicksal den Menschen auf diesen Weg als einzige Möglichkeit der Erlösung – ich werde dies gleich an einem Beispiel zu verdeutlichen suchen – eines ist sicher: Sie werden dann überhaupt und grundsätzlich in der Liebe, von der das NT spricht, wachsen.

Ich erinnere mich an eine indische Erzählung, die verfilmt wurde:

Ein junger Maharadscha hatte sich in eine Tempeltänzerin verliebt. Obwohl sie einen deutschen Ingenieur liebte, tat er alles um ihre Liebe für sich zu gewinnen und machte sie schließlich mit Zwang zu seiner Maharani. Sie aber versuchte mit Hilfe ihres Geliebten zu entfliehen. Der Maharadscha verfolgte beide mit Hass und Gewalt. Schließlich fing er das Liebespaar ein und stand der Tempeltänzerin gegenüber. Diese hielt ihren entkräfteten, wehrlosen Geliebten im Arm. Mit einem Blick tat sie dem Verfolger Bescheid:

„Ich liebe *diesen* Mann! Du kannst uns beide töten, wir sind in deiner Gewalt, aber es bleibt dabei - *diesen* liebe ich!"

Für einen Augenblick verriet das Gesicht des jungen Maharadschas Kampf, dann wandte er sich ab. Er gab den geliebten Menschen, dessen Herz er nicht erobern konnte, frei und trat in ein buddhistisches Kloster ein um dort allen Menschen zu dienen.

Ich denke, er wird die Tempeltänzerin in der Ewigkeit zurückgewinnen. Sie wird ihm Freund sein, ebenso wie der Mann, den sie auf Erden ihm vorzog. Im Himmel werden die drei mit allen Menschen in tiefer Liebe verbunden sein. „Im Himmel heiratet man nicht und wird nicht geheiratet", sagt Jesus, „alle sind wie die Engel im Himmel" (Mt 22,30; Mk 12,25; Lk 20,34). Es wird eine verklärte Liebe sein – und wenn es auch dort besondere Liebe zwischen Menschen gibt, wer weiß, vielleicht wird dann die Tempeltänzerin mit dem Maharadscha mehr verbunden sein als mit allen anderen. Ich denke, im Himmel werden wir ganz neue Maßstäbe setzen für Liebe in ihrer wunderbaren Klarheit in Gott. Im Himmel werden alle Menschen glasklar erkennen, was Gott in ihrem Leben für sie bedeutete, entsprechend wird ihre Liebe zu ihm sein. Werden wir vielleicht erst dort wirklich erkennen, was Menschen nach Gottes Plänen für uns bedeuteten auf dieser Erde, auch in ihrer Beziehung zur Ewigkeit? „Stark wie der Tod ist die Liebe ... auch mächtige Wasser können die Liebe nicht löschen" (Hld 8,6b.7). Gott wird vollenden. „Nur die Liebe zählt." (GL Nr. 620, 4. Strophe) – „Es gibt keine größere Liebe, als wenn einer sein Leben für seine Freunde hingibt" (Joh 15,13). Alle wirkliche Liebe lebt ewig weiter, alles andere vergeht wie Nebel.

Ich bin abgeschweift, aber ich wollte in diesem Buch, das ich *„Rosenernte"* nenne, auch auf eine Frage eingehen, die zahllose Menschen, die mit Enttäuschungen und Liebeskummer nicht fertig werden und daran zu zerbrechen drohen, bewegt. Verirrte, unbeantwortete und auch unglückliche „Liebe" kann eine lebensbedrohende Krankheit für Leib und Seele werden und einen Menschen packen wie ein Dämon. Obwohl Liebe, als Spiegel des Göttlichen, das Schönste ist, was wir auf Erden haben, eine Vorahnung des Himmels, kann sie, verzerrt durch Eifersucht oder andere gegensätzliche Eigenschaften, das Gute im Menschen auf furchtbare Weise zerstören. Der Maharadscha im oben erwähnten Film war lange Zeit wie von einem Dämon geschüttelt in seiner Leidenschaft, dann aber entschied er sich schließlich für das Gute, für die Liebe.

Rosen empfangen

... am 30. August 2005 – unbeschreibliche Nähe Gottes, nur eine von unsagbar vielen Erfahrungen. *Zufällig* bin ich bei der Korrektur, einer letzten Überarbeitung meines Buches an eben dieser Seite, als ich heute morgen die Morgenandacht einer evangelischen Pfarrerin um 07:57 im SWR-Radio höre. Sie zitierte das Bibelwort: Jesus sagt zu dem Gelähmten: „Steh auf und geh!" (Mt 9,5f; Mk2,9f; Lk 5,23f). Dann legte sie unbewusst einen der kostbarsten Ratschläge *der Schwester* aus, ich würde ihre Worte so interpretieren: Die Heilung eines Kummers, eines Problems, ja vielleicht auch seelische Hilfe bei körperlichen Erkrankungen liegt oft in der Überwindung unseres *Eigenwillens*. In einem Schmerz, Kummer oder Problem gibt es für uns manchmal nur die Lösung, die wir Gott vorschlagen. Es ist mit uns manchmal wie mit dem Kranken in einer Wundererzählung des Johannesevangeliums (Joh 5,1-18):

Die Heilung eines Gelähmten

In Jerusalem gab es einen Teich namens Betesda, dessen Wasser in bestimmten Abständen aufwallte. Die Menschen schrieben dieser Bewegung des Wassers wundertätige Kräfte zu, nämlich, dass der erste, der bei der Aufwallung des Wassers in den Teich stieg, von allen Krankheiten geheilt würde. Der Kranke in dieser Wundererzählung wurde jedoch keineswegs von dem aufwallenden Wasser geheilt, sondern durch seinen Glauben an Jesus.

Wir starren wie der Kranke auf das *Wasser*, das sich bewegen soll, dabei hält Gott die Lösung, die Hilfe bei unserm Problem, die *Heilung*, längst bereit, aber *jenseits* des Wassers.

Der Weg Gottes liegt schon bereit, vertraue nur auf *seine* Pläne – steh auf und geh, wenn du merkst, dass du an Kraft verlierst! Glaube mir, du kannst es! Du hast seinen *Stern*, *deinen Stern*, täglich neu!

Rosen empfangen – Auswahl

... am 31. August 2005, dem Fest des heiligen Paulinus. In einer Zeitschrift, die den Namen des heiligen Paulinus trägt, sieht man in der Osterausgabe auf einem Bild Jesus, der Menschen aus dem Sarg zieht. Er schwebt über dem Kreuz – es könnte der Abend des Karfreitags sein – ein wunderschönes Osterbild, das ich auch in meiner Wohnung aufgehängt habe. Falls du es auch kennst, sieh es einmal lange an, lieber Leser, es hat so viel zu sagen. Meditiere dies oder vielleicht auch ein anderes Osterbild, das dir entspricht, oder rede mit Jesus selbst, mit dem *Auferstandenen*, vielleicht mitten im Jahr, vielleicht mitten am Tag – „Siehe, Ich Bin Da". – „Ich bin der Weg und die Wahrheit und das Leben" (Joh 14,6). Diese Worte höre ich in der heiligen Messe – Erinnerung auch an das Jesus-Bild in Maria Laach, auf dem diese Worte in lateinischer Sprache eingemeißelt sind (vgl. Seite 67):

Ego sum Via, Veritas et Vita!

Erinnerung auch an die verzweifelte Stunde in der Klosterkirche Maria Laach. Gott trocknete damals selbst meine Tränen mit einem wunderbaren Ausblick auf die Gewissheit des Himmels, der auf mich wartet, auf mich, lieber Leser und auf dich, wenn du nur willst, ich weiß es! Erinnerung an die weißen Mauerrosen, die ich erst nach diesem unvergesslichen Erlebnis wahrnehmen konnte.

Jenseits der letzten Tür, da wird der Nebel *Rosen* tragen, dann werden wir all die *Rosen* erkennen, die wir jetzt nicht wahrnehmen können, dann, wenn alle Tränen getrocknet sind, die auf Erden geweint werden. – Morgen ist der Weihetag *der Schwester*, das heißt, an diesem Tag werden Schwestern ihres Ordens oft geweiht. Sei gepriesen, uns gehört die ganze Welt!

Gerade heute Abend ist im dritten Fernsehprogramm ein Film über eine Lebensbeschreibung der Mutter Theresa vorangekündigt, gerade heute! *Die Schwester*, das *war* eine *Mutter Theresa* für mich, zum Beispiel! „Nie kann o Herr ich danken dir genug ..." – o Jesus!

Rosen empfangen

... am 1. September 2005 (an diesem Tag jährte sich wieder einmal der Weihetag der *Schwester*, die wie ein Erzengel so viele Jahre mein Leben begleitet hatte). „Herr, du hast Worte Ewigen Lebens" (Joh 6,68) – unbeschreibbar, die zahllosen *Rosen* der Liebe Gottes an diesem Tag – nur von diesem möchte ich zu erzählen versuchen. „Wer nur den lieben Gott lässt walten" (GL Nr. 295). Mein Tagesgebetbuch eröffnete die Morgenandacht ausgerechnet mit *meinem Lied*, das ich am Allerheiligentage vor neunundzwanzig Jahren in der Burgkirche in Schönstatt in wunderbarer Weise einzigartig vom lieben Gott empfangen hatte. Abends zog es mich dann so sehr dorthin. Vor dem Allerheiligsten, meinem Lieblingsort, nahm ich Platz. Manches Mal hatte ich sonntags dort gesessen, sehr früh, nach der Morgenmesse in der Gnadenkapelle. Die erste Bank war reserviert mit einem Schild: „Novizinnen" – „Darf ich mich denn dorthin setzen?", fragte ich bei dieser Gelegenheit eine Schwester.

„Sie *sind* eine Novizin", gab sie lächelnd zurück. „So ist es", dachte ich, „sie hat vollkommen Recht." Wie viel aber muss ich noch lernen auf meinem *neuen* Weg!

An diesem ersten September aber wurde meine Andacht bald gestört, und zwar erheblich: Ein Eichhörnchen hatte sich in der Kirche verirrt und nun rannte das arme Tierchen ganz verzweifelt hin und her und rundherum, stieß sich das Köpfchen sogar an der Glaswand. Wir öffneten ihm alle möglichen Türen, Licht strahlte in den Raum. Der Käfig war offen, es hätte nur hinauszulaufen brauchen, die Freiheit lockte, doch es blieb in den eigenen Wegen gefangen! – Welch ein Sinnbild!

Nach einiger Zeit verließ ich die Kirche, da von meiner Seite her Hilfe zu geben unmöglich war. Schließlich gelangte ich in die Kirche der Anbetungsschwestern nebenan. Das Allerheiligste war ausgesetzt. Die Schwestern, die sich versammelt hatten, beteten für die ganze Welt, stellvertretend, so empfand ich es.

Erinnerung

Unvergesslich blieb mir jener schlichte Gottesdienst am Pfingstsamstagabend vor Jahren, im Karmel, damals, als ich in Erwägung gezogen hatte, nach meinem Hauptschuldienst Karmelitin zu werden. Hinter dem Gitter beteten die Schwestern damals auch für *alle* Menschen, sie beteten das Gebet der Welt. Auch heute betete ich mit, jedoch ohne Nonnengewand, doch das Gebet der anderen trug mich wie auf Flügeln. Sei gepriesen, uns gehört die ganze Welt!

Lieber Leser, vergiss das nie: du bist nie allein mit deinem Beten, allzeit beten irgendwo Menschen mit dir und für dich, du bist nie allein mit deinen Problemen, die du vor Gott trägst, ja auch, wenn du meinst, nicht beten zu können – *Rosen* empfangen ...

Liebe

Ich bin und bleibe auf der Suche, wie ich Gott Liebe zeigen kann, an dem Tag, der mir geschenkt wird – und *jeder Tag* ist ja ein unwiederholbares Geschenk.

Erinnerung

In meinen Entwicklungsjahren waren nicht nur Einsamkeit, oft auch inmitten von Menschen, ein Grundgefühl für mich, sondern ebenso, immer wieder, eine quälende Langeweile. Eine Szene aus meiner Jugend – ich war damals 15: Mit einer Klassenkameradin ging ich die Schultreppe hinunter ohne die geringste Begeisterung für diesen Schulmorgen und sagte zu ihr: „Da redet man so viel vom Leid in der Welt. Für mich aber ist das Schlimmste diese furchtbare Langeweile. *Langeweile* kenne ich nun nicht mehr, lieber Leser, viele Jahre nicht, im Gegenteil, immer wieder dieser Kampf mit der Zeit, denn der Tag scheint manchmal einfach zu kurz. Gerade heute entdecke ich nach meinen Überlegungen einen Zeitungsartikel zu ebendiesem Thema! Zahllosen jungen Menschen geht es heute wie damals mir und viele geraten aus diesem Gefühl heraus in Drogen und Alkohol, einige sogar in Gefährdungen, in die sie letztlich die Langeweile treibt bis hin zum Verbrechen.

Die Brücke finden zum Sinn – Einladungen gibt es so viele in unserer Welt, Lebensdeutungen auch als Irrlichter auf dem Weg, wenn es ein Weg des Egoismus und der Zerstörung ist. Den Weg der Liebe finden – daran liegt alles, den Weg einer Liebe in Freiheit. Begleitest du mich ein wenig weiter in meinem Buch, das ins Leben übersetzt werden will?

**Brich auf, komm mit mir, Schritt für Schritt,
Bleib nicht beim Lesen, wandere mit!**

Wenn ich den Schülern manchmal aus meinem Leben erzählte und in besonderer Weise Persönliches in ein Unterrichtsthema einbrachte, schloss ich meistens vorher die Fenster. Meine Worte, meine Gedanken waren eben nur für *diese* Klasse! Im gleichen Atemzug erlaubte ich aber allen, dass sie das, was ich ihnen so anvertraute, ruhig überall weitererzählen könnten. Ich wäre bereit, dies auch in aller Öffentlichkeit bezeugen – und das tue ich ja jetzt auch in diesem Buch. Aber auch hier schließe ich sozusagen die Fenster. Ich schreibe nur für dich.

Das Seltsame – wenn ich als Religionslehrerin ganz persönlich aus dem Herzen redete, wurde ich von Schülern niemals enttäuscht. In 17 Jahren erntete ich bei solchen Gelegenheiten niemals Spott. Für diese Minuten – ich erspürte natürlich die passenden Gelegenheiten –, bei denen ich aus meinem Herzen erzählte, hörten die Schüler mir zu. Vielleicht verstanden sie manches nicht ganz, aber eines doch: Dass ich es gut und auch ehrlich meinte. Und das kannten diese jungen Menschen ja so gut: Vertrauen schenken, in der Hoffnung verstanden zu werden – und manchmal vergebens. War das nicht der besondere *Stern* Gottes gewesen, der mich ihn suchen ließ, die Sehnsucht, verstanden zu werden?

Oft schenkte ich den Klassen Bilder. Vielleicht bedeuteten diese vielen Schülern nicht allzu viel, aber dass das Bilderschenken aus meinem Herzen kam, doch. Sie zeigten dann immer Freude und besondere Aufmerksamkeit. Wenn ich die Bilder auszuwerten versuchte, gaben sie meinem Unterricht diese besondere Chance, ganz sicher auch, weil sie sich über die *Geste* des Schenkens freuten.

In diesen meinen 30er Jahren hatte ich noch mein jugendliches Outfit einzubringen. Schüler sahen in diesen Jahren, wenn sie mir wohlwollend gesinnt waren, wohl eine Art ältere Schwester oder Kumpel in mir, einen Menschen, bei dem man sich über alles mögliche in der Kirche, deren Vertreterin ich für sie war, beschweren konnte und *motzen*, nach Herzenslust. Vor den Schülern erschien ich in meinen Hauptkraftjahren stets stark und zuversichtlich, trotz des heimlichen *Bußhemds* Leid, das mich in den ersten Jahren meines Hauptschuldienstes immer wieder quälte. Gottes Liebe begleitete mein Leid ebenso wie die Stunden unsagbarer Freude am Glauben, die greifbare Erfahrung seiner Nähe und Liebe wie Wunder, die ohne dieses Leid, *meiner* Schule des Gottvertrauens damals, undenkbar gewesen wären.

Gottes Liebe und unser Leid – die Begebenheiten aus dem Neuen Testament, in denen Jesus Leidenden begegnet, könnten ein guter Anknüpfungspunkt sein, um Leid vom Glauben her zu deuten, die Leidfrage, die uns wieder und wieder beschäftigt, jeden Menschen. *Meine* Deutung: Als Jesus noch auf Erden lebte, als wahrer Gott, aber auch ganz als Mensch hier, auf dieser Erde, wie du und ich, wohl auch mit Warum-Fragen, wenn man seine Worte am Kreuz bedenkt und auch sein Gebet zum Vater, Gründonnerstagnacht, ertrug er es nicht – mit seinem menschlichen Herzen voll unsagbarer Liebe, jemanden leiden zu sehen – er heilte sie alle. Natürlich waren die Wunder auch ein greifbares Zeichen seines göttlichen Wesens. Jesus, der Auferstandene, ganz Mensch, aber auch ganz Gott, von Ewigkeit zu Ewigkeit:

Gott von Gott,
Licht vom Licht,
wahrer Gott von wahrem Gott
> *aus dem großen Glaubensbekenntnis*

Warum hilft er nicht, auch heute, gleich, sofort, auf unser Bitten hin? Ich, zum Beispiel, wollte doch damals für ihn arbeiten – und dann ließ er es zu, dass mir dieser kaum erträgliche Stein auf das Herz gelegt, ich in ein grässliches Leiden getaucht wurde, das mich immer wieder rufen ließ: „Herr, rette mich! Herr hilf mir, ich versinke!" (Mt 14,30). Die Worte des sinkenden Petrus, seine verzweifelte Situation, das war so oft auch die meine. Gottes Liebe in unserem Leid auf Erden? Ich denke heute, dass ich ein Mensch bin, der wie kaum ein anderer in diesem Leben in einer mir ausweglos erscheinenden Lage Kreuz und Auferstehung, Beantwortung aller Warum-Fragen in einem Leid, aus dem mich wirklich nur noch Gott selbst befreien konnte, schon auf dieser Erde, erlebt hat. Wenn ich damals aber mitten im *Dunklen Tunnel* Jesus wirklich und leibhaftig in seiner menschlichen Gestalt begegnet wäre, auf Erden, er hätte mir sicher den Kummer durch ein plötzliches Wunder genommen. Er hätte es als Mensch auf Erden nicht ausgehalten, mich so leiden zu sehen.

Mich so leiden zu sehen, das war für *die Schwester* – das weiß ich rückschauend – ein bitteres Kreuz: Einmal kam ich am Fest meiner Namenspatronin, der heiligen Monika, wieder einmal tiefunglücklich und tränenüberströmt zu ihr. Es war wieder alles ganz anders gelaufen als ich es erhofft und erfleht hatte. Bei aller Treue zu Gott, bei allem Überzeugt-Sein von seiner Liebe in Freude und Leid, war *die Schwester* doch so sehr Mutter, dass sie jetzt nicht fromm und erhaben redete hinein in meine bitteren Tränen, sondern ganz einfach sagte: „Ich hätte wohl anderes erwartet zu diesem Tag."

Später, wenn ich ruhiger war, hörte ich immer wieder ihre Verheißung: „Gott wird es mit Ihrem Wunsch so machen, dass Sie zufrieden sind." – „Ich kann nur zufrieden sein, wenn er es genau so macht wie ich es möchte. Er muss meinen Wunsch erfüllen wie *ich* es mir vorstelle, sonst gibt es für mich keine Zufriedenheit", war stets meine Antwort.

Oh, wir kurzsichtigen Menschlein! Auf meine *Motzereien* hin schwieg die Schwester stets. Irgendwann aber, als sich klar abzeichnete, dass nichts von dem, um das ich bat, in Gottes Plänen lag, formte sie jenen denkwürdigen Satz, den ich in besonderer Weise auch an dich weitergeben möchte, lieber Leser:

„Wenn Sie auf Ihrer Forderung Gott gegenüber bestehen, brechen Sie zusammen."

Jesus, der Auferstandene, deutete mein Leid vom Himmel, von der Ewigkeit her, das weiß ich heute. In nichts, in keiner winzigen Kleinigkeit meines damaligen Wunsches wollte ich anders erhört worden sein als Jesus es tat. Ganz anders, auf einem ganz anderen Weg als ich es mir vorgestellt hatte, erhörte er meinen Wunsch in anderer Weise, ganz anders, aber eigentlich doch, unvergleichlich viel besser und schöner wie ich es mir gedacht hatte! Nach etwa sieben Jahren, fast wie im Lied von den Sieben Brücken, eigentlich im Wesentlichen schon nach sechs Jahren, war ich schließlich endgültig aus dem *Dunklen Tunnel* erlöst, lieber Leser. Absolut. Nichts, keine winzige Kleinigkeit in der *Lösung* des Leids wollte ich heute anders erlebt haben. Alles andere wäre ganz und gar nicht gut für mich gewesen, das erkenne ich heute glasklar.

Für all das war ich aber im *Dunklen Tunnel* wie blind. Immer wieder gab es Stunden pechschwarzer Finsternis, gerade damals, als ich in fünften Schuljahren mit großem Erfolg das Thema „Alle *Rosen* des Herz-Jesu-Monats Juni sind *Rosen* auch der Liebe Gottes" behandelte, fuhr ich selbst manches Mal trostlos den Rhein entlang, in pechschwarzer Stimmung, zu meinem berühmten Wallfahrtsort nach Bornhofen. Meine einsamen Fußmärsche in diesen Jahren dorthin kann ich nicht mehr zählen. Kraft genug, körperliche Kräfte, meinen Schmerz Gott auf diese Weise vorzutragen, hatte ich ja. Die Rosen unterwegs sah ich wohl, in *meinem* Herzen damals aber keine Freude. Gott hatte mich aber inzwischen durch die fortlaufenden Zeichen seiner Gegenwart so sehr gestärkt, dass mich die Kraft nie verließ, nie geringer wurde. Immer wieder schenkte er mir sorglose Stunden strahlenden Glücks in der Gegenwart Gottes, wie ich es schon beschrieb, Stunden, in denen das Leid eigentlich nach wie vor da war, aber absolut in den Hintergrund trat, ja, vergessen war.

Himmelsleuchten: Siehe, Ich Bin Da

Kummer und Aggressionen schienen mir an einem Tag wieder einmal unerträglich, doch ohne dass es mir bewusst war, hatte sich mir Gott schon längst als der Freund erklärt, dem man auch *so* kommen durfte, genauso wie ich es empfand: „'Siehe, Ich Bin Da', hast du gesagt! – Und? Und? Wie geht es mir? Kümmert es dich nicht, dass ich zugrunde gehe? Ich will dich an dein Versprechen erinnern! Hast du denn alles vergessen?" So in etwa mein Beten an diesem Nachmittag, als ich mich auf den Weg nach Rüdesheim machte wie ein trotziges, kleines, unglückliches Kind, das weinend zu seiner Mama, zu seinem Papa läuft, um mich in meinem Zufluchtsort, der Klosterkirche Rüdesheim, zu *beschweren* – bei *Gott*.

Unterwegs im Auto immer wieder leidenschaftliche Aggressionen, aber irgendwie auch das Vertrauen, halb unbewusst: Wenn ich erst da bin, ist es geschafft. Kurz vor dem Ziel konnte ich es kaum erwarten, Jesus alles in meinem besonderen Gedächtnisort seiner greifbaren Hilfe vorzutragen, ihn am Gewand zu zupfen wie die verzweifelte Frau, von der das Neue Testament spricht (Mt 9,20ff; Mk 5,25ff; Lk 8,43ff). Schließlich betrat ich die Kirche und nahm Platz ganz vorn vor dem Tabernakel, wie so manches Mal seit dem unvergesslichen Erlebnis damals, als diese Kirche *meine* Wunderkirche wurde: „Siehe, Ich Bin Da". Mein Blick richtete sich auf das Jesusbild und wieder geschah das fast nicht Beschreibbare: Plötzlich wunderbare Klarheit in meinem Herzen, himmlischer Friede. Ich war zuhause, geborgen, geschützt wie ein kleines Kind auf dem Arm seiner Mutter, seines liebenden Vaters. Kein einziges Wort der Beschwerde brachte ich hervor, alle Fragen zu Ende – nur eine Bitte hatte ich noch im Herzen, eine einzige:

„Ich bitte dich, lass alles so geschehen wie *du* es willst, einen anderen Wunsch habe ich nicht."

„Meister wir haben die ganze Nacht gefischt und nichts gefangen, aber auf dein Wort hin will ich noch einmal die Netze zum Fang auswerfen", so spricht Petrus zu Jesus (Lk 5,5). *Mein* Netz des Gottvertrauens, der Zuversicht in meinem Leid war absolut leer, trotz allen Bemühens, trotz aller Kämpfe – und jetzt? Mein Netz *prallgefüllt*, hundertfach beschenkt mit dem, was mir fehlte: Gnade, Geschenk Gottes – das war es, was ich wie Wunder empfangen hatte, Offenbarung der göttlichen Macht des Menschen Jesus, den ich so oft verkündet hatte.

Wenn ich es recht bedenke, belehrte Jesus mich damals ganz neu mit *meinem Lied*: „Wer nur den lieben Gott lässt walten". Obwohl ich in dieser Stunde wohl nicht an dieses

Lied dachte, erlebte ich es existentiell. Seinen Weg gehen, in Freude und Leid und – manchmal ganz einfach – warten, warten auf Gottes Hilfe, auch ohne Zuversicht, vielleicht ganz einfältig wie ein Kind, einfach in dem Sinne, dass man in schlimmen Unglückszuständen Zeit verstreichen lässt im Gedanken, dass Gott da ist, auch ohne zu beten. „Denn welcher seine Zuversicht auf Gott setzt, den verlässt er nicht", wie es in jenem Lied weiter heißt, auch wenn diese Zuversicht zeitweilig zu Ende sein kann, absolut – warte! Wenn es sein muss – warte! Gott *ist* da – und *Er* wird es tun: Sein Geist durchweht die Welt.

Rosen empfangen – eine kleine Auswahl

... am Aschermittwoch 2001 – (an einem Aschermittwoch vor 9 Jahren starb *die Schwester*!) Morgens durfte ich in diesem unterrichtsfreien Jahr am Aschermittwoch der Künstler in Koblenz an einem Gottesdienst in einer bis auf den letzten Platz gefüllten Kirche teilnehmen, ein Wortgottesdienst mit faszinierenden künstlerischen Darbietungen in Musik, Text und Tanz von bestechender Schönheit. Thema des Gottesdienstes: „Ecce Homo" – Gott im Menschen, im Wunder Mensch".

Was wäre mein RU gewesen ohne die Ausdrucksformen der Kunst! Welche Wege für den Glauben eröffnet die Kunst! Ecce Homo! In allen Menschen leuchtet Gott auf, der Gott, der sein Leben in Jesus hingegeben hat für alle. Im Leiden der Menschen, vielen unbewusst, vergegenwärtigt sich auch heute das Leiden Jesu. An dieses menschliche Leiden allerdings wurde hier nur in tänzerischer, ästhetischer Form erinnert, an das persönliche Leiden Jesu nur durch die lateinischen Worte, die die Überschrift dieses Gottesdienstes bildeten: „Ecce Homo" – seht da, welch ein Mensch! Die Worte des Pilatus an die johlende Menge, vor der Jesus am Karfreitag steht, die Menge, die seinen qualvollen Kreuzigungstod fordert und ihm Barabbas, den Schwerverbrecher vorzieht.

Ecce Homo – seht da, welch ein Mensch!

Jesus trat heraus. Er trug den purpurroten Mantel und die Dornenkrone, die die Soldaten ihm zum Spott aufgesetzt hatten (aus den Leidensgeschichten des Neuen Testamentes) – an ihn persönlich allerdings erinnerte in diesem Gottesdienst kein einziges Wort, soweit ich mich erinnere. Setzt man noch voraus, dass dieser Jesus allen bekannt ist? Ich möchte dies bezweifeln. Vielleicht wäre es wieder sehr notwendig, dass man auch mit Worten ihn bezeugt. Zum Abschluss dieser Feierstunde, die soviel Augen- und Ohrenschmaus bot, *mein Lied*: „Wer nur den lieben Gott lässt walten".

„Ecce Homo" – uns alle, die wir die Darstellungen der Kunst, die faszinierende Schönheit der Menschen, die sich im Tanz als lebendige Kunstwerke darboten, bewunderten, wollte ich aber auch einladen zu einer ganz persönlichen Kreuzwegmeditation: Ecce Homo! Jesus, der Dornenkönig, der Gott, der uns in Jesus bis zum Äußersten geliebt hat und den Weg als Mensch ging mit uns Menschen bis zum Tod am Kreuz, der persönliche Gott, der mit dir liebt, sich freut und leidet. Kreuzwegmeditation über die Liebe Gottes, ganz einfach, ganz schlicht, ohne Musik – was meinst du, wer würde kommen? In diesem Buch werde ich dich noch dazu einladen, wie damals meine Schüler, wie in diesem Jahr auch die Firmlinge, und auch mich selbst.

Rosen empfangen

... weiterhin am Aschermittwoch 2001. Am Abend nahm ich schließlich an dem größten Fest des Tages teil, einer *wirklichen* heiligen Messe. Wie die Weiterführung meiner Gedanken stellte der Priester in der Predigt die Frage: „Wer ist Gott?" und er gab jene Antwort des AT: „Er ist der ‚Ich Bin Da'". Vor dem Gottesdienst probte unser Singkreis ein Lied, das ich dir aufschreiben möchte, da es irgendwie auch das wiedergibt, was *die Schwester* mir in Jahren zu vermitteln gesucht hatte, mit nimmermüder Geduld:

Gib mir Ruhe

Gib mir Ruhe, Herr, in dieser wilden Zeit,
gib mir Ruhe, Herr, und die Gelassenheit.
Gib mir Ruhe, Herr, lass mich dein Wort verstehn.
Gib mir Ruhe, Herr, ich will auf dich nur sehen.

In dir ist Ruhe, in dir ist Freude,
und du Herr lässt mich nie im Stich.
In dir geborgen, geh ich ins Morgen.
Herr deine Hände halten mich.

Du gibst Kraft, Herr Jesus und Geborgenheit,
du gibst Liebe, Herr in dieser bösen Zeit.
Hilf mir lieben, Herr, so wie du es getan
weil nur deine Liebe Menschen ändern kann.

Durch deine Liebe, die du gegeben,
ist uns der Vater selbst ganz nah.
Herr deine Wirklichkeit gebt uns die Sicherheit
in Not und Leiden bist du da.

Wenn du glaubst, Lieber Leser, ich sei besonders stark, Leid zu ertragen, und auch sonst – da täuschst du dich leider. Ich bin, ganz sicher, besonders schwach. Wie ich mich bei einem neuen, fortlaufenden, immer wieder aufbrechenden Leid verhalten würde, ich weiß es nicht, kann für nichts garantieren. Das gilt für alle Kümmernisse, alle Unruhen, die mich wie jeden Menschen ab und zu treffen.

Aber ich *garantiere* für Gott, der mich hält, dich und mich!

Viele Menschen sind sicher grundsätzlich viel stärker, viel tapferer als ich, sicher auch Kollegen, die damals an der Hauptschule mit mir unterrichteten. Ich schilderte das bereits an einer anderen Stelle des Buches. Dass ich immer wieder durchaus viel Stärke in meinem Leben äußerlich gezeigt habe – wie sonst hätte ich bei guter Gesundheit und unverwüstlichem Optimismus 17 Jahre lang Religion in so vielen Klassen trotz zeitweilig starker Belastungen unterrichten können? Das war einfach *Gottes* Kraft.

Erinnerung – *Rosen* empfangen

An diese Stelle möchte ich eine Erinnerung an den letzten Tag des zweiten Jahrtausends einfügen. Eine einzige *Rose* nur von dem unbeschreiblichen *Rosenregen* Gottes, auch an diesem letzten Tag, will ich dir vorstellen, lieber Leser! Ich denke, es könnte eine gemeinsame Rose werden für dich, für mich, für jeden Tag, der uns noch bleibt in dieser schönen Welt, in der trotz aller Dunkelheiten auch ein Vorahnen des Himmels liegt.

Früh am Morgen schalte ich das Radio ein. Ein Bischof hält eine wunderbare Morgenandacht – ich gebe die Aussage aus der Erinnerung wieder: Die Sanduhr als Symbol der Hände Gottes, die unsere Zeit auffangen, wie immer wir sie leben. Er zitierte aus dem Stundengebet der Kirche einen Satz, an dem ich mich schon damals, an der Hauptschule, festhielt, auch mitten im Leid: „Herr, auf dich vertraue ich. In deine Hände lege ich mein Leben!" Es kann schon sein, lieber Leser – das sind nun meine Gedanken –, dass genau in dem Augenblick, wenn du so beten möchtest wie ein Kind, ein Schmerz, eine Herausforderung des Bösen so unerträglich wird, dass dieser Gedanke dir keinen fühlbaren Trost, vielleicht scheinbar auch keine Hilfe gibt, dir weltfern, in keiner Weise auch nur im geringsten zu schützen scheint, aber halte ihn fest wie eine Kostbarkeit, trotzdem. Irgendwann, wenn du ruhiger geworden bist, wirst du ihn vielleicht doch hinein nehmen in deine Existenz wie eine wunderbare Heimat, die dir niemand nehmen kann.

Rosen empfangen

Am 29. August 2005 war ich wieder einmal dort, in *meiner* Klosterkirche. In der Andacht dort sangen die Schwestern: „Herr, auf dich vertraue ich, in deine Hände lege ich mein Leben". O Jesus, welchen Weg hast du mich geführt! „Wie schön leuchtet der Morgenstern" – Magnificat!

Rosen empfangen – Auswahl

Vor einiger Zeit besuchte ich abends mit lieben Menschen ein Speiselokal. An der Wand über unserem Tisch hing als ein besonderes Geschenk Gottes für mich *zufällig* ein Bild: Boote an einem sonnenüberfluteten Strand, Erinnerung an die Auferstehung, die ich in meinem Leid erfahren durfte. Jesus stillt den Sturm auf dem See. Jesus rettet den sinkenden Petrus. Diese kleine Begebenheit aus meinem Leben kann dir deutlich machen, wie der Glaube manchmal auch in einem ganz alltäglichen Weltleben wie ich es, äußerlich betrachtet, eigentlich führe, aufleuchten kann, aber vielleicht weißt du das längst. Mit lieben Freunden essen gehen, eine Freude, die ich mit den vielen Menschen, die an diesem Abend das Lokal besuchten, augenscheinlich teilte. Nur glaubende Menschen aber wissen um den allerbesten Freund, der auch die Emmausjünger auf dem Weg in ein Gasthaus so wunderbar begleitet hatte – Auferstehungsfreude, mitten im Jahr!

Meine Frage an uns, heute Abend, am Ende eines Tages, wieder einmal: Gab es an diesem Tag, den man vielleicht ganz weltlich lebte, ohne einen einzigen Gedanken an Gott, irgendetwas, das mit ihm zu tun haben könnte, irgendetwas, das für mich Spuren seiner Nähe aufleuchten lassen könnte? Spuren Gottes sind immer Spuren von Liebe, Spuren von dem am Tag, was auch nur im Entferntesten mit ihr zu tun haben könnte, zum Beispiel eine Einladung zum Guten für mich in welcher Form auch immer. Wie schade, wenn man sich eine solche Frage nicht öfters stellt! Du würdest Abenteuer erleben, Staunen und, vor allem, es wäre ein Schritt aus der Einsamkeit, wenn du in einer solchen gefangen bist. Wie schrieb ich? Vielleicht bist du so allein, so verirrt auf deiner Straße, doch glaube an das Licht! Ein Lebensgefühl des Ungenügens, eine Leere, eine Sehnsucht ... – ein *Stern*!

Wieder zieht aus den Tiefen des Herzens dein *Stern* ...

„*Rosen*, Zeichen der Liebe Gottes...“
Ich ließ die Kinder immer wieder aus ihrem Leben erzählen, wie sie anderen, zum Beispiel ihrer Mutter, mit *Rosen* Freude bereitet hätten. Ganz langsam, von diesem Gedanken her, richtete ich ihren Blick auf alle Rosen in der Natur, sicher auch, verbunden damit, auf die wunderbare Schönheit der Schöpfung als Zeichen der Liebe Gottes. Lieber Leser, ich denke, dass wohl in jedem Menschen mehr oder weniger die Freude über die Natur grundgelegt ist. Vieles verdirbt dem Menschen diese wunderbare Freude, macht ihn blind dafür – vielleicht eine Schuld, bitterster Kummer, Gefangensein in einer Leidenschaft, eine Sucht, vielleicht sogar Hunger. Aber ich denke, meistens bricht es doch immer wieder durch, das Ahnen Gottes beim Anblick einer wundervollen Landschaft, eines Sonnenunterganges, von Blumen, von Rosen. An besonders schönen Orten kann man beobachten, dass Menschen in einer andächtigen Stimmung diese Schönheit der Natur in sich aufnehmen. Bezeugen unsere Reisemagazine nicht doch auch dieses Empfinden der Menschen? Orte, wie der betörend schöne Königsee im Berchtesgadener Land sind täglich bevöl-

kert von zahllosen *Pilgern* und wenn man ein wenig sucht, kann man dort trotzdem noch irgendwo einen stillen Winkel, wo man ins Träumen gerät, ergattern.

Die Kinder also nahmen meine *Rosen*-Stunden begeistert auf und so entstanden in fünften und sechsten Schuljahren viele beeindruckende Texte. Einen davon, der mich besonders angesprochen hat, möchte ich hier aus meiner Erinnerung – sprachlich nur ein wenig überarbeitet – wiedergeben, weil ich glaube, dass sie auch uns Erwachsenen Anregung geben können, die Rosen und *Rosen* unseres Lebens nicht zu übersehen. Hier also ein Beispiel für ein *Rosen*-Märchen aus dem fünften Schuljahr:

Ein *Rosen*-Märchen

Es war einmal eine alte Frau, die hatte niemanden, der ihr etwas schenkte oder der ihr eine Freude machte. Ihre Kinder waren weggezogen, ihre Verwandten und Freunde tot. Meistens war sie traurig und unglücklich. Sie hatte auch jahrelang nicht mehr gebetet. Über den lieben Gott wollte sie auch nicht mehr nachdenken, denn sie meinte, er habe sie vergessen, weil sie so unglücklich war. In dieser Stimmung machte sie – es war der Herz-Jesu-Freitag im Herz-Jesu-Monat Juni – einen Spaziergang. Erst ging sie lange mit gesenktem Kopf, doch plötzlich war es ihr, als ob die allerschönste Rose zu ihr von der Liebe Gottes redete:

„Du bist ja gar nicht allein, Gott ist bei dir! Und uns Rosen, Zeichen seiner Liebe, hat ja Er geschaffen!"

Die alte Frau schaute noch lange auf die Blume und ihr Herz war voller Freude. Von nun an fühlte sie sich nie mehr allein. Wie kannst du lange traurig bleiben, wenn dich eine Rose daran erinnert: der liebe Gott ist da. Er hält dein Leben in der Hand. Wie immer es kommt, vertrau ihm fest! Dann wird sich alles zum Guten wenden."

So, in etwa, schrieb eine Schülerin aus dem fünften Schuljahr eine fast märchenhaft wirkende Erzählung, in

Anlehnung an viele Unterrichtsstunden über Gottes Liebe, die sich auch in der Schöpfung offenbart. Ja, lieber Leser, wie ein wunderbares *Rosenmärchen*, so könnten Geschichten vom Glauben auch erzählt werden, aber es sind keine Märchen! Der Glaube ist wundervoller als jedes Märchen, denn er ist die Verheißung von Glück und Frieden mit allen Menschen, eine Verheißung, deren Erfüllung auf dieser Erde schon beginnt. Dazu ein Liedtext aus dem Gotteslob (GL Nr 552):

Alles Leben ist dunkel

Alles Leben ist dunkel.
Keiner weiß, wo er endet.
Jeder sehnt sich nach Glück.
Gott hat ein Herz für den Menschen:
Jesus ward einer von uns.

Jesus lebt' unser Leben.
Jesus trug unsere Sünden.
Jesus starb unsern Tod.
Gott hat ein Herz für den Menschen:
Jesus ist einer von uns.

Mitten in Jesu Worten,
mitten in Jesu Taten
schlägt dies Herz für die Welt.
Gott hat ein Herz für den Menschen:
Jesus ist dieses Herz.

Liebe

Wie seltsam: es gibt wohl keinen Menschen, der sie nicht doch in irgendeiner Form – und sei es auch in fürchterlichen Zerrformen – ein Leben lang sucht, wenn er sie nicht findet. Doch viele Menschen tun dies ohne die geringste Hoffnung auf einen persönlichen Gott, der den Hunger stillen könnte, den Gott, der in aller Menschenliebe aufleuchtet wie Sonnenfunken auf einem klaren Bergsee an einem strahlenden Sommertag. Menschen sterben immer wieder auch physisch an Enttäuschung, Sehnsucht und einer Leidenschaft, die sie verzehrt, und zerbrechen letztlich nicht an der Erschütterung über einen wirklichen Menschen, an ihrem leibhaftigen Ziel, sondern nur an einer als Traum erschaffenen Vision, denke ich, denn wie könnte wirkliche Liebe zu einem wirklichen Menschen am Leben scheitern lassen? Dazu fällt mir gerade eine Parabel ein:

Die Fische und das Wasser

Fische im Meer hörten einmal vom Wasser. Sie suchten es überall, wollten es unbedingt finden. Schließlich begegnete ihnen ein Wesen, dem sie ihre Sehnsucht offenbarten: „Ach, bitte, wo gibt es Wasser?", fragten sie. „Aber ihr dummen Fische, was sucht ihr?", war die Antwort. „Ihr lebt doch im Wasser! Es ist das Element, das euch umgibt!"

So ist es mit Gott in unserem Leben, lieber Leser! Er *ist* die Liebe, die in aller Menschenliebe grundgelegt ist, er, der uns umgibt in allem, er ist das Element, ohne das kein Leben möglich ist, die Sehnsucht unseres Herzens, die ihn immer wieder oft unbewusst suchen lässt – und immer wieder schickt Gott seinen *Stern*. Wenn wir gelernt haben zu sehen, können wir ihn täglich wahrnehmen. Worte, die von ihm reden, können nur dann eine Hilfe sein, diesen *Stern* zu entdecken, wenn du sie auf ihre Tauglichkeit überprüfst, ob sie dir helfen können, diesen Stern wahrzunehmen. Ganz sicher aber ist es so, dass dies oft so sein könnte, aber ... – ich weise dich auf die Worte hin, die Jesus gesprochen hat! Überprüfe sie neu!

Auch wenn man schon längst zum Glauben gefunden hat, bleibt das eine tägliche Aufgabe – und wenn es das Erinnern an Worte Jesu wäre, die wir bereits so ins Existentielle übersetzt haben, dass sie uns nicht mehr als Worte bewusst zu werden brauchen, weil sie uns bereits zum Licht geworden sind, das zuweilen auch schon in unserem Sein aufleuchtet.

**Brich auf, komm mit mir, Schritt für Schritt,
Bleib nicht beim Lesen, wandere mit!**

Neben dem oft unbewussten Schrei der menschlichen Seele in Sinnlosigkeitsgefühlen, Einsamkeit und Leere, brauchen wir die Hilfe Gottes, die Offenbarung seiner Liebe, nicht nur in objektiv schwerem Leid. Solche Lebensphasen bleiben für viele Menschen selten, denke ich. Die Hilfe Gottes brauchen wir auch im täglichen Leben, in scheinbar unbedeutenden Nöten. Manchmal sind es die kleinen Unruhen des Tages, die uns die Lebensfreude trüben, an der Kraft zehren, lähmen wollen. Eine körperlich schwer behinderte Frau klagte mir einmal – nein, nicht das objektiv schwere Leid ihrer fortschreitenden Krankheit, sondern stundenlang eine scheinbar geringfügige Not, eine Unklarheit mit einem Menschen, eigentlich nur eine Alltagsbegegnung, von der sie auch keine tiefere Beziehung erwartete. Das Herz des anderen können wir auch im alltäglichen Leben nicht zwingen.

Wie viel Leid entsteht, wie viel *Enttäuschung*, von Jugend auf, weil der andere eben anders ist als ich selbst, Entscheidungen trifft, die mir unverständlich sind, weil er meine guten Absichten vielleicht missdeutet, meine Bemühungen übersieht. Aber das ist eigentlich allen so vertraut, dass ich es vielleicht gar nicht zu erwähnen brauche. Der Mensch, der Gott als liebenden Begleiter entdeckt hat, wird auch hier wunderbare Hilfe erfahren. Sehr beeindruckt hat mich ein Satz von Henri Nouwen:

„Man muss dem anderen immer wieder verzeihen, dass er nicht Gott ist, ebenso wie uns selbst verziehen werden muss, dass wir es nicht sind."

Wenn ich an meine Jugendsehnsucht, dass mir jemand begegnet, der mich vollkommen versteht, zurückdenke, ist dieser Satz mir absolut aus dem Herzen gesprochen. Heute weiß ich, dass wir nicht von einem anderen Menschen, wie nahe er uns auch sei, erwarten können, was uns selbst nicht möglich ist.

In einer AG-Stunde erzählte eine Schülerin von ihrem jahrelangen Beten in einer Not und dass sie in dem, was sie eigentlich von Gott wollte, nicht erhört worden war. „Bereust du es jetzt, so lange um die Sache, die dir ja, wie du sagst, jetzt nichts mehr bedeutet, gebetet zu haben?", fragte ich sie. Ihre Antwort habe ich mir fast wörtlich gemerkt. „Oh nein", gab die vielleicht Vierzehnjährige zur Antwort, „wenn ich jetzt allein in meinem Zimmer sitze und heule wegen irgendetwas, weiß ich, ich bin nicht allein. Gott ist bei mir und er versteht mich." So hatte dieser junge Mensch eine ähnliche Erfahrung gemacht wie ich. Gott, dessen Liebe und Hilfe man erfahren hat durch viele Zeichen in einem Beten um was auch immer, entdeckt man als allerbesten Freund für jeden Tag, in Freude und Leid.

Zum Beispiel heute

Die Unruhen muss ich aushalten, den Kummer, daneben aber tausend Einladungen zur Freude, der strahlende Morgen, die Freude, dass ich sehen darf, die Freude zu leben, darüber, dass alles Sinn hat, ich im Vollbesitz meiner Kräfte bin, die Freude über meinen mächtigen Freund, meinen täglichen Begleiter in Freude und Leid. Ich überquere einen Fluss, ich gehe über die Brücke. Der Fluss ist in Licht getaucht, die Sonne löst sich langsam aus dem Nebel und mein Herz ist voll Zuversicht. Vor mir der junge Tag. Die Freude soll nicht sterben, heute nicht! Ich suche die Kirche auf, die Kirche, in der *die Schwester* so oft gebetet, die meinen Glaubensweg so lange begleitet hatte mit einer Treue, die etwas von der unwandelbaren Treue Gottes aufscheinen ließ, in all den Jahren.

Freitagmorgen, meine Kreuzwegmeditation in dieser Kirche. Ecce Homo – gleich lade ich dich ein, lieber Leser, mit mir diese Bilder zu betrachten. Wie war es mit den Schülern und Firmgruppen? Jeder suchte sich ein Bild aus, das er den anderen dann beschrieb, *seine* Interpretation des Bildes. Die Jugendlichen blieben also an verschiedenen Kreuzwegbildern stehen. Ich kann mich nicht erinnern, dass einer dabei jemals gestört oder sich gelangweilt hätte. Die Kreuzwegbilder, eng verbunden mit allem Leid, das wir Menschen zu tragen haben, sind also immer hochaktuell! Wie oft habe ich mich auch in eigenem Leid allein unter ein Kreuzwegbild geflüchtet!

Jesus fällt zum dritten Mal unter dem Kreuz

Dies Bild, Jesu hingebende Liebe bis zum Äußersten, trägt alles Leid der Welt, auch deines, auch meines. Mache einmal die Probe, lieber Leser, nicht nur, wenn du dir keinen Rat weißt, aber dann besonders! Das Bild wird dir antworten, irgendwie. Jesus, der mit uns geht, mit dir, mit mir. Er, dessen Liebe unwandelbar und treu uns begleitet, in Freude und Leid. Auf dem Weg, diesen Jesus wahrzunehmen in unserem Leben könnte eine Kreuzwegstation ein Haltepunkt sein. Die *Fastenzeit* – Gedächtniszeit an das bittere Leiden Jesu als Ausgangspunkt für ein Bemühen, täglich neu anzufangen mit der Suche, wirklich zu lieben. Ecce Homo – wo stärker als von diesem Kreuzweg her könnte sich Liebe im Herzen entzünden zu dem persönlichen Gott, der, wehrlos geworden für uns, sich nach unserer Liebesantwort sehnt, die in der wirklichen Liebe zum Mitmenschen aufleuchtet, auch in der Zeit, die wir uns in unserem Leben nehmen für Gott und die Menschen.

Mir scheint, dass man gerade heute, da die Zahl der Kirchgänger so rückläufig wird, in den Massenmedien viel zu wenig versucht, den Blick auf die Persönlichkeit Jesu zu lenken. Wie viele kostbare Möglichkeiten wer-

den hier verspielt! Es sind Menschen, die uns die Liebe Jesu deutlich machen, aber ebenso auch das Zeugnis der Bibel. Dieses Zeugnis, aus dem Herzen weitergegeben, auch mit der heute unverzichtbaren Möglichkeit, die unsere Massenmedien bieten, könnte ein kostbares Samenkorn sein, durch das sich ein Mensch auf den Weg macht zum Glauben.

In meiner diesjährigen Firmgruppe hatte ich den Eindruck, dass gerade bei unserer Kreuzwegmeditation auch heute für die jungen Menschen etwas aufleuchtet von dem, das ihrer tiefsten Sehnsucht entsprach, der Sehnsucht nach Liebe.

Kreuzwegmeditation

Heute also möchte ich uns zu einer Kreuzwegmeditation einladen, dich und mich. „Gedanken über die Liebe?" – den folgenden Text schrieb ich, in etwa so, einmal für meine Schüler auf:

Kreuzwegstation
Jesus wird ans Kreuz genagelt.

„Sein Schweiß ward wie Blutstropfen, die zur Erde rannen ..." Alle seine Freunde sind Ihm davongelaufen, das sticht wie Dornen, auch ins Herz. „Ich kenne ihn überhaupt nicht!", hat ein besonders guter Freund gesagt, als man ihn quälte, vergangene Nacht. Ein einziger begrüßte ihn, der so verlassen war, mit einem Kuss. Endlich ein Zeichen der Freundschaft, etwas, woran Jesus sich festhalten konnte? Doch dieser *Freundschaftskuss* war nur ein entsetzliches Zeichen eines Verrates, für dreißig Silberlinge: „Der, den ich küssen werde, der ist es, den ergreift!" Die Soldaten haben Ihn verspottet und geschlagen und verhöhnt. Seine Stirn ist ganz zerstochen von der Dornenkrone. Sein Körper ist mit Wunden übersät, von den

Schlägen der Geißel. Und das Herz tut so fürchterlich weh, denn die Menschen haben Ihn grausam enttäuscht. Alle Liebe, die Er ihnen schenken wollte, wollten sie nicht haben. Sogar Barabbas, der Schwerverbrecher, war ihnen lieber als Jesus, der Gott, der Mensch geworden ist. Jesus liegt ganz hilflos da. Er hat die Arme ausgestreckt für die Hämmer und Nägel, die die Menschen für Ihn bereithalten. Sie haben sich über Ihn, der zu Tode erschöpft ist, gebeugt, doch nicht um Ihm zu helfen, weil Er einfach nicht mehr kann. Sie wollen Ihn kreuzigen, gleich. Wie ein Lamm auf der Schlachtbank liegt Jesus da, völlig wehrlos. Dabei könnte Er sich ganz leicht befreien, der Gott, der Mensch geworden ist. Er könnte weggehen von uns Menschen, weggehen vom Kreuz. Er könnte uns den Rücken kehren – für immer.

Aber Jesus geht nicht weg. Er kehrt uns Menschen nicht den Rücken. Er lässt sich kreuzigen für uns, geht den Weg der Liebe zu uns Menschen bis zum Ende. Er lässt uns nicht allein, nicht im Stich. Er ist Mensch geworden um uns zu erlösen, zum Beispiel dich, zum Beispiel mich. Sein Herz *bleibt* voll Liebe, für alle.

Ich denke, wenn ein Mensch nur von ferne es für möglich hält, dass Jesus diese Liebe bis zum Äußersten hat, auch für ihn, für ihn ganz persönlich, er, der allmächtige Gott, Schöpfer aller Sonnensysteme, unser Schöpfer, wird er an diesem Jesus nicht unbeteiligt vorbeigehen.

Warum also, warum wird in unseren Gottesdiensten nicht ausdrücklicher, auch mit Hilfe besonderer Medien, auf die Liebe Jesu, die für uns bis ans Kreuz geht, hingewiesen? Ich halte das nach meiner Erfahrung als Katechetin wieder und wieder für unendlich wichtig! Viel öfters, auch mitten im Jahr, sollten wir einmal ein Kreuz, ein Kreuzwegbild betrachten! Warum nicht jeden Freitag zu einer Kreuzwegandacht einladen? An einem Freitag hing Jesus neun Stunden für uns am Kreuz, warum nicht jeden Freitag diese Liebe medi-

tieren in einer persönlichen Kreuzwegbetrachtung, in einer persönlichen Andachtsstunde an diesem Tag?

Jesus, Dornenkönig, hilf, dass deine Dornen *Rosen* tragen in unseren Herzen, hilf uns einander treu sein, die anderen, die zu lieben wir berufen sind, nicht zu verlassen, treu sein, in Freude und Leid. O Jesus, gib uns die Kraft, im Blick auf dich deinem Willen zu folgen. Lass uns deinen Willen erkennen und nach ihm leben! Das ist der einzige Weg zum Glück. Für mich ist es nun so – ich kenne das Ziel meiner Sehnsucht

Über die Verehrung des göttlichen Herzens Jesu

Der Herz-Jesu-Monat Juni ist in besonderer Weise der Verehrung des göttlichen Herzens Jesu geweiht. Jesus hat ein Herz, voll unüberbietbarer Liebe für alle Menschen. *Rosen*, Zeichen auch der Liebe zwischen Menschen, sollen Zeichen sein, ganz besonders auch der Liebe Gottes zu den Menschen. So könnten dich die wunderschönen Rosen überall in unserer Natur an Gottes Liebe erinnern, an Gottes Liebe für dich. Wenn du traurig bist, wenn du Kummer hast, können dich diese Rosen nicht trösten? Wenn du glücklich bist und voller Freude – die *Rosen* könnten dich daran erinnern:

Gott ist Freude

Wirkliche Freude kommt immer von Gott. Gott, der in Jesus Mensch geworden ist, hat ein Herz, das liebt, jeden Menschen liebt – mehr, als man es sagen kann – bis zum Tod am Kreuz. Diesem Herzen Jesu ist also der Juni, der Rosenmonat, geweiht. Die besondere Verehrung des Herzens Jesu geht zurück auf die heilige Margarete (Margareta Maria Alacoque, gest. 16. Oktober 1690, Nonne und Mystikerin). In St. Peter, dem gewaltigen Dom in Rom, sieht man ein großes, ausdrucksstarkes Bild: Jesus und die heilige Margarete. Im Juni 1675 hatte Margarete eine Vision, aufgrund derer die Kirche am Freitag nach dem Oktavtag von Fronleichnam das Herz-Jesu-Fest feiert. Diese Heilige wusste in besonderer Weise von der unendlichen Liebe Gottes, gerade zu denen, die besonders schwach sind, gerade zu den Sündern. Viele Kirchen haben eine Herz-Jesu-Statue oder ein Herz-Jesu-Bild. Die Gestalt Jesu mit einem sichtbar gewordenen Herzen, ein Herz, um das sich Dornen schlingen: die Dornen der Enttäuschung, die Dornen der Verlassenheit, die Dornen der Angst in der Gründonnerstagnacht, die Dornen des Karfreitags, die Dornen der furchtbaren Schmerzen.

Siehe, Ich Bin Da – Gedanken über die Liebe

Rosen empfangen – Auswahl

In der Kirche Maria Hilf, die ich an diesem Tag – *heute* – besuchte, schlug ich in meinem Gesangbuch einen Psalm auf: „Lob des Schöpfers".

Kapitel VIII:

Verspiele nicht die Zeit!

Gehörst du zu den Menschen, die im Rentenalter stehen oder diesen Weg gerade erst beschritten haben?

Mir scheint, diese Zeit ist vielleicht die kostbarste unseres Lebens. In diesem Alter, so kann man beobachten, entschließen sich viele Menschen zu häufigem Kirchenbesuch, was zu der Beobachtung führen könnte: Alltags, da gehen doch *nur* alte Leute in die Kirche! Sind diese Kirchenbesucher, die sich im Rentenalter immerhin für diesen Weg entscheiden, nicht gerade die klügsten im Umgang mit der Zeit, die ihnen noch bleibt auf dieser Erde?

Nutzen *sie* doch ihre Zeit, die sie erst in dieser Phase ihres Lebens gewonnen haben, für das, was andere auch jetzt vielleicht beiseite schieben, verdrängen, nicht beachten. Menschen, die zu Beginn ihres Ruhestandes oder auch die, die gezwungenermaßen in einem *Aus* im Berufslebens stehen, hätten jetzt eine wunderbare Gelegenheit, Entscheidungen über Existenzfragen in aller Ruhe zu überprüfen oder neu zu gewinnen. Das müsste nicht unbedingt durch täglichen Kirchenbesuch geschehen, doch sie beschäftigen sich auch jetzt nicht mehr damit als früher, auch die nicht, für die das Lebensende schon vom Lebensalter her in eindeutig greifbare Nähe rückt, mehr und mehr.

Die letzten wenigen Jahre, die sie noch im Vollbesitz vor allem ihrer geistigen Fähigkeiten verbringen dürfen, werden jetzt verstärkt für Hobbys, neue Lerninhalte, die sie oft praktisch gar nicht mehr anwenden, z. B. das Erlernen fremder Sprachen, *genutzt*, mit dieser oder jener zeitaufwendigen Beschäftigung gefüllt.

So geht es bis zum Einbruch des fortschreitenden Kräfteverlustes, ja oft bis zum Tod. Man stellt die Sinnfragen des Lebens, die doch in unterschiedlichen Lebenssituationen immer wieder neu gestellt werden müssten, wenn man sein Leben verantwortungsvoll leben will, nicht mehr als und früher, obwohl die Zeit rast und rast, unaufhaltsam, der letzten Minute entgegen.

Rosen empfangen, *Rosen* verschenken

... das bleiben Fremdwörter, auch in der eigenen Sprache. In der Todesstunde wird man ja sehen, was kommt, möglichst gar nicht daran denken! „Alle meine Königreiche für einen Augenblick *Zeit*!", so das letzte Wort von Königin Elisabeth I von England!

Ein Tag jagt den anderen und man lebt in der Entscheidung, die man irgendwann, bezüglich des Glaubens, in Jugendjahren oft schon getroffen (oder nicht einmal irgendwann) und damals vielleicht durchaus sorgfältig durchdacht und begründet hat, z. B. die Entscheidung, auf Beten und Kirchenbesuch zu verzichten, oder auch auf die Suche, sich mit Glaubensfragen wirklich auseinanderzusetzen.

So in etwa war es wohl bei einer Dame, mit der ich mich lange über dieses Thema unterhielt. Unter den vielen Büchern, mit denen sie sich beschäftigte, war nicht eines, das sich mit der Frage beschäftigte, ob es den persönlichen Gott für sie geben könnte. Gott, wenn es ihn gäbe, kümmere sich nicht um diese Welt, wie sich aus dem Leid in der Welt ersehen lasse. Selbstverständlich kenne sie Bibeltexte, es seien ausgezeichnete literarische Formen. Nach meinem Dafürhalten hatte sich diese Frau durchaus mit dem zweiten Teil des größten und ersten Gebotes beschäftigt, dem Gebot der Nächstenliebe, das nicht nur zum ersten im Christentum, sondern auch in allen Weltreligionen aufleuchtet. Wie weit wir dieses Gebot wirklich praktizieren, weiß letztlich nur Gott, denke ich, so kann ich das Leben dieser Dame in diesem Bereich selbstverständlich ebenso wenig wirklich beurteilen wie mein eigenes. Aber das größte und erste Gebot beinhaltet das Gebot der Nächstenliebe, auf das man sein Leben täglich überprüfen könnte *und* auch ebenso diese Aufforderung: Du sollst den Herrn, deinen Gott lieben, mit ganzem Herzen, mit ganzer Seele. Man soll also alle Möglichkeiten ausschöpfen, die man hat, diesen Gott auch als eigene Person zu finden. Schickt uns Gott nicht immer wieder Engel, die uns einladen, *Sterne*? Da ein Gespräch, da ein besonderes Buch, da die Begegnung mit einem Menschen ...

„Der Glaube an das ewige Leben bei Gott ist aus einer Wunschvorstellung des Menschen geboren?"

Ein solcher Satz – das müsste jedem einleuchten, ist mit nichts zu beweisen, kann objektiv nicht mehr als eine Mutmaßung sein, eine, die das Leben verspielen hieße, wenn es eben nicht so ist, und man sich dennoch danach einrichtet auf dieser Erde.

„Wir haben nur das eine Leben hier auf Erden!"

Auch Menschen, die ihre Entscheidung gegen die Suche nach dem Glauben getroffen haben, zitieren gerne diesen Satz, als Aufruf, in dieses irdische Leben alles an Glück hineinzupacken, was möglich ist. In diesem Punkt aber begegne ich dem Ungläubigen absolut: Ganz sicher habe ich auf meinem Glaubensweg alles an Glück schon auf dieser Erde für mich gewonnen, trotz *Verzicht* auf dies und das, was vordergründig durchaus schwer erscheinen könnte – und es manchmal auch *ist*. An einer anderen Stelle dieses Buches habe ich aber bezeugt, dass man dann auch das Jesuswort erfährt, der das Hundertfache verspricht schon auf dieser Erde (Mt 19,29; Mk 10,30), wenn man um seinetwillen auf etwas verzichtet, was schwer wird. In diesem Buch habe ich versucht, einen kleinen Eindruck von dem zu vermitteln, was das Glück ist, das auf Erden beginnt, in Freude und Leid, ein Glück, das hinweist auf die Ewigkeit.

Die Rentnerjahre, ja auch andere manchmal mir auferlegte Ruhephasen durch besondere Lebensumstände, sind eine ganz besondere Chance zu betrachten, ob man das Leben auch im Hinblick auf die Ewigkeit genügend überprüft hat, auf Gott, der Mensch geworden ist in Jesus. Waren und sind da wirklich keine täglichen Einladungen Gottes, von denen ich in diesem Buch immer wieder zu sprechen versuche? Gott in allem – sind da nicht in deinem Leben ganz eigene Zeichen, Himmelsspuren?

Vielleicht ist es die satanischste aller Versuchungen, die uns irgendwann einflüstern könnte, vielleicht erst in der Todesstunde: „Alles vertan, zu spät!" War nicht genau das die Versuchung, die aus den letzten Worten einer Königin Elisabeth I spricht? Eines ist gewiss: so lange ein Atemzug in uns ist, *können* wir neu anfangen, am besten gleich! Täglich können wir uns ganz neu aufmachen unserem *Stern* zu folgen, dies sogar in jeder Stunde, ja, wie es ein Geistlicher einmal formulierte, nicht nur in jeder Stunde, sondern in jeder Sekunde, die uns auf dieser Erde geschenkt ist. Erst der absolute Tod beendet diese Möglichkeit, das allerdings ist gewiss!

Vor längerer Zeit erzählte mir einmal jemand, wie er Stunden, in denen er auf das letzte Untersuchungsergebnis, das die Diagnose *Krebs* endgültig bestätigen sollte oder auch nicht, verbracht hatte:

„Ich ging ziellos durch die Straßen und mir kam der Gedanke an Beten, daran, eine Kirche aufzusuchen. *Wenn ich die Gnade hätte!* Dann dachte ich: ‚Nein! Du hast es all die Jahre nicht getan, du tust es auch jetzt nicht!'"

„Wenn ich die Gnade hätte ..." Wenn man sich selbst ein wenig als *Stern*singer fühlt, auch auf Grund eigener Lebenserfahrungen, tun solche Worte weh, einmal tut es weh für Gott, der für uns Sünder sein Leben am Kreuz hingegeben hat, der allzeit auf uns wartet, uns immer wieder seine Gnade schickt durch Lebenssituationen und Fügungen, wenn wir uns von ihm entfernt haben, uns heimzuholen in sein göttliches Herz, das am Kreuz für uns durchstochen wurde, weh aber auch für den, der durch seinen Eigensinn gefangen bleibt, den Weg zu ihm nicht findet, dem *Stern* den Rücken kehrt.

Lieber Leser, wie sehr das auch meine Versuchung war in der besonderen Leidphase meines Lebens auf meinem Eigensinn zu beharren, habe ich dir schon geschildert. Wie kostbar jede Sekunde unseres Lebens ist, beschreibt in eindrucksvoller Weise der Bibeltext, der den Schächer am Kreuz zeichnet in seinem Weg zu Jesus, der am Kreuz neben ihm leidet (Lk 23,42). Der Schächer, ein Schwerverbrecher, ein Räuber und Mörder! Im Allgemeinen wurden auch zur Zeit Jesu unter den Römern nicht Unschuldige zum Kreuzestod verurteilt, sondern Menschen wie er, die schwerste Schuld auf sich geladen hatten. Nach dem NT erfährt eben dieser Mensch, kein Heiliger, das Anklopfen Gottes, dem Jesuskind, das nun am Ende seines Weges angelangt ist auf dieser Erde in seinen letzten verzweiflungsvollen Minuten am Kreuz

Gold, Weihrauch und Myrrhe darzubringen.

„Jesus, denk an mich, wenn du in deine Königsherrlichkeit kommst!"

Gold: Ein Trostwort für Jesus, seine demütige Bitte.

Weihrauch: Er erkennt in ihm den König der Könige, huldigt ihm durch seine Worte.

Myrrhe: Das Leid, das er bewusst mit diesem König teilt.

Eine einzige Minute, ja *Sekunden* verwandeln den Verbrecher in den *heiligen* Schächer am Kreuz. Ein *solcher* Mensch, bis dahin alles andere als ein Heiliger, durfte Jesus nach dem Zeugnis der Bibel das letzte Trostwort sprechen auf dieser Erde! Wie oft habe ich mit den Kindern die Antwort Jesu meditiert:

„Wahrlich, ich sage dir, *heute* noch wirst du mit mir im Paradiese sein."

Nein, es ist nie zu spät, so lange wir leben, heute nicht, jetzt nicht! So lange noch ein Atemzug in uns ist, ist Jesu Herz offen für uns, seine Arme ausgebreitet wie die des Vaters im Gleichnis vom Verlorenen Sohn, sogar in der Stunde, als sie ausgestreckt waren am Kreuz.

Verspielen wir nicht unsere Zeit, seine unbegreifliche Liebe mit Liebe zu beantworten!

Kapitel IX:

Elisabeth und St. Martin

Rosenwunder

Du lehrtest mich sehen,
das Dunkel strahlt hell,
du sahst mich stehen,
allein und wie blind,
verlassen, verlaufen,
verirrt wie ein Kind.

> *Dein Mantel ist für mich nun Heimat,*
> *in der ich für immer geborgen bin,*
> *in Glück, Leid und Fragen*
> *trau ich nun dem Sinn.*

O Jesus, hilf mir dich erkennen
im anderen, der noch friert
nun hilf auch mir, zu begleiten,
vielleicht nur den Augenblick,
vielleicht doch auch lange Zeiten
mein Lied von dir singen,
von Heimat, vom Glück.

Jesus *malen* in den Herzen der Kinder heißt selbstverständlich auch Sehnsucht erwecken, den Spuren seiner Liebe zu allen Menschen zu folgen. Heiligengestalten wie Martin, der in seiner Ausdruckskraft für die Kinder in meinem Unterricht untrennbar mit der Gestalt der heiligen Elisabeth verbunden war, drückt dies wunderbar und anschaulich aus. Wie oft haben wir beide in Lied und Spiel dargestellt! Begleitende Lieder:

Das St. Martinslied
Wenn das Brot, das wir teilen, als Rose blüht
Einsam und in schlechtem Gewande sitzt ein Bettler am Straßenrande
Teilet Licht, macht warm die Erde

Erinnerung
Ein „Morgenspiel" in dunklen Novembertagen zu dem Spruch:

In der Welt ist es dunkel, leuchten müssen wir:
du in deiner Ecke, ich in meiner hier.

Religionsunterricht erstes und zweites Schuljahr: Einer stand im dunklen Klassenzimmer neben dem Lichtschalter, knipste das Licht an und erzählte eine Begebenheit aus seinem Leben, ein kleiner „Martin", eine kleine „Elisabeth", dann wollte ein anderes Kind erzählen. Die Kinder wurden nicht müde, das Licht vor diesen Beiträgen viele Male ein- und auszuschalten, und ich muss sagen, dass mich diese Erzählungen auch persönlich ins Nachdenken brachten.

Zum Martinsfest legten wir immer wieder „Mantelhefte" an. Jede Seite hatte oben rechts ein Datum, zu dem ein Erlebnis aus dem mitmenschlichen Bereich, aus dem Alltagsleben der Kinder gemalt wurde oder eine besondere, anschauliche Begebenheit aus dem Leben Jesu, wie er sich einem Menschen in Not zuwendet. So wurden die Heiligengestalten auch als Symbolfiguren für eine besondere

Begegnung mit einem *Bettler*, aber ebenso mit der Lichtgestalt Jesu dargestellt.

Martins Traum

„Der Bettler, lieber Martin, das war ich!" – so sprach Jesus zu Martin. Gibt es irgendeinen Menschen, der nicht doch auf irgendeine Art irgendwann in seinem Leben die Einladung, sich einem anderen zuzuwenden, verspürt wie das Aufleuchten eines *Sterns*, der im menschlichen Herzen grundgelegt ist, unabhängig von Religion und Überzeugung? Wie leicht aber lässt sich ein solches Anklopfen des Guten betäuben und zur Seite schieben!

Jesus, das Licht!

Er ist es, der wieder und wieder erinnert, er ist es, oft unerkannt. Wie heißt es im Weihnachtslied „Alle Jahre wieder"? „Steht auch dir zur Seite, still und unerkannt." – „Der Bettler, lieber Martin, das war ich!" Nach meiner Beobachtung des Lebens erkennen unzählige Menschen immer wieder den Menschen in Not – Gott sei Dank! – aber weil sie Jesus selbst nicht erkennen in ihm, bleibt er in ihrem Herzen der Bettler, der persönlich nicht erkannt wird. Ebenso allerdings wäre es auch, wenn wir behaupten, an Jesus zu glauben, ihn zu kennen, den anderen Menschen, den *Bettler*, aber nicht beachten. Jesus, der mit Sehnsucht darauf wartet, dass wir seinen Einladungen folgen, an ihn zu glauben, an den persönlichen Gott, Jesus, der aber auch in jedem Menschen aufleuchtet: Gott lieben in der Begegnung mit den Menschen, bei denen es uns leicht fällt sie zu lieben oder bei denen dies oft nur bei einem Versuch bleibt aus Gründen, die jeder kennt.

Rosen empfangen – Auswahl

Am Abend des Tages, der mir Inspiration gab für mein Gedicht *Rosenwunder*, letzter Tag im Herz-Jesu-Monat Juni im Jahre 2001, besuchte ich den Sonntagvorabendgottesdienst in St. Georg in den Bergen. Als besonderes Geschenk für die Kirchenbesucher sang ein Gastchor, der eine weite Reise aus der Gegend meines neuen Dienstortes, zurückgelegt hatte und mich so an meine Aufgabe, die mich nach den Ferien erwartete, erinnerte. Die Hauptaussage der Predigt: „Das Herz zu Gott erheben, auch in Winzigkeiten."

Elisabeth – St. Martin

„Es gibt auf der Welt keinen Schatten von Güte, der Gottes Liebe nicht als erste Quelle hätte." (Thomas von Aquin)

Immer wieder möchte ich uns mit diesem Satz des heiligen Thomas trösten. Kennst du die Legende von der heiligen Elisabeth?

Elisabethlegende

Auf einem für Königskinder unüblichen Weg war sie wieder einmal unterwegs zu den Armen. Unter dem Mantel trug sie einen Korb mit Brot und guten Sachen, die sie ihnen schenken wollte. „Was hast du unter deinem Mantel?", fragte sie der Reiter, der ihr begegnete, ihr eigener Mann, der diesen Weg seiner Frau so oft nicht verstand, bei aller Liebe zu ihr nicht. Die Heilige ließ sich zu einer Lüge hinreißen: „Rosen!" – Als sie nun aber doch ihren Mantel zurückschlagen musste, deckte Gott ihre Lüge zu: Der ganze Korb war voller *Rosen!*

Rosen empfangen – eine winzige Auswahl

(nur die möchte ich dir wiedergeben, von so vielen, unbeschreiblich): Heute wurde in der heiligen Messe der Text von Moses, dem Gott am brennenden Dornbusch begegnet und ihm dort seinen Namen offenbart, vorgelesen: „Siehe, Ich Bin Da". Wie lange ist es her, dass ich diesen Namen Gottes auf so wunderbare Weise existentiell erfuhr? Fünfundzwanzig Jahre! Lieber Leser, unsagbar, Gottes Güte, die hineinstrahlte in die damalige Dunkelheit – du hast dies in meinem Buch ein wenig mitverfolgen können.

Am Neujahrsmorgen 1997 entdeckte ich in einem Gesangbuch – wie schon an anderer Stelle beschrieben – eine Art Gebetskärtchen mit zwei Gebeten. Es sind heute auch die meinen:

Nie kann ich danken dir genug (Gebet)

Nie kann, o Herr, ich danken dir genug,
es soll dir danken jeder Atemzug,
es soll dir danken jeder Herzensschlag
bis zum letzten Schlag am letzten Tag,
Es soll dir danken jeglicher Gedanke
nichts will ich sprechen als, o Herr, ich danke!

Nimm alles mir (Gebet, Nikolaus von der Flüe)

Mein Herr und mein Gott,
nimm alles mir,
was mich hindert zu Dir.

Mein Herr und mein Gott,
gib alles mir,
was mich fördert zu Dir,

Mein Herr und mein Gott,
nimm mich mir,
und gib mich ganz zu Eigen Dir!

Rosen empfangen

Bei meinem heutigen Lebensmitteleinkauf in entdeckte ich in einem Supermarkt einen allerletzten Strauß dunkelroter Rosen, etwas, das man dort selten findet. Heute kaufte ich ausnahmsweise diesen ganzen Strauß meiner Lieblingsblumen für mich – diese Rosen wie lebendige Zeugen, Erinnerung an die unbeschreibliche, fürsorgende Liebe Gottes all die Jahre.

Rosen empfangen

Spätabends verfolgte ich beim Fernsehen noch einen Bericht über die große materielle Armut vieler Menschen. Lieber Leser, denken wir eigentlich ab und zu einmal darüber nach, dass es uns möglich ist, Dinge kaufen zu können, die uns Freude machen? Und wenn wir in einem Kloster schon *allem entsagt* hätten – wie viele irdische Freuden haben wir auch dann noch in unserem Wohlstandsland! Ein gutes Essen, ein warmes Bett, ein Dach über dem Kopf! Wie oft bedanken wir uns dafür?

Rosen empfangen

Tja, lieber Leser, und wo zog es mich hin an diesem Ferienfeiertag, dem Gedenktag meiner wunderbaren Gottesbegegnung vor fünfundzwanzig Jahren: „Siehe, Ich Bin Da"? Natürlich in meine Wunderkirche Rüdesheim – keine Verpflichtung heute, die dem entgegen sprach! – Novenentag drei „um *Alles*". Ich denke, wenn Gott uns so ein persönliches Fest schenkt, dann sollte man es auf keinen Fall übersehen, sondern auch unbedingt feiern, als Freuden- und Dankesfest! Ich feiere sogar zwei Tage, denn der nächste Tag, an dem ich an diesem Text noch ein wenig herumfeile, ist in Schönstatt ein Dankestag, ein zwanzigster. Ein guter Gedanke, das Danken! Wie viel Freude könnten wir uns selbst täglich bereiten, wenn wir es *jeden* Tag nicht vergäßen. Das Beste wäre also, wenn irgend möglich, täglich weiterzufeiern – wie heißt es in unseren wunderschönsten Kirchen-„Hits": „Unser Leben sei ein *Fest*!" und: „Laudate omnes gentes, laudate dominum! Laudate omnes gentes, laudate dominum!"

Lobe den Herren

Nun, lieber Leser, fahre doch auch einmal zur Klosterkirche in Rüdesheim oder zu einem *deiner* Zufluchtsorte, ja? Wenn du meinst, dass du keinen einzigen hast – jede Kirche ist einer, *jede*. Mache dich auf den Weg, dies neu zu entdecken!

**Brich auf, komm mit mir, Schritt für Schritt,
Bleib nicht beim Lesen, wandere mit!**

Wenn du einmal in St. Hildegard bist, in der Klosterkirche Rüdesheim, wie ich sie nenne, denke vielleicht einmal ein wenig an mich und meine Geschichte! Mein Gott ist auch dein Gott und dein Gott ist auch mein Gott! Wie willst du da noch einsam sein? Übrigens, wenn du dann ein wenig herumspazierst in der herrlichen Rheinlandschaft, einkehrst in einem Gasthaus – unser Gott ist allezeit bei dir. Die Emmausjünger – und Jesus ist in unserer Mitte!

Rosen empfangen

In einem zauberhaften kleinen Ferienort in der Bergwelt entdeckte ich zwischen den blumengeschmückten Häusern aus alter Zeit und den prachtvollen, einladenden Hotelfassaden eine alte kleine Schlosskapelle, in der wenige Gottesdienste gehalten wurden und die für die Fremden den ganzen Tag offen stand. Welch ein Reichtum war hier verborgen, mitten im Zentrum des Ortes! Neben dem goldverzierten Tabernakel brannte das Ewige Licht, Zeichen der besonderen Gegenwart Gottes.

Ich erinnere mich daran, dass mir in meiner Hauptschulzeit jemand sagte: „Du musst dich damit abfinden, dass der Glaube für die meisten Menschen nur eine Randrolle spielt. Wenn sie in Not geraten, oder die Zeit des Sterbens gekommen ist, dann ist Zeit genug, an Gott zu denken, zu beten!" Nein! Ich möchte lieber sagen: Wie viel unentdeckte, besondere Freude gibt es für uns Weltmenschen mitten im Leben, auch in der Zeit der Vollkraft des Lebens! Wie viele schöne Stunden verbrachte ich in dieser liebevoll mit echten Lilien geschmückten, meist leeren alten Kapelle, in der Mitte des Ortes! Warum sollte diese Freude nicht vielen Menschen zugänglich sein? So sehr sind wir beschenkt mit dem Allerheiligsten, das uns auch als greifbares Zeichen der Gegenwart Gottes im Tabernakel und in der Monstranz geschenkt ist! Ein Buch möchte ich darüber schreiben, warum man nicht versucht, dies Geheimnis des Glaubens, dies unsagbare Geschenkt Gottes vielen Menschen zugänglich zu machen, mitten im Alltag, wie ich es für mich entdeckte im Ferienort. Nur eines kleinen Abstechers, fünf Minuten des hektischen Alltagslebens oder einer kleinen Weile, mitten im Ferientag, hätte es bedurft, um hier ein wenig auszuruhen – warum nicht auch vor einem Besuch in der Eisdiele, in der man dann wieder dicht gedrängt sitzt, oder in einem Café? Warum nicht ein solches Stündchen mit hineinnehmen in das gewöhnliche Alltagsleben? Wäre das nicht doch eine Freude, die Menschen, die irgendwann einmal zur Erstkommunion gegangen sind, so leicht entdecken könnten? Aber mir scheint, das versucht man oft nicht einmal. Wie schade! Auch „Andersgläubige" möchte ich einladen, einmal in einer Kirche Rast zu machen, ein wenig dort stillezuhalten im Gedanken an Gott.

Erinnerung

Bei der Jahrestagung für Religionslehrer im letzten Monat des zweiten Jahrtausends saß ich abends lange, lange allein in meinem wunderbaren Zimmer in unserem Haus, hoch oben über einem Tal. Adventszeit und in der absoluten Stille dieser faszinierenden Stunde ließ ich meinen Blick weit in die Ferne schweifen. Unten im Dörfchen glitzerten Tannenbäume zu mir hinauf, leuchtende Weihnachtslichter. In irgendeiner Weise wurde ich auch an das Ende des Lebens, das uns alle erwartet, erinnert. Dann wird aller Lärm um uns zu Ende sein. So viele Menschen um unser Bett herumsitzen oder sonst irgendwo uns begleiten mögen – den Weg durch das Tor des Todes geht jeder ganz allein mit dem Gott, der uns in diesem Leben die Sehnsucht nach dem Guten wieder und wieder schickt wie den *Stern* der drei Könige. Wagen wir es doch öfters, uns auf diese Stille einzulassen, so dem Unendlichen gegenüberzustehen, ich lade dich ein ...

Die nächtliche Stunde damals, Stunden der Stille, besonders auch in den Kirchen – mache dich auf den Weg, die wunderbare Geborgenheit in der Liebe Gottes zu erfahren, bewusst oder unbewusst, Geborgenheit, die hier auf Erden beginnt mit dem Ziel einer ewigen Heimat.

Unterwegs auf meiner Straße

mit dem Korb, an dem ich trage,
und ich setz so oft die Maße,
was ich wünsche, was ich wage,
ihn zu füllen mit Kostbarkeiten,
– überstehen sie Lebenszeiten?
Glas oder Perlen ? Gold oder Tand?
Stern oder Irrlicht? Fels oder Sand?
Jesus geht mit uns, zeigt uns sein Land.
Muss ich am Ende durch Brausen und Tosen –
*Herr, dann verwandle alles in **Rosen**!*

Schon in jedem keimhaften Aufleuchten des Glaubens, des Vertrauens, strahlt das Licht Gottes, der in Jesus uns erklärt hat, wie er ist, der Gott, der von uns Menschen keine Perfektion erwartet, der dem Verlorenen nachgeht, der sich gerade des Ärmsten, des Schwächsten erbarmt. Wer sich diesem unseren Gott wirklich nähert, setzt neue Maßstäbe, wie Martin und Elisabeth. So viele Bücher hast du in deinem Leben gelesen, lieber Leser, sonst läsest du nicht meines – kennst du diese Bibelverse, die mir jetzt spontan einfallen?

„Kann denn eine Frau ihr Kindlein vergessen, eine Mutter ihren leiblichen Sohn? Und selbst wenn sie ihn vergessen würde: ich vergesse dich nicht." (Jes 49,15)

„Denn ich bin gekommen, um die Sünder zu rufen, nicht die Gerechten" (Mt 9,13; Mk 2,17; Lk 5,32)

„Wenn einer von euch hundert Schafe hat und eins davon verliert, lässt er dann nicht die neunundneunzig in der Steppe zurück und geht dem verlorenen nach ..." (Mt 18,12; Lk 15,4)

„Ebenso wird auch im Himmel mehr Freude herrschen über einen einzigen Sünder, der umkehrt, als über neunundneunzig Gerechte, die es nicht nötig haben umzukehren." (Lk 15,7)

Nach meiner damaligen *Auferstehung* aus dem *Dunklen Tunnel* folgte eine Phase leichten irdischen Glücks. Seit längerer Zeit aber quält mich manchmal, hinein in alle Freude, eine neue Frage. Gott hat mir im Herzen erklärt, dass es diesmal für mich eine Beantwortung – es ist *keine* Glaubensfrage – erst jenseits der letzten Tür geben wird, zumindest muss ich absolut dazu bereit sein, dass er wohl erst dann meine neue Frage beantworten wird. Gott erwartet nun von mir absolutes Vertrauen, blindes Vertrauen in meiner neuen Frage, wie es ein sehr guter Freund von einem anderen erwarten muss, damit die Freundschaft tragfähig bleibt, wie ein Mensch dies von einem anderen erhofft, den er von Herzen liebt.

Rosen empfangen – Auswahl

Heute, am Fest der heiligen Maria Magdalena, las ich diese Zeilen, die ich zuletzt aufgeschrieben hatte, morgens noch einmal durch. In dem Sonntagsgottesdienst, den ich später besuchte, sangen wir ein Lied, das genau zu diesen Gedanken passt:

Ich will dich lieben

Ich will dich lieben, meine Stärke,
ich will dich lieben, meine Zier,
Ich will dich lieben mit dem Werke
und immerwährender Begier;
ich will dich lieben, schönstes Licht,
bis mir das Herze bricht.

Ich will dich lieben, o mein Leben
als meinen allerbesten Freund;
ich will dich lieben und erheben,
solange mich dein Glanz bescheint;
ich will dich lieben, Gotteslamm,
das starb am Kreuzesstamm.

(GL 558)

An manchen Tagen ruht diese Frage, tritt ganz zurück, dann quält sie plötzlich wieder, aber ich merke selbst, dass es vor allem daran liegt, dass ich mich nicht genug festhalte an Gott. Immer wieder sehe ich diesen Zusammenhang. In meinen klaren Stunden erkenne ich: dieses neue *Problem* ist ein großes Geschenk Gottes, eine Schule des Gottvertrauens, eine Hilfe, in der Liebe zu ihm zu wachsen, in der Sorglosigkeit, von dem das Neue Testament spricht, dem Rat Don Boscos zu folgen:

„Gutes tun, fröhlich sein und die Spatzen pfeifen lassen.“

Wie hatte die Schwester damals in meinem *Dunklen Tunnel* immer wieder versichert: „Er wird es gut machen!" Erst im Himmel hatte sie vollen Einblick, wie unsagbar recht sie gehabt hat. Wozu nun wieder dieser neue Aufruf Gottes, ihm blind zu vertrauen? Irgendwie weiß ich genau: Wenn ich im Vertrauen zu ihm wachse und damit in der Liebe zu ihm, kann er mich umso mehr beschenken, mit *sich selbst*! Jesus, der *Bettler*, der uns *darum* bittet! – Aber: Könntest du jemanden glücklich machen mit deiner Liebe, wenn dir dieser Mensch nicht vertraut? Wenn er dies nicht tut, wird er keinen rechten Blick dafür haben, wenn du ihm Freude machen willst. Schule des Gottvertrauens für mich, wieder und wieder – wozu? Lieber Leser, wie könnte ich dich bitten, Gott zu vertrauen, auch in den ganz gewöhnlichen Alltagsbegebenheiten, auch in den *kleinen Sorgen*, wenn ich nicht mit dir im Kampfe bin? Wie hat Pater Kentenich, der Gründer von Schönstatt gesagt (und eigentlich haben alle Heiligen diesen Spruch gelebt):

„Geborgenheit in Gott werden wir in dem Maße gewinnen, wie wir das Vertrauen eines Kindes aufbringen."

Das Quälende an einer Frage ist also eine Einladung Gottes uns an ihm festzuhalten und durch gesteigerte *Frömmigkeit* – warum nicht einmal dieses alte Wort benutzen? – dem Kummer zu begegnen und manches Mal ihn so zu überwinden oder zumindest zu erleichtern wie auch *mein Lied* es uns rät: „Wer nur den lieben Gott lässt walten." – lies noch einmal nach, lieber Leser.

Erinnerung an Beten im *Dunklen Tunnel*

Beten, einfach als Warten: Erschöpft vor Kummer hatte ich mich nachmittags ein wenig hingelegt und dachte nur noch: irgendwann darf man ja sterben! Daraufhin schlief ich bald, irgendwie im Gedanken an Gott, wunderbar geborgen, ein. Und wie gerne lebe ich heute wieder dieses irdische Leben mit tausend Plänen, mit meiner Erfahrung, die ich damals machen durfte! Die Dankbarkeit nur nicht vergessen! Glaube mir, lieber Leser, sie ist ein Schlüssel zur Fröhlichkeit, der viele Türen der Traurigkeit aufschließt, hier auf Erden schon.

„Das stärkste Mittel gegen die Traurigkeit ist der Dank" (I. F. Görres).

Unzählige Gründe zur Dankbarkeit habe ich, sag, du nicht auch? Wir müssen nur lernen zu *sehen*. Zwar bleibt so oft die Versuchung, an allem, sogar an dem Schönen, das wir erleben, noch etwas Negatives zu sehen, z.B. wenn wir sagen: „Die Sonne scheint zwar, ab und zu, aber könnte der Himmel nicht wolkenlos und azurblau sein?" So sollten wir also um die Freude *kämpfen*, mit aller Macht!

In Schönstatt, neben der Gnadenkapelle ist das Grab von Pater Reinisch, dessen Novenenbüchlein ich schon beschrieb. Heute, Neuntageandacht, dritter Tag, wieder einmal: Leitspruch für diesen Tag: „Im Herzen Jesu verwurzelt." Jesu Herz ist Symbol seiner unnennbaren Liebe, mit der er uns Menschen liebt, auch die Undankbarsten. Mit letzter Kraft betete er am Kreuz mit seinen letzten Worten für seine Feinde: „Vater, vergib ihnen, denn sie wissen nicht, was sie tun" (Lk 23,34). Pater Reinisch, der mir so viel Inspiration für mein tägliches Bittgebet gibt! Aus seinem Leben beeindruckte mich auch in besonderer Weise dies: Er wurde ein Heiliger, ein Märtyrer der Gewissenstreue, *obwohl* er längere Zeit der Sucht des Rauchens so sehr verfallen war, dass er beinahe das Kloster wieder verlassen hätte. Mit Gottes Kraft konnte er sich schließlich befreien. Nachdem er sich bis zu bitteren Tränen in seinem eigenen Gefängnis der Sucht erlebt hatte, ging er seinen Weg mit absoluter Konsequenz. Ich denke, dass gerade dieser Heilige den Menschen helfen kann, die in einer Sucht gefangen oder gefährdet sind.

Fest des heiligen Martin – *Rosen* empfangen, *Rosenwunder*

Gerade in den letzten Tagen quälte mich *meine Frage*, die neue Undurchsichtigkeit in meinem Leben sehr, Kämpfe, die Freude zu bewahren ... wiederholt sagte ich zu Gott: „Verwandle meinen Kummer in eine rote *Rose der Liebe* für dich und in Segen! Und ich kämpfte um die Gabe, Gottes Willen anzunehmen, in Freude und Leid, um die tägliche Berufung zur Liebe.

Jesus trösten ... – Jesus, der Bettler in unserem Herzen ...

Wenn man die furchtbaren Katastrophen in der Welt betrachtet, (diesen Satz fügte ich ein, nachdem ich in den Abendnachrichten heute, am Martinstag, von dem entsetzlichen Unglück erfahren hatte, das sich in den Tagesstunden ereignet hat, ich werde das noch im Weiteren ausführen) scheint es nichts zu sein, in den kleinen gewöhnlichen Kümmernissen des Lebens Gott maßlos zu vertrauen, aber so ist es nicht. Nicht immer müssen es außergewöhnliche Lebensumstände sein, in denen der Mensch vor dem Anruf steht, das Gottvertrauen zu bewahren, Öl zu sammeln für die ungewisse Stunde, von der das NT spricht in dem Gleichnis von den Jungfrauen (Mt 25,1-12), die das Kommen des Bräutigams erwarteten. Öl sammeln wie die Klugen, das Öl des Gottvertrauens für die Stunde des Todes gleich den Jungfrauen, die der Bräutigam zur mitternächtlichen Stunde wachend fand. Das Öl des Gottvertrauens können wir in den kleinen und großen Unsicherheiten unseres Lebens sammeln, denke ich, mir scheint in den kleinen ebenso wie in den großen. Jesus trösten: blindes Vertrauen der Liebe ...

Im Herzen versuchte ich heute meinen Kummer in *Rosen* der Liebe zu verwandeln, in *Rosen* des Gottvertrauens – St. Martin, dritter Tag der Novene. Spruch im Novenenheft Pater Reinischs: „Im Herzen Jesu verwurzelt."

Rosen empfangen – Auswahl

Am Morgen hatte ich die Gnadenkapelle in Schönstatt besucht, auch um wieder neue Rosen zu bringen für das Grab Pater Reinischs, das zahllose Menschen besuchen, die diesen Meister des Gottvertrauens verehren. Viele Male hatte ich bis zu diesem Tag zwei weiße und rote Rosen dorthin gebracht. Begleite mich zu diesem Grab, lieber Leser, und bestaune mit mir dort *mein* Rosenwunder zum Fest des heiligen Martin! Auf dem Grab liegt ein sichtbar gewordenes Herz aus dunkelroten Rosen, darin zwei weiße, genau wie meine! Dieses Rosenherz in den

Farben der Rosen, die ich selbst schon so viele Jahre in die erwähnte Kirche bringe und auch zu diesem Grab, schönster Ausdruck all meiner Gedanken und Hoffnungen, die ich mit meinen Rosen verbinde! So eine große Freude für mich nach der unbeschreiblichen Grundfreude des Tages, der heiligen Messe in der Gnadenkapelle! Gott redet – was sagt dieses wundervolle Rosenherz heute zu mir? Gott hat meine Rosen, die ich ihm im Herzen schenkte, meine Sinndeutung, dass Gottvertrauen sich in Himmelsrosen für Gott verwandeln kann, angenommen und meine Worte, die ich auf einer Karte mit zwei dunkelroten Rosen auf weißem Grund einer leidgeprüften schwerkranken Frau zum Martinstag geschrieben hatte:

„Wer Gott vertraut, hat wohl gebaut,
im Himmel und auf Erden."

Ebendiesen Spruch in einem rosenumrankten Bild hatte mir diese Frau einmal geschenkt und ich hatte versucht, sie zum Martinstag mit ebendiesen Worten zu trösten mit dem Versprechen: „Gott ist dabei, für Sie *Rosen* der Freude im Himmel zu sammeln!", und hatte dabei auch an mein eigenes Leid gedacht. Ich hatte also gewagt, der Frau diese Einladung zum Gottvertrauen zu schicken und entdecke nun auf Pater Reinischs Grab eine andere Ausdrucksform meiner Worte: Zwei weiße Röschen in einem Herz von dunkelroten Rosen, eine der zwei weißen Rosen trug zahllose Knospen. Lieber Leser, heute am Martinstag möchte ich dich einladen, *Rosen* zu sammeln im Himmel, wenn etwas schwer wird im Herzen: „Gott wird es gut machen, auch wenn man dies manches Mal nicht glauben kann, auch wenn das Öl des Gottvertrauens so oft versiegt in unserem Krug. Ich bin Zeuge, ich habe es in einem *Dunklen Tunnel* in diesem Leben schon erfahren:

„Siehe, Ich Bin Da"

Die Erfahrung der Israeliten in Ägypten – ich habe sie in meinem Leben auch gemacht und nun führt mich Gottes *Stern* genau wie sie weiter!

Unterwegs mit dem *Stern*

Ich bin mit dir unterwegs,
ob ich glücklich, traurig bin,
immer, immer unterwegs,
weiß ich jetzt: es gibt den Sinn!

> *Auf der Straße unterwegs,*
> *alle Freude, alles Zagen,*
> *alles: will's nicht mehr ertragen,*
> *alles: bleib, es ist so schön,*
> *weiter, weiter musst du geh'n!*

Soll denn gar nichts dir verbleiben,
als dies: weiter muss ich treiben?
Doch, es bleibt der Traum mit dir:
grüne Wälder, Gipfelhöhen,
Blumen, leises Gräserwehen
und die Nähe Gottes spüren,
Zeit ihm schenken, nicht verlieren,

> *mit ihm durch die Wunder schreiten,*
> *mit dem Gott der Ewigkeiten,*
> *alles Glück für alle Zeiten,*
> *will auf Erden er bereiten*
> *täglich neu hilft er uns sehen.*

Der *Stern* führte mich weiter jenseits des *Dunklen Tunnels* unterwegs zum Ziel.

Erinnerung

Mitten im *Dunklen Tunnel* – ich hatte damals noch Jahre vor mir – schenkte mir einmal ein Pater eine Karte:

„Dein Leben soll ein Leben der Freude, des Lobpreises und der Dankbarkeit sein!"

Ich denke, ich habe damals, an jenem 18. Juni, nur verständnislos auf diese Karte geblickt – Erlösung schien mir unmöglich in diesem Leid, das mir heute kaum mehr begreiflich erscheint, Jahrzehnte später. Das Rad der Zeit drehte sich. Ganz andere Dinge wurden wichtig unterwegs zur letzten Tür, ein neuer 18. Juni voll unsäglicher Freude – und doch: gibt es ein Menschenleben, das sich nicht immer wieder nach Erlösung sehnt von diesem und jenem manchmal so kleinen und auch zuweilen großen Kreuz? Vielleicht ist ebendas ein ganz besonderes Vorahnen einer Welt, die Christen den Himmel nennen. Ich denke bei allen Freuden des Lebens bleibt kein Mensch verschont davon, auch die nicht, die jetzt wie ich, auf der Sonnenseite des Lebens stehen, so lange schon. Wie unsäglich schwer muss es für den Atheisten oder den, der noch nicht zum persönlichen Gott gefunden hat, sein, die Leiden des Lebens allein zu ertragen, ohne Menschen, in denen Gottes Liebe aufleuchtet, ohne den Trost, Gottes Nähe greifbar zu spüren: ich bin gewiss und habe es in diesem Buch immer wieder deutlich zu machen *versucht*, dass Gott seinen Stern schickt, irgendwie, täglich, wo immer wir in unseren Überzeugungen stehen. Niemand lernt aus im Fach Religion, wir bleiben alle immer auf der Suche: *Rosen* **empfangen**, *Rosen* **verschenken ...**

O Jesus, unendlichen Grund habe ich zum Dank! Wie gut hast du es gemacht! In meiner *jetzigen Frage* bitte ich dich: Hilf, dass dein Wille an mir geschieht, das soll immer mein allergrößter Wunsch bleiben! „Herr, auf dich vertraue ich, in deine Hände lege ich mein Leben!" Gott könnte den Nebel gleich lösen, ich könnte überglücklich sein, täglich stimmungsmäßig frei, doch kommt es darauf an? Jesus steht vor der Tür unseres Herzens – Jesus, der *Bettler* am Martinsfest. Er will das ganze Herz. Nur so kann er sich uns selbst schenken, nur so ist höchstes Glück für uns möglich. O Jesus, hilf, dass wir deinen Einladungen folgen!

Vorabendmesse St. Martin, zweite heilige Messe für mich an diesem Tag, Vorabend zum Sonntag, Evangelium von der armen Witwe, die ihre zwei Pfennige schenkt (Mk 12,41-44; Lk 21,1-4). Sie hat am meisten gegeben, sagt Jesus, denn sie hat alles gegeben, was sie hatte. Wie gut kenne ich diese Begebenheit! Wie oft hatte ich dem lieben Gott zwei wirkliche Pfennige meinem Beitrag für den Klingelbeutel symbolisch hinzugefügt! Und jetzt, am Martinsabend, deutete der fremde Geistliche die Begebenheit ganz in meinem Sinne – die zwei Pfennige als Symbol für das ganze Herz, das sich ausdrückt in maßlosem Gottvertrauen zu dem Gott, der mich einlädt, wieder und wieder in meiner quälenden Frage:

„Fröhlich sein, Gutes tun und die Spatzen pfeifen zu lassen",

wie Johannes Don Bosco sagt. „Gottes Liebe ist es, die uns trägt": Diesen Kartenspruch hatte ich schon zum Martinsfest ausgesucht als Namenstagskarte für eine Elisabeth, die ich in ihren Fragen immer wieder zu Fröhlichkeit und Gottvertrauen eingeladen hatte. Und welchen Text schlage ich in der Abendmesse auf? „Mit seinen Flügeln schirmt dich Gott. Bei ihm bist du geborgen. Seine Treue ist dir ein Schild!" – Lieber Leser, Martin träumt nachts, dass der Bettler Jesus selbst ist. Auf den Armen sehen, ein Herz haben, das tatkräftig hilft, das Bedürftigen schenkt, auf diesen Armen so sehen, das heißt auf Jesus sehen.

Umgekehrt ist es aber ebenso, wenn wir auf Jesus selbst sehen, Kreuzwegbilder betrachten, das kleine Jesuskind, das sich den Menschen ausliefert auf Gedeih und Verderb. Wenn wir Jesus so wahrnehmen, dann sehen wir in ihm auch den Bettler, der das Leben der Menschen geteilt hat bis zum Tod am Kreuz, sich hingegeben hat in verströmender Liebe und dessen Sehnsucht nach deinem und meinem Herzen geht.

Am gleichen Tage, St. Martin, spätabends

In den Kitzbühler Alpen hat sich ein furchtbares Unglück ereignet! Eine Feuerexplosion, die in einer Gebirgsbahn ausgebrochen war, beendete das Leben einer Gruppe von Menschen, die morgens zu einer fröhlichen Pistenfahrt aufgebrochen waren in einem *wirklichen Dunklen Tunnel* – diese Nachricht für mich *nach* meinen Aufzeichnungen an ebendiesem Martinstag, entsetzlicher Bericht der Tagesschau, die ich spätabends noch einschaltete. Lieber Leser, die Nachricht von diesem furchtbaren Unglück ausgerechnet heute, nachdem ich mich mit einem symbolischen *Dunklen Tunnel* beschäftigt hatte!

Fremde hat es getroffen heute – und *wir?* Gottes Hinweis für mich auf den letzten *Dunklen Tunnel!* An seinem Ende erwarte ich strahlendes Licht. Alles Leid, das zu überwinden ist, lieber Leser, alle Nebel unseres Lebens, die zu ertragen sind – Vorbereitung auf unseren letzten *Dunklen Tunnel*, der uns alle erwartet.

Das Wort zum Sonntag, St. Martin 2000, griff dieses furchtbare Ereignis auf: Ein Bild von Hiob wurde dort gezeigt, Hiob, der eine quälende Frage stellt an Gott. Wie seltsam – *„quälende Frage"*, ebendiese Worte, die ich vor der furchtbaren Nachricht aufgeschrieben hatte, griff die Sprecherin auf in Verbindung mit Hiob, vom *Tunnel* hatte ich heute erzählt – und heute hatten Menschen in einem *wirklichen Dunklen Tunnel* das Tor des Todes durchschritten und eben heute fremde Menschen mit *quälenden Fragen* zurückgelassen auf dieser Erde.

Martinsabend – Martinstraum: „Der Bettler, lieber Martin, das war ich!" Das Öl des Gottvertrauens, in den Warum-und-Wozu-Fragen unseres Lebens, wird sich in *Rosen* verwandeln im Himmel. Gott lieben mit aller Kraft, den Nächsten ebenso – der Bettler ist Jesus! Jesus, der Bettler, der auf die *Rosen* des Glaubens und des Vertrauens wartet. Wir sind unterwegs zum Ziel. Wie schrieb ich einmal in ein Wallfahrtsbuch?

„Jenseits der letzten Tür, da wird der Nebel *Rosen* tragen."

Rosen empfangen, *Rosen* verschenken

Am Fest der Verklärung des Herrn, den Tag, an dem ich diesen Text vom Martinstag noch ein wenig überarbeitete und ins Reine schrieb. Dunkelrote Rosen bot das Geschäft, in dem ich meine Tageseinkäufe zuweilen erledige, auch heute – dies ist sehr selten – an. Ich nahm sie für mich mit: dunkelrote Rosen will ich dir schenken mein Gott, für die Zeit, die mir noch bleibt auf dieser Erde.

Anmerkung Jahre später – 2008 – im Jahr kurz vor der Veröffentlichung dieses Buches

Um ehrlich zu sein, lieber Leser, die Novenentexte lese ich längst nicht mehr jeden Tag durch, kehre aber immer wieder zu ihnen zurück, bereichere sie auch manches Mal mit anderen Novenentexten, aber ich bin und bleibe mir jeden Tag des jeweiligen Bitttags und seiner Grundgedanken, die ich mir im Laufe der Jahre angeeignet habe, bewusst. *Alles* – das bedeutete mir inzwischen vor allem dies: Dass mein Leben sich voll und ganz entfaltet nach Gottes Plänen. Diese Deutung entspricht auch der Sinndeutung, wie sie die heilige Therese von Lisieux versteht, denke ich.

Novenentag 3 im Jahr 2001 – „um Alles"

Ich möchte dir noch einmal das ganze Lied aufschreiben, das ich in der Rothenburger Kirche St. Johannes aus einem Gesangbuch abgeschrieben habe, am letzten Tag einer kurzen Ferienreise:

Mein Hirt ist Gott der Herr

Mein Hirt ist Gott der Herr,
er will mich immer weiden,
darum ich nimmermehr
kann Not und Mangel leiden;
er wird auf grüner Au,
so wie ich ihm vertrau,
mir Rast und Nahrung geben
und wird mich immerdar
an Wassern still und klar
erfrischen und beleben.

Er wird die Seele mein
mit seiner Kraft erquicken,
wird durch den Namen sein
auf rechte Bahn mich schicken;
und wenn aus blinder Wahl
ich auch im finstern Tal
weitab mich sollt verlieren,
so fürchte ich mich nicht;
ich weiß mit Zuversicht,
du, Herr, du wirst mich führen.

Du wirst zur rechten Zeit
den Hirtenstab erheben,
der allzeit ist bereit,
dem Herzen Trost zu geben.
Dazu ist wunderbar
ein Tisch mir immerdar
von dir, o Herr, bereitet,
der mir die Kräfte schenkt,
wann mich der Feind bedrängt,
und mich zum Siege leitet.

Du hast mein Haupt getränkt,
gesalbt mit Freudenöle,
den Kelch mir eingeschenkt,
hoch voll zur Lust der Seele.
Herr deine Gütigkeit,
wird durch des Lebens Zeit
mich immer treu begleiten,
dass ich im Hause dein
fest möge wohnhaft sein
zu ewiglichen Zeiten.

Der Herr ist mein Hirte

Dieser Psalm, den ich mit zahllosen Schülern ausdrück-lich, auszugsweise und dem Sinne nach meditiert habe in Wort und Bild, im Schülerspiel mit Grundschulkindern des dritten Schuljahres – der Herr unser Hirte, deiner, meiner – dieser Psalm ist die Zusammenfassung meines ganzen Lebens.

Herz Jesu, lass nicht zu,
dass wir deine unbegreifliche Liebe
ohne Antwort lassen!